本书出版得到

国家重点文物保护专项补助经费资助

中国田野考古报告集

考古学专刊

丁种第九十二号

云南省文物考古研究所田野考古报告第 19 号

陆良薛官堡墓地

中国社会科学院考古研究所
云南省文物考古研究所
曲靖市文物管理所　　编著
陆良县文物管理所

文物出版社

北京 · 2017

图书在版编目（CIP）数据

陆良薛官堡墓地 / 中国社会科学院考古研究所等编
著 . —— 北京：文物出版社，2017.5
ISBN 978 - 7 - 5010 - 5096 - 3

Ⅰ . ①陆…　Ⅱ . ①中…　Ⅲ . ①墓葬（考古）—发掘报告
—陆良县　Ⅳ . ①K878.85

中国版本图书馆 CIP 数据核字（2017）第 077921 号

陆良薛官堡墓地

编　　著：中国社会科学院考古研究所
　　　　　云南省文物考古研究所
　　　　　曲靖市文物管理所
　　　　　陆良县文物管理所

责任编辑：蔡　敏　陈春婷
封面设计：程星涛
责任印制：张　丽

出版发行：文物出版社
社　　址：北京市东直门内北小街 2 号楼
邮　　编：100007
网　　址：http：//www.wenwu.com
邮　　箱：web@ wenwu.com
经　　销：新华书店
印　　刷：北京鹏润伟业印刷有限公司
开　　本：787mm×1092mm　1/16
印　　张：30.5　　插页：1
版　　次：2017 年 5 月第 1 版
印　　次：2017 年 5 月第 1 次印刷
书　　号：ISBN 978 - 7 - 5010 - 5096 - 3
定　　价：420.00 元

ARCHAEOLOGICAL MONOGRAPH SERIES

TYPE D NO. 92

Yunnan Provincial Institute of Cultural Relics and
Archaeology's field report sets No. 19

Xueguanbu Cemetery in Luliang

(with an English abstract)

by

The Institute of Archaeology, Chinese Academy of Social Sciences
The Institute of Cultural Relics and Archaeology, Yunnan Province
The Administration of Cultural Relics, Qujing Municipality
The Administration of Cultural Relics, Luliang County

Cultural Relics Press
Beijing · 2017

目　录

第一章　概述 ……………………………………………………………（1）

　第一节　地理环境 ……………………………………………………（1）

　第二节　历史沿革 ……………………………………………………（5）

　第三节　陆良境内的文物古迹 ………………………………………（6）

　第四节　墓地发掘经过 ………………………………………………（7）

　第五节　资料整理与报告编写 ………………………………………（10）

第二章　墓葬综述 ………………………………………………………（13）

　第一节　墓地范围 ……………………………………………………（13）

　第二节　地层堆积 ……………………………………………………（14）

　第三节　墓葬排列与墓葬形制 ………………………………………（17）

　第四节　葬具和葬式 …………………………………………………（23）

　第五节　随葬品 ………………………………………………………（23）

第三章　出土遗物 ………………………………………………………（26）

　第一节　陶器 …………………………………………………………（26）

　第二节　铜器 …………………………………………………………（33）

　第三节　铁器 …………………………………………………………（57）

　第四节　铜铁合制器 …………………………………………………（59）

　第五节　玉石器 ………………………………………………………（61）

　第六节　玻璃器 ………………………………………………………（68）

　第七节　漆器 …………………………………………………………（70）

第四章　墓葬分述 …………………………………………………… （72）

第五章　出土资料的科技考古研究 ………………………………… （187）

　　第一节　碳十四测年 ……………………………………………… （187）

　　第二节　人骨和动物骨骼的鉴定与研究 ………………………… （193）

　　第三节　植物种属鉴定与研究 …………………………………… （195）

　　第四节　青铜器及相关遗物的分析与研究 ……………………… （202）

　　第五节　玉石器和玻璃珠的分析与研究 ………………………… （233）

　　第六节　纺织品的观察、鉴定与研究 …………………………… （261）

第六章　结语 ………………………………………………………… （271）

　　第一节　墓葬分期与年代 ………………………………………… （271）

　　第二节　墓葬文化特征及族属 …………………………………… （277）

　　第三节　墓葬蕴含的社会历史信息及相关问题 ………………… （282）

附录一　灰坑与明清墓葬 …………………………………………… （317）

　　第一节　灰坑 ……………………………………………………… （317）

　　第二节　明清墓葬 ………………………………………………… （334）

　　第三节　小结 ……………………………………………………… （347）

附录二　陆良县博物馆藏青铜器和早期铁器 ……………………… （350）

后　记 ………………………………………………………………… （359）

英文提要 ……………………………………………………………… （361）

插图目录

图 1-1　薛官堡墓地地理位置示意图 ……………………………………（ 2 ）

图 1-2　薛官堡村位置示意图 ………………………………………………（ 3 ）

图 1-3　薛官堡墓地及其附近区域地形图 ………………………………（ 4 ）

图 1-4　薛官堡墓地发掘点分布示意图 …………………………………（ 9 ）

图 2-1　T6068 东壁剖面图 ………………………………………………（ 14 ）

图 2-2　地层出土遗物 ……………………………………………………（ 16 ）

图 2-3　唐家坟发掘点平面图 ……………………………………………（ 18 ）

图 2-4　周家坟发掘点平面图 …………………………………………（18/19）

图 2-5　小型墓举例之 M21 ………………………………………………（ 19 ）

图 2-6　小型墓举例之 M80 ………………………………………………（ 19 ）

图 2-7　小型墓举例之 M139 ……………………………………………（ 20 ）

图 2-8　小型墓举例之 M195 ……………………………………………（ 20 ）

图 2-9　中型墓举例之 M108 ……………………………………………（ 21 ）

图 2-10　中型墓举例之 M191 ……………………………………………（ 21 ）

图 2-11　大型墓举例之 M168 ……………………………………………（ 22 ）

图 3-1　A 型陶罐 …………………………………………………………（ 27 ）

图 3-2　B、C、D 型陶罐 …………………………………………………（ 28 ）

图 3-3　陶高领罐 …………………………………………………………（ 29 ）

图 3-4　陶豆、釜 …………………………………………………………（ 30 ）

图 3-5　陶纺轮 ……………………………………………………………（ 32 ）

图 3-6　铜剑 ………………………………………………………………（ 34 ）

图 3-7　铜戈 ………………………………………………………………（ 35 ）

图 3-8　铜矛 ………………………………………………………………（ 36 ）

图 3-9　铜镞 ………………………………………………………………（ 38 ）

图 3-10　铜啄、镖、鐏 ……………………………………………………（ 39 ）

图 3 – 11　铜斧、锛　……………………………………………………（40）

图 3 – 12　铜凿　…………………………………………………………（42）

图 3 – 13　铜削　…………………………………………………………（43）

图 3 – 14　铜刻刀、爪镰　………………………………………………（44）

图 3 – 15　铜锄　…………………………………………………………（44）

图 3 – 16　铜镯　…………………………………………………………（46）

图 3 – 17　铜扣饰　………………………………………………………（48）

图 3 – 18　铜泡饰、片饰　………………………………………………（49）

图 3 – 19　铜铃　…………………………………………………………（51）

图 3 – 20　铜镜、印章、带钩状器　……………………………………（52）

图 3 – 21　五铢钱拓本　…………………………………………………（53）

图 3 – 22　铜钱拓本　……………………………………………………（55）

图 3 – 23　铁器　…………………………………………………………（58）

图 3 – 24　铁削　…………………………………………………………（59）

图 3 – 25　铜铁合制器　…………………………………………………（60）

图 3 – 26　玉器　…………………………………………………………（62）

图 3 – 27　玛瑙扣、珠　…………………………………………………（63）

图 3 – 28　孔雀石珠　……………………………………………………（65）

图 3 – 29　绿松石珠、扣　………………………………………………（65）

图 3 – 30　石范　…………………………………………………………（67）

图 3 – 31　石磨棒、刮削器　……………………………………………（68）

图 3 – 32　玻璃珠　………………………………………………………（69）

图 3 – 33　漆器（M30：5）　……………………………………………（70）

图 4 – 1　M6 平、剖视图　………………………………………………（72）

图 4 – 2　M6 出土铜器　…………………………………………………（73）

图 4 – 3　M7 平、剖视图　………………………………………………（74）

图 4 – 4　M7 出土器物　…………………………………………………（75）

图 4 – 5　M8 平、剖视图　………………………………………………（76）

图 4 – 6　M8 出土 A 型陶罐（M8 填：1）　……………………………（76）

图 4 – 7　M10 平、剖视图　……………………………………………（77）

图 4 – 8　M10 出土器物　………………………………………………（77）

图 4 – 9　M14 平、剖视图　……………………………………………（78）

图 4 – 10　M14 出土铜器　………………………………………………（79）

图 4 – 11　M15 平、剖视图 ································ （79）

图 4 – 12　M18 平、剖视图 ································ （80）

图 4 – 13　M18 出土玉玦（M18:2）···················· （80）

图 4 – 14　M19 平、剖视图 ································ （81）

图 4 – 15　M19 出土器物 ·································· （82）

图 4 – 16　M20 平、剖视图 ································ （83）

图 4 – 17　M20 出土铜器 ·································· （83）

图 4 – 18　M20 出土铜印章（M20:5）钤文 ············ （84）

图 4 – 19　M20 出土铜钱拓本 ···························· （85）

图 4 – 20　M20 出土铁器 ·································· （87）

图 4 – 21　M21 平、剖视图 ································ （88）

图 4 – 22　M21 出土器物 ·································· （89）

图 4 – 23　M22 平、剖视图 ································ （90）

图 4 – 24　M22 出土器物 ·································· （91）

图 4 – 25　M26 平、剖视图 ································ （92）

图 4 – 26　M26 出土铁削（M26:1）···················· （92）

图 4 – 27　M30 平、剖视图 ································ （92）

图 4 – 28　M30 出土器物 ·································· （93）

图 4 – 29　M32 平、剖视图 ································ （94）

图 4 – 30　M32 出土铜爪镰（M32:1）·················· （94）

图 4 – 31　M34 平、剖视图 ································ （95）

图 4 – 32　M34 出土器物 ·································· （96）

图 4 – 33　M35 平、剖视图 ································ （97）

图 4 – 34　M35 出土器物 ·································· （98）

图 4 – 35　M35 出土器物 ·································· （99）

图 4 – 36　M38 平、剖视图 ································ （101）

图 4 – 37　M38 出土铜镜（M38:1）拓本 ··············· （101）

图 4 – 38　M38 出土铜钱拓本 ···························· （102）

图 4 – 39　M38 出土器物 ·································· （103）

图 4 – 40　M39 平、剖视图 ································ （105）

图 4 – 41　M39 出土陶器 ·································· （105）

图 4 – 42　M47 平、剖视图 ································ （106）

图 4 – 43　M50 平、剖视图 ································ （107）

图 4 - 44　M50 出土 Aa 型陶纺轮（M50∶1）………………………………（107）

图 4 - 45　M51 平、剖视图 ……………………………………………………（107）

图 4 - 46　M51 出土铁削（M51∶1）……………………………………………（108）

图 4 - 47　M53 平、剖视图 ……………………………………………………（108）

图 4 - 48　M53 出土铜镈（M53∶1）……………………………………………（109）

图 4 - 49　M54 平、剖视图 ……………………………………………………（110）

图 4 - 50　M54 出土器物 ………………………………………………………（110）

图 4 - 51　M55 平、剖视图 ……………………………………………………（111）

图 4 - 52　M55 出土铜器 ………………………………………………………（112）

图 4 - 53　M56 平、剖视图 ……………………………………………………（112）

图 4 - 54　M56 出土器物 ………………………………………………………（113）

图 4 - 55　M57 平、剖视图 ……………………………………………………（114）

图 4 - 56　M58 平、剖视图 ……………………………………………………（115）

图 4 - 57　M58 出土玻璃珠 ……………………………………………………（116）

图 4 - 58　M59 平、剖视图 ……………………………………………………（117）

图 4 - 59　M59 出土石范（M59 填∶1）…………………………………………（117）

图 4 - 60　M61 平、剖视图 ……………………………………………………（118）

图 4 - 61　M61 出土铁削（M61∶2）……………………………………………（119）

图 4 - 62　M62 平、剖视图 ……………………………………………………（119）

图 4 - 63　M62 出土 Aa 型陶纺轮（M62∶1）…………………………………（119）

图 4 - 64　M66 平、剖视图 ……………………………………………………（120）

图 4 - 65　M66 内 C 型铜泡饰出土形态示意 …………………………………（121）

图 4 - 66　M66 出土器物 ………………………………………………………（122）

图 4 - 67　M66 出土 B 型铜柄铁剑（M66∶1）…………………………………（124）

图 4 - 68　M67 平、剖视图 ……………………………………………………（125）

图 4 - 69　M69 平、剖视图 ……………………………………………………（126）

图 4 - 70　M69 出土 A 型铜柄铁剑（M69∶1）…………………………………（126）

图 4 - 71　M70 平、剖视图 ……………………………………………………（127）

图 4 - 72　M70 出土铜器 ………………………………………………………（127）

图 4 - 73　M71 平、剖视图 ……………………………………………………（128）

图 4 - 74　M71 出土 B 型铜扣饰（M71∶1）……………………………………（129）

图 4 - 75　M73 平、剖视图 ……………………………………………………（129）

图 4 - 76　M73 出土铜镯 ………………………………………………………（130）

图 4－77　M76 平、剖视图 ………………………………………（131）

图 4－78　M76 出土器物 ……………………………………………（131）

图 4－79　M78 平、剖视图 ………………………………………（132）

图 4－80　M80 平、剖视图 ………………………………………（133）

图 4－81　M80 出土铜器 ……………………………………………（134）

图 4－82　M80 出土器物 ……………………………………………（136）

图 4－83　M100 平、剖视图 ………………………………………（137）

图 4－84　M100 出土器物 …………………………………………（138）

图 4－85　M103 平、剖视图 ………………………………………（138）

图 4－86　M103 出土铜器 …………………………………………（139）

图 4－87　M105 平、剖视图 ………………………………………（141）

图 4－88　M108 平、剖视图 ………………………………………（142）

图 4－89　M108 出土器物 …………………………………………（143）

图 4－90　M109 平、剖视图 ………………………………………（144）

图 4－91　M109 出土器物 …………………………………………（145）

图 4－92　M111 平、剖视图 ………………………………………（145）

图 4－93　M111 出土 D 型绿松石珠（M111：1） ………………（146）

图 4－94　M113 平、剖视图 ………………………………………（146）

图 4－95　M113 出土器物 …………………………………………（147）

图 4－96　M118 平、剖视图 ………………………………………（148）

图 4－97　M118 出土器物 …………………………………………（149）

图 4－98　M120 平、剖视图 ………………………………………（149）

图 4－99　M120 出土铁削（M120：1） …………………………（150）

图 4－100　M121 平、剖视图 ……………………………………（150）

图 4－101　M121 出土 Aa 型陶纺轮（M121：1） ………………（151）

图 4－102　M123 平、剖视图 ……………………………………（151）

图 4－103　M123 出土器物 ………………………………………（152）

图 4－104　M124 平、剖视图 ……………………………………（153）

图 4－105　M124 出土铜钱（M124：1）拓本 …………………（153）

图 4－106　M128 平、剖视图 ……………………………………（154）

图 4－107　M128 出土 Aa 型陶纺轮（M128：1） ………………（154）

图 4－108　M129 平、剖视图 ……………………………………（155）

图 4－109　M129 出土陶器 ………………………………………（156）

图 4 - 110　M136 平、剖视图 ⋯⋯⋯⋯⋯⋯⋯⋯⋯⋯⋯⋯⋯⋯（156）

图 4 - 111　M136 出土陶器 ⋯⋯⋯⋯⋯⋯⋯⋯⋯⋯⋯⋯⋯⋯⋯（157）

图 4 - 112　M137 平、剖视图 ⋯⋯⋯⋯⋯⋯⋯⋯⋯⋯⋯⋯⋯⋯（158）

图 4 - 113　M137 出土器物 ⋯⋯⋯⋯⋯⋯⋯⋯⋯⋯⋯⋯⋯⋯⋯（158）

图 4 - 114　M139 平、剖视图 ⋯⋯⋯⋯⋯⋯⋯⋯⋯⋯⋯⋯⋯⋯（159）

图 4 - 115　M139 出土器物 ⋯⋯⋯⋯⋯⋯⋯⋯⋯⋯⋯⋯⋯⋯⋯（160）

图 4 - 116　M140 平、剖视图 ⋯⋯⋯⋯⋯⋯⋯⋯⋯⋯⋯⋯⋯⋯（161）

图 4 - 117　M140 出土铜器 ⋯⋯⋯⋯⋯⋯⋯⋯⋯⋯⋯⋯⋯⋯⋯（162）

图 4 - 118　M141 平、剖视图 ⋯⋯⋯⋯⋯⋯⋯⋯⋯⋯⋯⋯⋯⋯（163）

图 4 - 119　M141 出土 B 型铜锛（M141∶1）⋯⋯⋯⋯⋯⋯⋯⋯（164）

图 4 - 120　M142 平、剖视图 ⋯⋯⋯⋯⋯⋯⋯⋯⋯⋯⋯⋯⋯⋯（165）

图 4 - 121　M142 出土 A 型绿松石珠（M142∶1）⋯⋯⋯⋯⋯⋯（165）

图 4 - 122　M146 平、剖视图 ⋯⋯⋯⋯⋯⋯⋯⋯⋯⋯⋯⋯⋯⋯（166）

图 4 - 123　M146 出土铜骹铁矛（M146∶1）⋯⋯⋯⋯⋯⋯⋯⋯（166）

图 4 - 124　M148 平、剖视图 ⋯⋯⋯⋯⋯⋯⋯⋯⋯⋯⋯⋯⋯⋯（167）

图 4 - 125　M148 出土器物 ⋯⋯⋯⋯⋯⋯⋯⋯⋯⋯⋯⋯⋯⋯⋯（167）

图 4 - 126　M149 平、剖视图 ⋯⋯⋯⋯⋯⋯⋯⋯⋯⋯⋯⋯⋯⋯（168）

图 4 - 127　M149 出土铜镯（M149∶1）⋯⋯⋯⋯⋯⋯⋯⋯⋯⋯（169）

图 4 - 128　M153 平、剖视图 ⋯⋯⋯⋯⋯⋯⋯⋯⋯⋯⋯⋯⋯⋯（169）

图 4 - 129　M159 平、剖视图 ⋯⋯⋯⋯⋯⋯⋯⋯⋯⋯⋯⋯⋯⋯（170）

图 4 - 130　M160 平、剖视图 ⋯⋯⋯⋯⋯⋯⋯⋯⋯⋯⋯⋯⋯⋯（171）

图 4 - 131　M160 出土 A 型铜镯（M160∶1）⋯⋯⋯⋯⋯⋯⋯⋯（171）

图 4 - 132　M167 平、剖视图 ⋯⋯⋯⋯⋯⋯⋯⋯⋯⋯⋯⋯⋯⋯（172）

图 4 - 133　M168 平、剖视图 ⋯⋯⋯⋯⋯⋯⋯⋯⋯⋯⋯⋯⋯⋯（174）

图 4 - 134　M168 出土铜器 ⋯⋯⋯⋯⋯⋯⋯⋯⋯⋯⋯⋯⋯⋯⋯（175）

图 4 - 135　M168 出土玉石器 ⋯⋯⋯⋯⋯⋯⋯⋯⋯⋯⋯⋯⋯⋯（176）

图 4 - 136　M177 平、剖视图 ⋯⋯⋯⋯⋯⋯⋯⋯⋯⋯⋯⋯⋯⋯（177）

图 4 - 137　M179 平、剖视图 ⋯⋯⋯⋯⋯⋯⋯⋯⋯⋯⋯⋯⋯⋯（178）

图 4 - 138　M179 出土器物 ⋯⋯⋯⋯⋯⋯⋯⋯⋯⋯⋯⋯⋯⋯⋯（179）

图 4 - 139　M191 平、剖视图 ⋯⋯⋯⋯⋯⋯⋯⋯⋯⋯⋯⋯⋯⋯（180）

图 4 - 140　M191 出土玉璜 ⋯⋯⋯⋯⋯⋯⋯⋯⋯⋯⋯⋯⋯⋯⋯（180）

图 4 - 141　M194 平、剖视图 ⋯⋯⋯⋯⋯⋯⋯⋯⋯⋯⋯⋯⋯⋯（181）

图 4 - 142　M194 出土玉管饰（M194∶1）⋯⋯⋯⋯⋯⋯⋯⋯⋯（181）

图 4 – 143　M195 平、剖视图 ···（182）

图 4 – 144　M195 出土铜镯上的编缀物 ······························（182）

图 4 – 145　M196 平、剖视图 ···（183）

图 4 – 146　M196 出土玉管饰（M196:1） ···························（183）

图 4 – 147　M202 平、剖视图 ···（184）

图 4 – 148　M202 出土残铜器（M202 填:2） ······················（184）

图 4 – 149　M207 平、剖视图 ···（185）

图 4 – 150　M207 出土玉器 ···（185）

图 5 – 1　ZK – 4432 树轮年代校正图 ···································（188）

图 5 – 2　ZK – 4433 树轮年代校正图 ···································（189）

图 5 – 3　ZK – 4435 树轮年代校正图 ···································（190）

图 5 – 4　ZK – 4437 树轮年代校正图 ···································（191）

图 5 – 5　ZK – 4438 树轮年代校正图 ···································（192）

图 5 – 6　ZK – 4429 树轮年代校正图 ···································（192）

图 5 – 7　水团花横切面 ···（197）

图 5 – 8　水团花径切面 ···（197）

图 5 – 9　水团花弦切面 ···（197）

图 5 – 10　硬木松类横切面 ··（197）

图 5 – 11　硬木松类径切面 ··（198）

图 5 – 12　硬木松类弦切面 ··（198）

图 5 – 13　青冈属横切面 ···（198）

图 5 – 14　青冈属径切面 ···（198）

图 5 – 15　青冈属弦切面 ···（199）

图 5 – 16　竹亚科横切面 ···（199）

图 5 – 17　竹亚科径切面 ···（199）

图 5 – 18　竹亚科弦切面 ···（200）

图 5 – 19　单个维管束的表面形态 ·······································（200）

图 5 – 20　缠绕物的韧皮纤维形态 ·······································（200）

图 5 – 21　铜矛（M6:2）骹内部件 ······································（202）

图 5 – 22　M35:8 金相照片 ···（206）

图 5 – 23　M35:8 显微组织中的（α + δ）共析体（较亮部分） ···（207）

图 5 – 24　M67:1 金相照片 ···（208）

图 5 – 25　M80:3 表面扫描电镜观察照片 ·····························（208）

图 5－26　M80∶11 铜箙饰金相照片 …………………………………………… (211)
图 5－27　M103 两件器物的金相照片 ………………………………………… (211)
图 5－28　M103∶9 硫化物夹杂的扫描电镜分析结果 ………………………… (212)
图 5－29　M104 铜器金相照片 ………………………………………………… (213)
图 5－30　铜扣饰（M80∶7） ………………………………………………… (220)
图 5－31　铜镯（T6166①∶3） ……………………………………………… (220)
图 5－32　铜扣饰（M80∶7）表面绿色镶嵌物的拉曼光谱图 ……………… (222)
图 5－33　铜扣饰（M80∶7）黑色黏合剂拉曼光谱图 ……………………… (222)
图 5－34　铜扣饰（M80∶7）黑色黏合剂的红外光谱图 …………………… (223)
图 5－35　加入墨粉的现代漆膜红外光谱图 ………………………………… (224)
图 5－36　铜镯（T6166①∶3）黏合剂的红外光谱图 ……………………… (224)
图 5－37　铜镯（T6166①∶3）黏合剂电泳凝胶 …………………………… (225)
图 5－38　铜扣饰（M80∶7）黑色黏合剂 GC－MS 总离子流图 ………… (225)
图 5－39　铜扣（H6∶1） …………………………………………………… (227)
图 5－40　铜镜（M38∶1） ………………………………………………… (228)
图 5－41　锈蚀坑的背散射图像 ……………………………………………… (230)
图 5－42　区域 2 的背散射图像 ……………………………………………… (230)
图 5－43　区域 3 的背散射图像 ……………………………………………… (230)
图 5－44　锈蚀坑边缘到中心元素含量变化 ………………………………… (231)
图 5－45　镜背区域 1 的背散射图像 ………………………………………… (231)
图 5－46　镜背区域 2 的背散射图像 ………………………………………… (231)
图 5－47　薛官堡玻璃珠的 SiO_2-K_2O 散点图 ………………………… (237)
图 5－48　薛官堡玻璃珠 $SiO_2-Al_2O_3$ 散点图 ………………………… (238)
图 5－49　薛官堡玻璃珠的 $CoO-MnO_2$ 散点图 ………………………… (240)
图 5－50　薛官堡玻璃珠的 $TiO_2-Al_2O_3$ 散点图 ……………………… (243)
图 5－51　薛官堡玻璃珠的主成分分析结果散点图 ………………………… (244)
图 5－52　玉玦（M207∶1） ………………………………………………… (246)
图 5－53　玉玦（M207∶1）直接透射红外谱图 …………………………… (247)
图 5－54　玉玦（M207∶1）口部切割痕 …………………………………… (247)
图 5－55　玉玦（M207∶1）内环微痕 ……………………………………… (247)
图 5－56　玉玦（M207∶1）切割痕 ………………………………………… (248)
图 5－57　玉镯（M168 填∶6） ……………………………………………… (248)
图 5－58　玉镯（M168 填∶6）直接透射红外谱图 ………………………… (248)

图 5-59　玉镯（M168 填:6）表面可见共生的黄铁矿晶体 ·················· （249）

图 5-60　玉镯（M168 填:6）表面可见磨痕和共生的黄铁矿晶体 ············ （249）

图 5-61　玉镯（M168 填:6）表面微裂隙 ·································· （249）

图 5-62　绿松石珠（M56:3） ·· （250）

图 5-63　绿松石珠（T6167①:1） ·· （250）

图 5-64　绿松石珠（M56:3）直接透射红外谱图 ·························· （250）

图 5-65　绿松石珠（T6167①:1）直接透射红外谱图 ······················ （250）

图 5-66　绿松石珠（M56:3）表面凹坑 ·································· （251）

图 5-67　绿松石珠（M56:3）表面磨痕 ·································· （251）

图 5-68　孔雀石珠（M168 填:2） ·· （251）

图 5-69　孔雀石珠（M168 填:2）纤维状晶体 ···························· （251）

图 5-70　铜扣饰（M80:7）及其上镶嵌的孔雀石小圆片 ···················· （252）

图 5-71　M168 填土出土的孔雀石料 ······································ （253）

图 5-72　M168 填土出土孔雀石料的射线粉晶衍射谱图 ···················· （253）

图 5-73　M168 填土出土孔雀石料的红外光谱图 ·························· （254）

图 5-74　玻璃珠（H8:6） ·· （254）

图 5-75　玻璃珠（H8:7） ·· （254）

图 5-76　玻璃珠（H8:7）表面圆坑边缘出现金属光泽小颗粒 ················ （255）

图 5-77　玻璃珠（H8:7）表面风化的气坑 ································ （255）

图 5-78　玻璃珠（H8:7）气坑表面裂隙 ·································· （255）

图 5-79　玻璃珠（H8:7）表面条带 ······································ （255）

图 5-80　玻璃珠（H8:7）表面云雾状纹样 ································ （256）

图 5-81　玻璃珠（H8:7）表面不规则纹样 ································ （256）

图 5-82　玻璃珠（H8:7）表面磨耗痕迹 ·································· （256）

图 5-83　玻璃珠穿孔内壁上的沟槽状微痕 ································ （256）

图 5-84　玻璃珠穿孔内壁上的沟槽状微痕 ································ （257）

图 5-85　玻璃珠穿孔内壁上隆起处微痕 ·································· （257）

图 5-86　石磨棒（M80:6） ·· （257）

图 5-87　石磨棒（M80:6）穿孔口部使用痕 ······························ （257）

图 5-88　石磨棒（M80:6）对向钻孔痕迹 ································ （258）

图 5-89　石磨棒（M80:6）中部表面 ···································· （258）

图 5-90　石磨棒（M80:6）近端处表面 ·································· （258）

图 5-91　石磨棒（M80:6）顶端表面 ···································· （258）

图5－92　铁削（M35：11）上的织物痕迹 ……………………………（262）

图5－93　铜柄铁剑（M66：1）上的织物痕迹 ………………………（262）

图5－94　铜柄铁剑（M66：1）上的纱状织物痕迹 …………………（263）

图5－95　铜柄铁削（M66：3）上织物痕迹 …………………………（263）

图5－96　铜柄铁剑（M69：1）上的织物痕迹 ………………………（264）

图5－97　铜斧（M20：1）下土样上织物痕迹 ………………………（264）

图5－98　M66铜泡饰及其背后穿线 …………………………………（265）

图5－99　M66铜泡饰背后穿线纤维纵面形态 ………………………（265）

图附1－1　H1平、剖视图 ……………………………………………（318）

图附1－2　H2平、剖视图 ……………………………………………（319）

图附1－3　H3平、剖视图 ……………………………………………（319）

图附1－4　H4平、剖视图 ……………………………………………（320）

图附1－5　H5平、剖视图 ……………………………………………（321）

图附1－6　H6平、剖视图 ……………………………………………（321）

图附1－7　H7平、剖视图 ……………………………………………（322）

图附1－8　H8平、剖视图 ……………………………………………（323）

图附1－9　H9平、剖视图 ……………………………………………（324）

图附1－10　H10平、剖视图……………………………………………（325）

图附1－11　H11平、剖视图……………………………………………（326）

图附1－12　H12平、剖视图……………………………………………（326）

图附1－13　H13平、剖视图……………………………………………（327）

图附1－14　H14平、剖视图……………………………………………（328）

图附1－15　H15平、剖视图……………………………………………（328）

图附1－16　H16平、剖视图……………………………………………（329）

图附1－17　H17平、剖视图……………………………………………（330）

图附1－18　H18平、剖视图……………………………………………（331）

图附1－19　H19平、剖视图……………………………………………（331）

图附1－20　H20平、剖视图……………………………………………（332）

图附1－21　灰坑出土陶罐 ……………………………………………（333）

图附1－22　灰坑出土器物 ……………………………………………（333）

图附1－23　乱坟岗发掘点平面图 ……………………………………（334）

图附1－24　M1平、剖视图 …………………………………………（335）

图附1－25　M1出土瓷罐（M1：1） ………………………………（335）

图附 1－26　M2 平、剖视图 ……………………………………………………（336）

图附 1－27　M2 出土铜钱拓本 …………………………………………………（336）

图附 1－28　M2 出土瓷罐（M2∶1） ……………………………………………（337）

图附 1－29　M3 平、剖视图 ……………………………………………………（337）

图附 1－30　M3 出土瓷罐（M3∶1） ……………………………………………（338）

图附 1－31　M4 平、剖视图 ……………………………………………………（339）

图附 1－32　M4 出土铜钱拓本 …………………………………………………（339）

图附 1－33　M4 出土瓷罐（M4∶1） ……………………………………………（340）

图附 1－34　M169 平、剖视图 …………………………………………………（341）

图附 1－35　M169 出土瓷器 ……………………………………………………（341）

图附 1－36　M216 平、剖视图 …………………………………………………（342）

图附 1－37　M216 出土瓷罐（M216∶1） ………………………………………（342）

图附 1－38　M217 平、剖视图 …………………………………………………（343）

图附 1－39　M217 出土铁器（M217∶1） ………………………………………（343）

图附 1－40　M218 平、剖视图 …………………………………………………（344）

图附 1－41　M218 出土瓷碗（M218∶1） ………………………………………（344）

图附 1－42　M220 平、剖视图 …………………………………………………（345）

图附 1－43　M220 出土器物 ……………………………………………………（346）

图附 2－1　陆良县博物馆藏铜剑 ………………………………………………（351）

图附 2－2　陆良县博物馆藏铜器 ………………………………………………（352）

图附 2－3　陆良县博物馆藏铜器 ………………………………………………（353）

图附 2－4　陆良县博物馆藏铜器 ………………………………………………（354）

图附 2－5　陆良县博物馆藏铜铃（LBC∶18） …………………………………（355）

图附 2－6　陆良县博物馆藏铜柄铁剑（LBC∶11） ……………………………（356）

图附 2－7　陆良县博物馆藏铁器 ………………………………………………（357）

表格目录

表 5 – 1 　薛官堡墓地出土人骨鉴定一览表 ………………………………（193）

表 5 – 2 　植物样品及鉴定结果 ……………………………………………（196）

表 5 – 3 　本文分析的薛官堡墓地青铜器 …………………………………（203）

表 5 – 4 　薛官堡墓地铜器的合金成分 ……………………………………（204）

表 5 – 5 　铜刻刀基体和黑色层的 SEM – EDS 成分分析 ………………（209）

表 5 – 6 　石范样品的 XRD 分析 …………………………………………（215）

表 5 – 7 　测试号对应的器物号及检测部位 ……………………………（216）

表 5 – 8 　石范表面层及基体成分 ………………………………………（218）

表 5 – 9 　铜扣饰（M80：7）黑色黏合剂检测到的化合物信息 ………（226）

表 5 – 10 　便携式 X 荧光仪检测表面成分 ……………………………（228）

表 5 – 11 　SEM – EDS 测试铜镜表面成分 ……………………………（229）

表 5 – 12 　锈蚀坑从边缘到中心成分数据 ……………………………（230）

表 5 – 13 　镜背不同区域成分数据 ……………………………………（232）

表 5 – 14 　本文分析的薛官堡墓地出土玻璃珠标本一览表 …………（234）

表 5 – 15 　薛官堡墓地出土玻璃珠的化学成分分析结果 ……………（236）

表 5 – 16 　孔雀石小管珠（M168 填：2）相关数据表 ………………（251）

表 5 – 17 　玉石器的成分分析结果 ……………………………………（259）

附表一 　墓葬登记表 ……………………………………………………（287）

附表二 　墓葬出土器物登记表 …………………………………………（308）

彩版目录

彩版一　薛官堡墓地远景（南一北）

彩版二　文物保护与公共考古活动

彩版三　发掘人员合影

彩版四　唐家坟发掘点墓葬分布

彩版五　周家坟发掘点墓葬分布

彩版六　陶罐

彩版七　陶罐

彩版八　陶高领罐

彩版九　陶豆、釜

彩版一〇　陶纺轮

彩版一一　铜剑

彩版一二　铜戈

彩版一三　铜矛

彩版一四　铜斧、锛

彩版一五　铜凿

彩版一六　铜凿、锄、爪镰

彩版一七　铜扣饰、片饰、铃

彩版一八　铁矛、甲片、斧、凿

彩版一九　铁削与铜铁合制器

彩版二〇　玉玦、璜、镯、管饰

彩版二一　玛瑙珠

彩版二二　玛瑙扣与绿松石珠、扣

彩版二三　石磨棒、范、刮削器

彩版二四　M6 及出土器物

彩版二五　M7 及出土器物

彩版二六　M10、M14 及 M10 出土器物

彩版二七　M14 出土器物及 M15

彩版二八　M18、M19

彩版二九　M18、M19 出土器物

彩版三〇　M20 及出土器物

彩版三一　M20 出土器物

彩版三二　M21 及出土器物

彩版三三　M21 出土器物

彩版三四　M22、M26 及 M22 出土器物

彩版三五　M30 及出土器物

彩版三六　M30 出土器物

彩版三七　M32 及出土器物

彩版三八　M34 及出土器物

彩版三九　M35 及出土器物

彩版四〇　M35 出土器物

彩版四一　M38 及出土器物

彩版四二　M38 出土器物

彩版四三　M39、M47 及 M39 出土器物

彩版四四　M50、M51 及 M50 出土器物

彩版四五　M53 及出土器物

彩版四六　M54 及出土器物

彩版四七　M55、M56 及 M55 出土器物

彩版四八　M56 出土器物

彩版四九　M57、M58 及 M57 出土器物

彩版五〇　M58 出土器物

彩版五一　M59、M61 及出土器物

彩版五二　M62 及 M61、M62 出土器物

彩版五三　M66 及出土器物

彩版五四　M66 出土器物及 M67

彩版五五　M69 及出土器物

彩版五六　M70 及出土器物

彩版五七　M71、M73 及出土器物

彩版五八　M76 及出土器物

彩版五九　M78、M80 及出土器物

彩版六〇　M80 出土器物

彩版六一　M80 出土器物

彩版六二　M100 及出土器物

彩版六三　M103 及出土器物

彩版六四　M103 出土器物

彩版六五　M103 出土器物

彩版六六　M105 及出土器物

彩版六七　M108 及出土器物

彩版六八　M109 及出土器物

彩版六九　M111、M113

彩版七〇　M111、M113 出土器物

彩版七一　M118、M120

彩版七二　M118 出土器物

彩版七三　M121、M123

彩版七四　M121、M123 出土器物

彩版七五　M124、M128 及 M128 出土器物

彩版七六　M129、M136

彩版七七　M136 出土器物

彩版七八　M137、M139

彩版七九　M137、M139 出土器物

彩版八〇　M140 及出土器物

彩版八一　M140 出土器物

彩版八二　M141、M142

彩版八三　M141、M142 出土器物

彩版八四　M146、M148 及 M146 出土器物

彩版八五　M148 出土器物

彩版八六　M149 及出土器物

彩版八七　M153、M159 及 M159 出土器物

彩版八八　M160、M167

彩版八九　M168 及出土器物

彩版九〇　M168 出土器物

彩版九一　M177、M179 及 M179 出土器物

彩版九二　M191 及出土器物

彩版九三　M194 ~ M196 及 M194、M196 出土器物

彩版九四　M202、M207 及 M207 出土器物

彩版九五　H8 出土器物

彩版九六　M1、M2 及出土器物

彩版九七　M3、M4 及出土器物

彩版九八　M169、M216 及出土器物

彩版九九　M218、M220 及出土器物

第一章　概述

第一节　地理环境

薛官堡墓地所在的陆良县位于云南省东部，属曲靖市（图 1 – 1）。县域总面积约 2018.8 平方千米，北接马龙县和麒麟区，东邻罗平县，南连师宗县、泸西县和石林县，西与宜良县为界。县城中枢镇，坐落于全县中部，西距省城昆明 160 余千米。因地处滇东高原腹地，陆良自古以来就是重要的交通孔道，向南、向西分别可进入滇东南和滇池地区；向北经曲靖、昭通，可达四川盆地；向东可至贵州、广西，今南（宁）昆（明）铁路从县内南部召夸镇通过。

陆良东、西、北三面环山，西南面也有岗丘起伏。东边的龙海山最高海拔 2687 米，西坡尤为陡峻，形成一道天然屏障。西边的牛头山最高海拔 2493 米，群峦叠嶂，谷壑相间，并逐步向东侧缓降。横亘在北边的为竹子山，最高海拔 2577 米。这些山脉都属于乌蒙山支侧脉的南延部分。县境中部平坦开阔，是典型的高原山间盆地，当地亦称平坝或坝子。盆地自东北向西南略呈扇形展开，海拔在 1831 ~ 1840 米之间，面积约 772 平方千米，是云南省最大的陆地平坝。从整个地势看，陆良县北高南低，发源于曲靖市麒麟区的南盘江（珠江上游）自北部流入，蜿蜒曲折贯穿全坝区，从西南流出县境。但若仅就盆地而言，情况则有所不同。盆地的北部和东部即板桥、三岔河以及马街等乡镇的部分区域，地势相对低洼，是古代断坳湖盆的深部区域，过去有成片的湖泊和沼泽（当地俗称"海子"或"荒海"）分布，也是南盘江经常泛滥淹没之地。经过历史上尤其是近现代以来的多次水利改造及涸复围垦，这些地方现多已成为土地肥沃且人烟稠密之所，但海拔仍明显低于盆地南部和西部。由此可见，陆良盆地古今地形、地貌变化较大，特别是盆地东部和北部的很多区域在古代并不适合人类定居和生活。

陆良县位于低纬度地区，南距北回归线 1°17′ ~ 1°51′ 之间，但因地处高原，受地势、海拔和大气环流等因素影响，属北亚热带高原季风型冬干夏湿气候区。其主要特点是：冬无严寒，夏无酷暑；冬干夏湿，干湿分明；光照充足，积温偏低。陆良的土

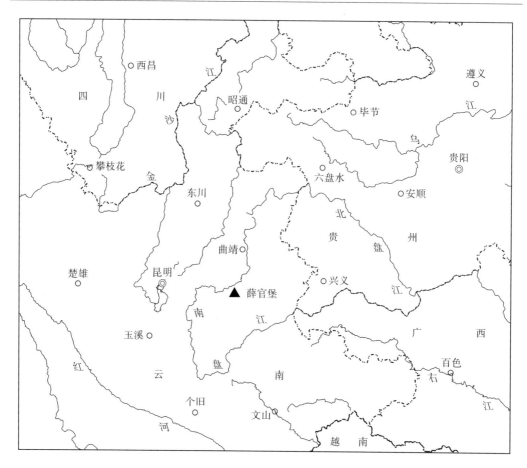

图 1-1　薛官堡墓地地理位置示意图

壤以红壤为主，约占总面积的 64.56%，其余还有棕壤、紫色土、草甸土、沼泽土、石灰（岩）土、水稻土等土壤类型。陆良属云南高原北亚热带植被区。明代以前覆盖着以云南松为主的针、阔叶林，木材储量丰富。据一些寺院碑刻记载和传闻，县城近郊的很多区域都曾为原始森林所覆盖，古木参天，植被良好。陆良矿产资源贫乏，其中金属矿主要有铁矿以及少量铜矿和铝锌矿等。

　　陆良现有人口约 60 万，绝大部分都为汉族，另有少量属彝、回、白、壮、苗等少数民族。元代以前，陆良人口构成状况无考。明代沐英征云南，大量迁徙移民。据记载，洪武年间设陆凉卫后，先后从内地迁徙约 3 万汉族人口进入陆良。此后，当地社会经济得以较快发展，人口也不断增加。

　　薛官堡墓地地处陆良盆地的南部边缘，位于马街镇薛官堡村西南角，与村子基本相连，东距 G324 国道约 600 米，北距县城中枢镇约 11 千米，西北距南盘江约 10 千米（图 1-2），地理坐标为北纬 24°55′26″，东经 103°41′01″，海拔 1859 米。墓地以东、以北有村舍分布，以南、以西地势呈斜坡状下降，至底处为古河道。古河道

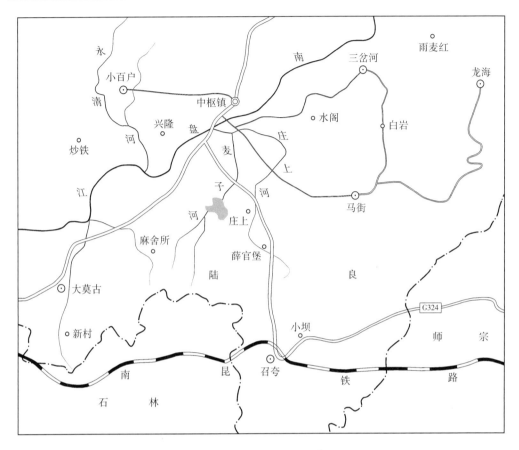

图 1 - 2 薛官堡村位置示意图

过去称庄上河,由墓地东南方向的西冲、南冲和终南山一带的山溪、泉水汇集而成,流经薛官堡墓地附近时呈弧形折向北方,最后流入南盘江。河道两侧河床宽广,两岸一些高地的断崖上还可见呈水平分布的螺壳化石层,说明更古的时候,这里实际上是一小的湖泊。现代以来,因上游兴建水库以及气候变化,河道水流逐渐减少。从解密的卫星照片看,1965 年的时候,河道尚有一定宽度。当地一些老人亦讲,过去遇到水流大时,无法过河到对岸山上做农活。现在的河道已变为一窄小的沟渠,沟渠两侧的河床则大多被开垦为农田,且地形经过平整,变化较大。墓地南侧古河道的对岸有一片地势较为平坦的台地,更远处则为延绵山地和丘陵。台地与山地之间地势低洼,据老乡讲,过去从山上流下的水顺此向西流淌汇入古河道。由于古河道地势低洼,最低处与墓地海拔高差达 13 米左右,加上河床宽广,且墓地处在河道转弯处,因此从墓地所在位置向南和向西远眺,显得地势高亢,视野十分开阔(图 1 - 3;彩版一)。

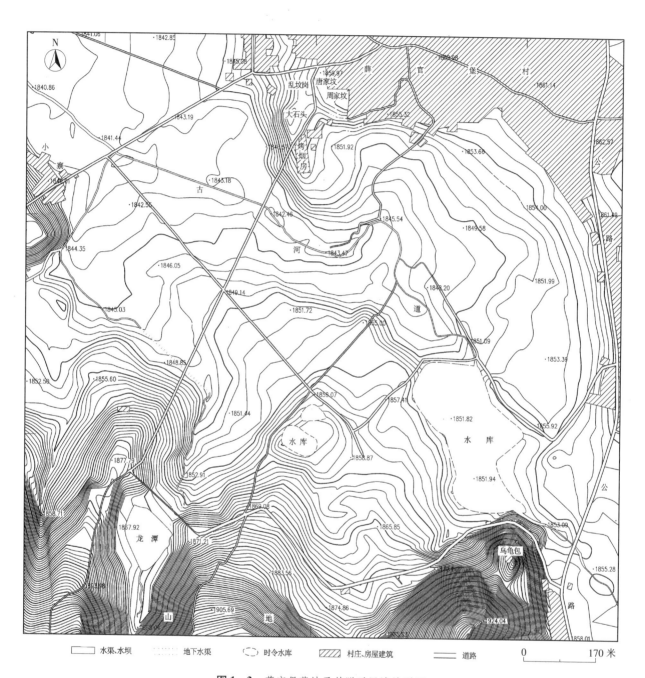

图中标注文字：

小寨

乱坟岗　唐家坟　薛官堡村

周家坟

大石头

烤烟房

古　河　道

水库

水库

龙潭

乌龟包

山地

公路

图例：
水渠、水坝　　地下水渠　　时令水库　　村庄、房屋建筑　　道路

0　　　170 米

图 1 - 3　薛官堡墓地及其附近区域地形图

第二节　历史沿革

陆良历史悠久，从境内出土的石锛、石斧、锥状石器等遗物看，这里早在新石器时代就有人类居住和活动。先秦至汉代，云贵高原属"西南夷"地。据《史记·西南夷列传》等文献的记载，当时的陆良可能是与滇"同姓相扶"的劳浸、靡莫的分布区域。

汉武帝开西南夷，于元封二年（公元前 109 年）征服滇，其后在云南一带置益州郡。陆良设同劳县，为益州郡所属二十四县之一。

蜀汉建兴三年（公元 225 年）诸葛亮南征后，改益州郡为建宁郡，郡治由滇池（今晋宁）迁驻味县（今曲靖）。陆良改隶建宁郡，仍名同劳。

晋更同劳为同乐，仍属建宁郡。东晋咸康五年（公元 339 年），建宁太守孟颜与宁州刺史霍彪火并，爨琛乘机统治滇池及滇东地区，爨钴、爨震自相承袭。县为爨氏故里，自此以爨氏为邑长。

南朝萧齐时期，建宁郡治所由味县迁于同乐县。

隋开皇四年（公元 584 年），将建宁、兴古二郡合并设昆州，治设今曲靖。陆良属昆州，仍名同乐，以爨氏为邑长统管之。

唐武德七年（公元 624 年），改南宁州为郎州，九年任命爨归王为郎州都督，其子仍相承袭。是时陆良属郎州，仍以爨氏为邑长。唐天宝年间（公元 742 年至 756 年），蒙舍诏统一六诏，随之灭爨，并摆脱唐的控制，逐渐控制云南，建立南诏国，将全境改划为十赕加七节度、二都督等行政区。陆良属拓东节度，废同乐县改设"爨鹿弄川"，以新兴之部族首领为邑长，取代了爨氏。

唐天复二年（公元 902 年）郑氏灭南诏后，云南地方政权经历了郑、杨、段、高诸氏争夺递嬗。公元 937 年，段思平联络滇东三十七部推翻大义宁国建立大理国，前期改爨鹿弄川为"吾颜甸"，隶阐善节度；后期改吾颜甸为"落温部"（三十七部之一），甸、部治迁今旧州，隶石城郡。

元宪宗三年（公元 1253 年），改落温部为"落温千户"，隶属落温蒙万户，治设今石林县。至元十三年（公元 1276 年），废落温千户设陆梁州，辖芳华、河纳两县。州治所设于今旧州，隶曲靖路总管府。

明洪武十四年（公元 1381 年），傅友德、蓝玉、沐英率军南征，十二月抵曲靖。白石江一战，歼元梁王主力，分兵取陆梁，攻克小堡城（今古城），擒帖木儿王子兄弟。陆梁州土官阿纳及元千户哈喇不花归顺，即任命阿纳为土知州，州名、州治仍未变，哈喇不花仍屯驻大堡。洪武十八年（公元 1385 年），改曲靖总管府为"曲靖军民府"，州隶曲靖军民府。洪武二十年（公元 1387 年），越州土司阿资叛明（当时陆梁、曲靖、富源、罗平等部分地区均为其控制）。沐英率军征讨，诏谕各部族归顺。是时州境土酋刘氏五兄弟"结寨叛乱"，沐继讨平。时值六月，气候阴霾，清冷，沐以古有"变作人间六月凉"诗句，遂改陆梁州为"六凉州"，意为六月寒凉之州。永乐五年（公元 1407 年），因水患将卫署迁今县城，州署仍设今旧州，以土官为知州，执掌州政，相袭递传。永乐初，裁撤芳华、河纳两县归州。弘治七年（公元 1494 年），增设流官知州。至万历中"改土归流"，由中央王朝直接委派知州。

清顺治十五年（公元 1658 年），清军灭南明永历政权，改布政使司为云南巡抚，其政区基本沿袭明旧制。州、卫名及隶属关系未变。康熙八年（公元 1669 年），裁卫归州，陆凉州署迁徙卫署（今县城东门街北廊），统设知州执掌州政。宣统三年（公元 1911 年）10 月 31 日，云南革命党人举行重九起义，推翻清廷云南政权，建立大中华云南军都督府。

民国二年（公元 1913 年）废府、州，改设省、县二级制政权，隶属云南省都督府，县乡绅牛星辉以"陆凉"义近荒凉，且不文雅，倡改陆凉为陆良，寄托"陆地良好之愿望"。经都督府批准，改陆凉州为陆良县。民国三十六年（公元 1947 年）县改隶云南省第二行政专员公署。

1949 年 12 月，中国共产党陆良县委及陆良县临时人民政府进驻县城接管，于 1950 年 4 月 1 日正式成立陆良县人民政府，改隶宜良行政专员公署。1954 年改隶曲靖行政专员公署。县名、县治驻地未变。

墓地所在的薛官堡村又名贞元堡村，是一个现有人口近 7000 人的行政村，居民基本都为汉族。从名称看，该村落最初可能是一处军堡或驿站，其形成与明代卫所制度有关。类似的地名在云南比较多见。当然，从有关文物古迹及考古发现看，薛官堡一带很早即有人类活动和聚落形成。目前除了薛官堡墓地之外，我们在墓地南侧古河道对岸的台地上面还曾采集到夹砂陶片和绳纹瓦片，可知有古代遗址甚至衙署类建筑遗存分布，年代当不晚于汉。蜀汉至南朝时期，薛官堡一带是南中大姓及统治者爨氏的一个聚居地和活动中心。著名的爨龙颜碑即发现于此，至今仍立于村中。另外，据当地文物管理部门及老乡介绍，过去在薛官堡附近还分布有很多的梁堆墓，但大多遭破坏。这些梁堆墓亦多有可能与爨氏有关。总之，从地形、地貌及各种迹象看，薛官堡及其附近在古代可能是陆良盆地的一个重要的人口聚居地，而唐代以前甚或一度是整个盆地的政治、经济中心。

第三节　陆良境内的文物古迹

20 世纪 50 年代以来，陆良境内在开挖疏浚河道、农业生产以及各类基本建设中，出土了不少古代遗物，包括石器、青铜器、铁器、陶器、瓷器等，其中有部分藏于县博物馆。陆良的地上文物古迹也比较丰富，共有国家、省、市、县各级文物保护单位70余处，其中国家级文物保护单位2处（爨龙颜碑、大觉寺），省级文物保护单位1处（钟灵书院），市、县级文物保护单位数十处。这些珍贵的文化遗产是陆良古代文明及其悠久历史的见证。

陆良出土的青铜器有剑、戈、斧、锛、锄、镰、釜、铃、扣饰等，大多具有土著文化风格，是战国秦汉时期"西南夷"的遗物（附录二）。

晋、南朝时期，南中大姓爨氏兴起，成为云南地区的统治者。陆良作为爨氏故里，留下了丰富的爨文化遗存。著名的"爨龙颜碑"（全称"宋故龙骧将军护镇蛮校尉宁州刺史邛都县候爨使君之碑"）是全国第一批重点文物保护单位，现矗立于薛官堡村斗阁寺内。该碑立于南朝刘宋大明二年（公元458年），为清道光年间云贵总督阮元访求名碑时所获，其碑文不仅具有极高的书法价值，而且记述了爨龙颜的事迹及爨氏家族的历史。爨龙颜碑与曲靖"爨宝子碑"以及陆良县博物馆藏东晋"祥光碑"等都是后人研究晋南朝时期云南地方史的珍贵资料。陆良境内发现的大量梁堆墓，也多与历史上的爨氏有关。遗憾的是，由于封土高大明显，这些梁堆墓大都被破坏和盗掘，几无完好保存下来的。

陆良境内尚存不少古城遗址，年代多属元明时期。其中，位于板桥镇的白塔村古城最为重要。该城址地处南盘江畔，除东面有一出口外，余皆为江水环绕，地面现可见夯土城墙。元代设陆梁州时，蒙古贵族帖木儿见这里地势险固，遂于此筑城并营建宫室居住。明初沐英南征，在此擒帖木儿，其后城废。

位于今县城中枢镇南部的大觉寺亦始建于元代。该寺规模宏大，布局严谨，是滇东地区重要的佛教古建筑，现为全国重点文物保护单位。寺内有一千佛塔，据县志记载，原名金鸡塔，始建于元代，以后历代都曾修葺。塔身砖砌，平面呈六角形，共7层，高18米。塔基以上塔身逐层收缩，并密布窗格样的佛龛1691个，每个龛内供奉陶制佛像1尊。塔顶覆铜锅1口，塔尖置石雕葫芦1具，并立有铁铸金鸡2只。

第四节　墓地发掘经过

在此次薛官堡墓地发掘以前，陆良盆地从未进行过科学的考古发掘工作。但近现代以来，尤其是新中国成立之后，陆良境内陆续出土过包括青铜器在内的一些战国秦汉时期的遗物。这些遗物现多保存于陆良县博物馆（附录二），其中有部分青铜器即出自于薛官堡村。

20世纪60年代以来，薛官堡村村民在村西南周家坟一带建房、筑坟、取土、打井和耕作过程中，曾多次发现青铜器、铁器等古代遗物。这些遗物除少量被收缴、征集并保存于陆良县博物馆外，大多散失。2005 年，云南省文物考古研究所、曲靖市文物管理所、陆良县文物管理所等单位在此进行勘探，发现近百座古墓葬，并初步判定该处存在青铜时代的古墓群①。参加此次勘探工作的有蒋志龙、徐文德、王洪斌、张逊、杨丽芳、朱峰等。

薛官堡墓地的发掘，是中国社会科学院考古研究所、云南省文物考古研究所、曲靖市文物管理所、陆良县文物管理所等单位合作开展的一项主动性的考古发掘工作，也是中国社会科学院哲学社会科学创新工程项目"秦汉时期西南夷地区考古发掘与研究"的具体实施内容之一。开展此项考古发掘，首先是学术研究的需要。薛官堡墓地所在的陆良盆地是云南最大的陆地平坝，但至今未进行过正式的考古发掘工作。而从该墓地以往出土文物及勘探情况看，这里很可能是一处与滇文化年代大致相同的土著青铜文化墓地。因此，对其发掘不仅可以填补战国秦汉时期"西南夷"考古的一个地域空白，而且有助于进一步揭示滇东高原的青铜文化面貌，对构建滇东黔西乃至整个云贵高原的西南夷土著青铜文化谱系、认识该地区古代历史进程尤其是中原化过程等均具有重要学术意义。其次，墓地的发掘也是文化遗产保护的需要。薛官堡墓地自发现以来，不断遭到破坏，有相当一部分墓葬已经不存或被现代村舍叠压。近年来由于水土流失、村民建房修墓以及盗掘等原因，墓地面临更大的破坏，保护形势愈加严峻。所以，为保护、抢救残存的部分墓葬，发掘工作也显得刻不容缓。为此，2012 年 3 月，中国社会科学院考古研究所王巍所长、云南省文物考古研究所刘旭所长等一道赴陆良对薛官堡墓地进行考察，并布置相关的发掘准备工作。

2012 年 6～8 月和 2013 年 7～9 月，经报请国家文物局批准，我们对薛官堡墓地先后进行了两次考古发掘。2012 年的发掘共揭露面积 555.37 平方米，发掘分周家坟和唐家坟两个地点。周家坟发掘点揭露面积 322.5 平方米，清理墓葬 76 座，其中除 4 座为明清墓葬外，均为战国秦汉时期的西南夷土著文化墓葬。唐家坟发掘点揭露面积 232.87 平方米，清理墓葬 90 座，均为西南夷土著文化墓葬。2013 年的发掘主要在周家坟进行，揭露面积 207 平方米，共清理墓葬 49 座，均为西南夷土著文化墓葬。此外，为探明墓地分布范围，2013 年还在附近的大石头、乱坟岗等几个地点进行了小面积的试掘，发现少量明清墓葬（图 1-4）。周家坟和唐家坟两个发掘点所清理的墓葬在随葬品等方面有些许差别，但文化面貌大体相近，发掘时统一编号。发掘按探方进行，探方为 5 米×5 米，正北方向，采用象限法布方。

---

① （云南）省、（曲靖）市、（陆良）县联合考古调查勘探队：《云南陆良县薛官堡古墓群考古勘探报告》，内部资料，2005 年。

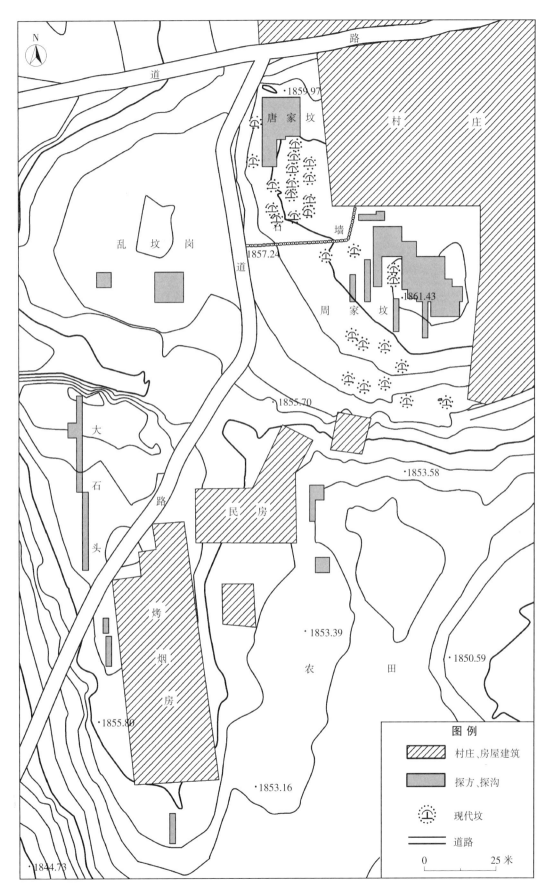

图例

图案	说明
斜线	村庄、房屋建筑
灰色	探方、探沟
坟符号	现代坟
线	道路

0   25 米

图 1－4 薛官堡墓地发掘点分布示意图

发掘中大量运用现代科技手段，注重对出土文物的保护性处理（彩版二：1），强化各种标本采集及多学科合作研究的意识，另外还开展了一系列公众考古活动（彩版二：2）。

发掘工作由中国社会科学院考古研究所杨勇领队并主持；参加发掘工作的还有云南省文物考古研究所朱忠华，陆良县文物管理所王洪斌、张逊、杨丽芳、朱峰，以及中国社会科学院考古研究所云南工作队的李常洪、王宗源、王堂宽、江励等。此外，四川省凉山彝族自治州博物馆孙策和会理县文物管理所梁建荣，四川大学考古系研究生李金凤、杨建华，南京大学历史系研究生陈昱文等，也先后参加过部分发掘工作（彩版三）；四川大学考古系研究生唐彬参加了墓地及附近区域的地形测绘工作。发掘过程中，中国社会科学院考古研究所考古科技实验研究中心的刘建国先生对测绘工作提出了宝贵意见，并提供了有关的地形图；钟建先生还赴工地开展了物探工作，为调查和发掘工作提供了重要信息。

薛官堡墓地的发掘得到国家文物局、云南省文物局以及曲靖市文化体育局等有关部门及领导的大力支持。中共陆良县委、县人民政府、县文化体育广播电视局、马街镇及有关领导对发掘工作高度重视，并积极协调，保证了考古发掘的顺利进行和圆满完成。薛官堡村的干部、群众也为墓地的发掘做出了重要的贡献。2012年首次发掘期间，中国社会科学院考古研究所白云翔副所长、云南省文物考古研究所肖明华副所长以及蒋志龙研究员等先后赴考古工地检查和指导工作。

第五节　资料整理与报告编写

为尽快刊布资料，我们在发掘结束后即着手薛官堡墓地发掘资料的整理及相关工作，后根据进展情况又很快启动了发掘报告的编写工作。资料整理和报告编写工作由杨勇主持并负责。

发掘资料整理工作于2012年首次发掘之后随即展开，期间除有关人员参加其他考古发掘工作外，基本未有中断。文字、图纸、照片以及器物修复和保护等基本材料的整理工作，主要由中国社会科学院考古研究所云南工作队承担，特别是进入报告编写阶段后，技师李常洪、何恬梦等做了大量的技术性工作。中国社会科学院考古研究所考古科技实验研究中心的张亚斌先生和摄影技师张鹿野对玉石器、玻璃器以及部分铜、铁器进行了照相，刘方先生、李淼先生指导了各种线图的绘制工作。中国社会科学院考古研究所文化遗产保护研究中心李存信先生、王浩天先生以及退休老专家白荣金先生参加或指导了部分出土器物的修复和保护工作。曲靖市麒麟区文物管理所刘成武先生热心为部分出土器物照相。北京大学考古文博学院胡东波先生为部分铜铁合制器拍摄了X光片。发掘之后，出土的检测标本分别送中国社会科学院考古研究所、北京大学考古文博学院、中国科学院大学人文学院等单位的相关考古科技实验机构进行检测和分析。碳十四测年由张雪莲承担，人骨和动物骨骼的鉴定分别由王明辉、吕鹏承担，植物种属的鉴定和分析由王树芝承担，铜器及相关遗物的检测和分析由崔剑锋、刘煜、王增林、刘建宇、任萌、杨益民承担，玉石器和玻璃珠的成分分析由崔剑锋承担，玉石器和部分玻璃器的微痕分析及工艺技术研究由叶晓红承担，纺织品的鉴定和分析由王丹承担。朱忠华、王洪斌、张逊、杨丽芳、朱峰以及首都师范大学研究生刘勇、邓晨钰、罗超也先后参加了部分资料的整理工作。

为了能将发掘资料全面、翔实、客观地呈献给读者，并便于查阅和使用，我们在编写发掘报告时，除了对墓葬及出土遗物进行必要的概述外，还以分述的形式将所有出土遗物的墓葬逐一予以报道，包括墓葬本身及随葬品。此外，报告的编写注重并强调对细节的描述，对于发掘和资料整理过程中观察到的现象力求详尽介绍，同时尽量减少主观性的推测。当然，这样的做法难免会造成一些内容上的重复。

与多数考古报告一样，本发掘报告也收入若干墓地出土标本的科技检测报告。但为充分发挥科技检测的作用与价值，真正达到多学科合作的目的，我们还根据具体的检测结果，在部分检测报告的基础上，与检测者一道就相关问题展开进一步的讨论，尽可能地解决一些学术问题。因此，这些检测报告将不以附录的形式出现，发掘报告在第五章"出土资料的科技考古研究"中专门报道和介绍这些检测结果及初步研究。

薛官堡墓地的地层中亦出土少量遗物，从特征看年代与墓地相当，原先多应是墓葬中的随葬品，后因墓葬遭到破坏而被扰动。考虑到将这些遗物放到第三章中与墓葬出土遗物（主要是随葬品）一起介绍，很容易造成混乱，故把它们放在第二章中与地层堆积一并叙述。薛官堡墓地的发掘中，还发现并清理了不少的灰坑以及明清时期的墓葬。灰坑的年代有早有晚，有的和墓地大约同时，也有的可能晚至宋元时期。类似的灰坑在云南其他地区战国秦汉时期的西南夷土著文化墓地中也时有发现，有的可能还与火葬墓[①]有关，故很值得关注。明清墓葬属于晚期遗存，其虽然不是墓地发掘的主要目标和内容，但这些资料对于了解墓地所在区域后来的开发、利用以及相关的人类活动和历史文化等都很有帮助，而且类似的考古遗存不是孤立的，也同样存在于云贵高原的其他地区，所以有必要将之报道出来，以利于相关的学术研究。为此，报告在附录一中专门来报道灰坑和明清墓葬这两类遗迹。报告附录二介绍的是陆良县博物馆藏青铜器及其他文物。这些文物全部为征集品，但大多可确定出自陆良境内。此外，还有的是从薛官堡村村民手中获得，当是薛官堡墓地所出。这些遗物过去从未发表过，

---

① 这类火葬墓见诸报道的主要有泸西石洞村墓地，年代据称可能早至东汉。参见云南省文物考古研究所、中共泸西县委、泸西县人民政府、红河州文物管理所：《泸西石洞村大逸圃墓地》，云南科技出版社，2009年。

而其中不乏一些值得关注的器类、器形，故在与陆良县博物馆协商之后，由该馆进行整理和编写，借此机会将之与薛官堡墓地发掘资料一并刊布，以发挥其应有的学术研究价值。

本报告中的插图，凡带指北针的，全部为全站仪所测磁北方向。另外，由于很多墓葬中被葬者头向无法确定，报告一律用墓坑纵轴方向来描述墓葬方向。墓坑纵轴方向，指的是长方形墓坑的纵向轴线与磁北针之间的夹角，以磁北针方向为 0 度，按顺时针方向计算。

在本报告出版之前，我们在初步整理的基础上曾发表过薛官堡墓地的部分发掘资料，包括发掘简报①。凡与本报告内容不符的地方，一律以本报告为准。

---

① 中国社会科学院考古研究所、云南省文物考古研究所、曲靖市文物管理所、陆良县文物管理所：《云南陆良县薛官堡墓地发掘简报》，《考古》2015 年第 4 期。

第二章　墓葬综述

第一节　墓地范围

　　薛官堡墓地2012年的发掘分两个地点，分别位于周家坟和唐家坟两处现代家族墓园内。周家坟位于南侧，平面近方形；唐家坟位于北侧，平面大致呈南北向长方形，其南界与周家坟北界的西半段相接，中间砌有石墙。两处墓园地势较高，如果将之看作一体的话，其东侧与村庄相接，西、北两侧为道路，南侧为农田及少量村民房舍。墓园内除一些现代坟外，还有不少空地，上面栽种桉树、柏树以及玉米、苜蓿等农作物，可以进行勘探和发掘。周家坟发掘点主要位于墓园的东北部，唐家坟发掘点位于墓园的北部，彼此直线距离不到40米，中间被村民房舍以及较为密集的现代坟相隔。

　　2013年，为进一步摸清薛官堡墓地的范围，我们根据2005年勘探提供的信息在周家坟南侧农田以及西侧和西南侧的乱坟岗、大石头等处再次进行勘探并展开试掘，未发现早期墓葬。据此可以确定，薛官堡墓地主要分布在地势较高的周家坟和唐家坟这两处现代墓园内。周家坟的墓葬主要集中于墓园东北部地势最高处，从发掘和勘探情况看，范围约1500平方米，北侧可能延伸至村民房舍之下。周家坟墓园南部和西部呈坡状，地势较低，发现的几座墓葬多属明清时期遗存。唐家坟发掘的墓葬都在北部，面积不到300平方米。墓园南部因被现代坟覆盖，无法进行勘探和发掘，但从北部发掘区的南壁剖面上观察，其下有墓葬分布。唐家坟发掘点东侧村民房舍下过去曾出土过铜器，估计也有墓葬分布。发掘点北边不远处即东西向道路的北侧，地势亦较高，有村民称以前在此曾捡到过玉石珠子等遗物。遗憾的是，这一带现在也已建起大量房屋，难以再探明其地下情况。

　　综上所述，由于地形变化以及被现代村庄和坟墓叠压，薛官堡墓地的原始范围和面积已很难再弄清楚。从墓葬发掘情况以及村民提供的信息来看，墓地主要分布在周家坟东北部到唐家坟北部一带，两个发掘点之间因无法开展工作而情况不详，但不排除两处墓葬原先是连为一体的可能。值得注意的是,相对于周围其他区域,这一带地势最高,墓地选址或与此有关。就墓地面积而言,推测原先至少在 2000 平方米以上(参见图 1-4)。

<h2 style="text-align:center">第二节　地层堆积</h2>

发掘区域地层堆积较为简单,除周家坟发掘点发现一些早期地层外,大部分都只有厚 0.2~0.4 米的近现代耕土层或扰土层,其下即见墓葬开口和黄褐色生土。发掘前,周家坟东北部地表栽种有桉树和玉米,地势南高北低。据当地村民回忆,过去这里地势较现在要高,后来村民盖房时多来此处取土,使得地面逐渐降低。但原来此处堆积状况究竟如何,已无从知晓。唐家坟北部地势较为平坦,发掘前地表种植玉米等农作物,靠近高地边缘处长有柏树。此地点发掘的墓葬大多墓坑很浅,有的几乎仅存墓底,可知原来的地势应当更高,墓地原始地面可能早已不存。

周家坟发现的早期地层主要分布在发掘点的南部,不太均匀,大致有 1 层。从发掘情况看,既有部分墓葬打破该层,也有墓葬开口于其下。因此,推测这是墓地使用期间人为或自然原因形成的堆积。现以 T6068 的东壁为例做一介绍(图 2-1)。

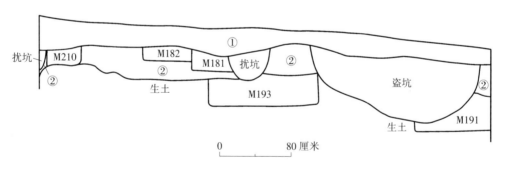

0　　　　　　80 厘米

图 2-1　T6068 东壁剖面图

第①层:耕土层。灰褐色土,因长期种植桉树,略显致密。厚 0.15~0.35 米。含陶片、炭屑以及沙石颗粒、塑料薄膜、植物根系等。该层下开口的墓葬有 M181、M182、M210 等,另外还有一些盗掘时留下的扰坑。

第②层:红褐色土,较致密,有一定黏性。厚 0.2~0.35 米。含少量陶片、烧土、炭屑以及零星碎铜片等。该层下开口的墓葬有 M191、M193 等。根据包含物及与相关墓葬的叠压、打破关系,推测该层为墓地使用期间形成的地层,年代不晚于西汉。

第②层下为黄褐色生土。

在墓地地层（包括耕土层）中出土一些遗物，有的和墓葬所出风格相近，可能多是从墓中扰动出来的。

（一）陶器　1件。

罐　1件。

T7056①：1，夹砂，灰黑色胎，表面呈红褐色，局部泛黑。侈口，方唇，圆肩，腹部微鼓，平底。素面。口径7.2、底径4.6、高10.8厘米（图2-2：1）。

（二）铜器　4件。

扣饰　1件。

TG3②：1，扣体呈甲虫形，腹部有一残扣。长3.8、宽2厘米（图2-2：5）。

镯　3件。

T6166①：1，残，宽片环状。外壁边缘凸起，中部残留少量黑色物质，推测原来镶嵌有孔雀石片等，但已脱落。直径6.7、宽0.9、厚0.2厘米（图2-2：7）。

T6166①：2，残，圆环状，横截面近三角形，棱角处较圆润。直径6、宽约0.4厘米（图2-2：8）。

T6166①：3，残，宽片环状，侧视呈扁梯形。外壁边缘凸起，中间预铸格槽，槽内镶嵌孔雀石片，孔雀石片形状不规则，底下残留有黄褐色黏合剂，经检测可能为某种植物胶或树脂类物质（参见第五章第四节）。铜镯一侧直径6.9、另一侧直径7.3、宽1.8、厚0.2厘米（图2-2：9）。

（三）玉石器　4件。

绿松石珠　1件。

T6167①：1，管状，中间略鼓，带穿孔，两端向内钻孔，对接处略有错位。绿色。高1、腹径0.73厘米（图2-2：6）。

玉璜　2件。

T6167②：1-1，半环形，一端较宽，另一端较窄，两端各有一穿孔。白色。长4.33、较宽一端宽1.15、较窄一端宽0.77、厚0.24厘米（图2-2：2）。

T6167②：1-2，半环形，一端较宽，另一端较窄，两端各有一穿孔。白色。残长3.37、厚0.18厘米，较宽一端残缺，较窄一端宽0.63厘米（图2-2：3）。

石坠　1件。

T7257②：1，片状，上端稍窄，有穿孔，下端较宽且斜直。长6.7、上端宽1.28、下端宽1.85、厚0.76厘米（图2-2：4）。

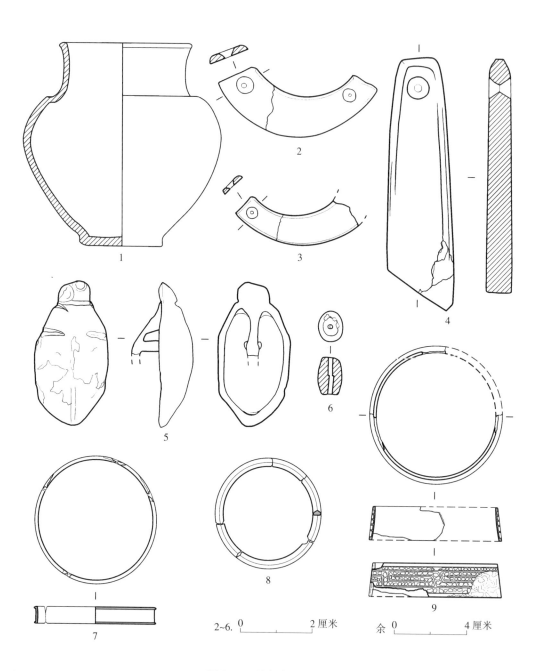

图 2 - 2　地层出土遗物

1. 陶罐（T7056①：1）　　2、3. 玉璜（T6167②：1 - 1、1 - 2）　　4. 石坠（T7257②：1）　　5. 铜扣饰
（TG3②：1）　6. 绿松石珠（T6167①：1）　7 ~ 9. 铜镯（T6166①：1 ~ 3）

第三节　墓葬排列与墓葬形制

　　周家坟和唐家坟两个发掘点所清理的墓葬在排列、形制等方面没有明显区别。这些墓葬均为竖穴土坑墓，以长方形为主，大多呈西北—东南向，少数近东西向，分布密集，叠压和打破关系非常复杂。

　　唐家坟发掘点共布 5 米×5 米探方 16 个（部分只发掘局部），揭露面积 232.87 平方米。在此范围内，共清理墓葬 90 座。墓葬亦大多为西北—东南向，分布密集，叠压和打破关系非常复杂（图 2 - 3；彩版四）。部分墓葬彼此并列，有成排分布的现象。

　　墓葬平面大多呈长方形，少数略呈梯形，有的四角略显圆润。M168 略显特殊，其平面呈平行四边形，其中一角还呈刀把状向外凸伸。墓葬均无墓道，另外除 M168 等个别墓葬发现残存封土外，一般都不见封土痕迹。墓坑壁大多较直，少数带生土二层台，由于遭晚期破坏较为严重，现存墓坑深度超过 1 米的很少，有的甚至仅剩几厘米或 10 余厘米。填土一般为红褐色或灰褐色土，较疏松。少数墓坑较大者填土为致密花土，有的似经夯实。如 M168、M175 等墓葬的填土由黄褐色土、红褐色土和白色膏泥土混合而成，十分坚硬致密，应是专门处理过的。就墓坑规模而言，所发掘墓葬大多属小型墓，长一般在 2 米左右，宽不到 1 米。另外也有少量规模较大的墓葬，其中最大的 M168 长超过 4 米，宽超过 3 米，是唯一一座大型墓。介于小型墓和大型墓之间的中型墓亦有几座，主要包括 M58、M108、M175、M191 等，长多在 3 米以上或接近 3 米，宽一般在 1.5 米以上。

　　周家坟发掘点共布 5 米×5 米探方 20 个（部分只发掘局部）、2 米宽探沟 6 个，揭露面积 529.5 平方米，清理墓葬 125 座（含 4 座明清墓葬）。所清理的墓葬绝大部分都位于墓园东北部地势较高处约 400 平方米的范围内，其中靠南部的墓葬分布尤为密集，墓坑大多为西北—东南向，叠压和打破关系非常复杂；靠北部有十余座墓葬情况略显特别，其方向多为东西向，且分布较为稀疏，很少有打破现象（图 2 - 4；彩版五）。

　　小型墓举例如下：

　　M21　位于唐家坟，长方形墓坑，长 2.46、宽 0.68、现存深 0.28 米（图 2 - 5；彩版三二：1）。

　　M80　位于周家坟，长方形墓坑，长 2.04、宽 0.55、现存深 0.35 米（图 2 - 6；彩版五九：3）。

　　M139　位于唐家坟，长方形墓坑，角略圆，长 2.1、宽 0.74、现存深 0.38 米（图 2 - 7；彩版七八：2）。

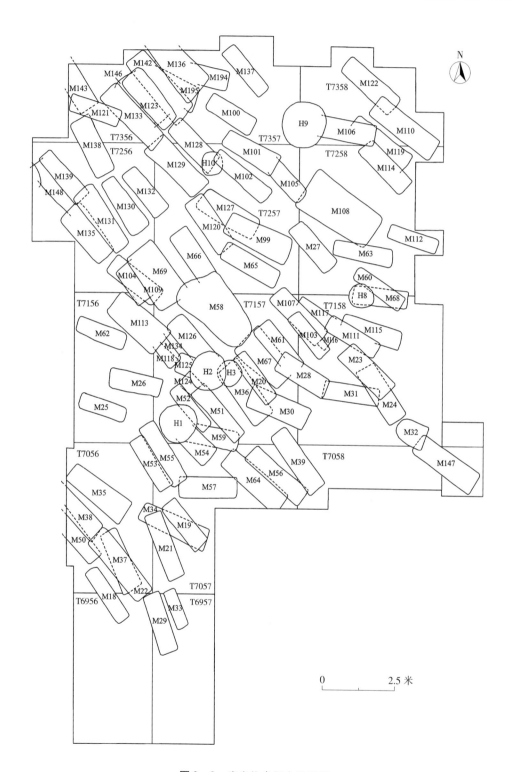

图 2－3　唐家坟发掘点平面图

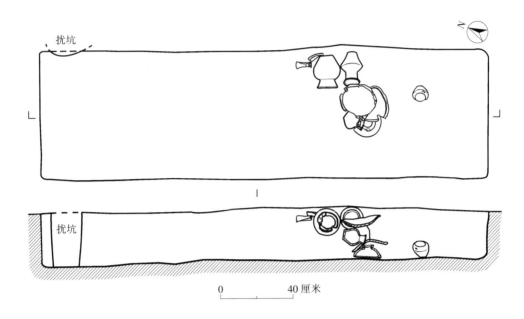

图 2 - 5　小型墓举例之 M21

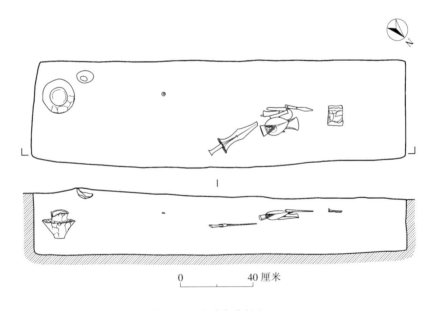

图 2 - 6　小型墓举例之 M80

M195　位于周家坟，长方形墓坑，长 2.22、宽 0.7、现存深 0.22 米（图 2 - 8；彩版九三：2）。

中型墓举例如下：

M108　位于唐家坟，墓坑平面略呈梯形，长 3.26、东南端宽 1.26、西北端宽 1.66、

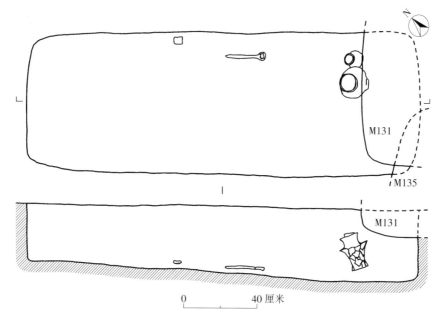

图 2 - 7　小型墓举例之 M139

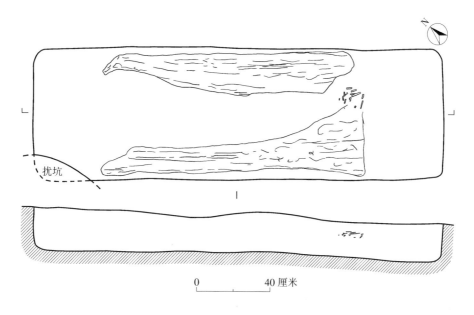

图 2 - 8　小型墓举例之 M195

现存深 0.7 米。墓坑西北端和西南侧下部有生土二层台，宽 0.18 ~ 0.52、高 0.3 米（图 2 - 9；彩版六七：1）。

　　M191　位于周家坟，长方形墓坑，长 3.8、残宽 1.54、现存深 0.52 米（图 2 - 10；

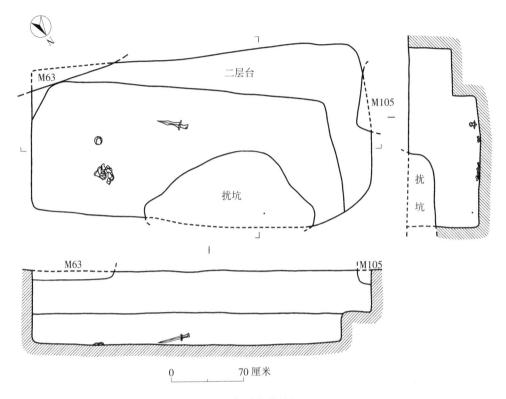

图 2 - 9 中型墓举例之 M108

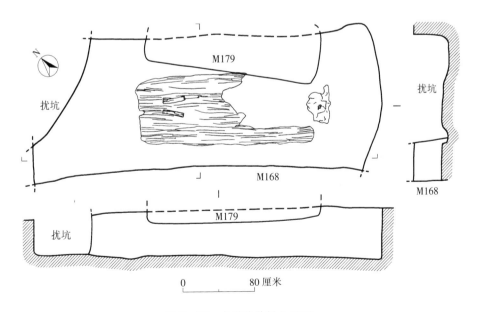

图 2 - 10 中型墓举例之 M191

彩版九二：1）。

大型墓举例如下：

M168　位于周家坟，墓坑平面近平行四边形，东北角呈短刀把状向外凸出，其余三角略显圆润。墓口纵轴长 4.5、两长边垂直距离 3.15 米，东北角凸出部分向外延伸长 0.2、宽 1.9 米。墓壁略斜，局部较平整，应经过人为加工。墓底小于墓口，纵轴长3.8、长边垂直距离 2.4 米，东北角凸出部分向外延伸长 0.56、宽 1.42 米。墓坑深约1.9 米（图 2－11；彩版八九：1）。

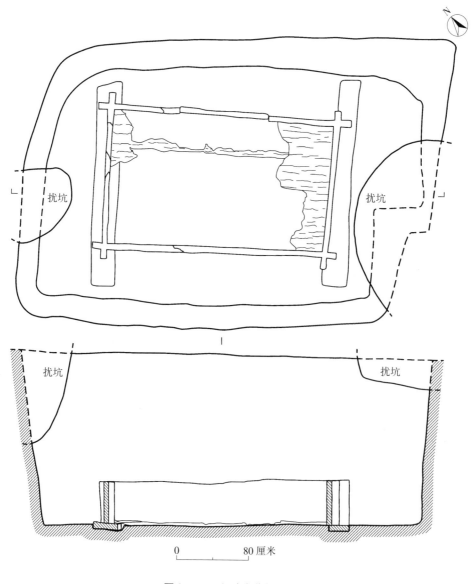

图 2－11　大型墓举例之 M168

第四节 葬具和葬式

薛官堡墓地发掘的墓葬中大多不见葬具，但也有一小部分于墓坑下部清理出板灰痕迹或炭化的木材，应与棺椁等木质葬具有关。这些发现葬具的墓葬主要分布于周家坟，其中 M168、M202 等还发现较清晰的"井"字形木椁痕迹。从发掘和清理的情况看，M168 木椁位于墓坑下部，椁室内部长 2.6、西北端宽 1.4、东南端宽 1.35、高约 0.5 米。椁的侧板已朽成板灰，但在椁室底部发现了炭化的木板，经检测属硬木松类木材（参见第五章第三节）。椁室两端的椁板下，还发现横置的镶于墓底凹槽内枕木痕迹（参见图 2 – 11；彩版八九：1）。M202 椁室内部长 2.12、宽 0.84、高约 0.16 米。另外，椁室底部依稀可见一层炭化物质，可能为椁底板痕迹（参见图 4 – 147；彩版九四：1）。M149 近墓底处发现长方形的框状板灰，可能为木棺痕迹（参见图 4 – 126；彩版八六：1）。其他墓多仅剩薄薄的 1～2 层板灰，但依稀可以看出条形木板的形迹，木板与墓坑纵轴方向大多一致。

因土壤腐蚀性强，仅在周家坟发掘的 M11、M67、M80、M149、M150、M151、M153、M154、M155、M156、M160、M168、M191、M199、M202 等少数墓葬中发现一些人的肢骨和牙齿。这些人骨保存极差，多无法准确判断性别。个体年龄方面，可测定者多属于成年个体，还有一例属于未成年个体（参见第五章第二节）。由于人骨保存差，很难对葬式做出判断。不过，从残存的人骨以及部分随葬品的摆放可以判断，薛官堡墓地的被葬者大多头向东南，以直肢葬为主。

第五节 随葬品

薛官堡墓地出土的随葬品总体来说不是很丰富，主要有铜器、铁器、陶器、玉石器、玻璃器、漆木器等，其中铜器均属青铜制品，数量最多，渐次为陶器、玉石器和铁器等。铜器以兵器、工具和装饰品为主，具体有剑、戈、矛、镞、镖、箙饰、镈、斧、锛、凿、锄、削刀、扣饰、镯、铃以及镜、印章和钱币等，其中斧、锛、凿以及镯相对较多。铁器主要有矛、斧、削刀等，另外还有铜柄铁剑等少量铜铁合制器。陶器包括罐、高领罐、釜、豆、纺轮等，以罐和高领罐居多。部分陶器火候极低，出土时已严重破碎，起取后无法拼对和修复。玉石器和玻璃器主要是一些装饰品，有玦、璜、镯、扣、管饰、珠等。漆木器发现较少，多仅剩漆皮。

各墓所出随葬品的数量多寡不一，多者 20 件以上，少的仅一两件。M168 等墓葬虽然规模较大，但因被盗，出土随葬品也很少。由于随葬品的出土数量不是很丰富，因此其组合关系也不太清晰。大致可以看出,铜器中镯往往是成组出土,而且一般不与其他随葬品共出;陶容器以偶数出现的较多;陶纺轮除个别外,一般不与兵器共出;石磨棒与金属兵器和工具共出。

随葬品的摆放有一定规律,其中铜器和铁器多放在墓坑中部,陶器等多置于被葬者头部附近,各种装饰品则主要位于生前佩带位置。另外,以下两点也与随葬品的摆放有关。

第一,很多墓葬的随葬品在出土时距墓底有一定的距离,少的几厘米或 10 余厘米,多的有超过 30 厘米的。此种现象也见于泸西石洞村和大逸圃墓地[1],我们最初推测,这可能是因为随葬品被特意摆放在被葬者身体或葬具之上所致的[2],但现在看来却并不尽然。例如 M57 随葬的一组 60 余件铜镯,出土时距墓底 30 余厘米,而从其摆放形态以及镯内残存的肢骨看,显然是佩戴于被葬者手臂上的,且被葬者手臂呈平放状态(参见图 4 - 55;彩版四九:1)。又如 M80 出土有 15 件随葬品,距墓底大多在 30 厘米以上,其中包括一件可能佩戴在被葬者头部附近的玉玦(参见图 4 - 80;彩版五九:3)。另外,该墓出土的铜矛(M80:5)下发现有炭化的硬木松木材,可能和棺椁等葬具有关(参见第五章第三节)。这些都说明,被葬者的身体及棺椁等在下葬时可能就不在墓底位置。至于被葬者及棺椁与墓底之间以何物相隔,或是否存在墓坑挖好后又于坑底垫土的可能,已无法弄清楚。但不管怎么说,这应当是一种葬俗的体现,反映了某种特殊的观念。

第二,多件金属器共同随葬时往往成堆摆放在一起,且上、下和周围常发现有一层黑色残留物,有些铜器起取后上面还印有明显的布纹痕迹。据此推测,这些金属器在埋葬时可能用布、革一类的有机质材料进行了包裹,然后统一放到墓中的。对部分金属器上的纺织品残留物或痕迹进行了观察和检测,结果虽因样品朽毁严重或炭化而难以判定其纤维类型,但从组织结构看,可确定多属粗密度织物,检测者推测其与衣着无关,而可能是专门包裹器物用的(参见第五章第六节)。

关于随葬品,还有一个值得注意的现象,即有相当一部分墓葬未出任何器物。薛官堡墓地共发掘清理了 211 座墓葬,其中出土随葬品的只有 70 余座,有近 65% 的墓葬未出随葬品。在云贵高原其他一些战国秦汉时期的西南夷土著文化墓地中,也存在类似的情形,但不出随葬品的墓葬比例极少有超过 50% 的。如曲靖八塔台墓地发掘的 340 余座墓

① 云南省文物考古研究所、中共泸西县委、泸西县人民政府、红河州文物管理所:《泸西石洞村大逸圃墓地》,云南科技出版社,2009 年。

② 中国社会科学院考古研究所、云南省文物考古研究所、曲靖市文物管理所、陆良县文物管理所:《云南陆良县薛官堡墓地》,《考古》2015 年第 4 期。

葬中，未出随葬品的约占38%[①]；曲靖平坡墓地发掘的近200座墓葬中，未出随葬品的约占36%[②]；泸西石洞村墓地发掘的90余座墓葬中，未出随葬品的约占38%[③]；泸西大逸圃墓地发掘的190座墓葬中，未出随葬品的约占43%[④]；赫章可乐墓地2000年发掘的100余座乙类墓（土著文化墓）中，未出随葬品的约占48%[⑤]。在薛官堡墓地的发掘过程中，我们注意到了这一"不正常"的现象，并对有关墓葬进行了仔细观察，未发现有迁葬的痕迹，遭晚期破坏的也很少。至于这些墓葬是本来就未葬人，即所谓的空墓，可能性也不大，因为其数量毕竟较多，且有部分是发现人骨的。最合理的解释可能还是"薄葬"，这是薛官堡墓地的一个较突出的特点。

---

① 云南省文物考古研究所：《曲靖八塔台与横大路》，科学出版社，2003年。

② 云南省文物考古研究所、曲靖市麒麟区文物管理所：《曲靖市麒麟区潇湘平坡墓地发掘报告》，《云南考古报告集（之二）》，云南科技出版社，2006年。

③ 云南省文物考古研究所、中共泸西县委、泸西县人民政府、红河州文物管理所：《泸西石洞村大逸圃墓地》，云南科技出版社，2009年。

④ 云南省文物考古研究所、中共泸西县委、泸西县人民政府、红河州文物管理所：《泸西石洞村大逸圃墓地》，云南科技出版社，2009年。

⑤ 贵州省文物考古研究所：《赫章可乐二〇〇〇年发掘报告》，文物出版社，2008年。

第三章　出土遗物

墓葬出土各类遗物共计286件（组），包括随葬品和墓坑填土中发现的遗物。墓葬随葬品占绝大多数，墓坑填土中发现的遗物很少，为加以区别，后者器物号中带有一"填"字。按质地分，这些器物主要有陶器、铜器、铁器、铜铁合制器、玉石器、玻璃器、漆木器等。

第一节　陶器

陶器共48件，其中残碎严重器形不明的有8件，可辨器形的40件。这些陶器大多为墓葬随葬品，少数出自耕土层或墓坑填土中。器类有罐、高领罐、釜、豆、纺轮等，以夹砂陶为主，少数为泥质陶。就罐、高领罐以及釜、豆等容器或炊器而言，器形一般不大，胎体较薄，器表多施一层黑色陶衣，并经磨光，但由于陶衣脱落严重，露出灰褐色或红褐色陶胎，因而显得较为斑驳。这些陶器表面大多为素面，少数在领部或肩部施刻划纹，还有少数于领部或肩部饰乳丁。从器形及部分陶器的胎壁看，可能多采用轮制技术，成形后表面作进一步的修整，部分陶器的表面清晰可见刮削和打磨的痕迹。总体看，这些陶器的烧制火候不高，以致部分陶器出土时严重破碎，起取后无法拼对和修复。从部分残碎陶片的茬口剖面看，很多陶器的胎芯呈灰黑色，与里、外表层颜色明显不同，犹如夹心饼干状。这种情况在滇东地区曲靖、宣威等地战国秦汉时期的西南夷土著文化陶器中较为常见，可能与陶土以及烧制火候、技术等有一定的关系。具体器类及形式划分如下：

陶罐　13件，其中可辨器型的11件。分四型。

A型　8件。侈口，圆肩，腹部微鼓，平底。

标本M8填:1，夹砂，灰黑色胎，表面呈红褐色，局部泛黑。方唇。素面。口径7.2、底径4.8、高9.2厘米（图3-1:1；彩版六:1）。

标本M21:2，夹砂，灰黑色胎，表面呈红褐色，局部泛黑。方唇。素面。口径7.4、底径5.2、高9.4厘米（图3-1:2；彩版六:2）。

标本M35:9，夹砂，表面呈灰褐色，局部泛黑。方唇。素面。口径8.2、底径6、

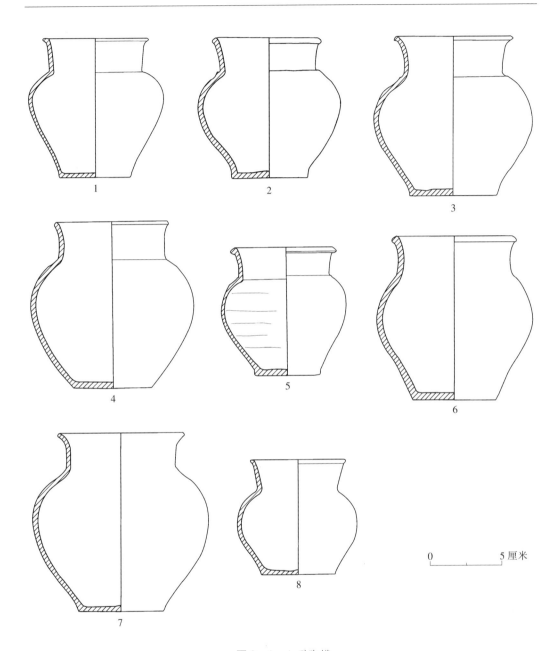

图 3 - 1　A 型陶罐

1. M8 填：1　2. M21：2　3. M35：9　4. M123：3　5. M136：3　6. M136：1　7. M139：2　8. M148：2

高 10.6 厘米（图 3 - 1：3；彩版六：3）。

标本 M123：3，夹砂，灰黑色胎，器表斑驳，局部呈黄褐色。方唇。素面。口径 7.7、底径 5.5、高 10.9 厘米（图 3 - 1：4；彩版六：4）。

标本 M136：1，夹砂，灰黑胎，器表斑驳，局部呈红褐色。方唇。素面。口径 9、底径 5.7、高 11 厘米（图 3 – 1：6；彩版六：5）。

标本 M136：3，夹砂，褐色胎，器表斑驳，局部泛黑。方唇。素面。口径 7.2、底径 4.4、高 8.5 厘米（图 3 – 1：5；彩版六：6）。

标本 M139：2，夹砂，表面呈灰褐色，局部泛黑。素面。口径 8.6、底径 5.8、高 11.6 厘米（图 3 – 1：7；彩版七：1）。

标本 M148：2，夹砂，表面呈灰黑色。圆唇。素面。口径 6.5、底径 4.7、高 7.6 厘米（图 3 – 1：8；彩版七：2）。

B 型　1 件。直口，方唇，圆肩，斜腹微鼓，平底。

标本 M21：5，夹砂，表面呈灰褐色，局部泛黑。素面，颈部饰一乳丁。口径 7.5、底径 5.5、高 10.3 厘米（图 3 – 2：1；彩版七：3）。

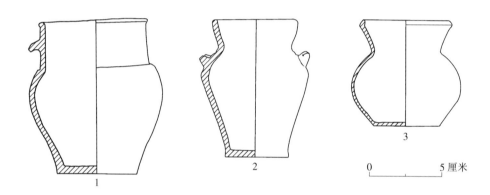

图 3 – 2　B、C、D 型陶罐
1. B 型（M21：5）　2. C 型（M21：7）　3. D 型（M148：1）

C 型　1 件。口略侈，方唇，折肩，斜腹较深，平底。

标本 M21：7，夹砂，表面呈灰褐色，局部泛黑。素面，肩部两侧饰对称的双乳丁。口径 5.9、底径 4.4、高 9.3 厘米（图 3 – 2：2；彩版七：4）。

D 型　1 件。敞口，尖唇略内折，圆肩，浅腹较鼓，平底。

标本 M148：1，夹砂，灰黑色胎，表面呈红褐色。素面。口径 6.2、底径 4.3、高 7 厘米（图 3 – 2：3；彩版七：5）。

陶高领罐　13 件，其中可辨器型的 9 件，可修复的 6 件。分四型。

A 型　5 件。口微侈，圆唇略尖，折肩，敛腹，平底。

标本 M21：3，夹砂，表面呈灰褐色，局部泛黑，较为光滑。肩部饰刻划纹，为两道弦纹中间夹网格状的交叉线纹，下面再接一周尖叶形纹。口径 6.3、底径 5.2、高 11.5 厘米（图 3 – 3：1；彩版八：1）。

标本 M136：2，泥质，红褐色胎，外表施一层灰褐色陶衣，局部脱落。肩部饰刻划

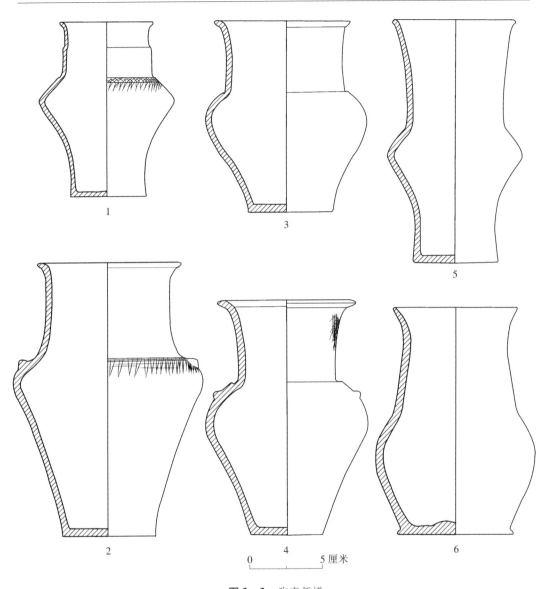

图 3 - 3 陶高领罐

1、2. A 型（M21:3、M136:2）　3、4. B 型（M10:1、M76:2）　5. C 型（M123:2）　6. D 型（M7填:2）

纹，上部为三道不连续的弦纹，下面再接一周尖叶形纹。此外，肩部两侧还饰对称的乳丁。口径9.8、底径6.4、高18.2厘米（图3-3:2；彩版八:2）。

B 型　2件。侈口，方唇，肩较圆，敛腹，平底。

标本 M10:1，泥质，表面呈灰褐色，局部泛黑，较为光滑。素面。口径9.3、底径5.7、高12.5厘米（图3-3:3；彩版八:3）。

标本 M76:2，夹砂，表面呈灰褐色，局部泛黑。领部两侧各有一组刻划的交叉纹，交叉纹下方的肩部各饰一乳丁。口径9.2、底径4.8、高15.9厘米（图3-3:4；彩版八:4）。

C 型　1 件。口微敞，方唇，领部高度约为整个器身的一半，折肩，敛腹，平底。

标本 M123∶2，夹砂，灰黑色胎，表面呈红褐色。素面。口径 8.5、底径 5.9、高 16 厘米（图 3 - 3∶5；彩版八∶5）。

D 型　1 件。侈口，圆唇略尖，溜肩，鼓腹，平底。

标本 M7 填∶2，夹砂，表面呈红褐色。素面。口径 8.4、底径 8、高 15 厘米（图 3 - 3∶6;彩版八∶6）。

陶豆　3 件。分二型。

A 型　2 件。浅盘，高柄略外鼓，喇叭口状座。

标本 M19∶2，夹砂，表面呈红褐色，局部泛黑，胎芯灰黑色。豆盘方唇，斜腹微鼓，圜底近平，豆座足沿起缘。素面。豆盘口径 10.9、豆座底径 9.8、高 10.9 厘米（图 3 - 4∶1；彩版九∶1）。

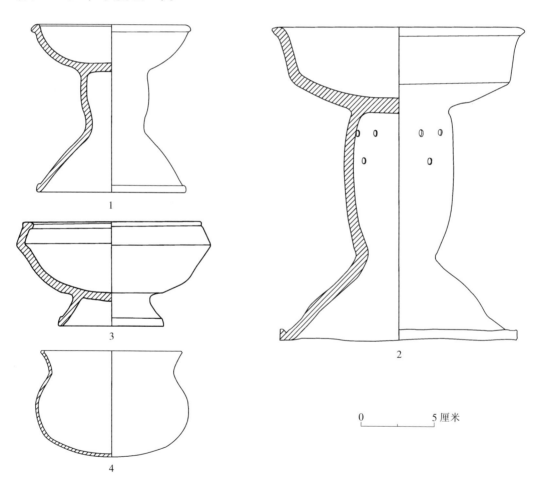

0　　　　　　5 厘米

图 3 - 4　陶豆、釜
1、2. A 型豆（M19∶2、M21∶4）　3. B 型豆（M21∶6）　4. 釜（M39∶1）

标本 M21:4，夹砂，表面呈红褐色，局部泛黑，胎芯灰黑色。豆盘圆唇，斜腹微鼓，圜底近平，豆柄靠上位置两侧各有 3 个大体对称的椭圆形小孔，豆座足沿起缘。素面。豆盘口径 17.5、豆座底径 16、通高 20.5 厘米（图 3 - 4:2；彩版九:2）。

B 型　1 件。深盘，矮柄。

标本 M21:6，夹砂，表面呈红褐色，局部黑色陶衣保存较好，较光亮，胎芯灰黑色。豆盘方唇，敛口，斜腹微鼓，圜底，柄较矮如外撇圈足。素面。豆盘口径 12.3、豆座底径 7.4、通高 6.9 厘米（图 3 - 4:3；彩版九:3）。

陶釜　1 件。

标本 M39:1，夹砂，表面呈红褐色，局部泛黑。侈口，圆唇，鼓腹，圜底。口径 9.7、高 7.2 厘米（图 3 - 4:4；彩版九:4）。

陶纺轮　10 件，部分残。大多夹砂，个别泥质，多呈灰黑色，少数红褐色或灰褐色。均素面。分二型。

A 型　9 件。扁圆饼形，中间有一圆形穿孔。根据纺轮侧边形制的变化，又分二亚型。

Aa 型　8 件。边略外鼓。

标本 M22:2，夹砂，灰褐胎，表面红褐色。素面。直径 3.7、孔径 0.4、厚 1 厘米（图 3 - 5:1；彩版一〇:1）。

标本 M39:2，残，剩一半。夹砂，红褐色。直径 3.5、孔径 0.4、厚 1.2 厘米（图 3 - 5:10；彩版四三:4）。

标本 M50:1，夹砂，灰黑色。直径 3.5、孔径 0.5、厚 1.4 厘米（图 3 - 5:3；彩版一〇:2）。

标本 M54:1，夹砂，灰黑胎，表面红褐色。直径 3.5、孔径 0.5、厚 1.3 厘米（图 3 - 5:4；彩版四六:2）。

标本 M62:1，残，约剩一半。夹砂，灰黑色。直径 3.3、孔径 0.4、厚 1 厘米（图 3 - 5:5；彩版五二:3）。

标本 M100:1，夹砂，灰褐色。直径 4、孔径 0.4、厚 1.1 厘米（图 3 - 5:6；彩版一〇:3）。

标本 M121:1，夹砂，灰黑色。直径 3.4、孔径 0.4、厚 1.2 厘米（图 3 - 5:2；彩版一〇:4）。

标本 M128:1，夹砂，红褐色。素面。直径 3.8、孔径 0.5、厚 0.9 厘米（图 3 - 5:7；彩版七五:3）。

Ab 型　1 件。斜边，两面大小不一。

标本 M35:10，泥质，红褐色，局部泛黑。直径一面 4.3、另一面 4.7、孔径 0.5、

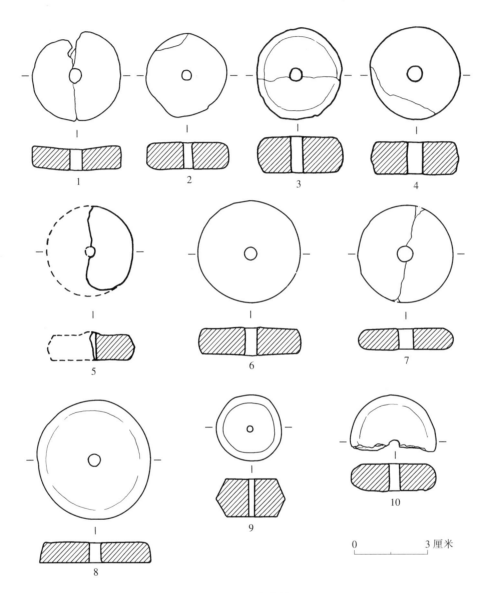

图 3 - 5　陶纺轮

1 ~ 7、10. Aa 型（M22∶2、M121∶1、M50∶1、M54∶1、M62∶1、M100∶1、M128∶1、M39∶2）　 8. Ab 型（M35∶10）　 9. B 型（M113∶3）

厚 0.8 厘米（图 3 - 5∶8；彩版一〇∶5）。

B 型　1 件。算珠形，中间有一圆形穿孔。

标本 M113∶3，泥质，灰黑色。直径 2.8、孔径 0.3、厚 1.4 厘米（图 3 - 5∶9；彩版一〇∶6）。

第二节　铜器

铜器共 150 件（组）。均为青铜制品，部分锈蚀严重，但大多可以看出器形。器类包括兵器、工具、装饰品、乐器、生活用具以及印章和钱币等，具体有剑、戈、矛、啄、镦、镖、箙饰、镈、斧、凿、锛、锄、削、刻刀、镯、扣饰、片饰、泡饰、铃以及镜、印章和钱币等。这些铜器既有铸造而成的，也有很多采用了锻造技术。铸造铜器的表面往往残留铸缝痕迹，一般使用双面合范铸造，带銎的有内范。有穿孔的铜器铸造时在穿孔位置预留长方形或方形支钉，支钉一般安装在内范上，有的长度不够，造成铸造成形后孔未穿透，再从器表将孔敲开，故从外表看，穿孔多呈不规则形，但内侧则较为规整。锻造技术主要使用于削、刻刀、箙饰、片饰等铜器上，很多细条环状手镯也采用了热锻工艺。部分锻造铜器上可见錾刻纹饰。

一　兵器

铜兵器有剑、戈、矛、啄、镦，另外还有镈、镖、箙饰等与兵器有关的附件或装饰物。这些兵器大多应为实用器，但也有少数制作比较粗糙，有的甚至为刚刚铸造成形的半成品，连铸缝上的毛边和毛刺还未来得及处理，推测可能是专门用于随葬而制作的。有一件铜矛（M6∶2）的锋部弯折明显，另一件铜戈（M22∶1）的援前部也略有弯折，这种故意将兵器折弯的做法，或许和某种习俗有关。部分铜矛出土时，骹内发现残存有柲、销钉等有机物，有的尚未完全腐朽或炭化。

铜剑　4 件。分二型。

A 型　3 件。一字格剑。茎部横截面略呈菱形，空首呈喇叭口状。根据刃部形制的变化，又分二亚型。

Aa 型　2 件。曲刃。

标本 M80∶2，刃较宽，圆脊，锋部残。茎部施勾连涡纹、编织纹、弦纹等，剑身后部施涡纹和曲线纹等构成的组合纹饰。残长 30.1、茎长 8.1、格长 7.5 厘米（图 3 - 6∶1；彩版一一∶1）。

标本 M108∶1，刃略窄，圆脊。茎中部排列有很多小的呈乳丁状的凸起，剑身后部施简单的草叶纹。通长 29.3、茎长 8、格长 7.5 厘米（图 3 - 6∶2；彩版六七∶2）。

Ab 型　1 件。斜直刃。

标本 M103∶1，锋部、格部和茎部均残。通长 22.5、茎长 6.2、格残长 3.7 厘米（图 3 - 6∶4；彩版一一∶2）。

B 型　1 件。无格剑。

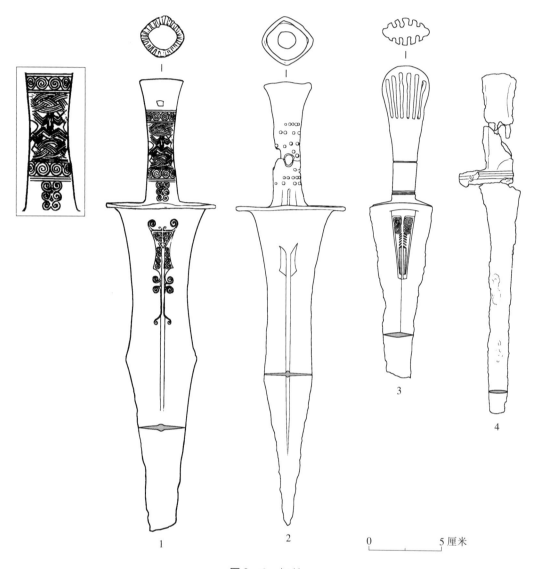

图 3 - 6　铜剑

1、2. Aa 型（M80：2、M108：1）　3. B 型（M6：1）　4. Ab 型（M103：1）

　　标本 M6：1，扁圆茎，茎部由下至上渐宽，上部两边各有六道竖条状的镂孔，刃部略残，锋部断裂。斜直刃，横截面呈扁菱形。剑身后部施双勾连涡纹等纹饰，颈部靠下位置施弦纹。通长 20.5、剑身宽 4.2 厘米（图 3 - 6：3；彩版一一：3）。

　　铜戈　4 件。均为无胡戈。其中出自 M103 的两件铜戈制作粗糙，属于非实用器。

　　标本 M103：5，内部略残，边缘铸缝未经处理，器表有较多红褐色铁锈状斑。残长17.4 厘米（图 3 - 7：1；彩版一二：1）。

　　标本 M103：6，残，仅剩援部，铸缝未经处理，器表有较多红褐色铁锈状斑。残长

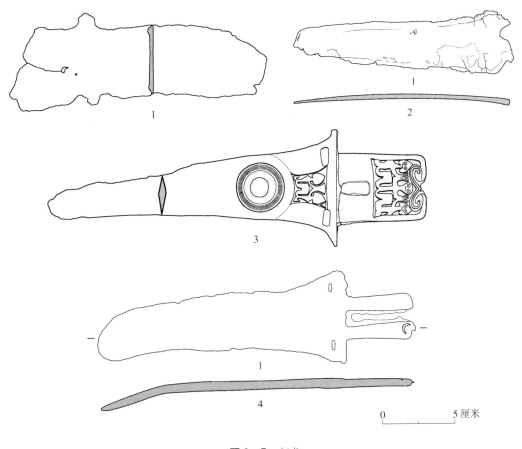

图 3 - 7　铜戈

1. M103：5　2. M103：6　3. A 型（M140：5）　4. B 型（M22：1）

15 厘米（图 3 - 7：2；彩版一二：2）。其余二件铜戈形制不同，分二型。

A 型　1 件。长方形内，条形援。

标本 M140：5，内部靠近阑处有一近长方形穿，援微曲，后部中空并有一圆穿，近阑处带 2 个近长方形穿。戈的正反两面纹饰大体相同，内和援的后部均施牵手人物纹饰，内端还施卷云纹，援后部圆穿外施两周弦纹，内填短线纹。通长 25.8、援长 19.7、阑宽 7.7 厘米（图 3 - 7：3；彩版一二：3）。

B 型　1 件。内部分叉，条形援，锋部较圆润。

标本 M22：1，援部一面较平直，另一面中部起不明显脊，前部略有弯折，近阑处两面各有 2 个长方形穿孔，且两面对称，可能是想预留穿孔，但因铸造原因，穿孔未打通。内部末端一角有一月牙形图案，月牙下凹。通长 21.6、援长 15.5、阑宽 6.1 厘米（图 3 - 7：4；彩版一二：4）。该件铜戈制作亦较粗糙，内部铸缝未经打磨等处理，援部可见很多气泡状小孔。

铜矛 6 件。其中出自 M103 的两件铜矛制作粗糙，属于非实用器。

标本 M103：2，椭圆形銎口残，叶部左右略显不对称，铸缝未经处理，器表有较多红褐色铁锈状斑。残长 12.5、骹残长 1.5、骹口长径 1.4 厘米（图 3 - 8：1；彩版一三：5）。

标本 M103：3，短骹，骹口圆形，锋部残，铸缝未经处理，骹口因合范错位而变

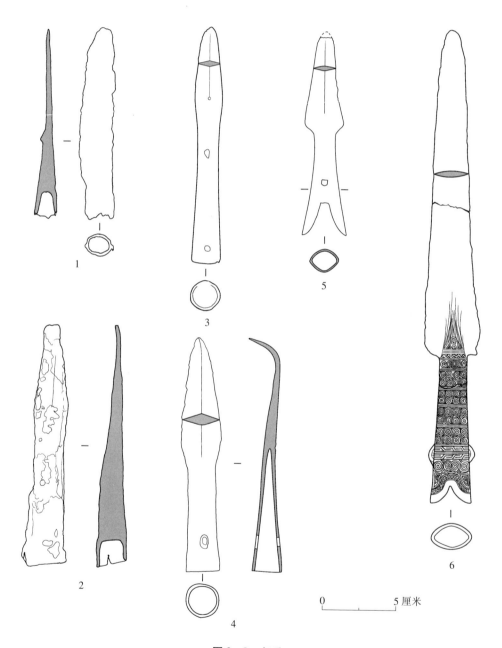

图 3 - 8 铜矛

1. M103：2　2. M103：3　3. Aa 型（M80：5）　4. Ab 型（M6：2）　5. Ba 型（M140：4）　6. Bb 型（M140：2）

形，器表有较多红褐色铁锈状斑。通长 15.7、骹口直径 1.8 厘米（图 3 - 8：2；彩版一三：6）。

其余 4 件铜矛各有特点，分二型。

A 型　2 件。圆骹。根据叶的形制不同又分二亚型。

Aa 型　1 件。叶较窄，且短于骹部。

标本 M80：5，骹部两面前、后端各有一穿孔，彼此对称，叶中线起脊。通长 15.7、骹长 9、骹口直径 2、叶宽 1.9 厘米（图 3 - 8：3；彩版一三：1）。

Ab 型　1 件。叶略宽，与骹部长度相近。

标本 M6：2，圆鍪前后各有一穿孔，叶部中线起脊，前端弯折。通长 15.3、骹口直径 2.2、叶宽 2.6 厘米。该铜矛叶后端一面起脊处有一明显砍砸痕迹（图 3 - 8：4；彩版一三：2）。

B 型　2 件。椭圆形骹，骹口分叉。根据叶部等形制不同又分二亚型。

Ba 型　1 件。叶较短，后端两侧有较明显折角。

标本 M140：4，骹部两面有对称穿孔，叶部中线起脊，锋部略残。残长 13、骹长 6.7、骹口长径 3、叶宽 2.7 厘米（图 3 - 8：5；彩版一三：3）。

Bb 型　1 件。叶较长，似柳叶形。

标本 M140：2，骹部带双耳，叶部较扁，似短剑。骹部施多组纹饰，以勾连涡纹为主，另有雷纹、圆圈纹等，各组纹饰间多以弦纹相隔。叶后部与骹相接处施锯齿状纹以及其他各种线条纹。通长 31.3、骹长 9.8、骹口长径 2.8、叶宽 3.7 厘米（图 3 - 8：6；彩版一三：4）。

铜镞　9 件。多残，均圆筒状銎铤。可辨器型的有 6 件，根据镞身形制不同，分三型。

A 型　1 件。镞身细长，呈柳叶形，后部带血槽。

标本 M80：10，铤前部带对称穿孔，两侧可见铸缝。残长 8.1、铤径 0.65、镞身宽 1 厘米（图 3 - 9：1；彩版六一：7）。

B 型　4 件。镞身较短，呈宽叶形，中间带血槽。又可分二亚型。

Ba 型　1 件。镞身后部两侧呈折角状。

标本 M20：2 - 1，残长 4.6、铤径 0.85、镞身宽 1.5 厘米（图 3 - 9：2；彩版三〇：3）。

Bb 型　3 件。镞身后部两侧带翼状倒刺。

标本 M66：5 - 2，残长 5.1、铤径 0.6、镞身宽 1.4 厘米（图 3 - 9：4；彩版五四：3）。

标本 M66：5 - 3，铤和镞身均残，残长 4.1 厘米（图 3 - 9：5；彩版五四：3）。

标本 M66：5 - 4，残长 4.4、铤径 0.6、镞身宽 1.4 厘米（图 3 - 9：3；彩版五四：3）。

C 型　1 件。锥状圆筒形。

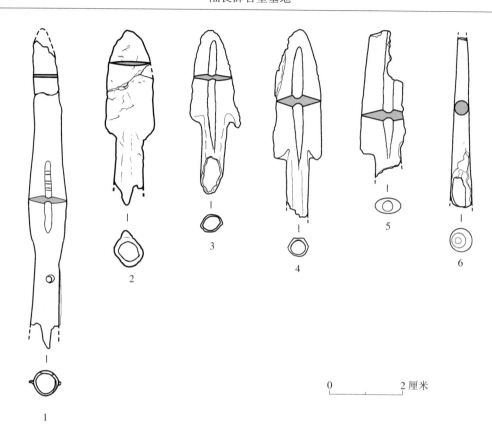

图 3 - 9 铜镞

1. A 型 （M80：10）　　2. Ba 型 （M20：2 - 1）　　3 ~ 5. Bb 型 （M66：5 - 4、5 - 2、5 - 3）
6. C 型 （M66：5 - 6）

标本 M66：5 - 6，残长 4.5、铤径 0.5 厘米 （图 3 - 9：6；彩版五四：3）。

铜啄　1 件。

标本 M168：1，整体呈字母 "T" 形，筒形空心銎，刺实心，略呈柱状，前端残。銎长 2.6、直径 1.1 厘米，刺残长 10.1、直径 0.65 ~ 0.9 厘米 （图 3 - 10：1；彩版八九：3）。

铜镈　1 件。

标本 M53：1，半圆锥状，銎口略残，半弧的一面自上而下有一列共 7 个近方形穿孔，平的一面有上、下两个长条状穿孔，穿孔边沿残。口径 2.1、残长 11 厘米 （图 3 - 10：3；彩版四五：2）。

铜镖　1 件。即剑鞘末端的铜质构件，同时具有装饰作用。

标本 M66：2，扁方筒状，下部尖收，尖端较圆钝，正面上部近口处有左、右两个穿孔，下部亦有一竖条状穿孔，背面口部呈方形下凹，凹口下有左、右两个穿孔，中线有一隆起的半圆形脊棱，脊棱下部亦有一竖椭圆形穿孔。正面上部铸上、下两个横

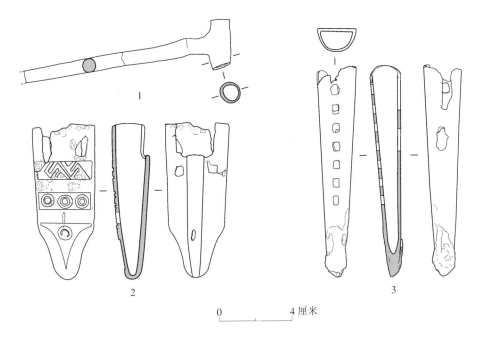

图 3 – 10 铜啄、镖、镈
1. 啄（M168∶1） 2. 镖（M66∶2） 3. 镈（M53∶1）

长方形凹框，上框内施折线纹，下框内施 3 个圆圈纹，圆圈内有乳丁，下部靠尖端处铸一近倒三角形的凹框，框内施一圆圈纹加乳丁。通长 8.2、口部长 3.4、口部宽 1.6 厘米（图 3 – 10∶2；彩版五四∶2）。

铜箙饰 1 件。

标本 M80∶11，残，无法复原。大致呈扁圆筒形，壁和底分制合成。壁的表面可见纹饰，由錾刻的点和线构成，较为精细，但多被土锈以及残留的布纹等所遮盖，无法看清具体图案。壁上还有成列分布的乳丁状突起装饰，直径约 0.8 厘米，每列 4 个，具体列数不详。高 7.2、壁厚 0.07 厘米，直径从出土现场看约 10 厘米。出土时上下均有一层黑色的炭化物质，推测是竹、木等所制箭箙的残留物（彩版六〇∶4）。

二 工具

铜工具有斧、锛、凿、锄、削等，多为实用器，但也有少量制作粗糙者可能是专门用于随葬的。

铜斧 2 件。竖銎，平底，銎口近方形，器身较长，腰微束，弧刃较宽。

标本 M35∶1，銎部一面和一侧有竖长方形穿孔（从銎内看，另一面和另一侧亦有竖长方形穿孔）。銎部一面施勾连涡纹等纹饰，外加竖长方形框，框上又施双凸弦纹，并延伸至两侧。长 23.2、銎口宽 4.6～4.7、刃部宽 7.4 厘米（图 3 – 11∶1；彩版一四∶1）。

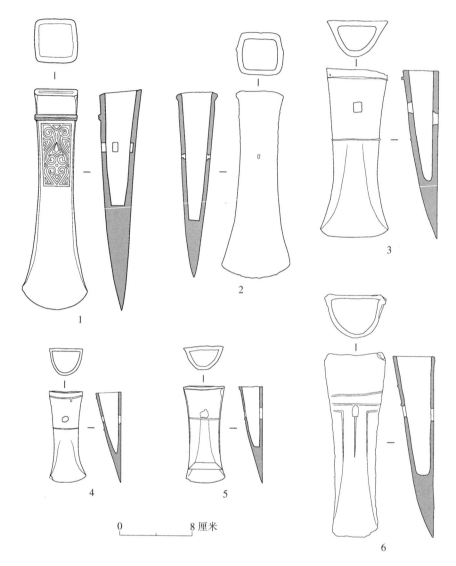

图 3－11　铜斧、锛

1. 斧（M35∶1）　2. 斧（M20∶1）　3～5. A 型锛（M80∶8、M80∶9、M140∶1）　6. B 型锛（M141∶1）

标本 M20∶1，銎部两面有对称穿孔。素面。长 19.7、銎口宽 5、刃部宽 7.4 厘米（图 3－11∶2；彩版一四∶2）。

　　铜锛　4 件。均竖銎，半圆形銎口，背面平直，正面弧形，下部形成单面刃。根据器形尤其是刃部宽度不同，分二型。

　　A 型　3 件。弧刃较宽，腰微束。

　　标本 M80∶8，銎部正面有一方形穿孔，背面有一竖条形穿孔。正面近銎口处和器身中部各有一道凸弦纹。长 18、銎口宽 6.6、刃部宽 7.4 厘米（图 3－11∶3；彩版一四∶3）。

标本 M80：9，銎部位置正、反两面有对称的穿孔。正面有上、下两道凸弦纹。长9.8、銎口宽3.8、刃部宽4.1厘米（图3-11：4；彩版一四：4）。

标本 M140：1，銎部位置正、反两面有对称的穿孔。正面銎口和穿孔下方各有一道凸弦纹。长10.1、銎口宽4.4、刃部宽4.3厘米（图3-11：5；彩版一四：5）。

B型　1件。平刃较窄，器身显得上宽下窄。

标本 M141：1，銎部位置正、反两面有对称的穿孔。正面穿孔上方有两道凸弦纹，下方有一凸起的短竖线纹，竖线纹两侧对称分布凸折线纹，折线纹向下与器身棱角自然相接。长19.1、銎口宽6.6、刃部宽4.9厘米（图3-11：6；彩版一四：6）。

铜凿　7件。均竖銎。分二型。

A型　3件。背面平直，正面弧形，形似瘦长的锛。根据器形尤其是刃部宽度不同，又分二式。

Ⅰ式　1件。平刃较窄。

标本 M80：4，半圆形銎口，銎部正、反两面有对称的竖条状穿孔。正面靠近銎口处有一道凸弦纹。长10.5、銎口宽2.4、刃部宽2厘米（图3-12：1；彩版一五：1）。

Ⅱ式　2件。弧刃较宽，腰微束。

标本 M21：1，銎口呈梯形，銎部正面有一竖条状穿孔，两侧亦各有一穿孔。銎部正面和两侧穿孔上方有一道凸弦纹。长7.9、銎口宽1.9、刃部宽2.1厘米（图3-12：3；彩版一五：2）。

标本 M118：1，方形銎口，銎部正面有一不规则形穿孔，背面有上、下两个穿孔，上孔近方形，与正面穿孔大致对称，下孔竖椭圆形。正面及两侧銎口下方有双凸弦纹。长8.2、銎口宽2.5、刃部宽3厘米（图3-12：2；彩版一五：3）。

B型　4件。方形銎口，腰微束，弧刃较宽。

标本 M55：1，刃部上方有一对称方形穿孔，器身下部一面也有一残缺的穿孔，但另一面为一月牙形凹坑。长9.1、銎口宽2.4、刃部宽2.9厘米（图3-12：6；彩版一五：4）。

标本 M56：1，方形銎口，銎口下方一面有上、下两个穿孔，上孔近圆形，下孔形状不规则，另一面亦有一形状不规则穿孔。残长6.8、銎口宽1.9、刃部残宽1.9厘米（图3-12：4；彩版一五：5）。

标本 M103：8，銎部四角各有1个穿孔，且大体对称，制作粗糙，铸缝未经处理，器表有较多红褐色铁锈状斑。长8.6、銎口宽2、刃部宽3.3厘米（图3-12：5；彩版一五：6）。

标本 M103：9，一面有一近方形穿孔，另一面有一竖条状穿孔，制作粗糙，铸缝未经处理，器表有较多红褐色铁锈状斑。长12.1、銎口宽2.6~2.8、刃部宽4.4厘米（图3-12：7；彩版一六：1）。

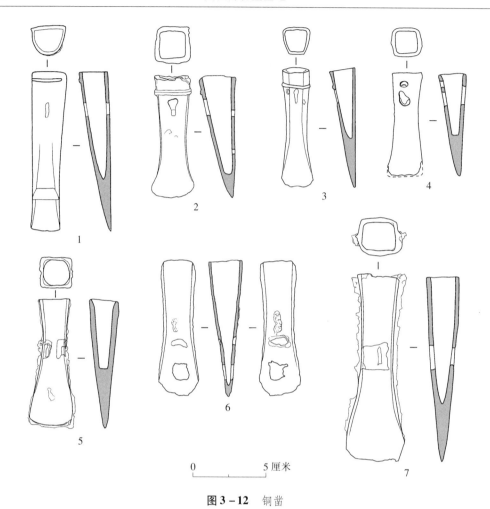

图 3 - 12　铜凿

1. A 型Ⅰ式（M80：4）　　2、3. A 型Ⅱ式（M118：1、M21：1）　　4~7. B 型（M56：1、M103：8、M55：1、M103：9）

铜削　8 件。多残，形制接近。扁长柄，刃较直或略向内弧，锋部较尖，刃背略向上弧，与柄背连为一体。

标本 M34：1，残长 14.2 厘米（图 3 - 13：1；彩版三八：2）。

标本 M55：2，器身一面较平直，另一面略弧，刃背近前锋处下弧明显。通长 16.5、柄长 6.1 厘米（图 3 - 13：2；彩版四七：4）。

标本 M70：2，锋部和柄端略残，刃部弯曲变形。残长 22.5、柄长 7.2、刃宽 3.3 厘米（图 3 - 13：7；彩版五六：3）。

标本 M103：7，器身一面平直，另一面微鼓，一端略有弯曲，刃部和柄部分界不明显。长 16、宽 1.7 厘米（图 3 - 13：3；彩版六四：4）。该件铜削制造粗糙，表面凹凸不平，边上铸缝未经处理，表面有较多红褐色铁锈状斑。

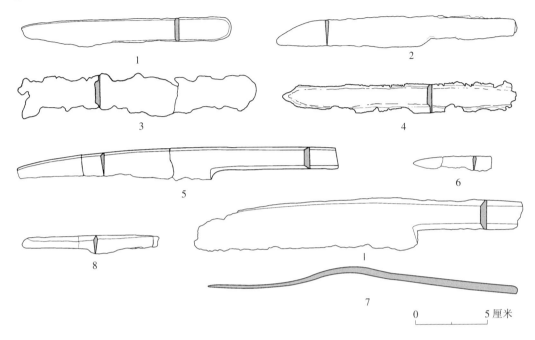

图 3 - 13 铜削

1. M34：1 2. M55：2 3. M103：7 4. M103：4 5. M140：3 6. M168 填：1 7. M70：2 8. M179：1

标本 M103：4，器身一面平直，另一面微鼓，锋部较尖，刃部和柄部分界不明显。长 16.2、宽 1.5、厚 0.2～0.3 厘米（图 3 - 13：4；彩版六四：3）。该件铜削制造粗糙，表面凹凸不平，边上铸缝未经打磨等处理，表面有较多红褐色铁锈状斑。

标本 M140：3，器身一面较平直，另一面略斜，锋部残。残长 21.9、柄长 8.2 厘米（图 3 - 13：5；彩版八一：1）。

标本 M168 填：1，残，仅剩刀部，直刃，尖锋，背略弧。残长 5.4 厘米（图 3 - 13：6；彩版八九：4）。

标本 M179：1，刃背和柄背上有凸起的棱。残长 9.3 厘米（图 3 - 13：8；彩版九一：3）。

铜刻刀 1 件。

标本 M80：3，长条状，横截面呈长方形，一端有斜刃。长 8.3、宽 0.35、厚 0.25 厘米（图 3 - 14：1；彩版六一：2）。

铜爪镰 3 件。弧形薄片状，平面呈长方形，中部有一穿孔，刃部及边缘多残。

标本 M32：1，长 6、宽 4.1 厘米（图 3 - 14：3；彩版一六：4）。

标本 M100：2，长 6.5、宽 2.9 厘米（图 3 - 14：2；彩版六二：3）。

标本 M113：2，长 8.9、宽 4.8 厘米（图 3 - 14：4；彩版一六：5）。

铜锄 2 件。竖銎向下延伸至锄身下部，銎口呈橄榄形，锄身呈宽尖叶状。分二型。

A 型 1 件。銎口较扁，两面下凹，锄身略显瘦长。

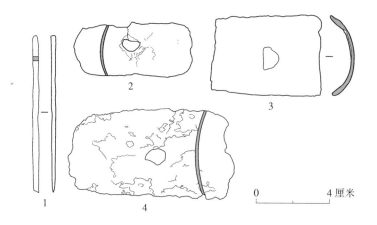

图 3－14 铜刻刀、爪镰
1. 刻刀（M80：3） 2～4. 爪镰（M100：2、M32：1、M113：2）

标本 M70：1，一面近銎口处有一残缺的穿孔。銎口下方至锄身肩部位置两面均有一道下弧的凸弦纹，弦纹下面接形似倒三角的树杈状凸线纹，三角形内有对称穿孔。长16.3、銎口宽4.8、锄身宽9.2厘米（图3－15：1；彩版一六：2）。

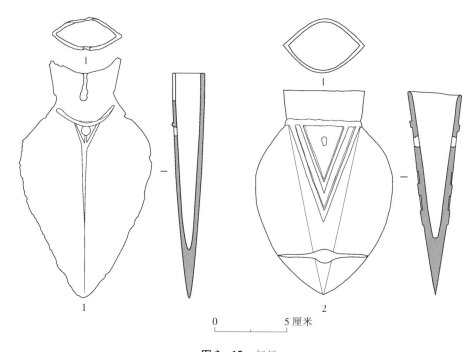

图 3－15 铜锄
1. A 型（M70：1） 2. B 型（M80：1）

B 型 1件。銎口相对较圆且平直，锄身亦显得较宽而圆润。

标本 M80：1，銎部靠上位置两面有对称穿孔。銎口下方有一道凸弦纹，下面接内

外两道呈倒置等腰三角形的凸线纹。长 13.6、銎口宽 5.5、锄身宽 9.3 厘米（图 3 -
15：2；彩版一六：3）。

三　装饰品

铜装饰品以镯最多，另外还有扣饰以及各种泡饰和片饰等。

铜镯　17 件（组）。均圆环状。从发掘情况看，被葬者以单手带镯的居多，双手
都带镯的较少。此外，带单件镯的不多，一般都是多件镯成组带在手臂上，类似于
"钏"，每组少则几件，多则十余件乃至数十件。出土时，很多铜镯内残存肢骨，可知
下葬时是佩戴于被葬者手臂上的。就单件铜镯的形制而言，可分二型。多数情况下，
同一组铜镯形制相同，但也有特别的。如 M57：1，有 2 件为 A 型，其余皆为 Ba 型；又
如 M149：1，有 3 件为 Ba 型，其余皆为 Bb 型；再如 M177：1，有 1 件为 Ba 型，其余皆
为 Bb 型。

A 型　6 件（组）。宽片环状，有的外壁带凹槽，内镶嵌绿色小石片。

标本 M57：1，一组 60 余件，其中 2 件属此型，内有残存肢骨。外壁边缘凸起，中
部为凹槽，内镶泛绿色小石片，石片近圆形，中间有穿孔，与铜镯之间可见黑色黏合
剂。铜镯直径约 7、宽 0.9、边缘厚 0.3 厘米，镶嵌的小石片直径 0.2～0.3、孔径约
0.05 厘米。铜镯上所镶嵌的小石片残存少许，且风化严重，材质不确定，推测为孔雀
石或绿松石（彩版四九：2）。

标本 M78：1，出土时残碎，现场整取。镯直径约 6.2、厚 0.2 厘米，宽度不详（彩
版五九：2）。

标本 M153：1，出土时残碎，无法修复。现场测量直径约 6、宽 1.1、厚 0.15 厘米。

标本 M160：1，出土时残碎，现场整取。直径约 6.2 厘米（图 3 - 16：1）。

标本 M167：1，一组 3 件，出土时残碎，无法起取，内有残存肢骨。外壁有两条凹
槽，横截面呈"山"字形，凹槽内镶嵌泛绿色小石片，石片近圆形，中间有穿孔，与
铜镯之间可见黑色黏合剂。铜镯直径约 6、宽 0.8、边缘厚 0.2 厘米，镶嵌的小石片直
径 0.2～0.3、孔径约 0.05 厘米。铜镯上所镶嵌的小石片残存少许，且风化严重，材质
不确定，推测为孔雀石或绿松石。

标本 M179：3，一组 3 件，出土时残碎，无法起取，内有残存肢骨。外壁边缘凸
起，中部为凹槽，内镶嵌和 M167：1 相同的泛绿色小石片。铜镯直径约 8、宽 0.9、边
缘厚 0.2 厘米。

B 型　12 件（组）。细条环状，外面一般较为光滑，内面多较粗糙。此型铜镯往往
数十件成组使用，有的在室内清理过程中，发现并排的铜镯之间有用线绳编缀的痕迹
（参见第四章墓葬分述部分 M195）。根据铜镯横截面形制的不同，又可分为三个亚型。

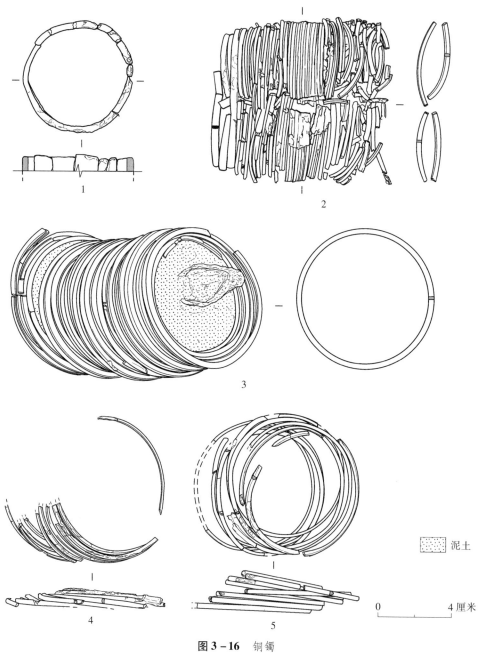

图 3 - 16 铜镯

1. A 型（M160:1）　2、3. Ba 型（M149:1、M76:1）　4、5. Bc 型（M73:1、M73:2）

Ba 型　5 件（组）。横截面呈长方形。

标本 M57:1，一组 60 余件，除两件为 A 型外，皆属此型，出土时残碎，无法起取，内有残存肢骨。铜镯粗细不一，直径约 7、横截面长约 0.2、横截面宽 0.05 ~ 0.15厘米。

标本 M76：1，一组 40 余件，出土时镯内尚可见残存肢骨。铜镯直径约 7.8、横截面长 0.25、横截面宽 0.1 厘米（图 3－16：3；彩版五八：2）。

标本 M149：1，一组 50 余件，其中靠上的三件属此型，但粗细不一。出土时破碎严重，直径不详，横截面长 0.4、宽 0.1~0.2 厘米（图 3－16：2；彩版八六：2）。

标本 M177：1，一组，出土时残碎严重，无法起取，从发掘现场看，约有几件，其中一件属此型。铜镯直径不详，横截面长 0.3、宽 0.1 厘米。

标本 M195：1，一组，因残碎严重，具体件数不明，从镯内残存纺织品上的痕迹看，至少 10 件，出土时镯内残存肢骨以及一些麻布状的纺织品残块。铜镯直径不明，横截面长 3、宽 1 厘米。

Bb 型　3 件（组）。横截面近方形。

标本 M67：1，残碎严重，具体件数不详，横截面边长约 0.2 厘米。

标本 M149：1，约 50 余件，除靠上的三件属 Ba 型外，其余皆属此型，出土时镯内尚可见残存的肢骨。破碎严重，直径不详，横截面边长约 0.15 厘米。

标本 M177：1，出土时残碎严重，无法起取，从发掘现场看，约有几件，除一件为 Ba 型外，皆属此型。铜镯直径不详，横截面边长约 1.5 厘米。

Bc 型　6 件（组）。横截面近半圆形。

标本 M15：1、2，因残碎严重，具体件数不详。铜镯直径不详，横截面直径 0.2 厘米。

标本 M73：1，一组 10 件，出土时镯内尚可见残存肢骨。镯变形严重，经大致测量和推算，直径一般 6~8 厘米，横截面 0.3 厘米（图 3－16：4）。

标本 M73：2，一组 10 件，情况与 M73：1 基本相同（图 3－16：5）。

标本 M109：2，破碎严重，无法修复。横截面直径 0.2、出土时测量铜镯直径约 6 厘米。

标本 M159：1，一组 10 余件，破碎严重，出土时镯内尚可见残存的肢骨。从保存较好的个体看，铜镯直径约 6.1、横截面直径 0.25 厘米（彩版八七：3）。

铜扣饰　3 件。扣体呈圆形片状，背面有一横向弯钩，钩的根部带穿孔。分二型。

A 型　1 件。扣面内凹，似浅盘。

标本 M80：7，扣面中部镶嵌孔雀石片，孔雀石片一般近圆形，直径 0.2 厘米左右，中央有孔，密集排列于预铸的两圈凹槽内，孔雀石片与扣体之间有黑色黏合剂。扣体正面中心有 1 个小圆孔，应是用来系扣玛瑙扣等装饰品的，但玛瑙扣等已脱落不存。扣体直径 6.6、背面弯钩长 2 厘米（图 3－17：1；彩版一七：1）。

B 型　2 件。扣面外鼓。

标本 M71：1，扣面边缘略残，中部有一很小的圆形穿孔。扣面铸造纹饰，但锈蚀

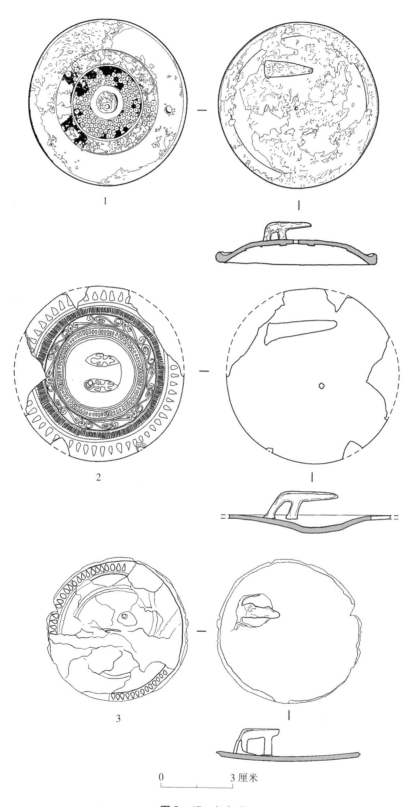

0   3厘米

图 3 - 17 铜扣饰

1. A 型（M80：7）　　2、3. B 型（M71：1、M103：10）

不甚清楚，中部似有两举手人形纹，向外有四周双凹弦纹，弦纹之间填充纹饰，由内到外分别为短线纹、勾连涡纹、竖线纹、水滴状芒纹等。扣体直径7、背面弯钩长2.4厘米（图3-17：2；彩版一七：2）。

标本M103：10，制作粗糙，扣体边缘以及背后弯钩与扣体相接处均可见明显铸缝，器表有较多铁锈状斑。有纹饰，但锈蚀严重，仅可看到外围有两周双凹弦纹，以及边缘有一周水滴状芒纹。直径6.1、厚0.2~0.4、背面弯钩长1.4厘米（图3-17：3；彩版一七：3）。

铜泡饰　26件。分三型。

A型　2件。平面为圆形，正面中部呈尖乳丁状凸起，形如伞盖，背面有穿梁。

标本M66：4-24，残，周边微翘而薄，背面穿梁残。复原直径约7、残高2厘米（图3-18：1）。

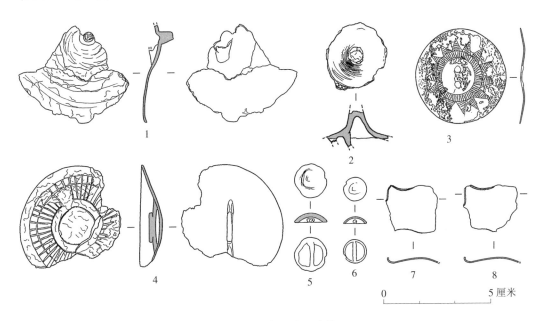

图3-18　铜泡饰、片饰

1、2. A型泡饰（M66：4-24、M10：2）　3. A型片饰（M80：15）　4. B型泡饰（M66：4-25）　5、6. C型铜泡饰（M66：4-13、4-4）　7、8. B型片饰（M14：2-1、2-2）

标本M10：2，残，边缘和乳丁顶部均残碎或断裂，背面一侧有两处凸起残痕，可能与穿梁有关。从残片上可观察到弦纹、连珠纹、涡纹和短线芒纹。残径约3.1、残高1.5厘米（图3-18：2）。

B型　1件。平面为圆形，正面中部呈球面状鼓起，形如蘑菇，背面中间有一短穿梁。

标本M66：4-25，残，穿梁不甚规整，似铜条焊接而成。正面自内而外有四周凹弦纹，第二周与第四周弦纹之间施放射状短线纹。直径约5.3、高约1.2厘米（图3-18：4）。

C型　23件。全部出于M66，为一组器物，可能是剑鞘或剑鞘革带上的装饰品，部分背面穿孔处尚存穿缀用的麻（毛）线绳。平面为圆形，器形较小，正面呈弧形，背面有一细横梁。

标本M66：4-4，直径1.1厘米（图3-18：6）。

标本M66：4-13，直径1.52厘米（图3-18：5）。

铜片饰　4件。器身呈薄片状，锻打而成，有穿孔，推测为装饰用品。根据平面形状不同，分二型。

A型　1件。平面为圆形。

标本M80：15，正面中央外鼓，有两圆穿，周围略内凹。表面施芒纹，由錾刻的点、线构成。直径4.2厘米（图3-18：3；彩版一七：4）。

B型　3件。均残，平面近长方形，束腰，略似鼓形，片体呈波浪状弯曲，纵剖面略呈"S"形。个别细小碎片上发现残存的圆形穿孔，孔径在0.1厘米左右，从碎片形状及弯曲度看，穿孔应位于铜片饰两端接近边缘处。

标本M14：2-1，长2.4、宽2.14、厚0.07厘米（图3-18：7，彩版二七：2）。

标本M14：2-2，长2.5、宽2.07、厚0.07厘米（图3-18：8，彩版二七：2）。

标本M14：2-3，残碎，无法修复，厚0.08厘米。

四　乐器

乐器只有铃一种。

铜铃　3件。分二型。

A型　1件。圆筒状略扁，口部大于顶部，顶有一纽。

标本M14：1，筒状铃身一面及一侧口部有方形缺口，顶部纽孔竖长方形，铃腔两面有对称穿孔，一大一小，腔内未见铃舌。通高5.6、口长径2.2、口短径1.9、纽高1.5厘米（图3-19：1；彩版一七：5）。

B型　2件。扁圆筒状，口部呈橄榄形，顶部两侧带管形耳。根据铃腔形制又分二亚型。

Ba型　1件。铃腔上部略大于口部，平面近长方形。

标本M35：8，器身一面上部有一细小的圆穿，顶部中间有一残缺的穿孔，但此处原先是否有穿孔不详，腔内有圆柱形铜舌，舌上部有搓拧的细线缠绕。通高7.8、口长径5.6、管形耳长径1.4~1.5、舌横截面直径约0.8厘米（图3-19：3；彩版一七：6）。

Bb型　1件。铃腔上部小于口部，平面呈梯形。

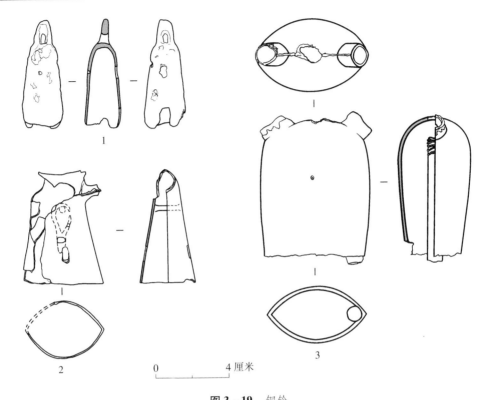

图 3 – 19　铜铃
1. A 型（M14∶1）　2. Bb 型（M109∶1）　3. Ba 型（M35∶8）

标本 M109∶1，铃腔内有铜舌，前后有对称的竖长方形穿孔。通高 6、口长径 4.4、口短径 2.9 厘米（图 3 – 19∶2；彩版一七∶7）。

五　日常用具

日常用具数量很少，有镜、印章和带钩状器等。

铜镜　1 件。

标本 M38∶1，为日光镜。镜面微外弧，镜背呈黑灰色，半球形纽，圆纽座，素缘外侧略斜。纽座外有内向连弧纹一周，其外铭文带铸有"见日之光，天下大明"八字，字间以涡卷纹相隔，再外还有一周凸弦纹和短斜线纹。镜面直径 6、镜背直径 5.8 厘米（图 3 – 20∶1；彩版四一∶2）。

铜印章　1 件。

标本 M20∶5，方形印台，鼻纽，纽孔圆形。印文为阴文，铸造而成，内容非汉字，为某种特殊的图形符号，若以纽孔朝上下方向钤印，钤文左上角为一形似"艹"字的符号；右上角为一横置的牛头图案，带双角；下部为一牛形图案，牛侧身，扭头正视，牛头较大，上有双角，牛身较小，以抽象的单线表示，背部向上弓起，与牛头不太成

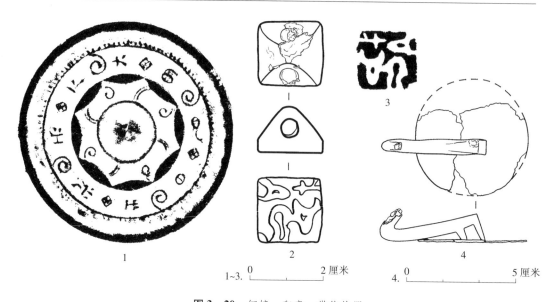

图 3 - 20　铜镜、印章、带钩状器
1. 镜拓本（M38：1）　2. 印章（M20：5）　3. 印章钤文（M20：5）　4. 带钩状器（M20：4）

比例，前后肢亦为单线条表现，且后肢踝骨处向前弯曲，无尾（图 3 - 20：3）。通高
1.2、边长 1.7、纽孔径 0.4 厘米（图 3 - 20：2；彩版三〇：5）。

铜带钩状器　1 件。

标本 M20：4，圆形薄片状，其中一面带弯钩，钩端呈鸟首形，根部有近方形穿孔。
直径 5.1、厚 0.1、钩长 4.8 厘米（图 3 - 20：4；彩版三〇：4）。

六　钱币

共 38 枚，部分锈蚀或残缺，钱文均可辨，除 1 枚"大泉五十"钱外，全部都为
"五铢"钱。出土时铜钱多呈叠放状，随葬时应是成串放入墓中的。叠放的铜钱或正或
反，串联时无方向上的规律。从形制和钱文看，五铢钱以西汉中晚期的居多，上限一
般不超过宣帝时期，少数也有可能晚至东汉初。

五铢　37 枚。保存较好者基本都有周郭和背穿郭，少数面穿上有一横或面穿下有
一半月。

标本 M20：3 - 1，有周郭和背穿郭，周郭较窄，面穿上有一横，钱文"五"字交股
弯曲，两股末端收敛，上、下横伸出接外郭，"铢"字"金"头呈三角形，略低于
"朱"字，"朱"字头较方折。直径 2.47、穿宽 0.93 厘米（图 3 - 21：1）。

标本 M20：3 - 2，有周郭和背穿郭，周郭较窄，穿内边缘可见铸缝，钱文"五"字
交股弯曲，"铢"字"金"头呈三角形，"朱"字头方折。直径 2.45、穿宽 0.95 厘米
（图 3 - 21：2）。

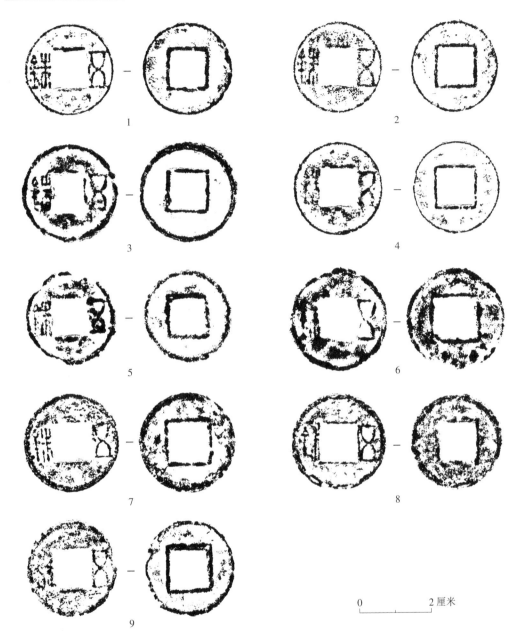

0 ————— 2 厘米

图 3 -21　五铢钱拓本

1. M20∶3 - 1　2. M20∶3 - 2　3. M20∶3 - 3　4. M20∶3 - 4　5. M20∶3 - 6　6. M20∶3 - 7　7. M20∶
3 - 10　8. M20∶3 - 11　9. M20∶3 - 12

标本 M20∶3 - 3，有周郭和背穿郭，周郭较宽较高，穿内边缘可见铸缝，钱文"五"字交股略弯曲，"铢"字"金"头较小，形似箭镞，略低于"朱"字，"朱"字头较方折。直径 2.7、穿宽 0.97 厘米（图 3 - 21∶3）。

标本 M20∶3 - 4，有周郭和背穿郭，周郭较窄，钱文"五"字交股弯曲，两股末端略收敛，"铢"字较模糊，"朱"字头略显方折。直径 2.46、穿宽 0.95 厘米（图 3 – 21：4）。

标本 M20：3 – 5，有周郭和背穿郭，周郭较窄，穿内边缘可见铸缝，钱文"五"字交股弯曲，两股末端略收敛，"铢"字"金"头呈三角形，"朱"字头方折。直径 2.4、穿宽 0.91 厘米。

标本 M20：3 – 6，有周郭和背穿郭，面穿上有一横，下有一半月，穿内边缘可见铸缝，钱文"五"字交股略弯曲，"铢"字"金"头较小，形似箭镞，"朱"字头方折。直径 2.56、穿宽 0.84 厘米（图 3 – 21：5）。

标本 M20：3 – 7，有周郭和背穿郭，穿内边缘可见铸缝，钱文"五"字交股略弯曲，"铢"字模糊。直径 2.62、穿宽 0.91 厘米（图 3 – 21：6）。

标本 M20：3 – 8，有周郭和背穿郭，穿内边缘可见铸缝，钱文"五"字交股弯曲，两股末端略收敛，"铢"字"金"头较小，形似箭镞，"朱"字头方折。直径 2.52、穿宽 1 厘米。

标本 M20：3 – 9，有周郭和背穿郭，穿内边缘可见铸缝，钱文锈蚀不清，隐约可见"五"字，交股弯曲。直径 2.56、穿宽 0.91 厘米。

标本 M20：3 – 10，有周郭和背穿郭，穿内边缘可见铸缝，钱文"五"字交股弯曲，两股末端略收敛，"铢"字"金"头较小，形似箭镞，"朱"字头方折。直径 2.68、穿宽 1 厘米（图 3 – 21：7）。

标本 M20：3 – 11，有周郭和背穿郭，面穿上、下各有一细横，穿内边缘可见铸缝，钱文"五"字交股弯曲，两股末端略收敛，"铢"字较模糊，"朱"字头方折。直径 2.63、穿宽 0.97 厘米（图 3 – 21：8）。

标本 M20：3 – 12，有周郭和背穿郭，穿内边缘可见铸缝，钱文"五"字交股弯曲，两股末端略收敛，"铢"字较模糊。直径 2.52、穿宽 1 厘米（图 3 – 21：9）。

标本 M35：4 – 1，残，有周郭和背穿郭，穿内边缘可见铸缝，钱文"五"字交股弯曲，"铢"字残，"朱"字头略显圆润。直径 2.63、穿宽 1 厘米。

标本 M35：4 – 2，残碎，有周郭，从碎片可见"五"字一半。尺寸不详。

标本 M35：5 – 1，下部残，有周郭和背穿郭，周郭较窄，钱文"五"字交股弯曲，上、下横伸出接外郭，"铢"字锈蚀模糊。直径 2.66、穿宽 0.96 厘米。

标本 M35：5 – 2，大部分残碎，从残片看有周郭和背穿郭，面穿下有一半月，穿内边缘可见铸缝，钱文仅存"五"字，较模糊。复原直径约 2.6 厘米。

标本 M35：5 – 3，残碎，有周郭，从碎片可见"铢"字左侧一半，"金"头较小，形似箭镞。尺寸不详。

标本 M35：5 – 4，残碎，从碎片可见"五"字一小半。尺寸不详。

标本 M35：6，残碎，有周郭，从碎片可见"五"字，交股弯曲。尺寸不详。

标本 M38：2－1，有周郭和背穿郭，周郭较窄，面穿上有一横，穿内边缘可见铸缝，钱文"五"字交股弯曲，两股末端收敛，上、下横伸出接外郭，"铢"字"金"头呈三角形，"朱"字头较方折。直径 2.6、穿宽 0.95 厘米（图 3－22：1）。

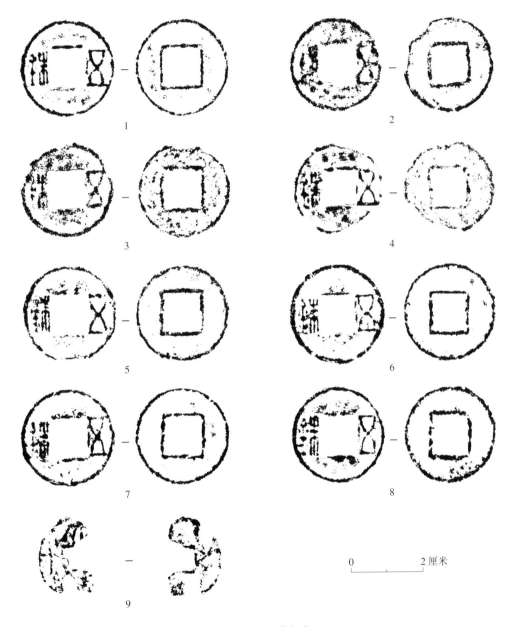

1　2

3　4

5　6

7　8

0　2厘米

9

图 3－22　铜钱拓本

1～8. 五铢（M38：2－1、2－2、2－3、3－1、3－2、3－3、3－4、3－5）　9. 大泉五十（M124：1）

标本 M38：2－2，有周郭和背穿郭，穿内边缘可见铸缝，钱文"五"字交股略直，"铢"字锈蚀模糊。直径2.53、穿宽0.89厘米（图3－22：2）。

标本 M38：2－3，有周郭和背穿郭，钱文"五"字交股较直，"铢"字"金"头呈三角形，"朱"字头较方折。直径2.59、穿宽0.95厘米（图3－22：3）。

标本 M38：2－4，有周郭和背穿郭，钱文"五"字交股弯曲，"铢"字"金"头较小，形似箭镞，"朱"字头较方折。直径2.43、穿宽0.94厘米。

标本 M38：3－1，有周郭和背穿郭，钱文"五"字交股弯曲，两股末端略收敛，"铢"字锈蚀较模糊，"朱"字头较方折。直径2.56、穿宽0.87厘米（图3－22：4）。

标本 M38：3－2，有周郭和背穿郭，穿内边缘可见铸缝，钱文"五"字交股略弯曲，"铢"锈蚀较模糊。直径2.59、穿宽0.96厘米（图3－22：5）。

标本 M38：3－3，有周郭和背穿郭，面穿下有一半月，穿内边缘可见铸缝，钱文"五"字交股弯曲，两股末端略收敛，上、下横伸出接外郭，"铢"字"金"头较小，形似箭镞，"朱"字头方折。直径2.63、穿宽0.92厘米（图3－22：6）。

标本 M38：3－4，有周郭和背穿郭，面穿下有一半月，穿内边缘可见铸缝，钱文略显瘦长，"五"字交股略直，"铢"字"金"头较小，形似箭镞，"朱"字头略显圆润。直径2.59、穿宽0.93厘米（图3－22：7）。

标本 M38：3－5，有周郭和背穿郭，面穿下有一半月，穿内边缘可见铸缝，钱文略显瘦长，"五"字交股略弯曲，"铢"字"金"头较小，形似箭镞，"朱"字头略显圆润。直径2.59、穿宽0.97厘米（图3－22：8）。

标本 M61：1－1，大部分残碎，从残片看有周郭，钱文仅存"铢"字，较模糊，"朱"字头方折。尺寸不详。

标本 M61：1－2，残，有周郭和背穿郭，周郭较窄，钱文"五"字交股弯曲，"铢"字锈蚀，模糊不清。直径2.7、穿宽0.95厘米。

标本 M61：1－3，残，有周郭和背穿郭，背面周郭明显错位，钱文"五"字交股弯曲，"铢"字大部残。直径2.62、穿宽0.95厘米。

标本 M61：1－4，残，有周郭和背穿郭，钱文"五"字交股略弯曲，"铢"字上部残。直径2.62、穿宽1厘米。

标本 M61：1－5，大部分残碎，从残片看有周郭和背穿郭，钱文仅存"铢"字，"金"头呈三角形，"朱"字头方折。尺寸不详。

标本 M108 填：1，边缘残，有背穿郭，面穿上有一横，穿内边缘可见铸缝，钱文"五"字交股弯曲，两股末端略收敛，"铢"字残，"朱"字头方折。直径不详，穿宽0.94厘米。

标本 M108 填：2，大部分残碎，从残片看有周郭和背穿郭，钱文仅存半个"五"

字，交股弯曲。尺寸不详。

标本 M124：2，大部分残碎，从残片看有周郭，钱文仅存半个"铢"字，模糊不清。尺寸不详。

标本 M124：3，大部分残碎，从残片看有背穿郭，钱文仅存"铢"字，较模糊，"朱"字头方折。直径不详，穿高 0.95 厘米。

大泉五十 1 枚。

标本 M124：1，锈蚀严重，残存约二分之一，有周郭和穿郭，钱文可见"大泉□十"，从钱的形制及字形看，应为"大泉五十"钱。直径不详，穿高 0.8 厘米（图 3 - 22：9）。

第三节 铁器

铁器共 20 件。均有一定程度的锈蚀或残缺，其中有 6 件无法辨认器形。从保存较好者看，以工具为主，另有个别兵器，具体有矛、甲片、斧、凿、削等。

一 兵器

铁矛 1 件。

标本 M20：6，圆骹，骹内锈蚀堵塞，柳叶形叶。通长 23、骹口直径 2.6、叶宽 2.9 厘米（图 3 - 23：1；彩版一八：1）。

铁甲片 1 件。

标本 M118：2，残，锈蚀严重。弧形片状，平面呈长方形，保存较完整的一半两边各有一小的穿孔，残碎的另一半中部亦有穿孔痕迹。残长约 7.1、宽 3.9、孔径 0.2、厚约 0.2 厘米（图 3 - 23：2；彩版一八：2）。

二 工具

铁斧 2 件。

标本 M20：8，竖銎，銎口长方形，一面未封口，束腰，宽刃略残。长 12.8、銎口长 4.8、銎口宽 3.3、刃部残宽 7.5 厘米（图 3 - 23：3；彩版一八：3）。从銎部形制看，该铁斧可能采用锻銎工艺制造。

标本 M123：1，锈蚀严重，竖銎残缺，銎口长方形，腰微束，双面弧刃。长 9.8、銎口残长 2.5、銎口宽 2、刃部宽 6 厘米（图 3 - 23：4；彩版一八：4）。

铁凿 2 件。均扁长条状。分二型。

A 型 1 件。竖銎，銎口长方形。

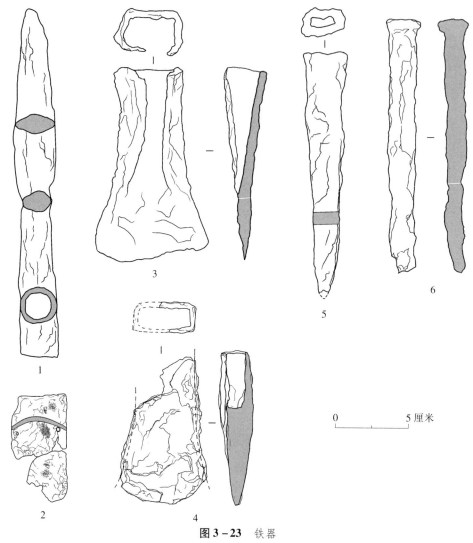

图 3 - 23　铁器

1. 矛（M20：6）　2. 甲片（M118：2）　3、4. 斧（M20：8、M123：1）　5. A 型凿（M20：7）　6. B 型
凿（M20：10）

标本 M20：7，残长 16、銎口长 2.9、銎口宽 2.2 厘米（图 3 - 23：5；彩版一八：5）。

B 型　1 件。实心，无銎。

标本 M20：10，刃部残。残长 16.8 厘米（图 3 - 23：6；彩版一八：6）。

铁削　12 件。锈蚀严重，多残，部分仅剩刃部。较完整者 6 件，可分二型。

A 型　5 件。环首，长条状。

标本 M35：2，刃前端残。残长 14.9 厘米。表面亦附着布痕。

标本 M35：3，刃前部和环首局部残。残长 7.2 厘米（图 3 - 24：1；彩版四○：3）。

标本 M35：7，刃前端残，一面黏附布纹痕迹。残长 17 厘米。出土时表面附着布痕

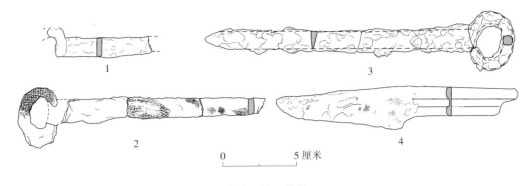

图 3 – 24 铁 削
1 ~ 3. A 型（M35∶3、M35∶7、M139∶3） 4. B 型（M34∶2）

（图 3 – 24∶2；彩版一九∶1）。

标本 M35∶11，刃部及刃背前端分别上弧和下弧，形成尖锋。长 18 厘米。

标本 M139∶3，刃部及刃背前端分别上弧和下弧，形成尖锋。通长 21.1、刃部长 18.7 厘米（图 3 – 24∶3；彩版七九∶2）。

B 型 1 件。扁长柄，一面中间有凹槽，另一面平直，刃部宽于柄部，从刃背到刃口逐渐变薄，刃口较直，至前端向上弧起形成尖锋，刃背较直，与柄背连成一体。

标本 M34∶2，通长 16.6、刃部长 9.3、刃部宽 2.9、柄部宽 1.9 厘米（图 3 – 24∶4；彩版一九∶2）。

铁钩状残器 1 件。长条状，一端弯曲成钩状。

标本 M20∶9，残长 6.4 厘米。出土时该铁器与上述两件铁凿并排摆放，从器形特征推测可能为一件环首削刀。

铁片状器 1 件。

标本 M139∶4，残，大致呈方形，中部略厚，具体器形不明。长 4、宽 3.5、中部厚 1 厘米。

第四节   铜铁合制器

铜铁合制器共有 4 件。器类包括剑、矛、削等。从铜、铁部件结合处的结构以及 X 光照片看，这几件铜铁合制器可能都采用了铸接的工艺。根据铁锈的分布状况，推测是先连接和固定部件，然后再浇注铁水起到"焊接"作用。

铜柄铁剑 2 件。分二型。

A 型 1 件。一字格剑。

标本 M69∶1，扁圆茎，两面正中各有上下一列共四个横长方形对称穿孔，格残，

剑身后部约2.2厘米的长度仍为铜质，余皆铁质。茎部施竖条状凸棱纹。通长25.8、
茎长7.2、格残长4.7厘米（图3－25：2；彩版一九：3）。剑身后部铜质部分呈双片
状，其中一片较窄且薄，如剑身起翼，铁剑插入其中固定。在剑身后部铜质部分的外
侧表面覆盖有铁锈。

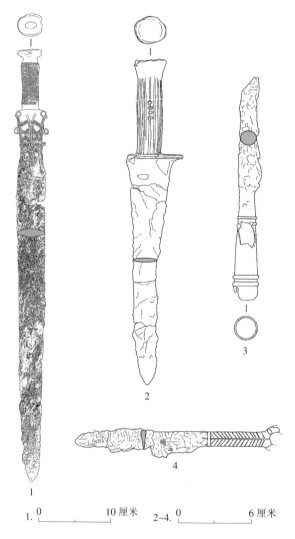

1. 0　　　　　　10厘米　　　2~4. 0　　　　　　6厘米

图3－25　铜铁合制器

1. B 型铜柄铁剑（M66∶1）　2. A 型铜柄铁剑（M69∶1）　3. 铜骹铁矛（M146∶1）　4. 铜柄铁削（M66∶3）

B 型　1件。三叉格剑。

标本 M66∶1，扁圆茎，中部微束，空首呈折沿敞口状。格较长，两侧有锥状凸起，
但多残缺，格上还有6个中间下凹的圆圈状凸起，其中两个一前一后位于中线上，另
两个对称位于后端拐角处，还有两个对称附于侧边，格前端分叉为"山"字形与铁刃

相衔接。茎部施斜向排列的粟粒纹，近首及近格处各有两道凸线纹中间夹一周粟粒纹。格后端起脊，脊两侧有对称分布的纹饰，主要是凸起的双斜线和双折线，中间夹粟粒纹。剑身为铁质，长条形，锈蚀严重。通长 57、茎长 8.3、格长 8.7、剑身长 40、格最宽 4.8、刃最宽 4.1 厘米（图 3 - 25：1；彩版一九：4）。该铜柄铁剑的茎部和格两侧可见明显铸缝痕迹，格前端"山"字形叉包住铁剑，剑身插入格中。

铜骹铁矛 1 件。

标本 M146：1，圆形铜骹，骹口残，近骹口处有两个对圆穿，叶部为铁质，锈蚀严重，较窄，锋部向一侧弯曲。骹部上下各有两道凸弦纹。通长 17.6、骹长 9、骹口直径 2 厘米（图 3 - 25：3；彩版一九：5）。铜骹与铁矛交汇处铁锈覆盖铜骹，二者分界不明显。

铜柄铁削 1 件。

标本 M66：3，环首残，扁长柄，刃部宽于柄部，刃背较直，与柄部连为一体，尖锋弯折。刃部靠后的一小部分仍为铜质，与铜柄一体，余皆铁质，锈蚀严重。柄部双面均饰叶脉纹。残长 16.9、柄宽 1.2、刃部宽 1.7 厘米（图 3 - 25：4；彩版一九：6）。出土时，铁刃部分表面可见残留的纺织物痕迹，至少两层，外层较粗，内层较细，可能分别为麻和丝织品。经肉眼观察，刃后部铜质部分呈双片状，其中一片较窄且薄，如削身起翼，铁刃插入其中固定。刃后部铜质部分的表面覆盖有铁锈。

第五节　玉石器

共有 47 件（组）。具体材质包括玉、砂岩、玛瑙、绿松石、孔雀石等。这些玉石器大多为玦、扣、镯、珠子一类的装饰品，另有少量石磨棒和石范。经检测，其中的玉器主要为闪石玉一类的软玉（参见第五章第五节）。

一　装饰品

玉璜 3 件。均出自于 M191，为一组器物，其中一件残。均白色，质地较细腻。形制相同，呈不对称半环形，一端较宽，另一端较窄，较宽一端有两个穿孔。

标本 M191：1 - 1，较宽一端宽 0.85、较窄一端宽 0.45、长 2.5、厚 0.19 厘米。穿孔直径约 0.1 厘米（图 3 - 26：1；彩版二〇：1）。

标本 M191：1 - 2，较宽一端宽 0.95、较窄一端宽 0.48、长 2.5、厚 0.2 厘米。穿孔直径 0.1 ~ 0.2 厘米（图 3 - 26：2；彩版二〇：1）。

玉玦 3 件。均白色，质地细腻。形制相同，薄片状，平面呈不对称形，玦口位于较窄的一边。

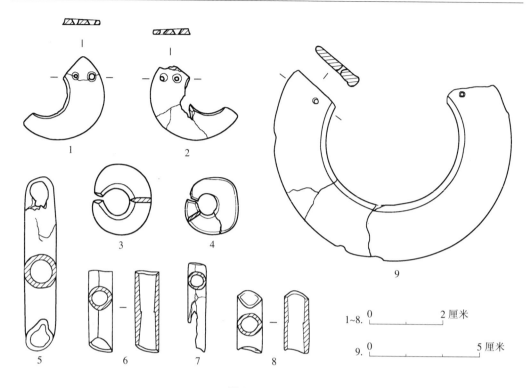

图 3 - 26　玉器

1、2. 璜（M191:1 - 1、1 - 2）　　3、4. 玦（M207:1、M18:2）　　5 ~ 8. 管饰（M196:1、M194:1、
M168 填:8、M207:2）　9. 镯（M168 填:6）

标本 M18:2，外径 1.6、内径 0.6、玦口宽 0.06、厚 0.14 厘米（图 3 - 26:4；彩版二〇:2）。

标本 M80:14，残，出土时呈粉末状，无法修复。外径约 1.5、内径约 0.7 厘米。

标本 M207:1，外径 1.65、内径 0.75、玦口宽 0.1、厚 0.15 厘米（图 3 - 26:3；彩版二〇:3）。

玉镯　1 件。

标本 M168 填:6，残，白色，环形，剩大半，环面较宽，内厚外薄，内缘两面略凸起成唇，环面靠内侧有两小的圆形穿孔。环面外径 10.8、内径 6、厚 0.3 ~ 0.4 厘米，内缘唇宽 0.3、厚 0.53 厘米，穿孔直径约 0.2 厘米（图 3 - 26:9；彩版二〇:4）。

玉管饰　5 件。均白色，质地细腻。形制相同，圆管状。

标本 M168 填:8，残长 2.4、直径 0.5、孔径 0.35 厘米（图 3 - 26:7）。

标本 M194:1，一端较平，一端较斜。长 2.1、直径 0.68、孔径 0.38 厘米（图 3 - 26:6；彩版二〇:5）。

标本 M196:1，残长 4.6，直径 0.89，孔径 0.6 厘米（图 3 - 26:5；彩版二〇:6）。

标本 M202 填:1，破碎严重，无法修复。直径约 0.7 厘米，长度不详。

标本 M207∶2，一端较斜，一端略内凹。长 1.7、直径 0.7、孔径 0.43 厘米（图 3-26∶8;彩版二〇∶7）。

玛瑙扣 2 件。分二型。

A 型 1 件。平面近圆形，正面呈乳丁状，背面较平，有两个相互穿通的孔。

标本 M30∶3，表面光滑，白色，可见条状纹理。直径 2.1、高 1 厘米（图 3-27∶1;彩版二二∶1）。

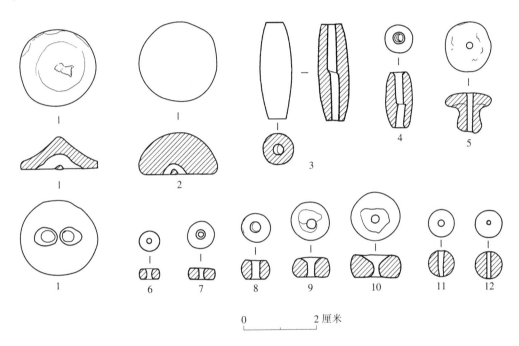

0   2 厘米

图 3-27 玛瑙扣、珠

1. A 型扣（M30∶3） 2. B 型扣（M108 填∶3） 3、4. C 型珠（M38∶4、M56∶2）
5. D 型珠（M109∶3） 6~10. A 型珠（M168 填∶9、M168 填∶4、M56∶4、M168 填∶5、M168 填∶3）
11、12. B 型珠（M38∶8、9）

B 型 1 件。近半圆球状，背面较平，有两个相互穿通的孔。

标本 M108 填∶3，肉红色，依稀可见一些白色纹理。直径 2.2、高 1.1 厘米（图 3-27∶2;彩版二二∶2）。

玛瑙珠 10 件。颜色主要有红色和白色两种。形状有圆球形、算珠形、管状和凸乳形四种，中间均有穿孔。珠子出土时比较分散，未发现穿连的痕迹，具体使用方法不详。根据珠子形制不同，分四型。

A 型 5 件。算珠形。

标本 M56∶4，肉红色。直径 0.8、高 0.53 厘米（图 3-27∶8;彩版二一∶1）。

标本 M168 填∶3，穿孔两端呈喇叭口状。白色。直径 1.35、高 0.59 厘米（图 3-

27：10；彩版二一：2）。

标本 M168 填：4，穿孔两端呈喇叭口状。肉红色。直径 0.71、高 0.32 厘米（图 3 - 27：7；彩版九〇：2）。

标本 M168 填:5，赭红色。直径 1.07、高 0.52 厘米（图 3 - 27：9；彩版二一：3）。

标本 M168 填:9，肉红色。直径 0.61、高 0.3 厘米（图 3 - 27：6；彩版九〇：4）。

B 型　2 件。圆球形。

标本 M38:8，肉红色。直径 0.8 ~ 0.83 厘米（图 3 - 27：11；彩版二一：4）。

标本 M38:9，肉红色。直径 0.87 ~ 0.89 厘米（图 3 - 27：12；彩版二一：5）。

C 型　2 件。管状，中部略鼓，两端向内钻孔，对接处略有错位。

标本 M38:4，赭红色，带白色条纹等天然纹理。长 2.6、腹径 0.9 厘米（图 3 - 27：3；彩版二一：7）。

标本 M56:2，半透明白色，带白色条纹等天然纹理。长 1.4、腹径 0.75 厘米（图 3 - 27：4；彩版二一：8）。

D 型　1 件。平面圆形，一端扁平，一端呈凸乳状。

标本 M109:3，白色，可见条状纹理。直径 1.35、凸乳部分直径 0.77、高 1.1 厘米（图 3 - 27：5；彩版二一：6）。

孔雀石珠　三组。管状，器形很小，据观察，可能采用了连续生产技术，工序大致为：管钻制成较长的圆柱、分割成小圆柱、实心钻中孔（参见第五章第五节）。分二型。

A 型　一组。长管状。

标本 M168 填:2，一组 6 件，绿色，器身可见天然环形纹饰（彩版九〇：5）。其中：

标本 M168 填:2 - 1，长 0.84、外径 0.32、内径 0.11 厘米（图 3 - 28：1）。

标本 M168 填:2 - 2，长 0.72、外径 0.31、内径 0.12 厘米（图 3 - 28：2）。

标本 M168 填:2 - 3，长 0.66、外径 0.31、内径 0.12 厘米（图 3 - 28：3）。

标本 M168 填:2 - 4，长 0.69、外径 0.31、内径 0.12 厘米（图 3 - 28：4）。

标本 M168 填:2 - 5，长 0.68、外径 0.39、内径 0.12 厘米（图 3 - 28：5）。

标本 M168 填:2 - 6，长 0.67、外径 0.33、内径 0.13 厘米（图 3 - 28：6）。

B 型　二组。短管状。

标本 M168 填:7，一组 3 件，绿色（彩版九〇：6）。其中：

标本 M168 填:7 - 1，高 0.29、外径 0.42、内径 0.12 厘米（图 3 - 28：7）。

标本 M168 填:7 - 2，高 0.22、外径 0.44、内径 0.13 厘米（图 3 - 28：8）。

标本 M168 填:7 - 3，高 0.24、外径 0.42、内径 0.12 厘米（图 3 - 28：9）。

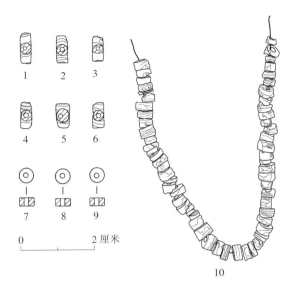

图 3-28　孔雀石珠

1~6. A 型（M168 填:2-1~2-6）　　7~10. B 型（M168 填:7-1~7-3、M179:2）

标本 M179:2，一组 100 余件，部分残碎。绿色。高一般在 0.2~0.3 厘米，直径多超过 0.4 厘米，个别不到 0.3 厘米，孔径一般略大于 0.1 厘米（图 3-28:10；彩版九一:4）。

绿松石珠　10 件。均呈管状，个别实心，器身大多较短，中部略鼓。根据横剖面形状，分四型。

A 型　5 件。器身较饱满，横剖面近圆形。

标本 M56:3，两端钻孔，对接处略有错位。浅绿色。长 0.69、直径 0.53 厘米（图 3-29:1；彩版四八:3）。

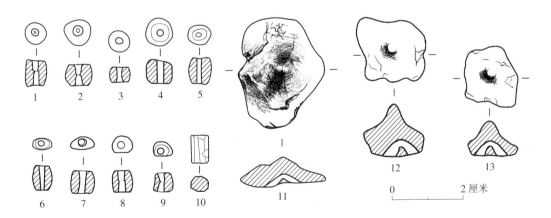

图 3-29　绿松石珠、扣

1~5. A 型珠（M56:3、M56:5、M56:6、M108:4、M142:1）　　6、7. B 型珠（M118:4、M148:4）

8、9. C 型珠（M19:3、M30:4）　　10. D 型珠（M111:1）　　11~13. 扣（M148:3、M38:10、M38:11）

标本 M56：5，浅绿色。高 0.42、直径 0.75 厘米（图 3 - 29：2；彩版四八：4）。

标本 M56：6，绿色。高 0.36、直径 0.5 厘米（图 3 - 29：3；彩版四八：5）。

标本 M108：4，浅绿色泛白。高 0.66、直径 0.76 厘米（图 3 - 29：4；彩版二二：3）。

标本 M142：1，浅绿色。长 0.7、直径 0.6 厘米（图 3 - 29：5；彩版八三：3）。

B 型　2 件。器身较扁，横剖面近椭圆形。

标本 M118：4，穿孔两端大小不一。绿色，局部泛蓝。长 0.7、直径 0.55 厘米（图 3 - 29：6；彩版二二：4）。

标本 M148：4，淡蓝色。高 0.63、直径 0.68 厘米（图 3 - 29：7；彩版八五：5）。

C 型　2 件。器身一侧较平直，横剖面近半圆形。

标本 M19：3，两端钻孔，对接处略有错位。浅绿色。长 0.6、直径 0.6 厘米（图 3 - 29：8；彩版二二：5）。

标本 M30：4，淡蓝色泛白。高 0.53、直径 0.55 厘米（图 3 - 29：9；彩版三五：3）。

D 型　1 件。器身呈棱柱状，横剖面为多边形。

标本 M111：1，实心，无穿孔。淡蓝色。高 0.75、直径 0.5 厘米（图 3 - 29：10；彩版二二：6）。

绿松石扣　3 件。表面光滑，平面多呈不规则形，正面为尖乳状，背面较平，有两对穿的孔。

标本 M38：10，颜色略泛白。长径 2.1、高 1.24 厘米，两穿孔口部直径分别为 0.28、0.31 厘米，两穿孔间距 0.28 厘米（图 3 - 29：12；彩版四一：3）。

标本 M38：11，深绿色。长径 1.71、高 0.95 厘米，两穿孔口部直径分别为 0.24、0.3 厘米，两孔相距 0.25 厘米（图 3 - 29：13；彩版二二：7）。

标本 M148：3，残，深绿色。长径 3、高 0.91 厘米，两穿孔口部直径分别为 0.27、0.38 厘米，两孔相距 0.3 厘米（图 3 - 29：11；彩版二二：8）。

二　用具及其他

石范　3 件。均残，赭红色，石英长石砂岩质地，器形较大且厚重，应用于铸造大型器物。对其中两块石范的表面进行了成分检测，结果显示石范很可能浇注过青铜器（参见第五章第四节）。

标本 M35 填：1，残存部分型腔和分型面，范体呈弧形，分型面处较薄，向内渐厚。型腔和分型面表面均呈黑色，推测是浇注留下的痕迹。残长 25.3、残宽 17.5、分型面宽 4~5.5、中部最厚 9 厘米（图 3 - 30：1；彩版二三：3）。

标本 M54 填：1，残存石范一角，保留部分端面、型腔和分型面，范体呈弧形，端面较平，分型面处较薄，向内渐厚。型腔和分型面表面均呈黑色，型腔内还可见均匀

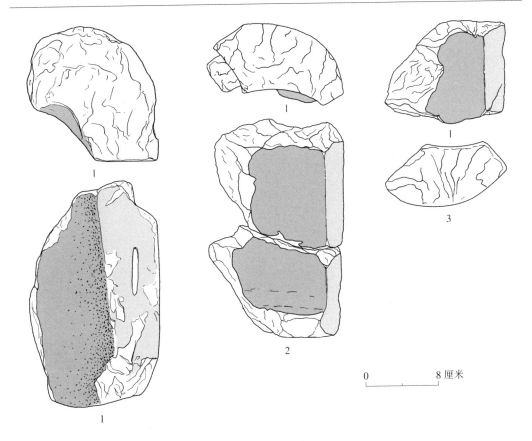

图 3 - 30　石范

1. M35 填:1　2. M54 填:1　3. M59 填:1

分布的迸裂纹，推测都是浇注留下的痕迹。残长 24、残宽 16.5、分型面宽 2.5～4、中部最厚 6.8 厘米（图 3 - 30：2；彩版二三：4）。

标本 M59 填:1，残存部分型腔和分型面，范体呈弧形，分型面处较薄，向内渐厚。型腔和分型面表面均呈黑色，型腔内还可见均匀分布的迸裂纹，推测都是浇注留下的痕迹。残长 10.5、残宽 13.5、分型面宽 4、中部最厚 6.7 厘米（图 3 - 30：3；彩版二三：5）。

石磨棒　3 件。均由细砂岩制成，质地细腻。柱状，顶部有圆形穿孔。根据横剖面形状不同，分二型。

A 型　2 件。大致呈圆柱形。

标本 M34:3，黑色，上端下凹，穿孔与下凹处相通，下端残。残长 14.1、直径 2.2 厘米（图 3 - 31：1；彩版三八：4）。

标本 M80:6，黑色，下端较圆润。长 12、直径 1.8 厘米（图 3 - 31：2；彩版二三：1）。经实验室观察和分析，此件器物可能用于碾压、研磨矿物颜料或日常用量不大的

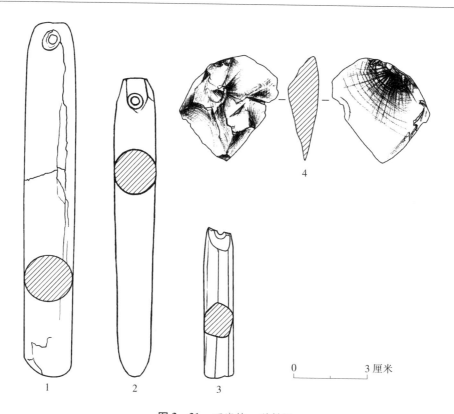

0   3厘米

图3-31 石磨棒、刮削器

1、2. A型磨棒（M34:3、M80:6） 3. B型磨棒（M168 填:10） 4. 刮削器（M7 填:1）

食材如辣椒、盐巴等（参见第五章第五节）。

B型 1件。呈不规则五棱柱状。

标本M168 填:10，灰褐色，顶部穿孔位置及下端均残。残长5.9厘米、直径约1.0～
1.15厘米（图3-31:3；彩版二三:2）。

石刮削器 1件。

标本M7 填:1，米黄色片状，打制而成，呈一面中部鼓起，另一面较平直。刃宽
4、高3.2、厚1.2厘米（图3-31:4；彩版二三:6）。

第六节 玻璃器

玻璃器共有14件。主要出自M38和M58两座墓葬，全部为珠子。

玻璃珠 14件。部分残碎，从保存较好者看，基本都为不太规整的扁球状，中间
有穿孔，形似算珠。珠子均呈蓝色，但深浅不一，主要有深蓝和淡蓝两种，深蓝色珠
子多泛紫，浅蓝色珠子有的泛绿。部分珠子表面风化严重，有的可肉眼观察到气泡。

珠子出土时比较分散，未发现穿连的痕迹，具体使用方法不详。通过对 M38 和 M58 部分玻璃珠的检测及分析，可知这些蓝色玻璃珠主要为钾玻璃（参见第五章第五节）。

　　标本 M38∶5，淡蓝色泛绿。直径 0.64、高 0.44、孔径 0.2 厘米（图 3－32∶1；彩版四二∶5）。

　　标本 M38∶6，淡蓝色。直径 0.7、高 0.67、孔径 0.27 厘米（图 3－32∶2；彩版四二∶4）。

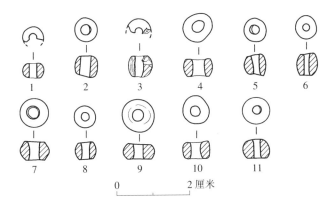

图 3－32　玻璃珠

1. M38∶5　2. M38∶6　3. M38∶12　4. M58 填∶1　5. M58 填∶2　6. M58 填∶3　7. M58 填∶4　8. M58 填∶5
9. M58 填∶6　10. M58 填∶7　11. M58 填∶8

　　标本 M38∶7，残碎，淡蓝色。尺寸不详。

　　标本 M38∶12，淡蓝色。直径 0.68、高 0.61、孔径 0.33 厘米（图 3－32∶3；彩版四二∶6）。

　　标本 M38∶13，残，淡蓝色。尺寸不详。

　　标本 M58 填∶1，深蓝色。直径 0.74、高 0.45、孔径 0.31 厘米（图 3－32∶4；彩版五〇∶1）。

　　标本 M58 填∶2，深蓝色。直径 0.72、高 0.58、孔径 0.24 厘米（图 3－32∶5；彩版五〇∶2）。

　　标本 M58 填∶3，淡蓝色。直径 0.68、高 0.63、孔径 0.25 厘米（图 3－32∶6；彩版五〇∶3）。

　　标本 M58 填∶4，深蓝色。直径 0.77、高 0.57、孔径 0.28 厘米（图 3－32∶7；彩版五〇∶4）。

　　标本 M58 填∶5，淡蓝色。直径 0.73、高 0.5、孔径 0.28 厘米（图 3－32∶8；彩版五〇∶5）。

　　标本 M58 填∶6，深蓝色。直径 0.83、高 0.5、孔径 0.24 厘米（图 3－32∶9；彩

版五〇：6）。

标本 M58 填：7，淡蓝色。直径 0.75、高 0.49、孔径 0.26 厘米（图 3-32：10；彩版五〇：7）。

标本 M58 填：8，深蓝色。直径 0.82、高 0.55、孔径 0.2 厘米（图 3-32：11；彩版五〇：8）。

标本 M58 填：9，残，风化严重，淡蓝色。直径 0.72、高 0.62、孔径 0.31 厘米（彩版五〇：9）。

第七节　漆器

发现有两座墓葬随葬漆器，但均朽毁严重，其中 M113 内仅剩两处细碎的红黑相间漆皮，器形不明。M30 出土 3 件漆器，由于残缺不全，具体体器形亦不辨。

标本 M30：5，残，器表髹黑漆，部分漆皮起层脱落，胎质不详。呈容器状，凹面中间如锥底，凸面鼓起如半球，凹面口沿较宽，口沿边缘漆皮向下弯折，但仅存少许，推测该漆皮与现存器壁之间原来夹有其他物质，但朽毁不存。凹面口径 9.4、口沿宽 1.7 厘米、高 4.2、现存胎壁厚 1.2、凹底位置厚 0.2 厘米。出土时侧立摆放，凹面朝西北方向，具体器类和用途不明（图 3-33；彩版三六：3）。

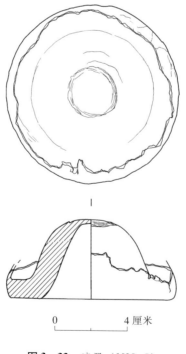

0　　　　4 厘米

图 3-33　漆器（M30：5）

　　标本 M30：1，红褐色泥质胎，器表髹黑漆，部分漆皮多起层脱落，胎亦有分层现象。口和底均残，呈斗笠状。残存口径 6、残高 2、胎厚 0.6 厘米。出土时口部朝上，具体属何种器类及用途不明（彩版三六：1）。

　　标本 M30：2，材质、器形与 M30：1 基本相同。残存口径 5.5、残高 2.2、胎厚 0.45 厘米。出土时口部朝下，具体属何种器类及用途不明（彩版三六：2）。

第四章　墓葬分述

本章墓葬分述主要发表有随葬品的墓葬资料，个别墓葬的填土中也出土有遗物，不排除属于随葬品的可能，此处一并发表，共计75座。发表的内容尽量全面，包括墓葬位置、开口层位、打破关系、方向、形制结构、填土、葬具、葬式以及随葬品情况等，按墓号由小到大逐一叙述。其他未出随葬品的墓葬，参见墓葬登记表（附表一）。

M6

M6 位于周家坟发掘点西北部，跨探方 T6365 和 T6366，打破 M42。墓坑开口于耕土层下，平面呈长方形，角略圆，长 2.32、宽 0.98、现存深 0.26 米，纵轴方向 134度。墓坑内填土呈红褐色，较疏松。未发现葬具。人骨朽毁不存，葬式不明。共出土随葬品 2 件，包括铜剑 1 件、铜矛 1 件。随葬品均发现于距墓底约 20 厘米处，其中铜剑位于墓坑近东南角处，铜矛位于墓坑中部偏西（图 4-1；彩版二四：1）。

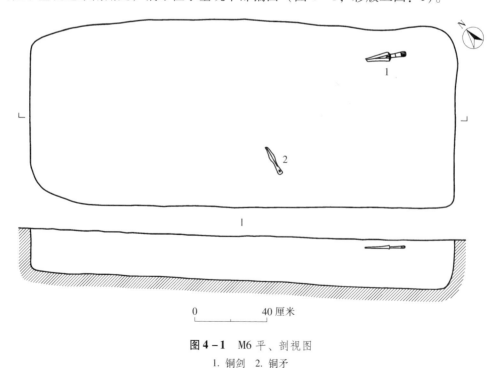

0　　　　40 厘米

图 4-1　M6 平、剖视图
1. 铜剑　2. 铜矛

铜剑　1件。

M6∶1，B型。扁圆茎，茎部由下至上渐宽，上部近茎首位置两边各有六道竖条状的镂孔，无格，刃部略残，锋部断裂，斜直刃，横截面呈扁菱形。剑身后部施双勾连涡纹等纹饰，颈部靠下部位置施弦纹。通长20.5、剑身宽4.2厘米（图4-2∶1；彩版二四∶2）。

铜矛　1件。

M6∶2，Ab型。圆骹，骹部两面有对称穿孔，叶略宽，与骹部长度相近，中线起脊，前端弯折。通长15.3、骹口直径2.2、叶宽2.6厘米（图4-2∶2；彩版二四∶3）。该铜矛叶后部一面起脊处有一明显砍砸痕迹。该铜矛出土时骹内残存有尚未炭化的木柲，木柲上有纤维状缠绕物。此外，矛骹穿孔中还见有销钉，木柲取出后，销钉

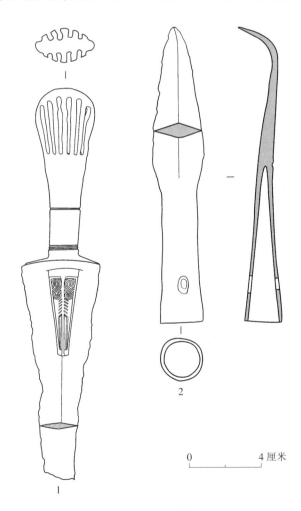

0　　　　　　　4厘米

图4-2　M6出土铜器

1. B型剑（M6∶1）　2. Ab型矛（M6∶2）

横向贯穿木柲。经检测，木柲为水团花木材，柲上的缠绕物为苎麻或大麻，销钉为竹材，属竹亚科（参见第五章第三节）。

M7

M7 位于周家坟发掘点西北部，跨探方 T6365 和 T6366，打破 M9。墓坑开口于耕土层下，平面呈长方形，角略圆，西北端略宽于东南端，长 2.52、宽 0.88、现存深 0.86 米，纵轴方向 111 度。墓坑内填土呈红褐色，夹杂一些黑色土和黄白色膏泥状土，较疏松。未发现葬具。人骨朽毁不存，葬式不明。墓坑中部靠上位置的填土中出土陶器 2 件、石器 1 件（图 4 - 3；彩版二五：1）。

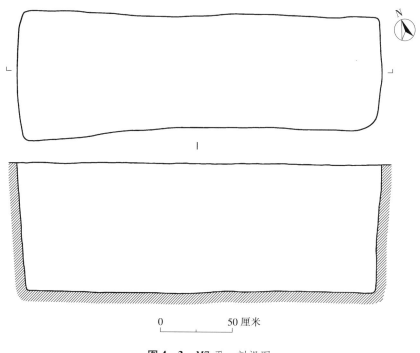

图 4 - 3　M7 平、剖视图

（一）陶器　2 件。

陶高领罐　1 件。

M7 填:2，D 型。夹砂，表面呈红褐色。侈口，圆唇略尖，溜肩，鼓腹，平底。素面。口径 8.4、底径 8、高 15 厘米（图 4 - 4：1；彩版二五：2）。

残陶器　1 件。

M7 填:3，残存底部和腹部少许，无法复原。夹砂，灰胎，表面呈红色。鼓腹，平底，底中间较薄。复原底径 6.2、残高 6 厘米（图 4 - 4：2）。

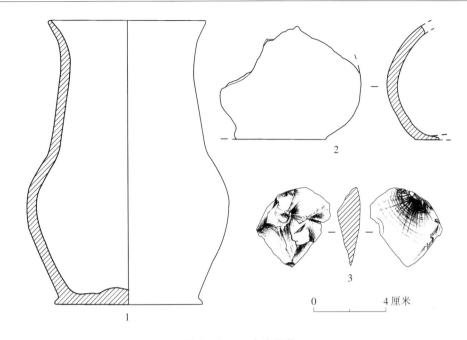

图 4 – 4　M7 出土器物

1. D 型陶高领罐（M7 填：2）　2. 残陶器（M7 填：3）　3. 刮削器（M7 填：1）

（二）石器　1 件

刮削器　1 件。

M7 填：1，米黄色片状，打制而成，呈一面中部鼓起，另一面较平直。刃宽 4、高 3.2、厚 1.2 厘米（图 4 – 4：3；彩版二五：3）。

M8

M8 位于周家坟发掘点西北部，探方 T6366 内，打破 M9。墓坑开口于耕土层下，平面呈长方形，长 2.3、宽 0.67、现存深 0.76 米，纵轴方向 110 度。墓坑内填土呈红褐色，夹杂一些黑色土和黄白色膏泥状土，较疏松。未发现葬具。人骨朽毁不存，葬式不明。填土内出土碎陶片若干，经修复为陶罐 1 件（图 4 – 5）。

陶罐　1 件。

M8 填：1，A 型。夹砂，灰黑色胎，表面呈红褐色，局部泛黑。侈口，方唇，圆肩，腹部微鼓，平底。素面。口径 7.2、底径 4.8、高 9.2 厘米（图 4 – 6）。

M10

M10 位于周家坟发掘点西部，探方 T6166 内，打破 M78 和 M79。墓坑开口于耕土层下，平面呈长方形，长 1.88、宽 0.68、现存深 0.2 米，纵轴方向 91 度。墓坑内填土

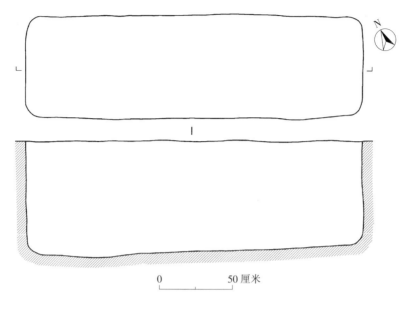

0　　　　　　　　50厘米

图4-5　M8平、剖视图

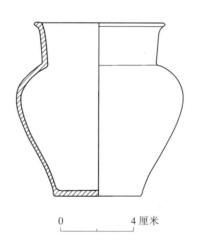

0　　　　　4厘米

图4-6　M8出土A型陶罐（M8填:1）

呈红褐色，夹杂一些黑色土和黄白色膏泥状土，较疏松。未发现葬具。人骨朽毁不存，葬式不明。出土随葬品2件，包括铜泡饰1件、陶高领罐1件。铜泡饰位于墓坑中部偏北墓底处，出土时已破碎，正面朝上。陶罐位于墓坑东端，出土时，口部朝上，略向西斜，罐底距墓底不到10厘米（图4-7；彩版二六:1）。

（一）陶器　1件。

陶高领罐　1件。

M10:1，B型。泥质，表面呈灰褐色，局部泛黑，较为光滑。侈口，方唇，肩较

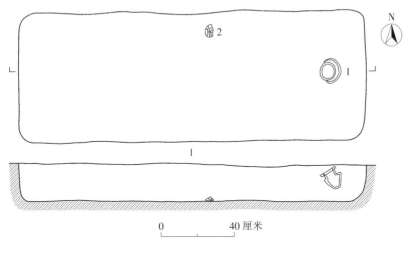

0　　　　　　40 厘米

图 4 − 7　M10 平、剖视图
1. 陶高领罐　2. 铜泡饰

圆，敛腹，平底。素面。口径 9.3、底径 5.7、高 12.5 厘米（图 4 − 8：1；彩版二六：2）。

（二）铜器　1 件。

铜泡饰　1 件。

M10：2，A 型。残，中部呈尖乳丁状凸起，形如伞盖，边缘和乳丁顶部均残碎或断裂，背面一侧有两处凸起残痕，可能为穿梁。从残片上可观察到弦纹、连珠纹、涡纹和短线芒纹。残径约 3.1、残高 1.5 厘米（图 4 − 8：2）。

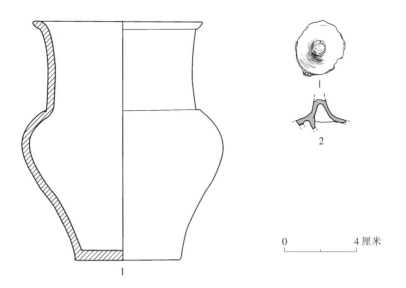

0　　　　　　4 厘米

图 4 − 8　M10 出土器物
1. B 型陶高领罐（M10：1）　2. A 型铜泡饰（M10：2）

M14

M14 位于周家坟发掘点西部，探方 T6166 内，打破 M71、M73、M76、M160。墓坑开口于耕土层下，平面呈长方形，角略圆，长 2.2、宽 0.64、现存深 0.2 米，纵轴方向 131 度。墓坑内填土呈红褐色，较疏松。未发现葬具。人骨朽毁不存，葬式不明。共出土随葬品 4 件，包括铜铃 1 件、铜片饰 3 件。随葬品位于墓坑西北部，靠近墓壁，距墓底约 20 厘米。出土时，铜铃和铜片饰放置在一起，铜片饰上下叠压，铃纽和铜片饰顶部均朝东南方向（图 4-9；彩版二六：3）。

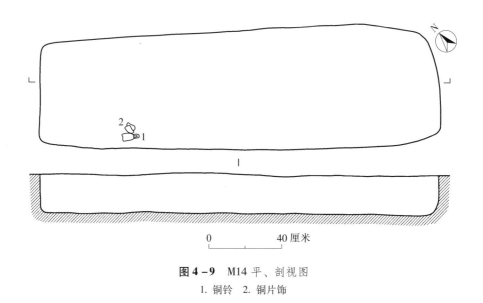

0　　　　　40 厘米

图 4-9 M14 平、剖视图
1. 铜铃　2. 铜片饰

铜铃 1 件。

M14:1，A 型。圆筒状略扁，口部大于顶部，一面及一侧口部有方形缺口，顶有一纽，纽孔竖长方形，铃腔两面有对称穿孔，一大一小，腔内未见铃舌。通高 5.6、口长径 2.2、口短径 1.9、纽高 1.5 厘米（图 4-10：1；彩版二七：1）。

铜片饰 3 件。

均 B 型。其中 2 件保存较好。薄片状，锻打而成，平面近长方形，束腰，略似鼓形，片体呈波浪状弯曲，纵剖面略呈“S”形。个别细小碎片上发现残存的圆形穿孔，孔径在 0.1 厘米左右，从碎片形状及弯曲度看，穿孔应位于铜片饰两端接近边缘处。结合铜片饰出土时的状态，推测它们是用线绳穿连在一起的。

M14:2-1，长 2.4、宽 2.14、厚 0.07 厘米（图 4-10：2；彩版二七：2）。

M14:2-2，长 2.5、宽 2.07、厚 0.07 厘米（图 4-10：3；彩版二七：2）。

M14:2-3，残碎，无法修复，厚 0.08 厘米。

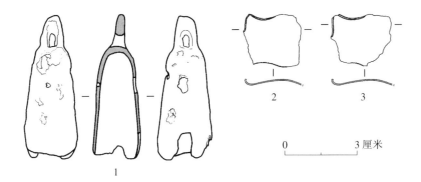

图4-10　M14出土铜器
1.A型铃（M14:1）　　2、3.B型片饰（M14:2-1、2-2）

M15

　　M15位于周家坟发掘点西部，探方T6166内，打破M70、M159、M161。墓坑开口于耕土层下，平面呈长方形，角略圆，东北端略宽于西南端，长1.84、宽0.5~0.7、现存深0.15米，纵轴方向69度。墓坑内填土呈红褐色，较疏松。未发现葬具。人骨朽毁不存，葬式不明。随葬品有铜镯，位于墓坑中部偏东位置，距墓底约12厘米。铜镯出土时残碎严重，无法复原。从现场看，集中分布于两处，推测为两组，每组有数件（图4-11；彩版二七:3）。

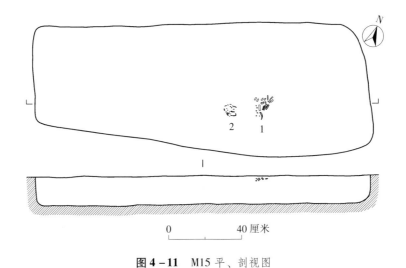

图4-11　M15平、剖视图
1、2.铜镯

铜镯　二组。

M15:1，一组，件数不详。均Bc型，细条环状，横截面近半圆形。铜镯直径不详，横截面直径 0.2 厘米。

M15:2，情况同 M15:1。

M18

M18 位于唐家坟发掘点西南部，跨探方 T6956 和 T7056。墓坑开口于耕土层下，平面呈长方形，长 2.1、宽 0.5、现存深 0.18 米，纵轴方向 146 度。墓坑内填土呈红褐色泛灰，较疏松。未发现葬具。人骨朽毁不存，葬式不明。根据出土耳块的位置推断，被葬者头朝东南方向。共出土随葬品 2 件，包括陶罐 1 件、玉块 1 件。随葬品位于墓坑东南部，接近墓底位置。因墓葬遭到晚期扰动和破坏，陶罐出土时残损严重，无法修复（图 4-12；彩版二八:1）。

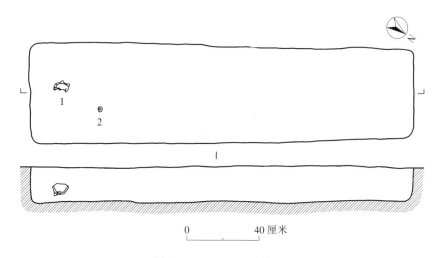

图 4-12　M18 平、剖视图
1. 陶罐　2. 玉块

（一）陶器　1 件。

陶罐　1 件。

M18:1，残损严重，无法修复，器型不明。夹砂，灰黑色胎，表面呈红褐色，局部泛黑。敞口，方唇，圆肩，平底。素面。复原口径约 7、复原底径约 7.2 厘米，高度不详。

（二）玉器　1 件

玉块　1 件。

M18:2，白色薄片状，平面呈不对称形，块口位于较窄的一边。外径 1.6、内径 0.6、块口宽 0.06、厚 0.14 厘米（图 4-13；彩版二九:1）。

图 4-13　M18 出土玉块（M18:2）

M19

M19 位于唐家坟发掘点西南部，探方 T7057 内，打破 M34。墓坑开口于耕土层下，平面呈长方形，长 2、宽 0.62、现存深 0.18 米，纵轴方向 142 度。墓坑内填土呈红褐色泛灰，较疏松。未发现葬具。人骨朽毁不存，葬式不明。共出土随葬品 3 件，包括陶高领罐 1 件、陶豆 1 件、绿松石珠 1 件。陶高领罐和陶豆位于墓坑南部，口朝上，器底距墓底不到 10 厘米，其中陶高领罐肩部坍塌，残碎严重。绿松石珠位于墓坑南部偏西，接近墓底（图 4－14；彩版二八：2）。

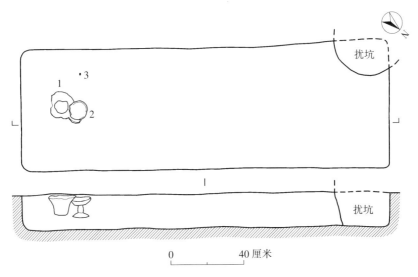

图 4－14　M19 平、剖视图
1. 陶高领罐　2. 陶豆　3. 绿松石珠

（一）陶器　2 件。

陶高领罐　1 件。

M19：1，A 型。火候较低，出土后即破碎无法修复。泥质，灰褐色胎，表面有一层黑色陶衣。方唇，口微侈，折肩，敛腹，平底。素面。口径 10 厘米，底径、高不详（彩版二九：3）。

陶豆　1 件。

M19：2，A 型。夹砂，表面呈红褐色，局部泛黑，胎芯灰黑色。豆盘较浅，方唇，斜腹微鼓，圜底近平，豆柄较高，略外鼓，喇叭口状座，豆座足沿起缘。素面。豆盘口径 10.9、豆座底径 9.8、高 10.9 厘米（图 4－15：1；彩版二九：2）。

（二）玉石器　1 件。

绿松石珠　1 件。

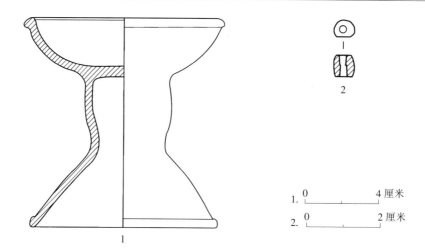

图 4 – 15　M19 出土器物
1. A 型陶豆（M19∶2）　　2. 绿松石珠（M19∶3）

M19∶3，C 型。管状，横剖面近半圆形，两端钻孔，对接处略有错位。浅绿色。长 0.6、直径 0.6 厘米（图 4 – 15∶2；彩版二九∶4）。

M20

M20 位于唐家坟发掘点中部偏南，探方 T7157 内，打破 M30、M36 和 M67，西北角被晚期遗迹 H3 打破。墓坑开口于耕土层下，平面呈长方形，角略圆，残长 1.44、宽 0.6、现存深 0.1 米，纵轴方向 141 度。墓坑内填土为灰褐色黏土，略疏松。未发现葬具。人骨朽毁不存，葬式不明。从随葬品的摆放看，被葬者可能头朝东南方向。共出土随葬品 22 件，包括铜器 17 件（含钱币）、铁器 5 件。随葬品距墓底多不到 10 厘米，其中除 1 件铁矛位于墓坑中部偏南外，余皆集中摆放于墓坑中部偏北，器物下面及周围有薄薄一层呈黑色的炭化物质（图 4 – 16；彩版三〇∶1）。

（一）铜器　17 件。

铜斧　1 件。

M20∶1，竖銎，平底，銎口近方形，銎部两面有对称穿孔，穿孔很小，形状不规则，器身较长，腰微束，两侧可见铸缝痕迹，弧刃较宽。长 19.7、銎口宽 5、刃部宽 7.4 厘米。出土时，该件铜斧朝上的一面附着有纤维状的有机物，起取后其所压泥土上可见清晰的布痕。经肉眼观察，铜斧上亦残留一些布痕。另外，从铜斧銎内观察，两面穿孔为竖长方形，明显大于从外表所见的穿孔，这可能说明铸造时，预留穿孔的支钉长度不足，且是安装在内范上的（图 4 – 17∶1；彩版三〇∶2）。

铜镞　2 件。

出土时两件铜镞摆放在一起，锋部朝东南方向，均圆銎形铤，刃部呈柳叶形。

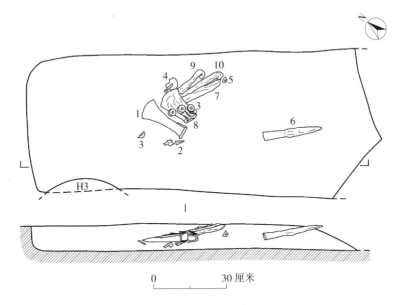

图 4 – 16　M20 平、剖视图

1. 铜斧　2. 铜镞　3. 铜钱　4. 铜带钩状器　5. 铜印章　6. 铁矛　7、10 铁凿　8. 铁斧　9. 铁钩状残器

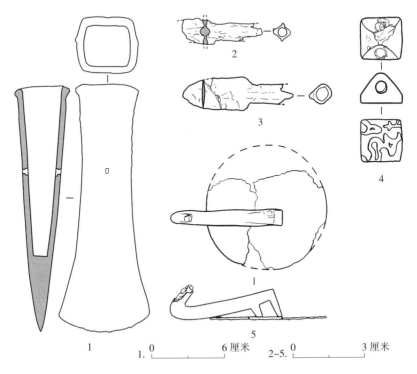

图 4 – 17　M20 出土铜器

1. 斧（M20∶1）　2. 镞（M20∶2 – 2）　3. Ba 型镞（M20∶2 – 1）　4. 印章（M20∶5）　5. 带钩状器（M20∶4）

Ba 型，1 件。

M20：2 - 1，残长 4.6 厘米（图 4 - 17：3；彩版三〇：3）。

型式不辨，1 件。

M20：2 - 2，残长 3.6 厘米（图 4 - 17：2；彩版三〇：3）。

铜带钩状器 1 件。

M20：4，圆形薄片状，其中一面带弯钩，钩端呈鸟首形，根部有近方形穿孔。直径 5.1、厚 0.1、钩长 4.8 厘米。出土时带弯钩的一面朝上，起取后下面的泥土上残存一些草席状的编织物（图 4 - 17：5；彩版三〇：4）。

铜印章 1 件。

M20：5，方形印台，鼻纽，纽孔圆形。印文为阴文，铸造而成，内容非汉字，为某种特殊的图形符号，若以纽孔朝上下方向钤印，钤文左上角为一形似 "卄" 字的符号；右上角为一横置的牛头图案，带双角；下部为一牛形图案，牛侧身，扭头正视，牛头较大，上有双角，牛身较小，以抽象的单线表示，背部向上弓起，与牛头不太成比例，前后肢亦为单线条表现，且后肢踝骨处向前弯曲，无尾。通高 1.2、边长 1.7、纽孔径 0.4 厘米。出土时印章侧放，印面朝北，纽孔朝上（图 4 - 17：4，图 4 - 18；彩版三〇：5）。

0 　　　　 2厘米

图 4 - 18 M20 出土铜印章（M20：5）钤文

铜钱 12 枚。

皆为 "五铢" 钱。出土时铜钱多呈叠放状。

M20：3 - 1，有周郭和背穿郭，周郭较窄，面穿上有一横，钱文 "五" 字交股弯曲，两股末端收敛，上、下横伸出接外郭，"铢" 字 "金" 头呈三角形，略低于 "朱" 字，"朱" 字头较方折。直径 2.47、穿宽 0.93 厘米（图 4 - 19：1）。

M20：3 - 2，有周郭和背穿郭，周郭较窄，穿内边缘可见铸缝，钱文 "五" 字交股弯曲，"铢" 字 "金" 头呈三角形，"朱" 字头方折。直径 2.45、穿宽 0.95 厘米（图 4 - 19：2）。

M20：3 - 3，有周郭和背穿郭，周郭较宽较高，穿内边缘可见铸缝，钱文 "五" 字交股略弯曲，"铢" 字 "金" 头较小，形似箭镞，略低于 "朱" 字，"朱" 字头较方折。直径 2.7、穿宽 0.97 厘米（图 4 - 19：3）。

M20：3 - 4，有周郭和背穿郭，周郭较窄，钱文 "五" 字交股弯曲，两股末端略收

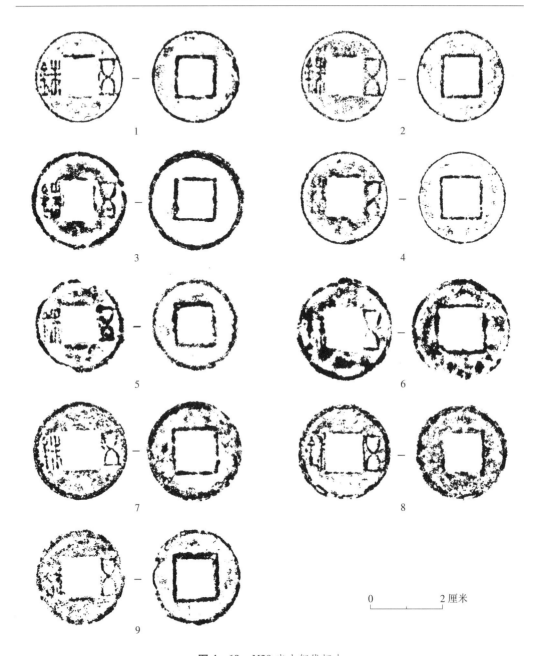

0 _____ 2厘米

图4-19 M20出土铜钱拓本

1. M20:3-1 2. M20:3-2 3. M20:3-3 4. M20:3-4 5. M20:3-6 6. M20:3-7 7. M20:
3-10 8. M20:3-11 9. M20:3-12

敛,"铢"字较模糊,"朱"字头略显方折。直径2.46、穿宽0.95厘米(图4-19:4)。

M20:3-5,有周郭和背穿郭,周郭较窄,穿内边缘可见铸缝,钱文"五"字交股弯曲,两股末端略收敛,"铢"字"金"头呈三角形,"朱"字头方折。直径2.4、穿宽0.91厘米。

M20:3－6，有周郭和背穿郭，面穿上有一横，下有一半月，穿内边缘可见铸缝，钱文"五"字交股略弯曲，"铢"字"金"头较小，形似箭镞，"朱"字头方折。直径2.56、穿宽0.84厘米（图4－19：5）。

M20:3－7，有周郭和背穿郭，穿内边缘可见铸缝，钱文"五"字交股略弯曲，"铢"字模糊。直径2.62、穿宽0.91厘米（图4－19：6）。

M20:3－8，有周郭和背穿郭，穿内边缘可见铸缝，钱文"五"字交股弯曲，两股末端略收敛，"铢"字"金"头较小，形似箭镞，"朱"字头方折。直径2.52、穿宽1厘米。

M20:3－9，有周郭和背穿郭，穿内边缘可见铸缝，钱文锈蚀不清，隐约可见"五"字，交股弯曲。直径2.56、穿宽0.91厘米。

M20:3－10，有周郭和背穿郭，穿内边缘可见铸缝，钱文"五"字交股弯曲，两股末端略收敛，"铢"字"金"头较小，形似箭镞，"朱"字头方折。直径2.68、穿宽1厘米（图4－19：7）。

M20:3－11，有周郭和背穿郭，面穿上、下各有一细横，穿内边缘可见铸缝，钱文"五"字交股弯曲，两股末端略收敛，"铢"字较模糊，"朱"字头方折。直径2.63、穿宽0.97厘米（图4－19：8）。

M20:3－12，有周郭和背穿郭，穿内边缘可见铸缝，钱文"五"字交股弯曲，两股末端略收敛，"铢"字较模糊。直径2.52、穿宽1厘米（图4－19：9）。

（二）铁器　5件。

铁矛　1件。

M20:6，柳叶形叶，圆骹，骹内锈蚀堵塞。通长23、骹口直径2.6、叶宽2.9厘米（图4－20：1；彩版三一：1）。

铁斧　1件。

M20:8，竖銎，銎口长方形，一面未封口，束腰，宽刃略残。长12.8、銎口长4.8、銎口宽3.3、刃部残宽7.5厘米。从銎部形制看，该铁斧可能采用锻銎工艺制造（图4－20：2；彩版三一：5）。

铁凿　2件。

A型，1件。

M20:7，刃部残，扁长条状，竖銎，銎口长方形。残长16、銎口长2.9、銎口宽2.2厘米（图4－20：4；彩版三一：2）。

B型，1件。

M20:10，刃部残，扁长条状，实心。残长16.8厘米（图4－20：5；彩版三一：3）。

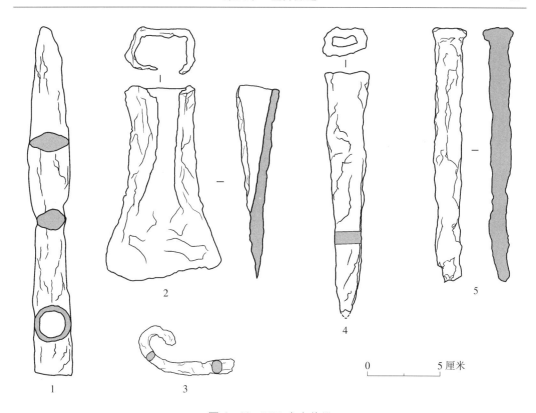

图 4 - 20　M20 出土铁器

1. 矛（M20:6）　2. 斧（M20:8）　3. 钩状残器（M20:9）　4. A 型凿（M20:7）　5. B 型凿（M20:10）

铁钩状残器　1 件。

M20:9，长条状，一端弯曲成钩状。残长 6.4 厘米。出土时该铁器与上述两件铁凿并排摆放，从器形特征推测可能为一件环首削（图 4 - 20:3；彩版三一:4）。

M21

M21 位于唐家坟发掘点西南部，跨探方 T7056 和 T7057，打破 M34，东北部被一晚期扰坑略打破。墓坑开口于耕土层下，平面呈长方形，长 2.46、宽 0.68、现存深 0.28 米，纵轴方向 158 度。墓坑内填土为红褐色黏土，较疏松。未发现葬具。人骨朽毁不存，葬式不明。共出土随葬品 7 件，包括铜器 1 件、陶器 6 件，集中摆放于墓坑东南部。铜器为凿，出土时銎口朝东南方向，距墓底约 20 厘米。陶器有罐 3 件、高领罐 1 件、豆 2 件。罐和高领罐出土时多侧放，除 1 件位于墓底外，余皆距墓地几厘米或 10 余厘米。两件陶豆一为高柄，一为矮柄，出土时均位于墓底，其中矮柄豆盘口朝下，呈倒置状态（图 4 - 21；彩版三二:1）。

（一）陶器　6 件。

陶罐　3 件。

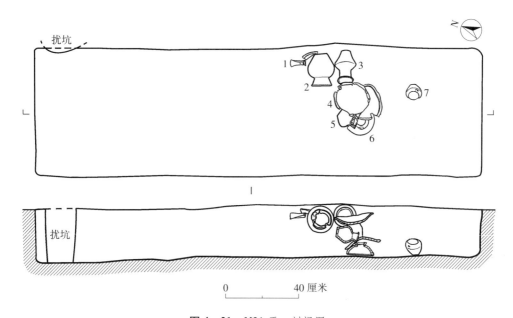

图 4 - 21　M21 平、剖视图

1. 铜凿　2、5、7. 陶罐　3. 陶高领罐　4、6 陶豆

A 型　1 件。

M21：2，夹砂，灰黑色胎，表面呈红褐色，局部泛黑。侈口，方唇，圆肩，腹部微鼓，平底。素面。口径 7.4、底径 5.2、高 9.4 厘米（图 4 - 22：1；彩版三三：1）。

B 型　1 件。

M21：5，夹砂，表面呈灰褐色，局部泛黑。直口，方唇，圆肩，斜腹微鼓，平底。素面，颈部饰一乳丁。口径 7.5、底径 5.5、高 10.3 厘米（图 4 - 22：2；彩版三三：2）。

C 型　1 件。

M21：7，夹砂，表面呈灰褐色，局部泛黑。口略侈，方唇，折肩，斜腹较深，平底。素面，肩部两侧饰对称的双乳丁。口径 5.9、底径 4.4、高 9.3 厘米（图 4 - 22：3；彩版三三：3）。

陶高领罐　1 件。

M21：3，A 型。夹砂，表面呈灰褐色，局部泛黑，较为光滑。口微侈，圆唇略尖，折肩，敛腹，平底。肩部饰刻划纹，为两道弦纹中间夹网格状的交叉线纹，下面再接一周尖叶形纹。口径 6.3、底径 5.2、高 11.5 厘米（图 4 - 22：6；彩版三三：4）。

陶豆　2 件。

A 型　1 件。

M21：4，夹砂，表面呈红褐色，局部泛黑，胎呈灰黑色。豆盘较浅，圆唇，斜腹微鼓，圜底近平，高柄略外鼓，靠上位置两侧各有 3 个大体对称的椭圆形小孔，喇叭口

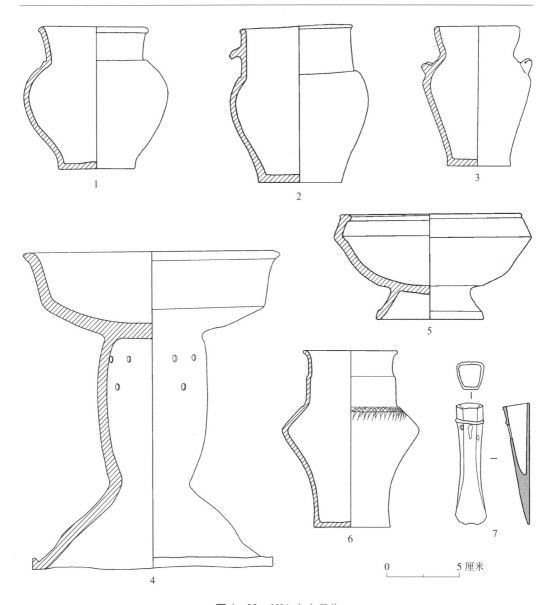

图 4 - 22　M21 出土器物

1. A 型陶罐（M21：2）　2. B 型陶罐（M21：5）　3. C 型陶罐（M21：7）　4. A 型陶豆（M21：4）
5. B 型陶豆（M21：6）　6. A 型陶高领罐（M21：3）　7. Ab 型铜凿（M21：1）

状座，座足沿起缘。素面。豆盘口径 17.5、豆座底径 16、通高 20.5 厘米（图 4 - 22：
4；彩版三三：5）。

B 型　1 件。

M21：6，夹砂，表面呈红褐色，局部黑色陶衣保存加好，较光亮，胎呈灰黑色。豆
盘较深，方唇，敛口，斜腹微鼓，圜底，柄较矮如外撇圈足。素面。豆盘口径 12.3、
豆座底径 7.4、通高 6.9 厘米（图 4 - 22：5；彩版三三：6）。

（二）铜器 1件。

铜凿 1件。

M21：1，A型Ⅱ式。竖銎，銎口呈梯形，腰微束，器身一面平直，另一面略弧，形成单面刃，銎部正面有一竖条状穿孔，两侧亦各有一穿孔，但不对称，器身两侧接近背面处可见铸缝痕迹。銎部正面和两侧穿孔上方有一道凸弦纹。长7.9、銎口宽1.9、刃部宽2.1厘米（图4－22：7；彩版三二：2）。

M22

M22位于唐家坟发掘点西南部，跨探方T6956和T7056，打破M37、M38和M50。墓坑开口于耕土层下，平面呈长方形，西北端宽于东南端，长2.82、宽0.7～0.9、现存深0.25米，纵轴方向142度。墓坑内填土呈浅红褐色，较疏松。未发现葬具。人骨朽毁不存，葬式不明。共出土随葬品3件，包括铜戈1件、残陶器1件、陶纺轮1件。铜戈位于墓坑西北部，距墓底约10厘米。陶纺轮和残陶器放在一起，位于墓坑东北角附近，距墓底亦有几厘米（图4－23；彩版三四：1）。

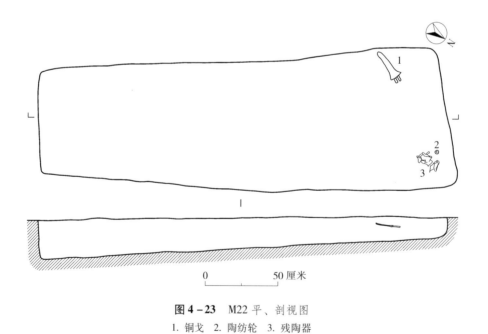

0　　　　　50厘米

图4－23 M22平、剖视图
1. 铜戈　2. 陶纺轮　3. 残陶器

（一）陶器 2件。

陶纺轮 1件。

M22：2，Aa型。夹砂，灰褐胎，表面红褐色。扁圆饼形，中间有一圆形穿孔，边略外鼓。素面。直径3.7、孔径0.4、厚1厘米（图4－24：1；彩版三四：2）。

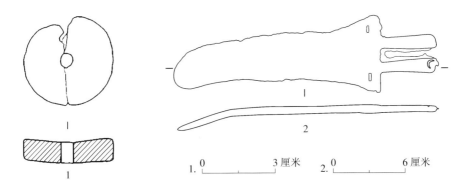

图 4 - 24　M22 出土器物

1. Aa 型陶纺轮（M22∶2）　　2. B 型铜戈（M22∶1）

残陶器　1 件。

M22∶3，残损严重，无法修复，器形不明。泥质，灰黑色胎，外施黑色陶衣，平底。复原底径约 5.4 厘米。

（二）铜器　1 件。

铜戈　1 件。

M22∶1，B 型　内部分叉，无胡，条形援，一面较平直，另一面中部起不明显脊，援前部略有弯折，锋部较圆润，近阑处两面各有 2 个长方形穿孔，且两面对称，可能是想预留穿孔，但因铸造原因，穿孔未打通。内部末端一角发现一月牙形图案，月牙下凹。通长 21.6、援长 15.5 厘米（图 4 - 24∶2；彩版三四∶3）。该铜戈铸造粗糙，内部铸缝未经打磨等处理，援部可见很多气泡状小孔。

M26

M26 位于唐家坟发掘点西部，跨探方 T7156 和 T7157。墓坑开口于耕土层下，平面呈长方形，西北端宽于东南端，长 1.82、宽 0.64、深 0.08 米，纵轴方向 104 度。墓坑内填土呈红褐色，较疏松。未发现葬具。人骨朽毁不存，葬式不明。出土的随葬品有铁削 1 件，位于墓坑中部靠东壁处，接近墓底（图 4 - 25；彩版三四∶4）。

铁削　1 件。

M26∶1，残，仅剩尖锋部分，表面残存布痕。残长 3 厘米（图 4 - 26）。

M30

M30 位于唐家坟发掘点中部偏南，跨探方 T7157 和 T7158，打破 M36，西北部被 M20 打破。墓坑开口于耕土层下，平面呈长方形，角略圆，长 2.38、宽 0.68、现存深 0.52 米，纵轴方向 110 度。墓坑内填土呈红褐色，较疏松。未发现葬具。人骨朽毁不

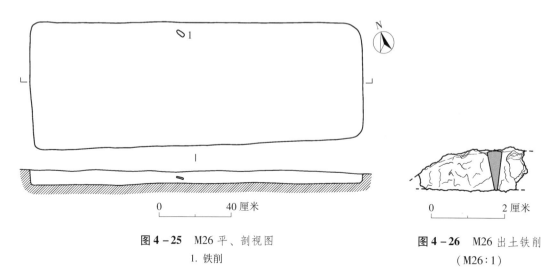

图 **4-25** M26 平、剖视图
1. 铁削

图 **4-26** M26 出土铁削
（M26:1）

存，葬式不明。共出土随葬品 5 件，包括玛瑙扣 1 件、绿松石珠 1 件、漆器 3 件。随葬品发现于接近墓底位置，玛瑙扣和两件漆器位于墓坑中部，另一件漆器位于墓坑西北部，绿松石珠位于墓坑西北部靠南侧墓壁处（图 4-27；彩版三五:1）。

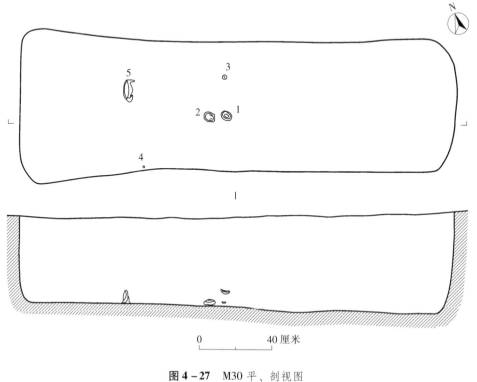

图 **4-27** M30 平、剖视图
1、2、5. 漆器 3. 玛瑙扣 4. 绿松石珠

（一）玉石器　2 件。

玛瑙扣　1 件。

M30：3，A 型。表面光滑，平面近圆形，正面呈乳丁状，背面较平，有两个相互穿通的孔。白色，可见条状纹理。直径 2.1、高 1 厘米（图 4－28：2；彩版三五：2）。

绿松石珠　1 件。

M30：4，C 型。管状，横剖面近半圆形。淡蓝色泛白。高 0.53、直径 0.55 厘米（图 4－28：3；彩版三五：3）。

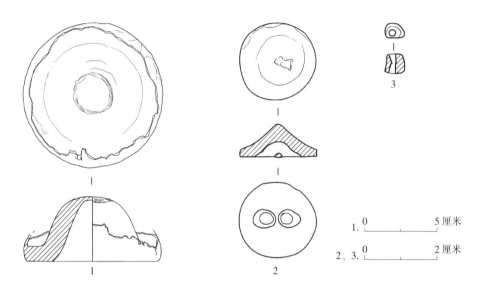

图 4－28　M30 出土器物
1. 漆器（M30：5）　　2. A 型玛瑙扣（M30：3）　　3. C 型绿松石珠（M30：4）

（二）漆器　3 件。

因朽毁严重，器形均不辨。

M30：1，红褐色泥质胎，器表髹黑漆，部分漆皮多起层脱落，胎亦有分层现象。口和底均残，呈斗笠状。残存口径 6、残高 2、胎厚 0.6 厘米。出土时口部朝上，具体属何种器类及用途不明（彩版三六：1）。

M30：2，材质、器形与 M30：1 基本相同。残存口径 5.5、残高 2.2、胎厚 0.45 厘米。出土时口部朝下，具体属何种器类及用途不明（彩版三六：2）。

M30：5，残，器表髹黑漆，部分漆皮起层脱落，胎质不详。呈容器状，凹面中间如锥底，凸面鼓起如半球，凹面口沿较宽，口沿边缘漆皮向下弯折，但仅存少许，推测该漆皮与现存器壁之间原来夹有其他物质，但朽毁不存。凹面口径 9.4、口沿宽 1.7 厘米、高 4.2、现存胎壁厚 1.2、凹底位置厚 0.2 厘米。出土时侧立摆放，凹面朝西北方向，具体器类和用途不明（图 4－28：1；彩版三六：3）。

M32

　　M32 位于唐家坟发掘点东南部，探方 T7158 内，打破 M147。墓坑开口于耕土层下，平面呈长方形，角略圆，因遭晚期破坏严重，仅剩底部，且西北端不存，残长1.2、宽 0.76、现存深 0.06 米，纵轴方向 109 度。墓坑内填土呈红褐色泛灰，较疏松。未发现葬具。人骨朽毁不存，葬式不明。出土的随葬品有铜爪镰 1 件，位于墓坑中部偏西位置，接近墓底（图 4 - 29；彩版三七：1）。

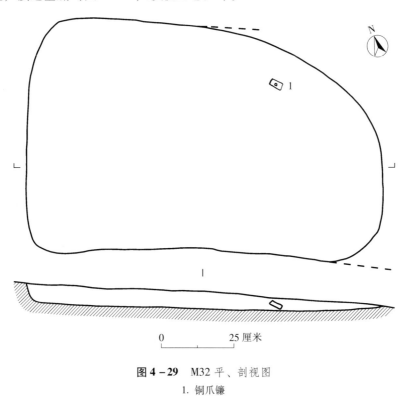

0　　　　　25 厘米

图 4 - 29　M32 平、剖视图
1. 铜爪镰

铜爪镰　　1 件。

　　M32：1，弧形片状，平面呈长方形，刃部残，中部有一穿孔。长 6、宽 4.1、孔径0.9 ~ 1.1 厘米（图 4 - 30；彩版三七：2）。

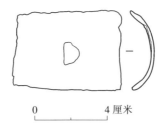

0　　　　　4 厘米

图 4 - 30　M32 出土铜爪镰（M32：1）

M34

M34 位于唐家坟发掘点西南部，跨探方 T7056 和 T7057，被 M19 和 M21 打破。墓坑开口于耕土层下，平面呈长方形，长 2.6、宽 0.74、现存深 0.74 米，纵轴方向 112 度。墓坑内填土呈浅红褐色，较疏松。未发现葬具。人骨朽毁不存，葬式不明。共出土随葬品 3 件，包括铜削 1 件、铁削 1 件、石磨棒 1 件。随葬品位于墓坑东南部，出土时并排摆放，距墓底约 30 厘米（图 4 - 31；彩版三八：1）。

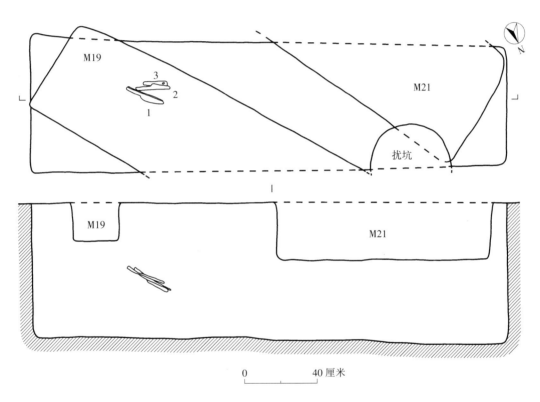

0   40 厘米

图 4 - 31 M34 平、剖视图
1. 铜削　2. 铁削　3. 石磨棒

（一）铜器　1 件。

铜削　1 件。

M34：1，扁长柄，刃较直，锋部略残，刃背略弧，与柄背连为一体。残长 14.2 厘米（图 4 - 32：1；彩版三八：2）。

（二）铁器　1 件。

铁削　1 件。

M34：2，B 型。扁长柄，一面中间有凹槽，另一面平直，刃部宽于柄部，从刃背到刃口逐渐变薄，刃口较直，至前端向上弧起形成尖锋，刃背较直，与柄背连成一体。通长16.6、刃部长9.3、刃部宽2.9、柄部宽1.9厘米（图4-32：2；彩版三八：3）。出土时，柄部有凹槽的一面朝上，刃部可见附着的布纹痕迹。

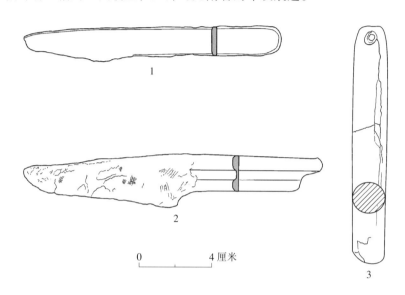

图4-32 M34 出土器物

1. 铜削（M34：1） 2. B型铁削（M34：2） 3. A型石磨棒（M34：3）

（三）石器 1件。

石磨棒 1件。

M34：3，A型。黑色，质地细腻，由细粒砂岩制成。圆柱形，上端下凹，两侧有对称穿孔，穿孔与下凹处相通，下端残。残长14.1、直径2.2厘米（图4-32：3；彩版三八：4）。

M35

M35位于唐家坟发掘点西南部，探方T7056内。墓坑开口于耕土层下，平面略呈梯形，长2.46、西北端宽0.72、东南端宽1、现存深0.18米，纵轴方向125度。墓坑内填土为红褐色黏土，较疏松。未发现葬具。人骨朽毁不存，葬式不明。共出土随葬品15件，包括铜器9件（含钱币）、铁器4件、陶器2件。随葬品均位于墓底或接近墓底处，其中金属器都摆放在墓坑中部，余下的两件陶器，一件陶罐放置于墓坑南部，另一件陶纺轮放置于近西南角处。另外，墓坑填土中还出土残石范1件（图4-33；彩版三九：1）。

（一）铜器 9件。

铜斧 1件。

M35：1，竖銎，平底，銎口近方形，銎部有穿孔，两侧可见铸缝痕迹，器身较长，腰微束，弧刃较宽。銎部一面施勾连涡纹等纹饰，外有竖长方形框，长方形框上面又

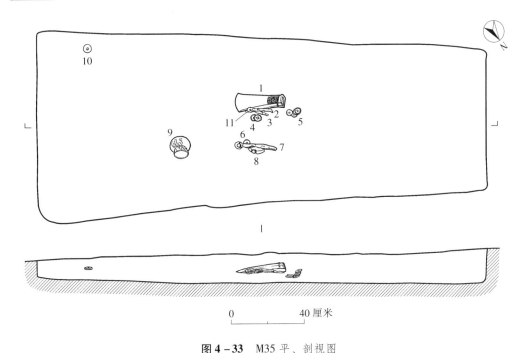

0   40厘米

图 4 – 33 M35 平、剖视图
1. 铜斧 2、3、7、11. 铁削 4、5、6. 铜钱 8. 铜铃 9. 陶罐 10. 陶纺轮

施双凸弦纹，并延伸至銎部两侧。长 23.2、銎口宽 4.6～4.7、刃部宽 7.4 厘米。出土时，该铜斧与另两件铁削锈蚀粘连在一起。此外，从该铜斧銎内观察，銎部两面和两侧各有一竖长方形穿孔，但其中两个未打通，外面看只有一面和一侧有穿孔，说明铸造时预留穿孔的支钉长度不足，且可能是安装在内范上的（图 4 – 34：1；彩版四〇：1）。

铜铃 1 件。

M35：8，Ba 型。扁圆筒状，铃腔上部略大于口部，平面近长方形，其中一面上部有一细小的圆穿，口部呈椭圆形，顶部中间有一残缺的穿孔，但此处原先是否有穿孔不详，顶部两侧带管形耳，耳的横截面呈椭圆形，铃腔内有圆柱形铜舌，舌上部有搓拧的细线缠绕，器身两侧及顶部可见明显的铸缝。通高 7.8、口长径 5.6、管形耳长径 1.4～1.5、舌横截面直径约 0.8 厘米（图 4 – 34：4；彩版四〇：2）。

铜钱 7 枚。

皆为"五铢"钱，多残。出土时分三处，其中两处成摞叠放在一起。

M35：4 – 1，残，有周郭和背穿郭，穿内边缘可见铸缝，钱文"五"字交股弯曲，"铢"字残，"朱"字头略显圆润。直径 2.63、穿宽 1 厘米。

M35：4 – 2，残碎，有周郭，从碎片可见"五"字一半。尺寸不详。

M35：5 – 1，下部残，有周郭和背穿郭，周郭较窄，钱文"五"字交股弯曲，上、下横伸出接外郭，"铢"字锈蚀模糊。直径 2.66、穿宽 0.96 厘米。

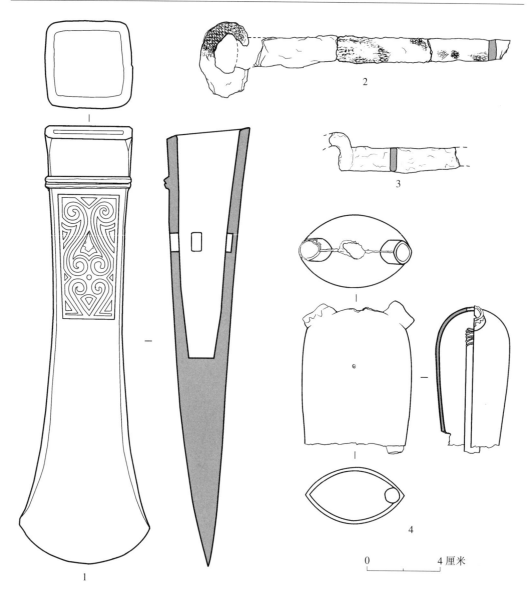

0   4厘米

图 4 - 34 M35 出土器物

1. 铜斧（M35:1） 2、3. A 型铁削（M35:7、3） 4. Ba 型铜铃（M35:8）

M35:5 - 2，大部分残碎，从残片看有周郭和背穿郭，面穿下有一半月，穿内边缘可见铸缝，钱文仅存"五"字，较模糊。复原直径约 2.6 厘米。

M35:5 - 3，残碎，有周郭，从碎片可见"铢"字左侧一半，"金"头较小，形似箭镞。尺寸不详。

M35:5 - 4，残碎，从碎片可见"五"字一小半。尺寸不详。

M35:6，残碎，有周郭，从碎片可见"五"字，交股弯曲。尺寸不详。

（二）铁器 4件。

铁削 4件。

均A型。环首，长条状。

M35：2，刃前端残，出土时因锈蚀而与铜斧（M35：1）粘接在一起。残长14.9厘米。

M35：3，刃前部和环首局部残，残长7.15厘米（图4-34：3；彩版四〇：3）。

M35：7，刃前端残，一面附着布痕，残长17厘米（图4-34：2；彩版四〇：4）。

M35：11，刃部及刃背前端分别上弧和下弧，形成尖锋，出土时因锈蚀而与铜斧（M35：1）粘接在一起，表面附着布痕。长18厘米。

（三）陶器 2件。

陶罐 1件。

M35：9，A型。夹砂，表面呈灰褐色，局部泛黑。侈口，方唇，圆肩，腹部微鼓，平底。素面。口径8.2、底径6、高10.6厘米（图4-35：1；彩版三九：2）。

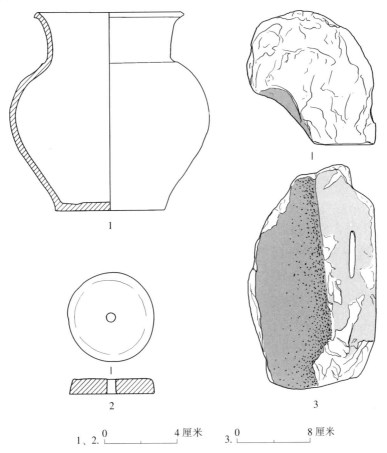

图4-35 M35出土器物

1. A型陶罐（M35：9） 2. Ab型陶纺轮（M35：10） 3. 石范（M35填：1）

陶纺轮 1件。

M35:10，Ab 型。泥质，红褐色，局部泛黑。扁圆饼形，中间有一圆形穿孔，斜边，两面大小不一。素面。直径一面4.3、另一面4.7、孔径0.5、厚0.8厘米（图4-35：2；彩版三九：3）。

（四）石器 1件。

石范 1件。

M35填:1，赭红色，石英长石砂岩质地，器形较大且厚重，应用于铸造大型器物。残存部分型腔和分型面，范体呈弧形，分型面处较薄，向内渐厚。型腔和分型面表面均呈黑色，推测是浇注留下的痕迹。残长25.3、残宽17.5、分型面宽4~5.5、中部最厚9厘米（图4-35：3；彩版三九：4）。

M38

M38位于唐家坟发掘点西南部，探方 T7056 内，打破 M50，东南端被 M22 打破，西北部伸出发掘区外并被现代改土活动破坏不存。墓坑开口于耕土层下，平面呈长方形，残长1.9、宽0.7、现存深0.1米，纵轴方向140度。在墓底南部发现一直径0.22、深0.16米的小圆坑。墓坑内填土为灰褐色黏土，较疏松。未发现葬具。人骨朽毁不存，葬式不明。共出土随葬品20件，有铜镜、铜钱以及绿松石扣、玛瑙珠、玻璃珠等。随葬品基本发现于接近墓底的位置，其中铜镜和铜钱位于现存墓坑中部，余皆位于墓坑南部，还有少量玛瑙珠和玻璃珠位于墓底小圆坑内（图4-36；彩版四一：1）。

（一）铜器 10件。

铜镜 1件。

M38:1，为日光镜。镜面微外弧，镜背呈黑灰色，半球形纽，圆纽座，素缘外侧略斜。纽座外有内向连弧纹一周，其外铭文带铸有"见日之光，天下大明"八字铭文，字间以涡卷纹相隔，再外还有一周凸弦纹和短斜线纹。镜面直径6、镜背直径5.8厘米。出土时镜背朝上，光亮如新，但镜面多有锈蚀（图4-37；彩版四一：2）。

铜钱 9枚。

均为"五铢"钱。出土时分两摞叠放，其中一摞叠压于铜镜之上。

M38:2-1，有周郭和背穿郭，周郭较窄，面穿上有一横，穿内边缘可见铸缝，钱文"五"字交股弯曲，两股末端收敛，上、下横伸出接外郭，"铢"字"金"头呈三角形，"朱"字头较方折。直径2.6、穿宽0.95厘米（图4-38：1）。

M38:2-2，有周郭和背穿郭，穿内边缘可见铸缝，钱文"五"字交股略直，"铢"字锈蚀模糊。直径2.53、穿宽0.89厘米（图4-38：2）。

M38:2-3，有周郭和背穿郭，钱文"五"字交股较直，"铢"字"金"头呈三角

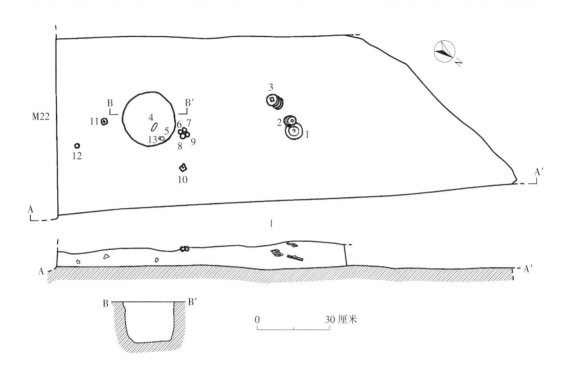

图 4 – 36　M38 平、剖视图

1. 铜镜　2、3. 铜钱　4、8、9. 玛瑙珠　5～7、12、13. 玻璃珠　10、11. 绿松石扣

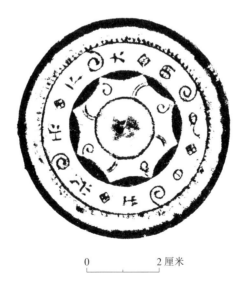

图 4 – 37　M38 出土铜镜（M38∶1）拓本

形，"朱"字头较方折。直径 2.59、穿宽 0.95 厘米（图 4 – 38∶3）。

　　M38∶2 - 4，有周郭和背穿郭，钱文"五"字交股弯曲，"铢"字"金"头较小，形似箭镞，"朱"字头较方折。直径 2.43、穿宽 0.94 厘米。

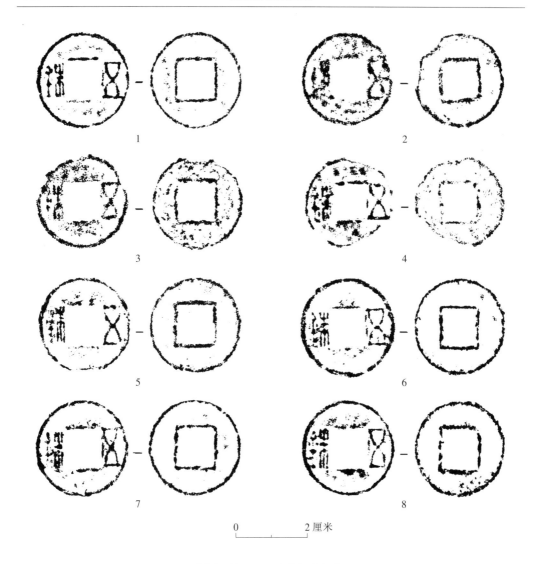

0　　　　2厘米

图4-38 M38 出土铜钱拓本

1. M38:2-1　2. M38:2-2　3. M38:2-3　4. M38:3-1　5. M38:3-2　6. M38:3-3　7. M38:3-4　8. M38:3-5

M38:3-1，有周郭和背穿郭，钱文"五"字交股弯曲，两股末端略收敛，"铢"字锈蚀较模糊，"朱"字头较方折。直径2.56、穿宽0.87厘米（图4-38:4）。

M38:3-2，有周郭和背穿郭，穿内边缘可见铸缝，钱文"五"字交股略弯曲，"铢"锈蚀较模糊。直径2.59、穿宽0.96厘米（图4-38:5）。

M38:3-3，有周郭和背穿郭，面穿下有一半月，穿内边缘可见铸缝，钱文"五"字交股弯曲，两股末端略收敛，上、下横伸出接外郭，"铢"字"金"头较小，形似箭镞，"朱"字头方折。直径2.63、穿宽0.92厘米（图4-38:6）。

M38:3-4，有周郭和背穿郭，面穿下有一半月，穿内边缘可见铸缝，钱文略显瘦长，"五"字交股略直，"铢"字"金"头较小，形似箭镞，"朱"字头略显圆润。直径2.59、穿宽0.93厘米（图4-38：7）。

M38：3-5，有周郭和背穿郭，面穿下有一半月，穿内边缘可见铸缝，钱文略显瘦长，"五"字交股略弯曲，"铢"字"金"头较小，形似箭镞，"朱"字头略显圆润。直径2.59、穿宽0.97厘米（图4-38：8）。

（二）玉石器 5件

绿松石扣 2件。

表面光滑，平面多呈不规则形，正面为尖乳状，背面较平，有两对穿的孔。

M38：10，颜色略泛白。长径2.1、高1.24厘米，两穿孔口部直径分别为0.28、0.31厘米，两穿孔间距0.28厘米（图4-39：1；彩版四一：3）。

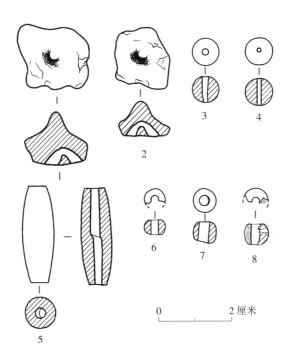

图4-39 M38出土器物

1、2. 绿松石扣（M38：10、11） 3、4. B型玛瑙珠（M38：8、9） 5. C型玛瑙珠（M38：4） 6~8. 玻璃珠（M38：5、6、12）

M38：11，深绿色。长径1.71、高0.95厘米，两穿孔口部直径分别为0.24、0.3厘米，两孔相距0.25厘米（图4-39：2；彩版四一：4）。

玛瑙珠 3件。

B型 2件。

M38：8，圆球形，中间有穿孔。肉红色。直径0.8~0.83厘米（图4-39：3；彩版四二：2)。

M38：9，圆球形，中间有穿孔。肉红色。直径 0.87 ~ 0.89 厘米（图 4 - 39：4；彩版四二：3）。

C 型　1 件。

M38：4，管状，中间略鼓，带穿孔，两端向内钻孔，对接处略有错位。珠体呈赭红色，带白色条纹等天然纹理。长 2.6、腹径 0.9 厘米（图 4 - 39：5；彩版四二：1)。

（三）玻璃器　5 件。

玻璃珠　5 件。

均呈扁圆球形，中间穿孔。淡蓝色或淡蓝色泛绿。其中有两件破碎。

M38：5，淡蓝色泛绿。直径 0.64、孔径 0.2、高 0.44 厘米（图 4 - 39：6；彩版四二：5)。

M38：6，淡蓝色。直径 0.7、孔径 0.27、高 0.67 厘米（图 4 - 39：7；彩版四二：4）。

M38：7，残碎，淡蓝色。尺寸不详。

M38：12，淡蓝色。直径 0.68、孔径 0.33、高 0.61 厘米（图 4 - 39：8；彩版四二：6）。

M38：13，残，淡蓝色。尺寸不详。

M39

M39 位于唐家坟发掘点南部，跨探方 T7057、T7157、T7058 和 T7158，打破 M56。墓坑开口于耕土层下，平面呈长方形，东南端略向外弧，长 2.5、宽 0.76、现存深 0.64 米，纵轴方向 143 度。墓坑内填土呈黄褐色，较疏松。未发现葬具。人骨朽毁不存，葬式不明。共出土随葬品 2 件，包括陶釜 1 件、陶纺轮 1 件。陶釜位于墓坑西北部，距墓底约 10 厘米。陶纺轮位于墓坑东南部，放置于墓底（图 4 - 40；彩版四三：1）。

陶釜　1 件。

M39：1，夹砂，表面呈红褐色，局部泛黑。侈口，圆唇，鼓腹，圜底。素面。口径 9.7、高 7.2 厘米（图 4 - 41：1；彩版四三：3）。

陶纺轮　1 件。

M39：2，Aa 型。残，剩一半。夹砂，红褐色。扁圆饼形，中间有一圆形穿孔，边略外鼓。素面。直径 3.5、孔径 0.4、厚 1.2 厘米（图 4 - 41：2；彩版四三：4）。

M47

M47 位于周家坟发掘点中部，跨探方 T6166 和 T6167，打破 M77，东北角被 H7 打破。墓坑开口于耕土层下，平面呈长方形，西北端略宽于东南端，长 2.3、宽 0.74 ~

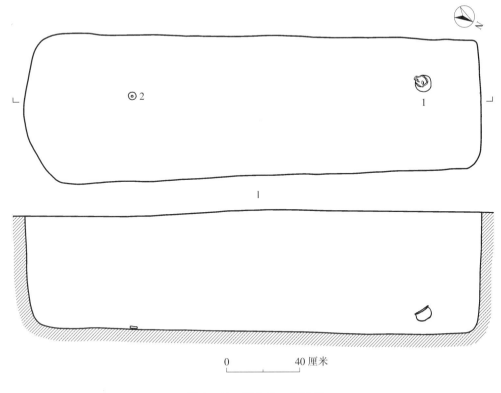

图 4-40 M39 平、剖视图
1. 陶釜 2. 陶纺轮

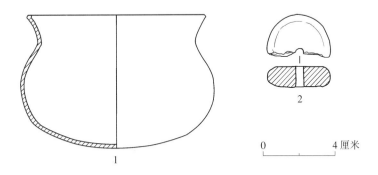

图 4-41 M39 出土陶器
1. 陶釜（M39:1） 2. Aa 型陶纺轮（M39:2）

0.9、现存深 0.24 米，纵轴方向 116 度。墓坑内填土呈灰褐色，较疏松，夹杂一些青膏泥土。未发现葬具。人骨朽毁不存，葬式不明。出土随葬品有陶高领罐 1 件，位于墓坑南端接近墓底位置，出土时口部朝上，但残碎严重（图 4-42；彩版四三:2）。

陶高领罐 1 件。

M47:1，残碎严重，无法修复。夹砂，红褐色胎，外表局部泛黑。厚度 0.1~0.3 厘米。

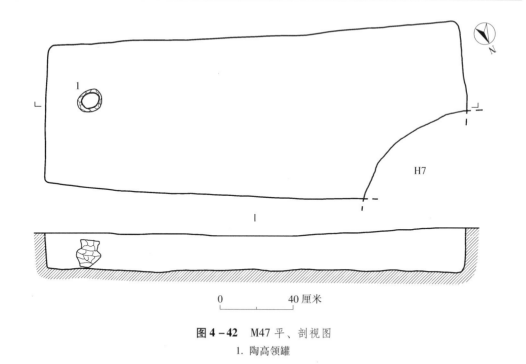

图 4 − 42　M47 平、剖视图
1. 陶高领罐

M50

M50 位于唐家坟发掘点西南部，探方 T7056 内，被 M22 和 M38 打破，西北部伸出发掘区外并被现代改土活动破坏不存。墓坑开口于耕土层下，平面呈长方形，残长 1.9、残宽 0.62、现存深 0.14 米，纵轴方向 139 度。墓坑内填土呈浅灰褐色，较疏松。未发现葬具。人骨朽毁不存，葬式不明。出土随葬品有陶纺轮 1 件，位于墓坑西北部墓底位置（图 4 −43；彩版四四：1）

陶纺轮　1 件。

M50：1，Aa 型。夹砂，灰黑色。扁圆饼形，中间有一圆形穿孔，边略外鼓。素面。直径 3.5、孔径 0.5、厚 1.4 厘米（图 4 −44；彩版四四：2）。

M51

M51 位于唐家坟发掘点中部偏南，探方 T7157 内，打破 M59 和 M124，西北角被 H2 打破。墓坑开口丁耕土层下，平面呈长方形，角略圆，长 2.14、宽 0.55、现存深 0.1 米，纵轴方向 138 度。墓坑内填土呈黄褐色泛灰，较疏松。未发现葬具。人骨朽毁不存，葬式不明。出土随葬品有铁削 1 件，位于墓坑中部接近墓底处（图 4 −45；彩版四四：3）。

铁削　1 件。

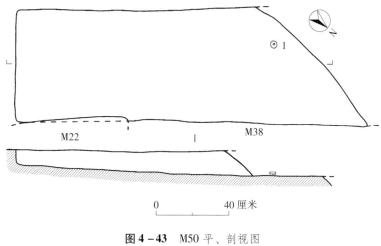

图 4 – 43　M50 平、剖视图
1. 陶纺轮

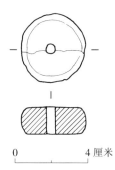

图 4 – 44　M50 出土 Aa 型陶纺轮（M50∶1）

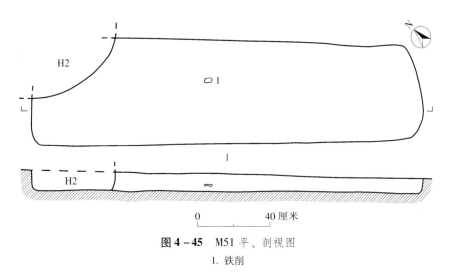

图 4 – 45　M51 平、剖视图
1. 铁削

　　M51∶1，残，条形，仅剩刃部一点，两面均有木痕。残长 3.4、宽约 1.5 厘米（图 4 – 46）。

图 4 - 46　M51 出土铁削（M51∶1）

M53

　　M53 位于唐家坟发掘点西南部，跨探方 T7056、T7057 和 T7156，打破 M55。墓坑开口于耕土层下，平面呈长方形，长 2.1、宽 0.64、现存深 0.28 米，纵轴方向 147 度。墓坑内填土呈浅红褐色，较疏松。未发现葬具。人骨朽毁不存，葬式不明。出土随葬品有铜镈 1 件，位于墓坑西南部，接近墓底（图 4 - 47；彩版四五∶1）。

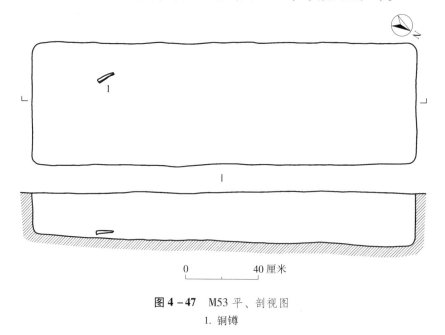

图 4 - 47　M53 平、剖视图
1. 铜镈

　　铜镈　1 件。

　　M53∶1，半圆锥状，銎口略残，半弧的一面自上而下有一列共 7 个近方形穿孔，平的一面有上、下两个长条状穿孔，穿孔边沿残。口径 2.1、残长 11 厘米（图 4 - 48；彩版四五∶2）。

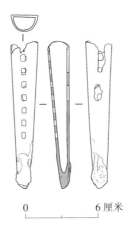

0　　　　　　6厘米

图 4 - 48　M53 出土铜镩（M53:1）

M54

M54 位于唐家坟发掘点南部，跨探方 T7057 和 T7157，打破 M59，西北部被 H1 打破。墓坑开口于耕土层下，平面呈长方形，残长 1.1、宽 0.8、现存深 0.14 米，纵轴方向 135 度。墓坑内填土呈浅红褐色，较疏松。未发现葬具。人骨朽毁不存，葬式不明。出土随葬品有陶纺轮 1 件，位于墓坑东南部接近墓底处。另外，墓坑填土中还发现残石范 1 件（图 4 -49；彩版四六：1）。

（一）陶器　1 件。

陶纺轮　1 件。

M54:1，Aa 型。夹砂，灰黑胎，表面红褐色。扁圆饼形，中间有一圆形穿孔，边略外鼓。素面。直径 3.5、孔径 0.5、厚 1.3 厘米（图 4 -50：2；彩版四六：2）。

（二）石器　1 件。

石范　1 件。

M54 填:1，赭红色，石英长石砂岩质地，器形较大且厚重，应用于铸造大型器物。残存石范一角，保留部分端面、型腔和分型面，范体呈弧形，端面较平，分型面处较薄，向内渐厚。型腔和分型面表面均呈黑色，型腔内还可见均匀分布的迸裂纹，推测都是浇注留下的痕迹。残长 24、残宽 16.5、分型面宽 2.5 ~ 4、中部最厚 6.8 厘米（图 4 -50：1；彩版四六：3）。对型腔和分型面等部位进行了成分检测，显示石范很可能浇注过青铜器（参见第五章第四节）。

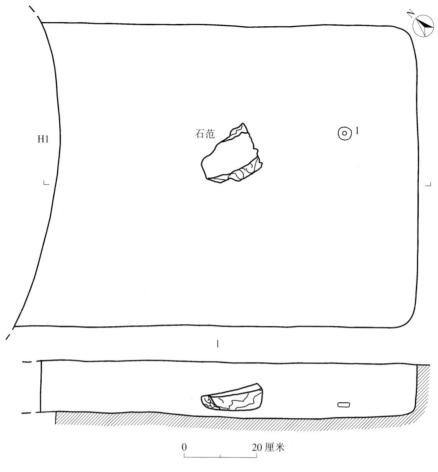

0   20 厘米

图 4 – 49 M54 平、剖视图
1. 陶纺轮

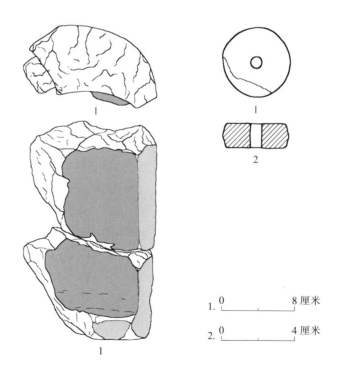

1. 0   8 厘米

2. 0   4 厘米

图 4 – 50 M54 出土器物
1. 石范（M54 填∶1）　 2. Aa 型陶纺轮（M54∶1）

M55

　　M55 位于唐家坟发掘点西南部，跨探方 T7056、T7057、T7156 和 T7157，打破 M57，被 M53 打破。墓坑开口于耕土层下，平面呈长方形，长 2.4、宽 0.68、现存深 0.2 米，纵轴方向 148 度。墓坑内填土呈浅灰褐色，较疏松。未发现葬具。人骨朽毁不存，葬式不明。出土随葬品 2 件，包括铜凿 1 件、铜削 1 件。随葬品位于墓坑东南部靠近墓壁处，两件铜器并排平放，刃部朝东南方向，距墓底约 15 厘米（图 4 - 51；彩版四七：1）。

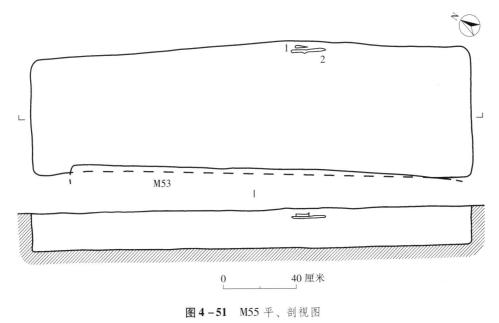

M53

0　　　　　　　40 厘米

图 4 - 51　M55 平、剖视图
1. 铜凿　2. 铜削

　　铜凿　1 件。

　　M55：1，B 型。竖銎，方形銎口，腰微束，弧刃较宽，刃部上方有一对称方形穿孔，器身下部一面也有一残缺的穿孔，但另一面为一月牙形凹坑，器身两侧可见铸缝。长 9.1、銎口宽 2.4、刃部宽 2.9 厘米。该件铜凿銎内残存灰褐色砂状土，较硬，难以取出，土中心可见一横截面呈长方形的空心铜条状物，向里面插入。空心铜条状物横截面长 0.4、宽 0.2 厘米（图 4 - 52：1；彩版四七：3）。

　　铜削　1 件。

　　M55：2，器身一面较平直，另一面略弧，扁长柄，刃较直，刃背与柄背连为一体，刃背前部近锋部下弧，形成尖锋。通长 16.5、柄长 6.1、柄宽 1.3 厘米。该件铜削制作较粗糙，四周可见一些未经处理的铸缝（图 4 - 52：2；彩版四七：4）。

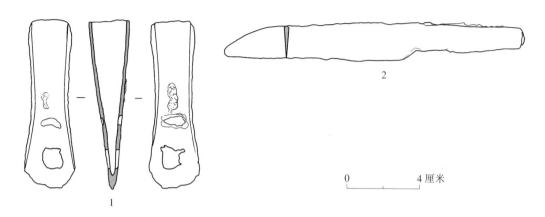

图 4 – 52 M55 出土铜器
1. B 型凿（M55∶1）　　2. 削（M55∶2）

M56

　　M56 位于唐家坟发掘点南部，探方 T7057 内，打破 M64，中部被晚期扰坑打破，东南角被 M39 打破。墓坑开口于耕土层下，平面呈长方形，长 2.4、宽 0.66、现存深 0.3 米，纵轴方向 130 度。墓坑内填土呈浅红褐色，较疏松。未发现葬具。人骨朽毁不存，葬式不明。共出土随葬品 6 件，包括铜凿 1 件、各种珠饰 5 件（彩版四八∶1）。随葬品位于墓坑东南部接近墓底位置，摆放集中，其中铜凿刃部朝东南方向，銎口朝斜上方（图 4 – 53；彩版四七∶2）。

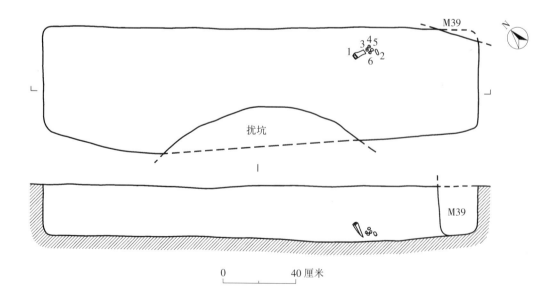

图 4 – 53 M56 平、剖视图
1. 铜凿　2、4. 玛瑙珠　3、5、6. 绿松石珠

（一）铜器　1件。

铜凿　1件。

M56：1，B型。竖銎，方形銎口，腰微束，弧刃残，銎口下方一面有上、下两个穿孔，上孔近圆形，下孔形状不规则，另一面亦有一形状不规则穿孔，器身两侧可见铸缝痕迹。残长6.8、銎口宽1.9、刃部残宽1.9厘米（图4-54：1；彩版四八：2）。

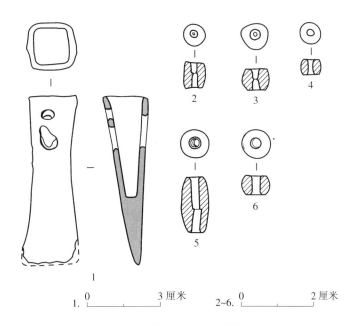

图4-54　M56出土器物

1. B型铜凿（M56：1）　　2~4. A型绿松石珠（M56：3、5、6）　　5. C型玛瑙珠（M56：2）　　6. A型玛瑙珠（M56：4）

（二）玉石器　5件。

玛瑙珠　2件。

C型　1件。

M56：2，管状，中间略鼓，两端钻孔对接处略有错位。珠体呈半透明白色，带白色条纹等天然纹理。长1.4、腹径0.75厘米（图4-54：5；彩版四八：7）。

A型　1件。

M56：4，算珠形，中间有穿孔。珠体呈肉红色。高0.53、直径0.8厘米（图4-54：6；彩版四八：6）。

绿松石珠　3件。

均为A型。管状，器身较饱满，横剖面近圆形。

M56：3，较长，两端钻孔，对接处略有错位。浅绿色。长0.69、直径0.53厘米（图4-54：2；彩版四八：3）。

M56：5，较短。浅绿色。高 0.42、直径 0.75 厘米（图 4 - 54：3；彩版四八：4）。

M56：6，较短。绿色。高 0.36、直径 0.5 厘米（图 4 - 54：4；彩版四八：5）。

M57

M57 位于唐家坟发掘点南部，探方 T7057 内，打破 M64，西北角被 M55 打破。墓坑开口于耕土层下，平面呈长方形，长 2.2、宽 0.8、现存深 0.64 米，纵轴方向 90 度。墓坑内填土呈浅灰褐色，较疏松。未发现葬具。人骨朽毁，仅在随葬品处残存少量肢骨，葬式不明。出土的随葬品有铜镯 1 组，位于墓坑东部，距墓底约 30 厘米（图 4 - 55；彩版四九：1）。

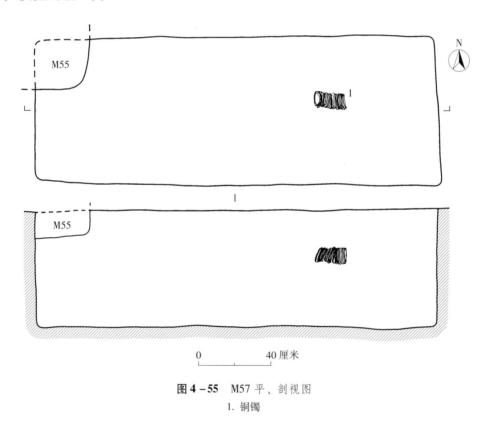

0   40 厘米

图 4 - 55 M57 平、剖视图

1. 铜镯

铜镯 一组。

M57：1，一组 60 余件。其中两件为宽片环状（A 型），余皆细条环状，横截面呈长方形（Ba 型）。出土时残碎，无法起取，内有残存肢骨。两件 A 型铜镯外壁边缘凸起，中部为凹槽，内镶泛绿色小石片，石片近圆形，中间有穿孔，与铜镯之间可见黑色黏合剂。铜镯直径约 7、宽 0.9、边缘厚 0.3 厘米，镶嵌的小石片直径 0.2 ~ 0.3、孔径约 0.05 厘米。铜镯上所镶嵌的小石片残存少许，且风化严重，材质不确定，推测为孔雀

石或绿松石。其余 Ba 型铜镯粗细不一，镯直径约 7、横截面长约 0.2、横截面宽 0.05 ~ 0.15 厘米（彩版四九：2）。

M58

M58 位于唐家坟发掘点中部，跨探方 T7157 和 T7257，打破 M66、M67 和 M69。墓坑开口于耕土层下，平面形状不太规则，大致呈长方形，但西南角向外突出，突出部分有生土台阶，台阶下方即墓底西北壁和西南壁有生土二层台，墓底平面为长方形，纵轴方向 132 度。墓坑长 3.28、宽 1.15 ~ 1.64、现存深 1.08 米，墓底长 2.5、宽 1.04 米，二层台高 0.36 米。墓坑内填土较致密，呈黄白色，夹杂红褐色黏土和黑褐色的天然含铁小石块（当地俗称"麻姑石"）。未发现葬具。人骨朽毁不存，葬式不明。在墓坑填土中发现 9 颗玻璃珠，上下均有分布，有可能是下葬时特意撒入墓坑中的（图 4 - 56；彩版四九：3）。

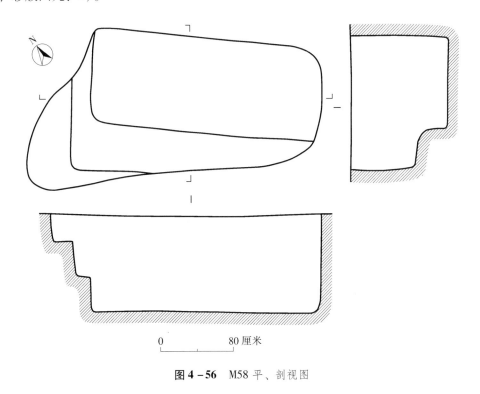

0   80 厘米

图 4 - 56 M58 平、剖视图

玻璃珠 9 颗。

均为扁圆球形珠子，中间穿孔，淡蓝色或淡蓝色泛绿。

M58 填:1，深蓝色。直径 0.74、高 0.45、孔径 0.31 厘米（图 4 - 57：1；彩版五〇：1）。

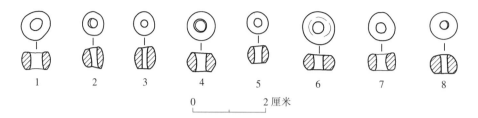

图 4 – 57　M58 出土玻璃珠

1. M58 填:1　2. M58 填:2　3. M58 填:3　4. M58 填:4　5. M58 填:5　6. M58 填:6　7. M58 填:7　8. M58 填:8

M58 填:2，深蓝色。直径 0.72、高 0.58、孔径 0.24 厘米（图 4 – 57：2；彩版五〇：2）。

M58 填:3，淡蓝色。直径 0.68、高 0.63、孔径 0.25 厘米（图 4 – 57：3；彩版五〇：3）。

M58 填:4，深蓝色。直径 0.77、高 0.57、孔径 0.28 厘米（图 4 – 57：4；彩版五〇：4）。

M58 填:5，淡蓝色。直径 0.73、高 0.5、孔径 0.28 厘米（图 4 – 57：5；彩版五〇：5）。

M58 填:6，深蓝色。直径 0.83、高 0.5、孔径 0.24 厘米（图 4 – 57：6；彩版五〇：6）。

M58 填:7，淡蓝色。直径 0.75、高 0.49、孔径 0.26 厘米（图 4 – 57：7；彩版五〇：7）。

M58 填:8，深蓝色。直径 0.82、高 0.55、孔径 0.2 厘米（图 4 – 57：8；彩版五〇：8）。

M58 填:9，残，风化严重，淡蓝色。直径 0.72、高 0.62、孔径 0.31 厘米（彩版五〇：9）。

M59

M59 位于唐家坟发掘点南部，探方 T7157 内，被 H1、M51、M52、M54 打破。墓坑开口于耕土层下，平面呈长方形，角略圆，长 2.22、宽 0.8、现存深 0.58 米，纵轴方向 100 度。墓坑内填土呈红褐色，较疏松，夹杂少量黄色土。未发现葬具。人骨朽毁不存，葬式不明。填土内出土残石范 1 件（图 4 – 58；彩版五一：1）。

石范　1 件。

M59 填:1，赭红色，石英长石砂岩质地，器形较大且厚重，应用于铸造大型器物。残存部分型腔和分型面，范体呈弧形，分型面处较薄，向内渐厚。型腔和分型面表面均呈黑色，型腔内还可见均匀分布的迸裂纹，推测都是浇注留下的痕迹。残长 10.5、

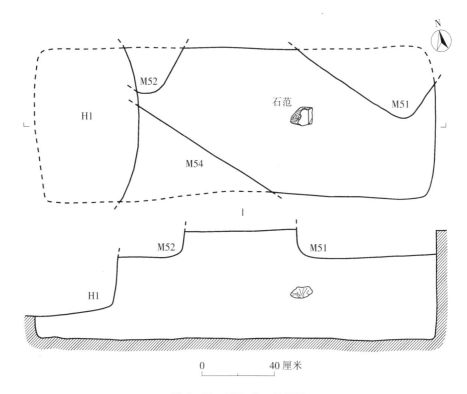

图 4 - 58　M59 平、剖视图

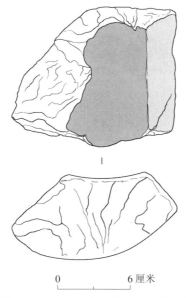

图 4 - 59　M59 出土石范（M59 填：1）

残宽 13.5、分型面宽 4、中部最厚 6.7 厘米（图 4 - 59；彩版五一：2）。对型腔和分型面等部位进行了成分检测，显示石范很可能浇注过青铜器（参见第五章第四节）。

M61

M61 位于唐家坟发掘点中部，探方 T7157 内，打破 M67，东南部被 M28 打破。墓坑开口于耕土层下，平面呈长方形，角略圆，长 1.9、宽 0.68、现存深 0.18 米，纵轴方向 141 度（图 4-60；彩版五一：3）。墓坑内填土呈红褐色，较疏松，夹杂少量黄色土。未发现葬具。人骨朽毁不存，葬式不明。共出土随葬品 6 件，包括铜钱 5 枚、铁削 1 件。随葬品位于墓坑中部偏东，接近墓底。出土时，铜钱分三摞一字排开放置于铁削上（彩版五一：4）。

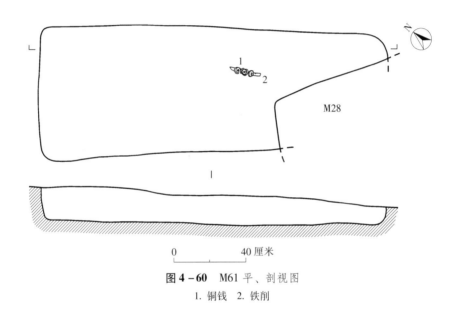

0　　　　　　　40 厘米

图 4-60　M61 平、剖视图
1. 铜钱　2. 铁削

（一）铜器　5 件。

铜钱　5 枚。

均为"五铢"钱，多残。

M61:1-1，大部分残碎，从残片看有周郭，钱文仅存"铢"字，较模糊，"朱"字头方折。尺寸不详。

M61:1-2，残，有周郭和背穿郭，周郭较窄，钱文"五"字交股弯曲，"铢"字锈蚀，模糊不清。直径 2.7、穿宽 0.95 厘米。

M61:1-3，残，有周郭和背穿郭，背面周郭明显错位，钱文"五"字交股弯曲，"铢"字大部残。直径 2.62、穿宽 0.95 厘米。

M61:1-4，残，有周郭和背穿郭，钱文"五"字交股略弯曲，"铢"字上部残。直径 2.62、穿宽 1 厘米。

M61：1－5，大部分残碎，从残片看有周郭和背穿郭，钱文仅存"铢"字，"金"头呈三角形，"朱"字头方折。尺寸不详。

（二）铁器

铁削　1件。

M61：2，残，长条状，仅剩刃部，刃部前端上弧，形成尖锋，表面残存布痕。残长16.4厘米（图4－61；彩版五二：2）。

0　　　　　　4厘米

图4－61　M61出土铁削（M61：2）

M62

M62位于唐家坟发掘点西部，探方T7156内。墓坑开口于耕土层下，平面呈长方形，长1.8、宽0.56、现存深0.2米。纵轴方向115度。墓坑内填土呈红褐色泛灰，较疏松。未发现葬具。人骨朽毁不存，葬式不明。出土随葬品有陶纺轮1件，位于墓坑中部偏西南，距墓底不到10厘米（图4－62；彩版五二：1）。

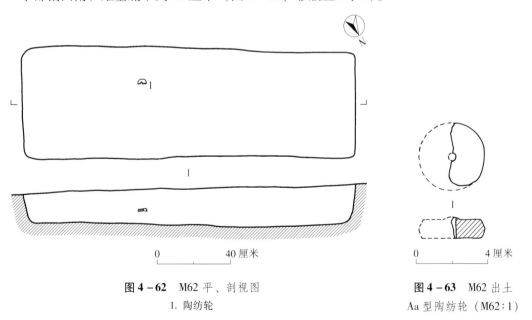

0　　　　　　40厘米

图4－62　M62平、剖视图
1. 陶纺轮

0　　　　　4厘米

图4－63　M62出土
Aa型陶纺轮（M62：1）

陶纺轮　1件。

M62：1，Aa型。残，约剩一半。夹砂，灰黑色。扁圆饼形，中间有一圆形穿孔，边略外鼓。素面。直径3.3、孔径0.4、厚1厘米（图4－63；彩版五二：3）。

M66

M66 位于唐家坟发掘点中部，探方 T7257 内，东南部被 M58 打破。墓坑开口于耕土层下，平面呈长方形，残长 1.8、宽 0.66、现存深 0.06 米，纵轴方向 146 度。墓坑内填土呈红褐色，较致密。未发现葬具。人骨朽毁不存，葬式不明，从铜柄铁剑等随葬品的摆放看，被葬者应当头朝东南方向。共出土随葬品 34 件（组），包括铜镖 1 件、铜泡饰 25 件、铜镞 6 件、铜柄铁剑 1 件、铜柄铁削 1 件（彩版五三：2）。随葬品位于墓坑中部偏东南，接近墓底。6 件铜镞成捆放置于被葬者身体左侧，镞锋朝腿部方向。其余随葬品放置于被葬者身体右侧，铜柄铁剑和铜柄铁削柄部朝头部方向，铜镖位于铜柄铁剑锋部旁侧，铜泡饰位于铜柄铁剑剑身旁侧（图 4－64；彩版五三：1）。

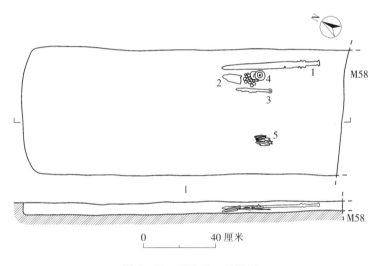

图 4－64 M66 平、剖视图
1. 铜柄铁剑　2. 铜镖　3. 铜柄铁削　4. 铜泡饰　5、6. 铜镞

（一）铜器　32 件。

铜泡饰　25 件。

A 型和 B 型各 1 件，直径均超过 5 厘米；C 型 23 件，直径 1.1～1.55 厘米。出土时，这些泡饰簇拥、叠压在一起，旁边有铜柄铁剑和铜镖（剑鞘末端），部分泡饰背后的穿孔中尚可见穿缀用的麻（毛）线绳，另外还见麻布等纺织品痕迹。发掘过程中对此组铜泡饰进行了现场整取，后请中国社会科学院考古研究所白荣金先生在室内进行清理，并对铜泡饰的用途等提出意见。从清理的情况看，A 型和 B 型泡饰位于北侧靠上位置，均残，其中 A 型泡饰正面朝上，B 型泡饰反面朝上。其下 C 型泡饰除个别残破外，多较完整，大致可分两层，或正或背或侧或立，体态不同（图 4－65）。根据这些泡饰的相对位置、形态、叠压顺序及部分泡饰间的线绳连接关系等，可判断它们大

多保持原位，且从小到大地顺次排列。由此进一步推测，此组铜泡或与剑鞘相连，或是革带上的装饰品，与佩剑方式相关。由于鞘体上的皮、木之类物质已朽，这些泡饰未能留下完好形象，也可能因以线绳连缀在一窄长而柔软革带之上，故形成折叠现象，下葬时堆放于剑和剑鞘之旁。泡饰上的纺织品痕迹可能与剑鞘胎料或包裹物等有关。

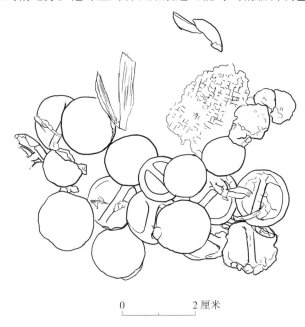

0 _____ 2厘米

图4-65 M66内C型铜泡饰出土形态示意

A型 1件。

M66:4-24，残，圆形，周边微翘而薄，正面中部呈尖乳丁状凸起，形如伞盖，背面穿梁残。复原直径约7、残高2厘米（图4-66:1）。

B型 1件。

M66:4-25，残，圆形，正面作球面拱起，背面中部有一穿梁，穿梁不甚规整，似铜条"焊接"而成。正面自内而外有四周凹弦纹，第二周与第四周弦纹之间施放射状短线纹。直径约5.3、高约1.2厘米（图4-66:2）。

C型 23件。圆形，器形较小，正面呈弧形，背面有一细横梁。部分残，或叠压于下部而未清理。

M66:4-1，直径1.11厘米。

M66:4-2，直径1.2厘米。

M66:4-3，直径1.1厘米。

M66:4-4，直径1.1厘米（图4-66:4）。

M66:4-5，直径1.16厘米。

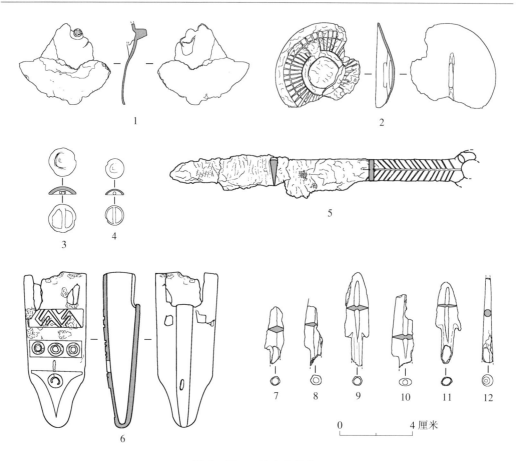

图 4 - 66　M66 出土器物

1. A 型铜泡饰（M66：4 - 24）　　2. B 型铜泡饰（M66：4 - 25）　　3、4. C 型铜泡饰（M66：4 - 13、4 - 4）
5. 铜柄铁削（M66：3）　　6. 铜镖（M66：2）　　7、8. 铜镞（M66：5 - 1、5 - 5）　　9 ~ 11. Bb 型铜镞
（M66：5 - 2 ~ 5 - 4）　　12. C 型铜镞（M66：5 - 6）

M66：4 - 6，直径 1.42 厘米。

M66：4 - 7，直径 1.4 厘米。

M66：4 - 8，直径 1.46 厘米。

M66：4 - 9，直径 1.37 厘米。

M66：4 - 10，直径 1.46 厘米。

M66：4 - 11，直径 1.41 厘米。

M66：4 - 12，直径 1.55 厘米。

M66：4 - 13，直径 1.52 厘米（图 4 - 66：3）。

M66：4 - 14，直径 1.1 厘米。

M66：4 - 15，直径 1.45 厘米。

M66：4 - 16，直径大于 1.4 厘米。

M66∶4－17，直径约 1.42 厘米。

M66∶4－18，直径 1.37 厘米。

M66∶4－19，直径大于 1.5 厘米。

M66∶4－20，直径约 1.5 厘米。

M66∶4－21，直径约 1.46 厘米。

M66∶4－22，直径约 1.1 厘米。

M66∶4－23，直径约 1.1 厘米。

铜镖　1 件。

M66∶2，即剑鞘末端的铜质构件，同时具有装饰作用。扁方筒状，下部尖收，尖端较圆钝，正面上部近口处有左、右两个穿孔，下部亦有一竖条状穿孔，背面口部呈方形下凹，凹口下有左、右两个穿孔，中线有一隆起的半圆形脊棱，脊棱下部亦有一竖椭圆形穿孔。正面上部铸上、下两个横长方形凹框，上框内施折线纹，下框内施 3 个圆圈纹，圆圈内有乳丁，下部靠尖端处铸一近倒三角形的凹框，框内施一圆圈纹加乳丁。通长 8.2、口部长 3.4、口部宽 1.6 厘米（图 4－66∶6；彩版五四∶2）。出土时，该铜镖表明可观察到一些纺织品痕迹，细密如丝绸。

铜镞　6 件。

均圆筒状銎铤，出土时并排放在一起，锋部朝向墓坑西北端，有的銎形铤内残留一些竹木类的有机物。6 件铜镞中，有 2 件残破严重。

M66∶5－1，残长 3 厘米（图 4－66∶7；彩版五四∶3）。

M66∶5－5，残长 3.2 厘米（图 4－66∶8；彩版五四∶3）。其余 4 件可以看出型式。

Bb 型　3 件。镞身后部两侧带翼状倒刺。

M66∶5－2，残长 5.1、铤径 0.6、镞身宽 1.4 厘米（图 4－66∶9；彩版五四∶3）。

M66∶5－3，铤和镞身均残，残长 4.1 厘米（图 4－66∶10；彩版五四∶3）。

M66∶5－4，残长 4.4、铤径 0.6、镞身宽 1.4 厘米（图 4－66∶11；彩版五四∶3）。

C 型　1 件。

M66∶5－6，锥状圆筒形，残长 4.5、铤径 0.5 厘米（图 4－66∶12；彩版五四∶3）。

（二）铜铁合制器　2 件。

铜柄铁削　1 件。

M66∶3，环首残，扁长柄，刃部宽于柄部，刃背较直，与柄部连为一体，尖锋弯折。刃部靠后的一小部分仍为铜质，与铜柄一体，余皆铁质，锈蚀严重。柄部双面均饰叶脉纹。残长 16.9、柄宽 1.2、刃部宽 1.7 厘米（图 4－66∶5）。出土时，铁刃部分表面可见残留的纺织品痕迹，至少两层，外层较粗，内层较细，可能分别为麻和丝织

品。经肉眼观察，刃后部铜质部分呈双片状，其中一片
较窄且薄，如削身起翼，铁刃插入其中固定。刃后部铜
质部分的表面还覆盖有铁锈，说明铁刃插入后，可能又
浇注铁水"焊接"，以加固连接处。X 光照片也显示，
此铜柄铁削可能采用了铸接的工艺（彩版五四：1）。

铜柄铁剑　1 件。

M66：1，B 型，三叉格铜柄铁剑。茎、格为铜质，
剑身为铁质。扁圆茎，中部微束，空首呈折沿敞口状。
格较长，两侧有锥状凸起，但多残缺，格上还有 6 个中
间下凹的圆圈状凸起，其中两个一前一后位于中线上，
另两个对称位于后端拐角处，还有两个对称附于侧边，
格前端分叉为"山"字形与铁刃相衔接。茎部施斜向排
列的粟粒纹，近首及近格处各有两道凸线纹中间夹一周
粟粒纹。格后端起脊，脊两侧有对称分布的纹饰，主要
是凸起的双斜线和双折线，中间夹粟粒纹。剑身长条
形，锈蚀严重。通长 57、茎长 8.3、格长 8.7、剑身长
40、格最宽 4.8、刃最宽 4.1 厘米（图 4 - 67）。出土
时，铁剑表面残留较多的纺织品痕迹，至少三层，外层
似粗麻布，中层略细密，内层细密如丝绸。剑身一面还
发现虫卵痕迹，虫卵大小如米粒，身上带横条纹饰。该
铜柄铁剑的茎部和格两侧可见明显铸缝痕迹，格前端
"山"字形叉包住铁剑，剑身插入格中，从 X 光照片看，
铸接的可能性很大（彩版五三：3）。

M67

M67 位于唐家坟发掘点中部，探方 T7157 内，被
M20、M28、M58 和 M61 打破。墓坑开口于耕土层下，
平面呈长方形，角略圆，残长 2.6、宽 1.26、深 0.48
米。纵轴方向 129 度。墓底有生土二层台，二层台宽
0.12 ~ 0.3、高 0.12 米。墓坑内填土呈红褐色，疏松。
未发现葬具。残存少许肢骨，葬式不明。出土随葬品有
铜镯一组、器形不明铜器 1 件。随葬品发现于接近墓底
处，位于墓坑中部（图 4 - 68；彩版五四：4）。

0　　　　　　　　　8厘米

图 4 - 67　M66 出土
B 型铜柄铁剑（M66：1）

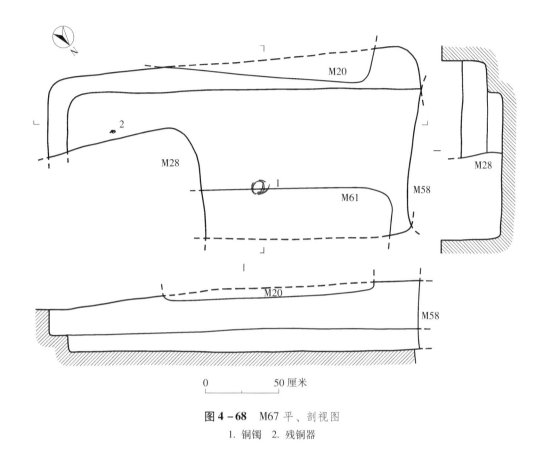

图 4 – 68　M67 平、剖视图
1. 铜镯　2. 残铜器

铜镯　一组。

M67∶1，Bb 型。细条环状，横截面呈方形。残碎严重，具体件数不详。横截面边长约 0.2 厘米。

残铜器　1 件。

M67∶2，残，无法修复。条状，器形不明。残长 6.5 厘米。

M69

M69 位于唐家坟发掘点中部偏西，跨探方 T7156、T7157、T7256 和 T7257，打破 M104 和 M109，东南角被 M58 打破。墓坑开口于耕土层下，平面呈长方形，西北角较圆，长 2.42、宽 1.28、现存深 0.34 米，纵轴方向 142 度。墓底东南壁有生土二层台，二层台宽 0.32～0.35、高 0.08 米。墓坑内填土呈浅红褐色，较疏松。未发现葬具。人骨朽毁不存，葬式不明。出土随葬品有铜柄铁剑 1 件，位于墓坑西北部，距墓底约 15 厘米，出土时剑首朝东南方向（图 4 – 69；彩版五五∶1）。

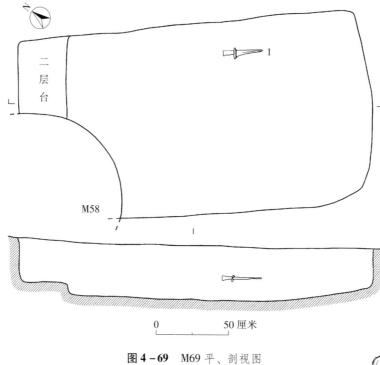

图 4 - 69　M69 平、剖视图
1. 铜柄铁剑

铜柄铁剑　1 件。

M69:1，A 型。空首呈喇叭口状，扁圆茎，两面正中各有上下一列共四个横长方形对称穿孔，一字格残，剑身后部约 2.2 厘米的长度仍为铜质，余皆铁质。茎部施竖条状凸棱纹。通长 25.8、茎长 7.2、格残长 4.7 厘米（图 4 - 70）。出土时，铁剑上可见残留的布纹痕迹。此外，由于剑身断裂，可观察到铁剑与剑身后部铜质部分的连接情况。剑身后部铜质部分呈双片状，其中一片较窄且薄，如剑身起翼，铁剑插入其中固定。在剑身后部铜质部分的表面覆盖有铁锈，说明铁剑插入后，可能又浇注铁水"焊接"，以加固连接处。从 X 光照片看，此剑也很像是铸接而成的（彩版五五：2）。

M70

M70 位于周家坟发掘点西南部，跨探方 T6066 和 T6166，打破 M159，被 M15 打破。墓坑开口于耕土层下，平面呈长方

图 4 - 70　M69 出土 A 型铜柄铁剑（M69:1）

形，长 1.9、宽 0.64、现存深 0.14 米，纵轴方向 123 度。墓坑内填土呈浅灰褐色，较疏松。未发现葬具。人骨不存，葬式不明。共出土随葬品 2 件，包括铜锄 1 件、铜削 1 件。随葬品位于墓坑东南部，并排放置，锄銎和削柄朝东南方向，距墓底约 5 厘米（图 4 – 71；彩版五六：1）。

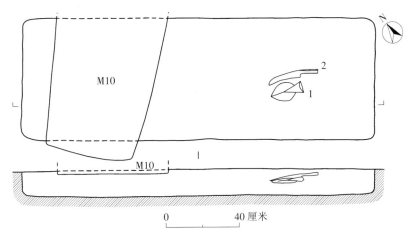

图 4 – 71　M70 平、剖视图
1. 铜锄　2. 铜削

铜锄　1 件。

M70:1，A 型。竖銎向下延伸至锄身下部，其中一面近銎口处有一残缺的穿孔，銎口两面下凹，平面呈橄榄形，锄身呈宽尖叶状，略显瘦长。銎口下方至锄身肩部位置两面均有一道下弧的凸弦纹，弦纹下面接形似倒三角的树杈状凸线纹，三角形内有对称穿孔。长 16.3、銎口宽 4.8、锄身宽 9.2 厘米（图 4 – 72：1；彩版五六：2）。

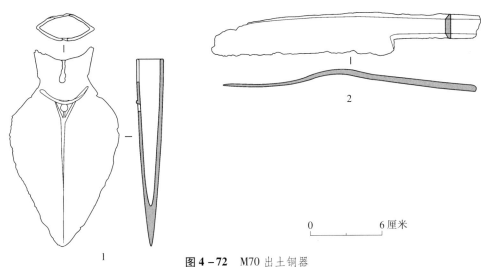

图 4 – 72　M70 出土铜器
1. A 型锄（M70:1）　2. 削（M70:2）

铜削　1件。

M70:2，扁长柄，柄端略残，刃较直，刃背与柄背连为一体，前部下弧形成锋，锋残。残长22.5、柄长7.2、刃宽3.3厘米（图4-72:2；彩版五六:3）。出土时，该铜削刃部弯曲变形。

M71

M71位于周家坟发掘点西部，探方T6166内，打破M73和M78，被M14打破。墓坑开口于耕土层下，平面呈长方形，长2.2、宽0.6、现存深0.26米，纵轴方向140度。墓坑内填土呈红褐色，较疏松。未发现葬具。人骨朽坏不存。出土随葬品有铜扣饰1件，位于墓坑西北部接近墓底位置，出土时背面朝上。铜扣饰一般用作腰带扣，系于腹前，铜扣饰背面朝上，或暗示该墓为俯身葬（图4-73；彩版五七:1）。

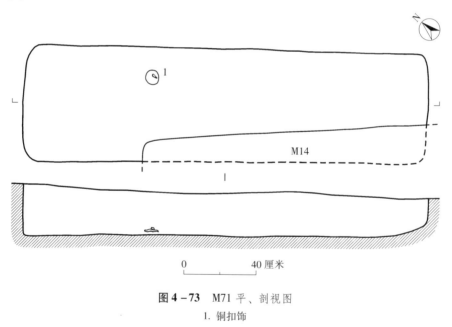

0　　　　　40厘米

图4-73　M71平、剖视图
1. 铜扣饰

铜扣饰　1件。

M71:1，B型。扣体呈圆形片状，外鼓，边缘略残，中部有一很小的圆形穿孔，背面有一横向弯钩，钩的根部带穿孔。扣面铸造纹饰，但锈蚀不甚清楚，中部似有两举手人形纹，向外有四周双凹弦纹，弦纹之间填充纹饰，由内到外分别为短线纹、勾连涡纹、竖线纹、水滴状芒纹等。扣体直径7、背面弯钩长2.4厘米（图4-74；彩版五七:2）。

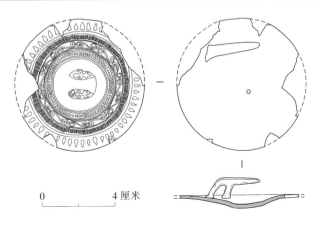

图 4 – 74　M71 出土 B 型铜扣饰（M71:1）

M73

　　M73 位于周家坟发掘点西部，探方 T6166 内，被 M14 和 M71 打破。墓坑开口于耕土层下，平面长方形，角略圆，长 2.12、宽 0.5、现存深 0.2 米，纵轴方向 121 度。墓坑内填土呈黑褐色，较疏松。未发现葬具。人骨基本朽毁不存，从出土铜镯的摆放位置看，被葬者头朝东南方向。出土随葬品有铜镯二组，位于墓坑中部偏东南接近墓底处，左右各一组，佩戴于被葬者手臂上。出土时，铜镯排列较有序，镯内可见残存的肢骨（图 4 – 75；彩版五七：3）。

　　铜镯　二组。

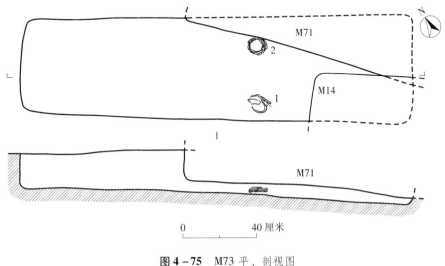

图 4 – 75　M73 平、剖视图
1、2. 铜镯

每组 10 件，均 Bc 型。细条环状，横截面近半圆形。

M73∶1，变形严重，现场整体起取，经大致测量和推算，直径一般 6~8 厘米，横截面 0.3 厘米。佩戴于被葬者左侧手臂上（图 4-76∶1）。

M73∶2，情况与 M73∶1 基本相同。佩戴于被葬者右侧手臂上（图 4-76∶2；彩版五七∶4）。

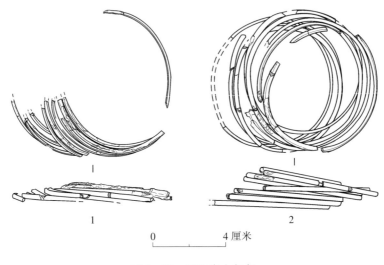

0　　　　　　　4 厘米

图 4-76　M73 出土铜镯
1、2. Bc 型（M73∶1、2）

M76

M76 位于周家坟发掘点西部，跨探方 T6066 和 T6166，打破 M158、M160 和 M161，被 M14 打破。墓坑开口于耕土层下，平面呈长方形，长 1.88、宽 0.79、现存深 0.19 米，纵轴方向 128 度。墓坑内填土呈红褐色泛灰，较疏松。未发现葬具。人骨基本朽毁不存，葬式不明。出土随葬品 2 件（组），包括铜镯一组、陶高领罐 1 件。铜镯位于墓坑中部偏西南一侧，距墓底约 5 厘米，出土时排列较有序。陶高领罐位于墓坑西南角附近墓底处，出土时口部朝上略倾斜（图 4-77；彩版五八∶1）。

（一）陶器　1 件。

陶高领罐　1 件。

M76∶2，B 型。夹砂，表面呈灰褐色，局部泛黑。侈口，方唇，肩较圆，敛腹，平底。领部两侧各有一组刻划的交叉纹，交叉纹下方的肩部各饰一乳丁。口径 9.2、底径 4.8、高 15.9 厘米（图 4-78∶1;彩版五八∶3）。

（二）铜器　一组。

铜镯　一组。

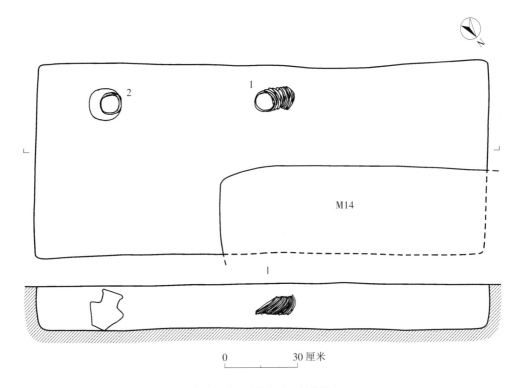

图 **4 - 77**　M76 平、剖视图
1. 铜镯　2. 陶高领罐

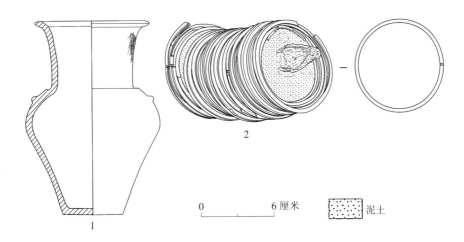

图 **4 - 78**　M76 出土器物
1. B 型陶高领罐（M76∶2）　　2. Ba 型铜镯（M76∶1）

　　M76∶1，一组约40余件，均 Ba 型。细条环状，横截面呈长方形，出土时镯内尚可见残存肢骨，现场整体起取。镯直径约7.8、横截面长0.25、横截面宽0.1厘米（图 4 - 78∶2;彩版五八∶2）。

M78

　　M78 位于周家坟发掘点西部，探方 T6166 内，打破 M79，被 M10、M17、M71 和 M72 打破。墓坑开口于耕土层下，平面呈长方形，残长 2.76、宽 0.8～1、现存深 0.36 米，纵轴方向 128 度。墓坑内填土呈红褐色，较疏松。未发现葬具。人骨朽毁不存，葬式不明。出土随葬品有铜镯 1 件，位于墓坑东南部墓底处（图 4-79；彩版五九：1）。

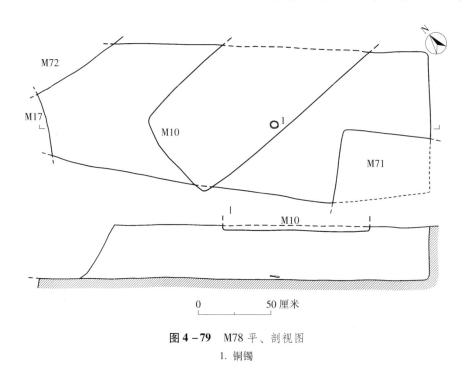

0　　　　　　50 厘米

图 4-79　M78 平、剖视图
1. 铜镯

铜镯　1 件。

　　M78：1，A 型。宽片环状。出土时残碎，现场整取。镯直径约 6.2、厚 0.2 厘米，宽度不详（彩版五九：2）。

M80

　　M80 墓位于周家坟发掘点西南部，T6066 内，打破 M164 和 M165。墓坑开口于耕土层下，平面呈长方形，长 2.04、宽 0.55、现存深 0.35 米，纵轴方向 133 度。墓坑内填土为灰褐色夹与黄褐色相间的花土，有一定黏性，较疏松。未发现葬具。人骨基本朽毁，仅残存少量骨渣和牙齿，葬式不明。从牙齿及耳玦等随葬品的位置看，被葬者头端应朝向东南。共出土随葬品 15 件，包括铜器 11 件、陶器 2 件、玉石器 2 件。铜器均位于墓坑中部偏西北，摆放较为集中，兵器和工具的柄部或銎部均朝东南方向，扣饰正面朝上。陶器位于墓坑东南角附近，口部朝上，其中一件残，仅剩腹下部和底部。玉石器中的一件玉玦位于墓坑中部偏东南，另一件石磨棒与铜器放置在一起。随葬品距墓底均有一定距离，其中除一件陶高领罐距墓底约 20 厘米外，余均在 30 厘米以上（图 4–80；彩版五九：3）。

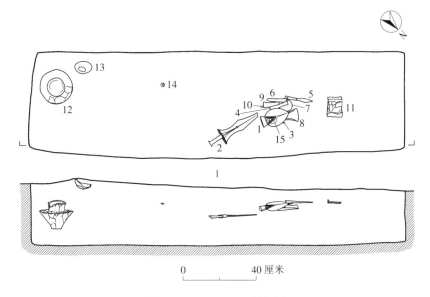

图 4–80　M80 平、剖视图

1. 铜锄　2. 铜剑　3. 铜刻刀　4. 铜凿　5. 铜矛　6. 石磨棒　7. 铜扣饰　8、9. 铜镈　10. 铜镞　11. 铜
箙饰　12. 陶高领罐　13. 残陶器　14. 玉玦　15. 铜片饰

（一）铜器　11 件。

铜剑　1 件。

M80：2，Aa 型。空首呈喇叭口状，茎部横截面略呈菱形，一字格，曲刃较宽，圆脊，锋部残，茎部两侧和格上下可见铸缝痕迹。茎部施勾连涡纹、编织纹、弦纹等，剑身后部施涡纹和曲线纹等构成的组合纹饰。残长 30.1、茎长 8.1、格宽 7.5 厘米（图 4–81：1；彩版六一：1）。该铜剑出土时，剑身隐约可见残留的布痕。

铜矛　1 件。

M80：5，Aa 型。圆骹，两面前、后端各有一穿孔，彼此对称，叶较窄，且短于骹部，中线起脊。通长 15.7、骹长 9、骹口直径 2、叶宽 1.9 厘米。该铜矛出土时，朝下的一面黏附很清晰的布痕（图 4–81：7；彩版六一：4）。

铜镞　1 件。

M80：10，A 型。铤部和锋部残，圆銎形铤，两面带对称穿孔，刃部呈柳叶形，后部有一血槽，铤两侧可见铸缝痕迹。残长 8.1、铤径 0.65、刃宽 1 厘米（图 4–81：6；彩版六一：7）。

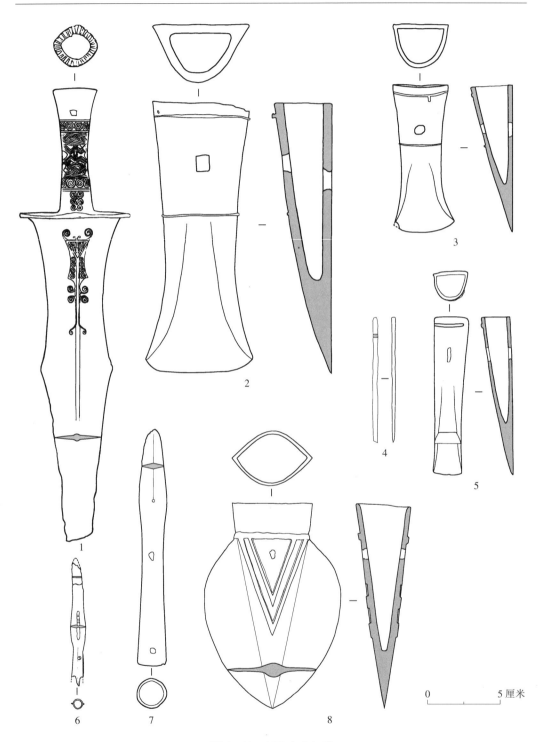

图 4 - 81 M80 出土铜器

1. Aa 型剑（M80:2）   2、3. A 型锛（M80:8、9）   4. 刻刀（M80:3）   5. A 型 I 式凿（M80:4）
6. A 型镞（M80:10）   7. Aa 型矛（M80:5）   8. B 型锄（M80:1）

铜箙饰　1 件。

M80：11，箭箙上的铜构件和装饰物，残碎，无法复原。大致呈扁圆筒形，壁和底分制合成。壁的表面可见纹饰，由錾刻的点和线构成，较为精细，但多被土锈以及残留的布痕等所遮盖，无法看清具体图案。壁上还有成列分布的乳丁状突起装饰，直径约 0.8 厘米，每列 4 个，具体列数不详。铜箙饰壁高 7.2、壁厚 0.07 厘米，口部宽度从出土现场看估计约 10 厘米左右。出土时上下均有一层黑色的炭化物质，推测是竹、木等所制箭箙的残留物。从形制、装饰等特征看，此件铜器可能采用了锻打的制作工艺（彩版五九：4，彩版六〇：4）。

铜锛　2 件。

均为 A 型。竖銎，半圆形銎口，弧刃较宽，腰微束。

M80：8，銎部正面有一方形穿孔，背面有一竖条形穿孔，器身两侧与背面交汇处可见铸缝痕迹。正面近銎口处和器身中部各有一道凸弦纹。长 18、銎口宽 6.6、刃部宽 7.4 厘米（图 4－81：2；彩版六一：5）。

M80：9，銎部位置正、反两面有对称的穿孔，正面穿孔近方形，方面穿孔竖条形，器身两侧与背面交汇处可见铸缝痕迹。正面近銎口处和器身中部各有一道凸弦纹。长 9.8、銎口宽 3.8、刃部宽 4.1 厘米（图 4－81：3；彩版六一：6）。

铜凿　1 件。

M80：4，A 型 I 式。竖銎，半圆形銎口，銎部正、反两面有对称的竖条状穿孔，器身背面平直，正面弧形，形成单面刃，形似瘦长的锛，器身两侧与背面交汇处可见铸缝痕迹。正面靠近銎口处有一道凸弦纹。长 10.5、銎口宽 2.4、刃部宽 2 厘米（图 4－81：5；彩版六一：3）。该铜凿出土时，銎内尚存木柲，经检测树种为水团花。

铜锄　1 件。

M80：1，B 型。竖銎向下延伸至锄身下部，銎口平直，平面呈橄榄形，锄身呈宽尖叶状，较圆润，銎部靠上位置两面有对称穿孔，銎口附近两侧隐约可见铸缝痕迹。銎口下方有一道凸弦纹，但两面弦纹在侧边相连处明显错位，弦纹下面接内外两道呈倒置等腰三角形的凸线纹。长 13.6、銎口宽 5.5、锄身宽 9.3 厘米（图 4－81：8；彩版六〇：1）。

铜刻刀　1 件。

M80：3，长条状，横截面呈方形，一端有斜刃。长 8.3、宽 0.35、厚 0.25 厘米。该件铜器出土时与其他兵器、工具等铜器放置在一起，结合其形制特征分析，推测可能是刻刀一类的工具（图 4－81：4；彩版六一：2）。

铜扣饰　1 件。

M80：7，A 型。扣体圆形，正面内凹似浅盘，中部镶嵌孔雀石片，背面有一横向弯钩，钩的根部带穿孔。扣体正面镶嵌的孔雀石片一般近圆形，直径 0.2 厘米左右，中央有孔，密集排列于预铸的两圈凹槽内，底下还残留有黑色黏合剂，经检测为某种植物油制成（参见第五章第四节）。扣体正面中心有 1 个小圆孔，应是用来系扣玛瑙扣等装饰品的，但扣已脱落不存。扣体直径 6.6、背面弯钩长 2 厘米（图 4–82：1；彩版六〇：2）。

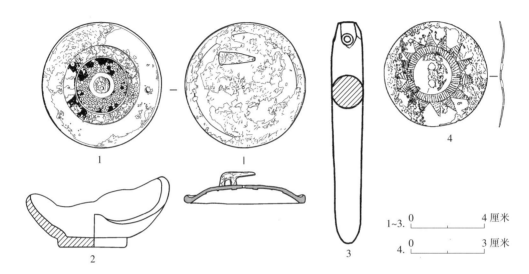

图 4–82　M80 出土器物

1. A 型铜扣饰（M80：7）　2. 残陶器（M80：13）　3. 石磨棒（M80：6）　4. A 型铜片饰（M80：15）

铜片饰　1 件。

M80：15，A 型。圆形薄片状，锻打而成。正面中央外鼓，有两圆穿，周围略内凹。錾刻点、线构成芒纹。直径 4.2 厘米（图 4–82：4；彩版六〇：3）。

（二）陶器　2 件。

陶高领罐　1 件。

M80：12，A 型。泥质，灰褐胎，表面施黑色陶衣。火候较低，出土后即破碎，无法修复。方唇，口微侈，领较高，折肩，敛腹，平底。素面。口径 10.4、底径 6 厘米，高 13 厘米以上。

残陶器　1 件。

M80：13，夹砂，灰色胎，表面呈黄褐色。残，仅剩腹下部和底部。鼓腹，平底，具体器形不明。素面。底径 3.9、残高 3.7 厘米（图 4–82：2）。

（三）玉石器　2 件。

石磨棒　1 件。

M80：6，A 型。黑色，质地细腻，由细粒砂岩制成。圆柱形，上端有一圆形穿孔，下端较圆润。棒长 12、直径 1.8 厘米（图 4 - 82：3；彩版六一：8）。经实验室观察和分析，此物可能用于碾压、研磨矿物颜料或日常用量不大的食材如辣椒、盐巴等（参见第五章第五节）。

玉玦　1 件。

M80：14，残，出土时呈粉末状，无法修复。发掘现场观察为白色泛黄，不对称形，玦口位于较窄的一边，出土时玦口朝被葬者脚端。外径 1.5、内径 0.7 厘米。

M100

M100 位于唐家坟发掘点北部，探方 T7357 内。墓坑开口于耕土层下，平面呈长方形，中部略宽，长 1.9、宽 0.58~0.76、现存深约 0.12 米，纵轴方向 119 度。墓坑内填土呈红褐色，较疏松。未发现葬具。人骨朽毁不存，葬式不明。共出土随葬品 2 件，包括铜爪镰 1 件、陶纺轮 1 件。随葬品位于墓坑中部，距墓底约 5 厘米，出土时均平放，其中铜爪镰弧面朝上（图 4 - 83；彩版六二：1）。

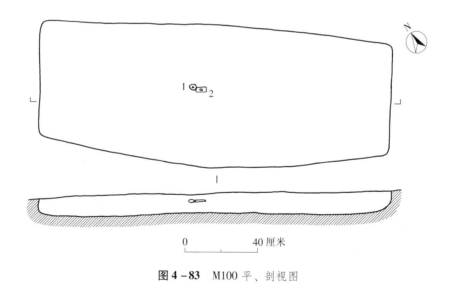

0　　　　40 厘米

图 4 - 83　M100 平、剖视图

1. 陶纺轮　2. 铜爪镰

（一）陶器　1 件。

陶纺轮　1 件。

M100：1，Aa 型。夹砂，灰褐色。扁圆饼形，中间有一圆形穿孔，边略外鼓。素面。直径 4、孔径 0.4、厚 1.1 厘米（图 4 - 84：1；彩版六二：2）。

（二）铜器　1 件。

铜爪镰　1 件。

M100：2，弧形薄片状，平面呈长方形，中部有一穿孔，刃部及边缘多残。长 6.5、

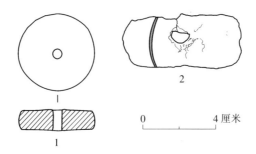

图 4 - 84 M100 出土器物
1. Aa 型陶纺轮（M100:1） 2. 铜爪镰（M100:2）

宽 2.9 厘米（图 4 - 84：2；彩版六二：3）。

M103

M103 位于唐家坟发掘点中部，跨探方 T7157 和 T7158，打破 M107 和 M116。墓坑开口于耕土层下，平面呈长方形，残长 1.7、宽 0.57、现存深 0.2 米，纵轴方向 139 度。墓坑内填土呈红褐色，较疏松。未发现葬具。人骨朽毁不存，葬式不明。共出土随葬品 10 件，均为铜器，包括剑 1 件、矛 2 件、戈 2 件、斧 1 件、削 2 件、凿 1 件、扣饰 1 件（彩版六三：2）。铜器制作粗糙，应非实用器，可能是专门用作随葬的器物。随葬品位于墓坑中部偏东南，出土时成捆摆放，柄部或銎部均朝东南方向，距墓底不到 10 厘米（图 4 - 85；彩版六三：1）。

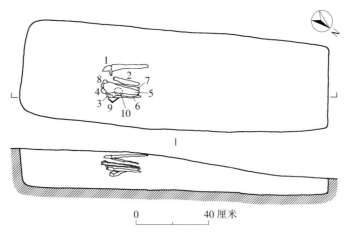

图 4 - 85 M103 平、剖视图
1. 铜剑 2、3. 铜矛 4、7. 铜削 5、6. 铜戈 8、9. 铜凿 10. 铜扣饰

铜剑 1 件。

M103:1，Ab 型。锋部、格部和茎部均残，茎部横截面略呈菱形，空首呈喇叭口

状，一字格，斜直刃，茎部和剑身两侧以及格上下均见铸缝，铸缝未经处理。残长
22.5、茎长6.2、格残长3.7厘米（图4－86：1；彩版六三：3）。

铜戈　2件。

M103：5，无胡，内部略残，边缘铸缝未经处理，器表有较多红褐色铁锈状斑。残
长17.4厘米（图4－86：6；彩版六四：5）。

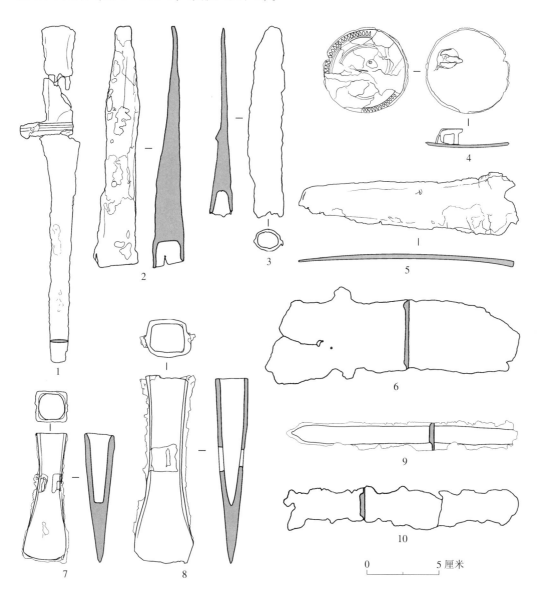

0　　　　　　　5厘米

图4－86　M103 出土铜器

1. Ab 型剑（M103：1）　　2、3. 矛（M103：3、2）　　4. B 型扣饰（M103：10）　　5、6. 戈（M103：6、
5）　　7、8. B 型凿（M103：8、9）　　9、10. 削（M103：4、7）

M103：6，残，仅剩援部，边上铸缝未经处理，器表有较多红褐色铁锈状斑。残长15 厘米（图 4 - 86：5；彩版六四：6）。

铜矛 2 件。

M103：2，椭圆形骹口残，短骹，叶部左右略显不对称，两侧铸缝未经处理，器表有较多红褐色铁锈状斑。残长 12.5、骹残长 1.5、骹口长径 1.4 厘米（图 4 - 86：3；彩版六四：1）。

M103：3，短骹，骹口圆形，锋部残，两侧铸缝未经处理，器表有较多红褐色铁锈状斑。通长 15.7、骹口直径 1.8 厘米。该铜矛铸造时合范错位，导致骹口变形，两边未能吻合（图 4 - 86：2；彩版六四：2）。

铜削 2 件。

均扁长条状，一面平直，另一面微鼓，刃部和柄部分界不明显。制造粗糙，表面凹凸不平，边上铸缝未经处理，表面有较多红褐色铁锈状斑。

M103：4，锋部较尖。长 16.2、宽 1.5 厘米（图 4 - 86：9；彩版六四：3）。

M103：7，一端略有弯曲。长 16、宽 1.7 厘米（图 4 - 86：10；彩版六四：4）。

铜凿 2 件。

均 B 型。竖銎，方形銎口，腰微束，弧刃较宽。

M103：8，銎部四角各有 1 个穿孔，且大体对称，制作粗糙，两侧铸缝未经处理，器表有较多红褐色铁锈状斑。长 8.6、銎口宽 1.5、刃部宽 3.3 厘米（图 4 - 86：7；彩版六五：1）。

M103：9，一面有一近方形穿孔，另一面有一竖条状穿孔，制作粗糙，两侧铸缝未经处理，器表有较多红褐色铁锈状斑。长 12.1、銎口宽 2.6 ~ 2.8、刃部宽 4.4 厘米（图 4 - 86：8；彩版六五：2）。

铜扣饰 1 件。

M103：10，B 型。扣体呈圆形片状，外鼓，背面有一横向弯钩，钩的根部带穿孔。有纹饰，但锈蚀严重，仅可看到外围有两周双凹弦纹，以及边缘有一周水滴状芒纹。直径 6.1、厚 0.2 ~ 0.4、背面弯钩长 1.4 厘米。该铜扣饰制作粗糙，扣体边缘以及背后弯钩与扣体相接处均可见明显铸缝，器表有较多铁锈状斑。对背后弯钩与扣体相接处进行观察，其残留铸缝围成一近方形痕迹，据此推测扣饰采用了分铸的方法，即先铸好弯钩，再铸造扣体，铸造扣体时将已铸好的弯钩预置于背范中（图 4 - 86：4；彩版六五：3）。

M105

M105 位于唐家坟发掘点北部，跨探方 T7257 和 T7258，打破 M108，西北部被

M101 打破。墓坑开口于耕土层下，平面呈长方形，残长 1.44、宽 0.62、现存深 0.2
米，纵轴方向 137 度。墓坑内填土呈红褐色，较疏松。未发现葬具。人骨朽毁不存，
葬式不明。出土随葬品有陶高领罐 1 件，位于墓坑东南部墓底处，出土时口部朝上
（图 4 - 87；彩版六六：1）。

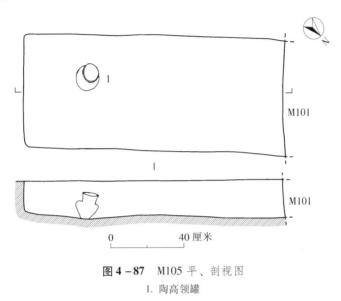

图 4 - 87　M105 平、剖视图
1. 陶高领罐

陶高领罐　1 件。

M105：1，残碎，无法修复。泥质，红褐色胎，外施黑色陶衣。方唇，口微敞，折
肩，斜腹，平底。口径 10、底径 5.6 厘米，高度不详（彩版六六：2）。

M108

M108 位于唐家坟发掘点东北部，跨探方 T7257 和 T7258，被 M63 和 M105 打破。
墓坑开口于耕土层下，平面呈长方形，西北端略宽，长 3.26、宽 1.26～1.66、现存深
0.7 米，纵轴方向 123 度。墓坑西北端和西南侧下部有生土二层台，宽 0.18～0.52、高
0.3 米。墓坑内填土呈红褐色，较疏松。未发现葬具。人骨朽毁不存，葬式不明。出土
随葬品 4 件，包括铜剑 1 件、陶器 2 件、绿松石珠 1 件。铜剑位于墓坑中部偏西南侧，
剑首朝西北方向，绿松石珠位于墓坑中部靠近东北壁处，陶器位于墓坑东南部，均接
近墓底（图 4 - 88；彩版六七：1）。此外，墓坑填土中还出土铜钱 2 枚、玛瑙扣 1 件。

（一）陶器　2 件。

残陶器　1 件。

M108：2，残碎，无法修复。泥质，红褐色胎，外施黑色陶衣。折肩，平底。肩部
施刻划纹，为弦纹下接尖叶形纹。复原底径约 7.2 厘米。

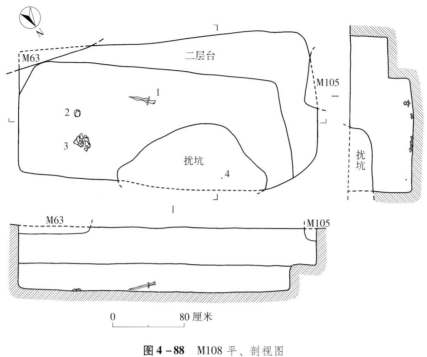

图 4 – 88　M108 平、剖视图
1. 铜剑　2. 残陶器　3. 陶罐　4. 绿松石珠

陶罐　1 件。

M108：3，残，无法修复，器型不明。灰黑胎，内外施彩绘，红底黑彩。陶片厚 0.1 ~ 0.3 厘米。

（二）铜器　3 件。

铜剑　1 件。

M108：1，Aa 型。空首呈喇叭口状，茎部横截面略呈菱形，一字格，曲刃，圆脊，锋部较尖细并微曲，茎部两侧和格上下可见铸缝痕迹。茎中部排列有很多小的呈乳丁状的凸起，剑身后部施简单的草叶纹。通长 29.3、茎长 8、格宽 7.5 厘米（图 4 – 89：1；彩版六七：2）。

铜钱　2 枚。

均 "五铢" 钱，残。

M108 填：1，边缘残，有背穿郭，面穿上有一横，穿内边缘可见铸缝，钱文 "五" 字交股弯曲，两股末端略收敛，"铢" 字残，"朱" 字头方折。直径不详，穿宽 0.94 厘米。

M108 填：2，大部分残碎，从残片看有周郭和背穿郭，钱文仅存半个 "五" 字，交股弯曲。尺寸不详。

（三）玉石器　2 件。

绿松石珠　1 件。

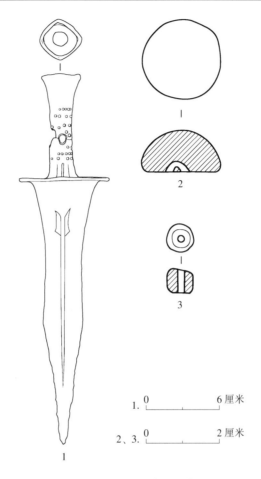

图 4-89　M108 出土器物
1. Aa 型铜剑（M108：1）　　2. 玛瑙扣（M108 填：3）　　3. 绿松石珠（M108：4）

M108：4，A 型。管状，横剖面近圆形。浅绿色泛白。高 0.66、直径 0.76 厘米（图 4-89：3；彩版六七：3）。

玛瑙扣　1 件。

M108 填：3，B 型。近半圆球状，背面较平，有两个相互穿通的孔。通体呈肉红色，依稀可见一些白色纹理。直径 2.2、高 1.1 厘米（图 4-89：2；彩版六七：4）。

M109

M109 位于唐家坟发掘点西部，跨探方 T7256 和 T7257，被 M69 和 M104 打破。墓坑开口于耕土层下，平面呈长方形，长 2.16、宽 0.7、现存深 0.46 米，纵轴方向 120 度。墓坑内填土呈红黄色，土质较疏松。未发现葬具。人骨朽毁不存，葬式不明。共出土随葬品 3 件，包括铜铃 1 件、铜镯 1 件、玛瑙珠 1 件。随葬品位于墓坑中部偏西南侧，距墓底 15～20 厘米。出土时，铜铃平放，口部朝西北方向，玛瑙珠紧挨铜镯旁侧（图 4 - 90；彩版六八：1）。

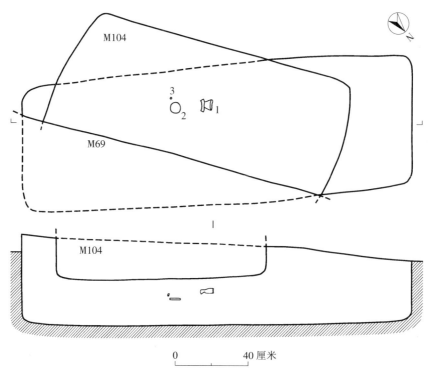

图 4 - 90　M109 平、剖视图
1. 铜铃　2. 铜镯　3. 玛瑙珠

（一）铜器　2 件。

铜铃　1 件。

M109∶1，Bb 型　扁圆筒状，口部呈橄榄形，顶部两侧带管形耳，铃腔上部小于口部，平面呈梯形，内有铜舌，前后有对称的竖长方形穿孔。通高 6、口长径 4.4、口短径 2.9 厘米（图 4 - 91：1；彩版六八：2）。

铜镯　1 件。

M109∶2，Bc 型。细条环状，横截面近半圆形。破碎严重，无法修复。横截面直径 0.2、出土时测量铜镯直径约 6 厘米。

（二）玉石器　1 件。

玛瑙珠　1 件。

M109∶3，D 型。平面圆形，一端扁平，一端呈凸乳状，中间有一穿孔。白色，可见条状纹理。直径 1.35、凸乳部分直径 0.77、高 1.1 厘米（图 4 - 91：2；彩版六八：3）。

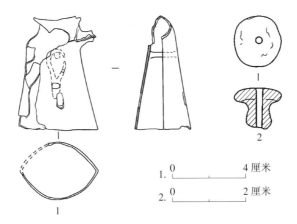

图 4 – 91　M109 出土器物
1. Bb 型铜铃（M109：1）　　2. D 型玛瑙珠（M109：3）

M111

　　M111 位于唐家坟发掘点东部，探方 T7158 内，打破 M115、M116 和 M117，被 M23 和 M107 打破。墓坑开口于耕土层下，平面呈长方形，角略圆，长 2.2、宽 0.78、现存深 0.36 米，纵轴方向 112 度。墓坑内填土为黄褐色和红褐色相杂的花土，较疏松。未发现葬具。人骨朽毁不存，葬式不明。出土的随葬品有绿松石珠 1 件，位于墓坑西北部墓底处（图 4 – 92；彩版六九：1）。

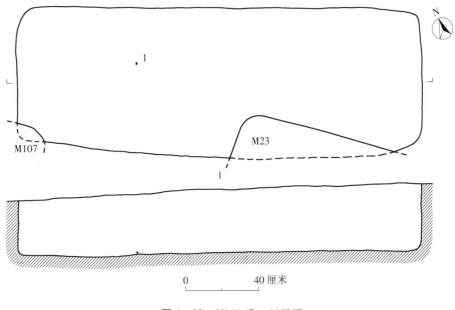

图 4 – 92　M111 平、剖视图
1. 绿松石珠

绿松石珠　1件。

M111：1，D型。棱柱状，横剖面为多边形，无穿孔。淡蓝色。高0.75、直径0.5厘米（图4-93；彩版七〇：1）。

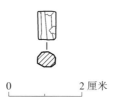

0　　　　　　2厘米

图4-93　M111出土D型绿松石珠（M111：1）

M113

M113位于唐家坟发掘点西部，跨探方T7156和T7157，打破M118、M126和M134，被M104打破。墓坑开口于耕土层下，平面呈长方形，长2.4、宽1.04、现存深0.4米，纵轴方向128度。填土呈红褐色，土质疏松。未发现葬具。人骨朽毁不存，葬式不明。出土随葬品3件，包括陶器2件、铜爪镰1件，另外还发现细碎漆皮两处，推测为漆器残痕。随葬品均在墓底或接近墓底位置，其中有1件陶罐位于墓坑西北部靠近墓壁处，铜爪镰位于墓坑东南端，其下发现陶纺轮1件和漆皮痕迹，旁侧亦发现少许漆皮（图4-94；彩版六九：2）。漆皮颜色均为红黑相间，器形不明。

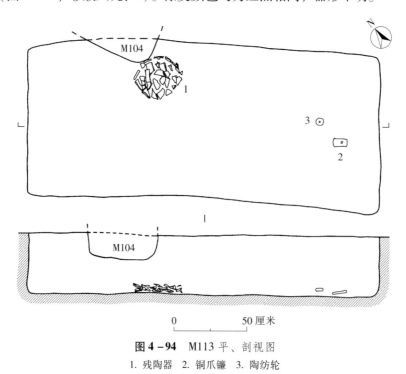

0　　　　　　50厘米

图4-94　M113平、剖视图
1. 残陶器　2. 铜爪镰　3. 陶纺轮

（一）陶器　2件。

残陶器　1件。

M113:1，残碎，无法修复，器形不明。夹砂，灰黑胎，外表呈红褐色。从发掘现场看为罐一类的陶器，方唇。尺寸不详（彩版七〇：2）。

陶纺轮　1件。

M113:3，B 型。泥质，灰黑色。算珠形，中间有一圆形穿孔。素面。直径2.8、孔径0.3、厚1.4厘米（图4-95：2；彩版七〇：4）。

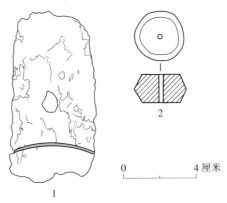

0　　　　4厘米

图 4-95　M113 出土器物
1. 铜爪镰（M113:2）　2. B 型陶纺轮（M113:3）

（二）铜器

铜爪镰　1件。

M113:2，弧形薄片状，平面呈长方形，中部有一穿孔，刃部及边缘残。长8.9、宽4.8、孔径1~1.3厘米（图4-95：1；彩版七〇：3）。

M118

M118 位于唐家坟发掘点西部，跨探方 T7156 和 T7157，打破 M125 和 M134，西北部被 M113 打破，墓坑仅剩约一半。墓坑开口于耕土层下，平面呈长方形，残长0.73、宽0.62、现存深0.07米，纵轴方向142度。墓坑内填土呈黄褐色，较疏松。未发现葬具。人骨朽毁不存，葬式不明。共出土随葬品4件，包括铜凿1件、铁器2件、玉石器1件。随葬品均发现于接近墓底的位置，放置于墓坑南端（图4-96；彩版七一：1）。

（一）铜器　1件。

铜凿　1件。

M118:1，A 型Ⅱ式。器身背面平直，正面略弧，形似瘦长的锛，竖銎，銎口方形，銎部正面有一不规则形穿孔，背面有上、下两个穿孔，上孔近方形，与正面穿孔大致

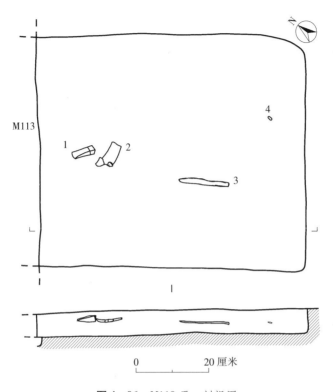

图 4 - 96　M118 平、剖视图

1. 铜凿　2. 铁甲片　3. 铁削　4. 绿松石珠

对称，下孔竖椭圆形，弧刃较宽，腰微束，器身一侧可见铸缝痕迹。正面及两侧銎口下方有双凸弦纹。长 8.2、銎口宽 2.5、刃部宽 3 厘米（图 4 - 97：1；彩版七二：1）。

（二）铁器　2 件。

铁甲片　1 件。

M118：2，残，锈蚀严重。弧形片状，平面呈长方形，保存较完整的一半两边各有一小的穿孔，残碎的另一半中部亦有穿孔痕迹。残长约 7.1、宽 3.9、孔径 0.2、厚约 0.2 厘米（图 4 - 97：3；彩版七二：2）。出土时，甲片两面均可见较明显布痕。

铁削　1 件。

M118：3，残，长条状，仅剩刃部，刃部前端上弧，形成尖锋，一面可见布痕。残长约 12.7 厘米（图 4 - 97：2；彩版七二：3）。

（三）玉石器　1 件。

绿松石珠　1 件。

M118：4，B 型。扁圆柱状，横剖面呈椭圆形，中间有穿孔，穿孔两端大小不一。绿色，局部泛蓝。长 0.7、直径 0.55 厘米（图 4 - 97：4；彩版七二：4）。

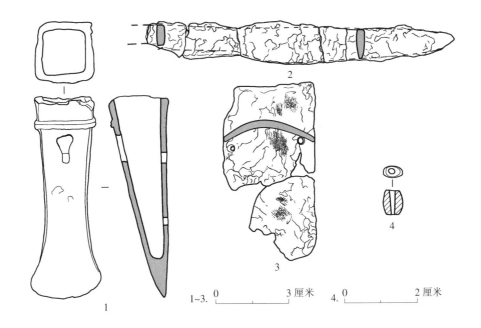

图 4 – 97　M118 出土器物

1. A 型Ⅱ式铜凿（M118∶1）　2. 铁削（M118∶3）　3. 铁甲片（M118∶2）　4. B 型绿松石珠（M118∶4）

M120

M120 位于唐家坟发掘点中部，探方 T7257 内，打破 M127，被 M65 和 M99 打破。墓坑开口于耕土层下，平面呈长方形，长 2.4、宽 1.02、现存深 0.12 米，纵轴方向 144 度。墓坑填土呈红褐色泛灰，土质较疏松。未发现葬具。人骨朽毁不存，葬式不明。出土的随葬品有铁削 1 件，位于墓坑东南部接近墓底位置（图 4 –98；彩版七一∶2）。

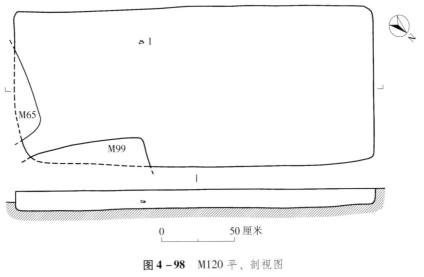

图 4 –98　M120 平、剖视图

1. 铁削

铁削　1件。

M120:1，残，仅剩环首局部（图4－99）。

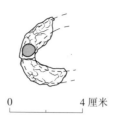

0　　　　　　　4厘米

图4－99　M120出土铁削（M120:1）

M121

M121位于唐家坟发掘点西北部，探方T7356内，打破M133、M138和M143。墓坑开口于耕土层下，平面呈长方形，长2.2、宽0.64、现存深0.22米，纵轴方向109度。墓坑填土呈红褐色，较疏松。未发现葬具。人骨朽毁不存，葬式不明。出土的随葬品有纺轮1件，位于墓坑中部偏西北靠近墓壁处，距墓底10余厘米（图4－100；彩版七三：1）。

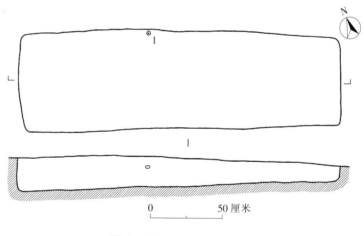

0　　　　　　　50厘米

图4－100　M121平、剖视图
1. 陶纺轮

陶纺轮　1件。

M121:1，Aa型。夹砂，灰黑色。扁圆饼形，中间有一圆形穿孔，边略外鼓。素面。直径3.4、孔径0.4、厚1.2厘米（图4－101；彩版七四：1）。

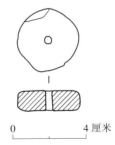

图 4 - 101　M121 出土 Aa 型陶纺轮（M121∶1）

M123

　　M123 位于唐家坟发掘点西北部，跨探方 T7356 和 T7357，打破 M142 和 M146。墓坑开口于耕土层下，平面呈长方形，长 2、宽 0.72、现存深 0.32 米，纵轴方向 137 度。墓坑内填土呈红褐色，较疏松。未发现葬具。人骨朽毁不存，葬式不明。共出土随葬品 3 件，包括铁斧 1 件、陶器 2 件，均位于墓坑东南部。两件陶器中，一件陶罐距墓底约 20 厘米，出土时口部朝上，另一件陶高领罐距墓底约 8 厘米，出土时横放，口部朝西北方向。铁斧距墓底约 25 厘米，正好在陶高领罐上面，出土时横放，銎部朝西北方向（图 4 - 102；彩版七三：2）。

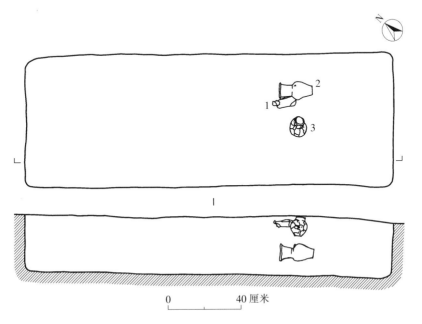

图 4 - 102　M123 平、剖视图
1. 铁斧　2. 陶高领罐　3. 陶罐

（一）陶器　2件。

陶高领罐　1件。

M123：2，C型。夹砂，灰黑色胎，表面呈红褐色。口微敞，方唇，领部高度约为整个器身的一半，折肩，敛腹，平底。素面。口径8.5、底径5.9、高16厘米（图4－103：1；彩版七四：2）。

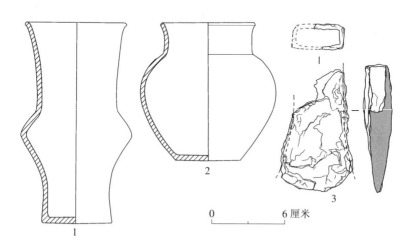

图4－103　M123出土器物

1. C型陶高领罐（M123：2）　2. A型陶罐（M123：3）　3. 铁斧（M123：1）

陶罐　1件。

M123：3，A型。夹砂，灰黑色胎，器表斑驳，局部呈黄褐色。侈口，方唇，圆肩，腹部微鼓，平底。素面。口径7.7、底径5.5、高10.9厘米（图4－103：2；彩版七四：3）。

（二）铁器　1件。

铁斧　1件。

M123：1，锈蚀严重，竖銎残缺，銎口长方形，腰微束，双面弧刃。长9.8、銎口残长2.5、銎口宽2、刃部宽6厘米（图4－103：3；彩版七四：4）。

M124

M124位于唐家坟发掘点中部，探方T7157内，打破M125，被M51、M52及H2打破，仅剩墓坑西北端一小部分。墓坑开口于耕土层下，平面形状推测呈长方形，残长0.6、残宽0.54、现存深0.13米，纵轴方向138度。墓坑内填土呈红褐色，较疏松。未发现葬具。人骨朽毁不存，葬式不明。出土的随葬品有铜钱3枚，位于墓坑西北部墓底处（图4－104；彩版七五：1）。

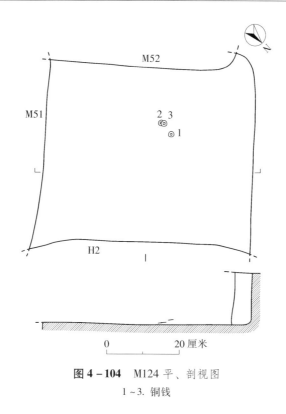

图4-104　M124平、剖视图
1~3. 铜钱

"**大泉五十**"钱　1枚。

M124：1，锈蚀严重，残存约二分之一，有周郭和穿郭，钱文可见"大泉□十"，从钱的形制及字形看，应为"大泉五十"钱。直径不详，穿高0.8厘米（图4-105）。

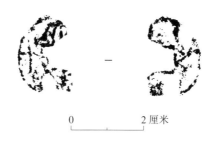

图4-105　M124出土铜钱（M124：1）拓本

"**五铢**"钱　2枚。

M124：2，大部分残碎，从残片看有周郭，钱文仅存半个"铢"字，模糊不清。尺寸不详。

M124：3，大部分残碎，从残片看有背穿郭，钱文仅存"铢"字，较模糊，"朱"字头方折。直径不详，穿高0.95厘米。

M128

　　M128 位于唐家坟发掘点西北部，跨探方 T7257 和 T7357，打破 M142，被 M102 和 H10 打破。墓坑开口于耕土层下，平面呈长方形，长 2.1、宽 0.64、墓深 0.26 米。方向 135 度。墓坑内填土呈红褐色，较疏松。墓坑未发现葬具。人骨朽毁不存，葬式不明。出土随葬品有纺轮 1 件。随葬品发现于接近墓底的位置，放置于墓坑中部（图 4 - 106；彩版七五：2）。

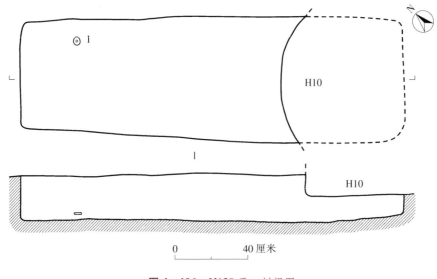

图 4 - 106　M128 平、剖视图
1. 陶纺轮

陶纺轮　1 件。

　　M128：1，Aa 型。夹砂，红褐色。扁圆饼形，中间有一圆形穿孔，边略外鼓。素面。直径 3.8、孔径 0.5、厚 0.9 厘米（图 4 - 107；彩版七五：3）。

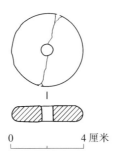

图 4 - 107　M128 出土 Aa 型陶纺轮（M128：1）

M129

M129 位于唐家坟发掘点西北部，跨探方 T7256、T7257、T7356 和 T7357，被 M133 打破。墓坑开口于耕土层下，平面呈长方形，长 2.4、宽 1.02、现存深 0.22 米，纵轴方向 134 度。墓坑内填土呈红褐色，较疏松。未发现葬具。人骨朽毁不存，葬式不明。出土随葬品有陶器 2 件，位于墓坑西北部，距墓底约 10 厘米（图 4-108；彩版七六：1）。

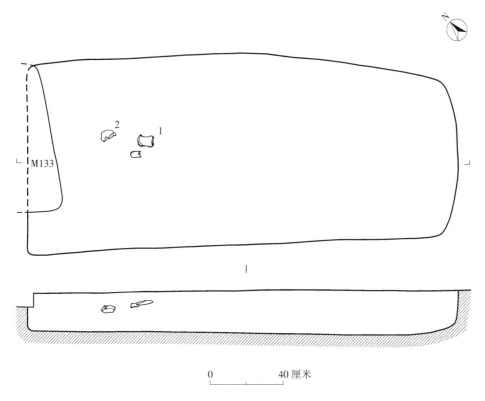

0   40厘米

图 4-108 M129 平、剖视图
1. 陶高领罐 2. 残陶器

陶高领罐 1 件。

M129:1，残，仅存口和领部，无法修复。泥质，灰黑胎，表面呈红褐色。口微敞，方唇，高领。素面。口径 10.5、残高 7.9 厘米（图 4-109：2）。

残陶器 1 件。

M129:2，残，仅剩底部，无法修复，器形不明。夹砂，灰黑胎，表面局部呈红褐色。平底。底径 5 厘米（图 4-109：1）。

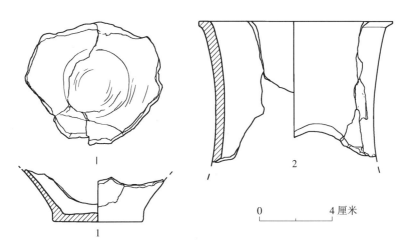

图 4 - 109　M129 出土陶器

1. 残器（M129：2）　　2. 高领罐（M129：1）

M136

　　M136 位于唐家坟发掘点西北部，跨探方 T7356 和 T7357，西北部延伸出发掘区，打破 M142、M144 和 M145。墓坑开口于耕土层下，平面呈长方形，东南端略宽，发掘部分长 2.3、宽 0.9～1.21、现存深 0.2 米，纵轴方向 132 度。墓坑内填土呈红褐色，较疏松。未发现葬具。人骨朽毁不存，葬式不明。出土随葬品有陶器 3 件，位于墓坑东南部（图 4 - 110；彩版七六：2，彩版七七：1）。

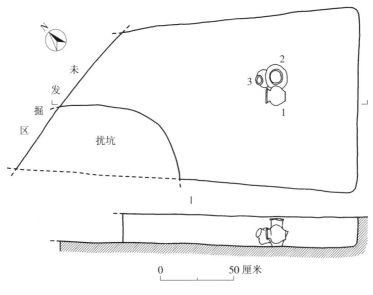

图 4 - 110　M136 平、剖视图

1、3. 陶罐　2. 陶高领罐

陶罐　2 件。

均为 A 型。侈口，圆肩，腹部微鼓，平底。

M136：1，夹砂，灰黑胎，器表斑驳，局部呈红褐色。方唇。素面。口径 9、底径 5.7、高 11 厘米（图 4 - 111：1；彩版七七：3）。

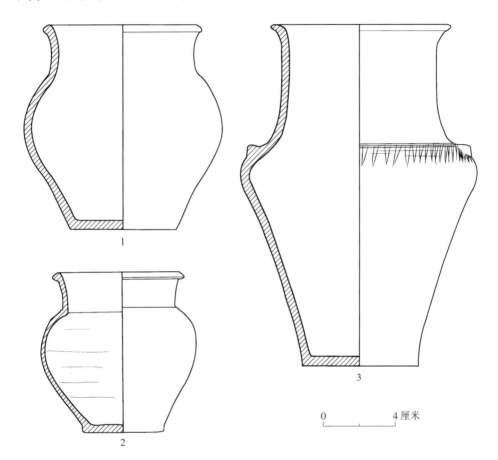

图 4 - 111　M136 出土陶器
1、2. A 型罐（M136：1、3）　3. A 型高领罐（M136：2）

M136：3，夹砂，褐色胎，器表斑驳，局部泛黑。方唇。素面。口径 7.2、底径 4.4、高 8.5 厘米（图 4 - 111：2；彩版七七：4）。

陶高领罐　1 件。

M136：2，A 型。泥质，红褐色胎，外表施一层灰褐色陶衣，局部脱落。口微侈，圆唇略尖，折肩，敛腹，平底。肩部饰刻划纹，上部为三道不连续的弦纹，下面再接一周尖叶形纹。此外，肩部两侧还饰对称的乳丁。口径 9.8、底径 6.4、高 18.2 厘米（图 4 - 111：3；彩版七七：2）。

M137

M137 位于唐家坟发掘点北部，探方 T7357 内。墓坑开口于耕土层下，平面呈长方形，长 2、宽 0.6、现存深 0.3 米，纵轴方向 140 度。墓坑内填土呈红褐色，较疏松。未发现葬具。人骨朽毁不存，葬式不明。共出土随葬品 2 件，包括铁削 1 件、残陶器 1 件。随葬品位于墓坑中部偏东南位置，其中陶器靠近墓壁处，距墓底均 20 余厘米（图 4 – 112；彩版七八：1）。

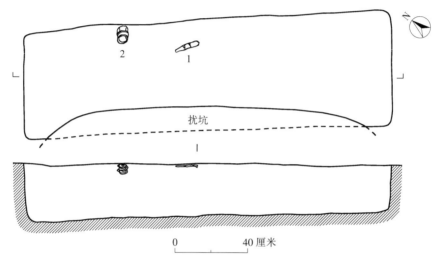

图 4 – 112 M137 平、剖视图
1. 铁削　2. 残陶器

（一）陶器　1 件。

残陶器　1 件。

M137:2，残存口沿和领部，无法修复，具体器形不明。泥质，红褐色胎，外施黑色陶衣。直口微侈，方唇，领较高，上有一周凸棱纹。口径 7.3、残高 4.4 厘米（图 4 – 113:1）。

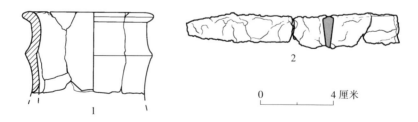

图 4 – 113 M137 出土器物
1. 残陶器（M137:2）　2. 铁削（M137:1）

（二）铁器　1件。

铁削　1件。

M137：1，残，长条状，仅剩刃部。残长约11.7厘米（图4－113：2；彩版七九：1）。

M139

M139位于唐家坟发掘点西北部，探方T7256内，打破M148，东南端被M131和M135打破。墓坑开口于耕土层下，平面呈长方形，角略圆，长2.1、宽0.74、现存深0.38米，纵轴方向135度。墓坑内填土呈浅红褐色，较疏松。未发现葬具。人骨朽毁不存，葬式不明。共出土随葬品4件，包括有陶器2件、铁器2件。两件陶器放在一起，位于墓坑东南部，出土时口部朝上，距墓底分别为6厘米和12厘米（彩版七九：3）。两件铁器位于墓坑中部偏东北侧，接近墓底，出土时平放，其中一件铁削柄部朝东南方向（图4－114；彩版七八：2）。

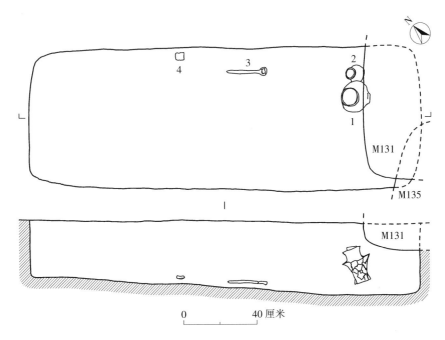

图4－114　M139平、剖视图
1. 陶高领罐　2. 陶罐　3. 铁削　4. 铁片状器

（一）陶器　2件。

陶高领罐　1件。

M139：1，A型。残，无法修复。夹砂，灰黑胎，外表局部呈黄褐色。口微侈，圆唇略尖，折肩，敛腹，平底。肩上部施一周简单刻划纹。口径11.3、底径6.3、复原高约25.6厘米（图4－115：2）。

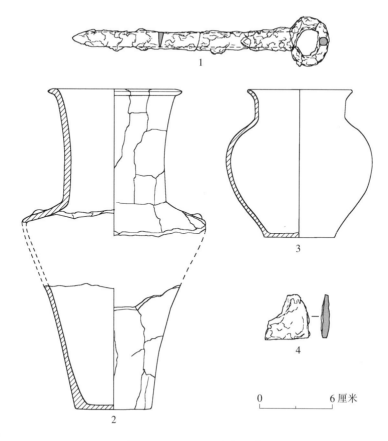

图 4 – 115　M139 出土器物

1. A 型铁削（M139：3）　2. A 型陶高领罐（M139：1）　3. A 型陶罐（M139：2）　4. 铁片状器（M139：4）

陶罐　1 件。

M139：2，A 型。夹砂，表面呈灰褐色，局部泛黑。侈口，方唇，圆肩，腹部微鼓，平底。素面。口径 8.6、底径 5.8、高 11.6 厘米（图 4 – 115：3；彩版七九：4）。

（二）铁器　2 件。

铁削　1 件。

M139：3，A 型。M139：3，环首，长条状，刃部及刃背前端分别上弧和下弧，形成尖锋。通长 21.1、刃长 18.7 厘米（图 4 – 115：1；彩版七九：2）。

铁片状器　1 件。

M139：4，残，大致呈方形，中部略厚，具体器形不明。长 4、宽 3.5、中部厚 1 厘米（图 4 – 115：4）。

M140

M140 位于周家坟发掘点南部，探方 T6067 内，打破 M149、M153 和 M163，东南部被 H11 打破。墓坑开口于耕土层下，平面呈长方形，残长 1.17、宽 0.76、现存深 0.14 米，纵轴方向 139 度。墓坑内填土为黄褐色泛红黏土，较疏松。未发现葬具。人骨基本不存，仅在墓底发现 1 颗牙齿，葬式不明。共出土随葬品 5 件，均为铜器，包括戈 1 件、矛 2 件、锛 1 件、削 1 件。随葬品集中堆放于墓坑中部，距墓底 10 余厘米，出土时铜器戈内、矛骹、锛銎和削柄均朝东南方向，另外铜器下面及附近有一层黑色的炭化物质（图 4 – 116；彩版八〇：1）。

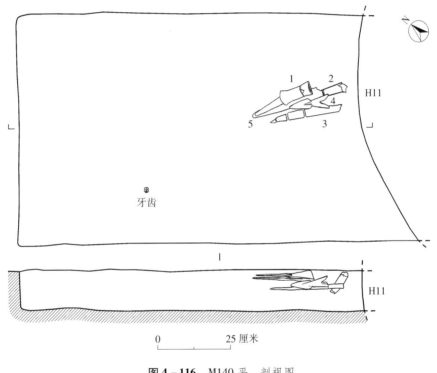

图 4 – 116 M140 平、剖视图
1. 铜锛 2、4. 铜矛 3. 铜削 5. 铜戈

铜戈 1 件。

M140：5，A 型。无胡，长方形内，近阑处有一长方形横穿，条形援微曲，援后部中空并有一圆穿，近阑处另有两近长方形穿，内和阑的边沿有铸缝痕迹。正反两面均有纹饰，且大体相同，内后部施牵手人形纹饰和卷云纹，援后部近阑处亦施牵手人形纹饰，援后部圆穿外施两周弦纹，内填短线纹。通长 25.8、援长 19.7、阑宽 7.7 厘米（图 4 – 117：2；彩版八一：3）。

铜矛 2 件。

Ba 型，1 件。

M140：4，椭圆形骹，骹口分叉，骹部两面有对称穿孔，叶较短，中线起脊，锋部

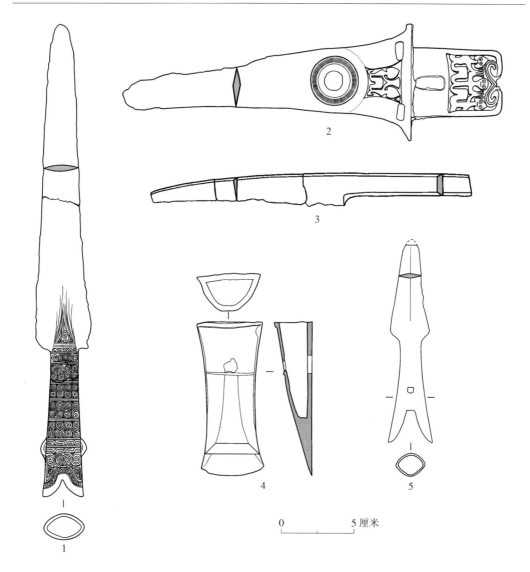

图 4 - 117　M140 出土铜器

1. Bb 型矛（M140:2）　2. A 型戈（M140:5）　3. 削（M140:3）　4. A 型锛（M140:1）　5. Ba 型矛
（M140:4）

略残，后端两侧有较明显折角。残长 13、骹长 6.7、骹口长径 3、叶宽 2.7 厘米（图
4 - 117:5;彩版八一: 2)。

　　Bb 型，1 件。

　　M140:2，椭圆形骹，骹口分叉，骹部带双耳，叶较长，似柳叶形短剑，茎部两侧
可见铸缝痕迹。骹部施多组纹饰，以勾连涡纹为主，另有雷纹、圆圈纹等，各组纹饰
间多以弦纹相隔。叶后部与骹相接处施锯齿状纹以及其他各种线条纹。通长 31.3、骹
长 9.8、骹口长径 2.8、叶宽 3.7 厘米（图 4 - 117:1;彩版八〇: 3)。

铜锛　1 件。

M140：1，A 型。竖銎，半圆形銎口，器身背面平直，正面弧形，下部形成单面刃，弧刃较宽，銎部正、反两面有对称的穿孔，器身两侧与背面交汇处可见铸缝痕迹。正面銎口和穿孔下方各有一道凸弦纹。长 10.1、銎口宽 4.4、刃部宽 4.3 厘米（图 4 - 117：4；彩版八〇：2）。

铜削　1 件。

M140：3，整个器身一面较平直，另一面略斜，扁长柄，刃略向内弧，锋部残，刃背略向上弧，与柄背连为一体。残长 21.9、柄长 8.2 厘米（图 4 - 117：3；彩版八一：1）。

M141

M141 位于周家坟发掘点中部，探方 T6067 内，打破 M150、M152、M154、M155 和 M157。墓坑开口于耕土层下，平面呈长方形，长 2.22、宽 0.96、现存深 0.26 米，纵轴方向 135 度。墓坑内填土呈黄褐色泛红，较疏松。未发现葬具。人骨朽毁不存，葬式不明。共出土随葬品 3 件，包括铜锛 1 件、陶器 2 件。铜锛位于墓坑中部偏西南侧，出土时平放，銎口朝西北方向，距墓底 15 厘米。两件陶器位于墓坑中部偏北，距墓底约 12 厘米，出土时均残碎，其中一件高领罐可看出口部朝上（图 4 - 118；彩版八二：1，彩版八三：1）。

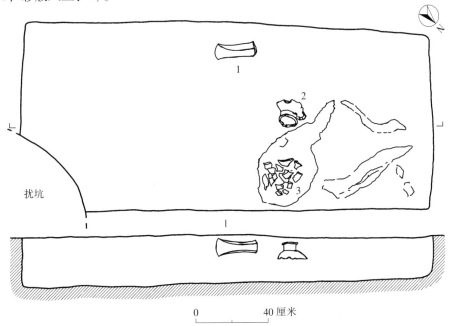

扰坑

0　　　　40 厘米

图 4 - 118　M141 平、剖视图
1. 铜锛　2. 陶高领罐　3. 残陶器

（一）陶器　2件。

陶高领罐　1件。

M141:2，残碎，无法修复。夹砂，灰黑胎，外表呈黄褐色。从发掘现场看，领较高，平底。复原口径约0.8厘米。

残陶器　1件。

M141:3，残碎，无法修复。泥质，黄褐色胎，外施黑色陶衣。敞口，尖唇，平底。复原口径约8.2、复原底径约4.5厘米。

（二）铜器　1件。

铜锛　1件。

M141:1，B型。竖銎，半圆形銎口，背面平直，正面弧形，下部形成单面刃，平刃较窄，器身显得上宽下窄，銎部位置正、反两面有对称的竖长方形穿孔，器身两侧与背面交汇处可见铸缝。正面穿孔上方有两道凸弦纹，下方有一凸起的短竖线纹，竖线纹两侧对称分布凸折线纹，折线纹向下与器身棱角自然相接。长19.1、銎口宽6.6、刃部宽4.9厘米（图4-119；彩版八三：2）。

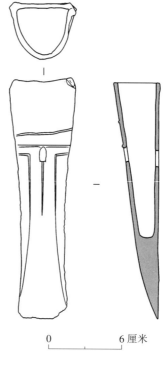

0　　　　　　　6厘米

图4-119　M141出土
B型铜锛（M141:1）

M142

M142位于唐家坟发掘点西北部，跨探方T7356和T7357，打破M145和M146，被M123、M128和M136打破。墓坑开口于耕土层下，平面呈长方形，东南端略宽，长2.72、宽0.84~0.97、现存深0.39米，纵轴方向140度。墓坑内填土呈红褐色，较疏松。未发现葬具。人骨朽毁不存，葬式不明。出土随葬品有绿松石珠1件，位于墓坑中部，距墓底约20厘米（图4-120；彩版八二：2）。

绿松石珠　1件。

M142:1，A型。管状，横剖面近圆形。浅绿色。长0.7、腹径0.6厘米（图4-121；彩版八三：3）。

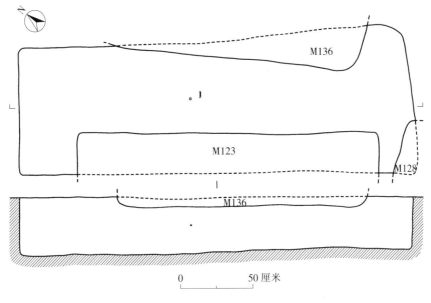

图 4 – 120　M142 平、剖视图
1. 绿松石珠

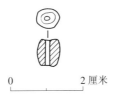

图 4 – 121　M142 出土 A 型绿松石珠（M142:1）

M146

　　M146 位于唐家坟发掘点西北部，跨探方 T7356 和 T7357，被 M123 和 M133 及 M142 打破。墓坑开口于耕土层下，平面推测呈长方形，长 1.9、残宽 0.4、现存深 0.4 米，纵轴方向 138 度。墓坑内填土呈红褐色，较疏松。未发现葬具。人骨朽毁不存，葬式不明。出土的随葬品有铜骹铁矛 1 件，位于墓坑中部，出土时平放，骹口朝西北方向，距墓底 15 厘米（图 4 – 122；彩版八四:1）。

　　铜骹铁矛　1 件。

　　M146:1，圆形铜骹，表面光滑，不见铸缝，骹口残，近骹口处有两个对圆穿，叶部为铁质，锈蚀严重，较窄，锋部向一侧弯曲。骹部上下各有两道凸弦纹。通长 17.6、铜骹长约 9、骹口直径 2 厘米（图 4 – 123；彩版八四:2）。铜骹与铁矛交汇处铁锈覆

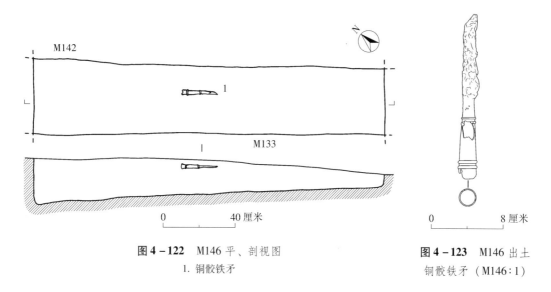

图 4 – 122　M146 平、剖视图
1. 铜骹铁矛

图 4 – 123　M146 出土
铜骹铁矛（M146：1）

盖铜骹，结合 X 光照片推测，该铜骹铁矛可能采用了铸接的工艺。

M148

　　M148 位于唐家坟发掘点西北部，探方 T7256 内，被 M135 和 M139 打破。墓坑开口于耕土层下，平面呈长方形，残长 1.96、残宽 0.64、现存深 0.24 米，纵轴方向 141 度。墓坑填土呈黄褐色泛红，较疏松。未发现葬具。人骨朽毁不存，葬式不明。共出土随葬品 4 件，包括陶器 2 件、玉石器 2 件。两件陶器均为罐，位于墓坑东南部，距墓底 10 余厘米，出土时放在一起，口部朝上（彩版八五：1）。两件玉石器分别为绿松石珠和绿松石扣，前者位于墓坑中部偏西南侧墓底处，靠近墓壁，后者位于墓坑西北部墓底处（图 4 – 124；彩版八四：3）。

　　（一）陶器　2 件。

陶罐　2 件。

A 型　1 件。

M148：2，夹砂，表面呈灰黑色。侈口，圆唇，圆肩，腹部微鼓，平底。素面。口径 6.5、底径 4.7、高 7.6 厘米（图 4 – 125：1；彩版八五：3）。

D 型　1 件。

M148：1，夹砂，灰黑色胎，表面呈红褐色。敞口，尖唇略内折，圆肩，浅腹较鼓，平底。素面。口径 6.2、底径 4.3、高 7 厘米（图 4 – 125：2；彩版八五：2）。

　　（二）玉石器　2 件。

绿松石珠　1 件。

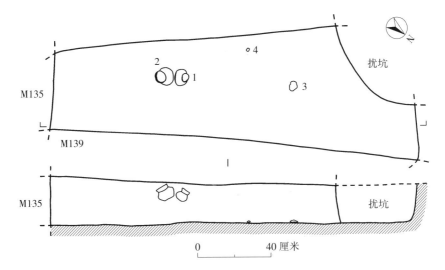

图 4 – 124　M148 平、剖视图

1、2. 陶罐　3. 绿松石扣　4. 绿松石珠

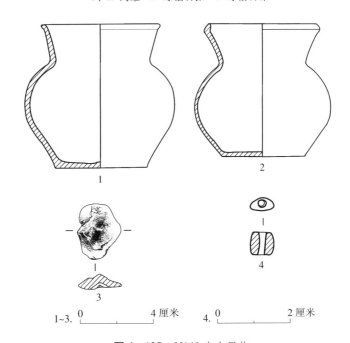

图 4 – 125　M148 出土器物

1. A 型陶罐（M148：2）　　2. D 型陶罐（M148：1）　　3. 绿松石扣（M148：3）　　4. 绿松石珠（M148：4）

　　M148：4，B 型。扁圆柱状，横剖面呈椭圆形，中心有一穿孔。淡蓝色。高 0.63、直径 0.68 厘米（图 4 – 125：4；彩版八五：5）。

绿松石扣　1 件。

　　M148：3，残，表面光滑，平面呈不规则形，正面为尖乳状，背面较平，有两对穿的孔。深绿色。长径 3、高 0.91 厘米，两穿孔口部直径分别为 0.27、0.38 厘米，两孔相距 0.3 厘米（图 4 - 125：3；彩版八五：4）。

M149

　　M149 位于周家坟发掘点南部，探方 T6067 内，打破 M153，被 M140 和 H11 打破。墓坑开口于耕土层下，平面呈长方形，长 2.14、宽 0.7、现存深 0.3 米，纵轴方向 129 度。墓坑内填土呈黄褐色，土质疏松。墓坑底部发现有板灰痕迹，平面大致呈长方形，带明显边框，推测为木棺一类的葬具。发现少量肢骨，葬式不明。出土随葬品有铜镯一组，发现于墓坑中部偏西南一侧，接近墓底位置。出土时，铜镯排列较有序（图 4 - 126；彩版八六：1）。

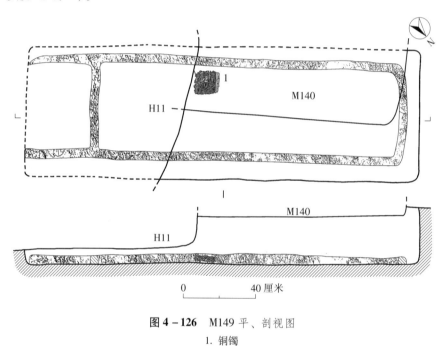

图 4 - 126　M149 平、剖视图
1. 铜镯

　　铜镯　一组。

　　M149：1，一组 50 余件。均细条环状，横截面形制不同，其中靠上的三件属 Ba 型，其余皆属 Bb 型。出土时，破碎严重，直径不详，铜镯内尚可见残存的肢骨。属 Ba 型的三件横截面呈长方形，粗细不一，横截面长 0.4、宽 0.1～0.2 厘米。属 Bb 型的 50 余件横截面近方形，横截面边长有细微差别，一般在 0.15 厘米左右（图 4 - 127；彩版八六：2）。

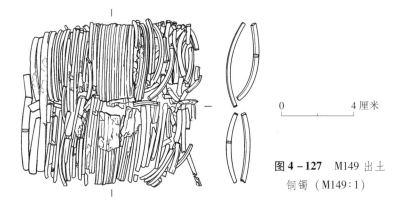

图 4 - 127　M149 出土
铜镯（M149:1）

M153

　　M153 位于周家坟发掘点南部，探方 T6067 内，被 M140、M149 及 H11 打破。墓坑开口于②层下，平面呈长方形，长 2.3、宽 0.76、现存深 0.48 米，纵轴方向 144 度。墓坑内填土呈红褐色，较疏松。未发现葬具。发现少量上肢骨和牙齿，推测被葬者头朝东南方向。出土随葬品有铜镯 1 件，位于墓坑中部偏东北一侧，距墓底约 8 厘米，套在被葬者右侧手臂肢骨上（图 4 - 128；彩版八七：1）。

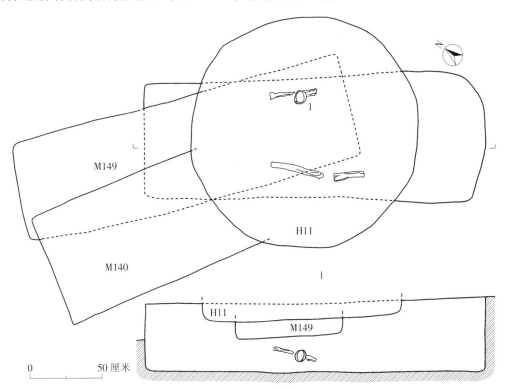

图 4 - 128　M153 平、剖视图
1. 铜镯

铜镯　1件。

M153∶1，A型。宽片环状。出土时残碎，无法修复。现场测量直径约6、宽1.1、厚0.15厘米。

M159

M159位于周家坟发掘点西南部，跨探方T6066和T6166，西北端延伸出发掘区外，打破M161，被M15和M70打破。墓坑开口于②层下，平面大致呈长方形，西北端较宽，发掘部分长2.06、宽0.55～0.8、现存深0.45米，纵轴方向147度。墓坑内填土呈红褐色，较疏松。未发现葬具。人骨朽毁不存，葬式不明。出土随葬品有铜镯一组，位于墓坑东南部，距墓底20余厘米。出土时，铜镯排列较有序（图4-129；彩版八七∶2）。

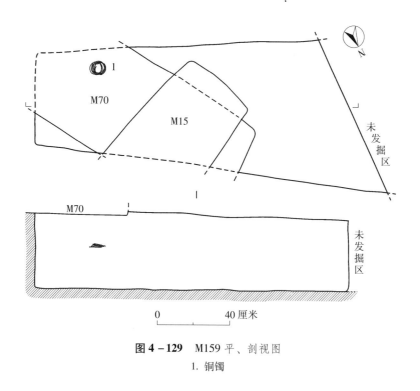

图4-129　M159平、剖视图
1. 铜镯

铜镯　一组。

M159∶1，一组约10余件，均Bc型。破碎严重，细条环状，横截面近半圆形，出土时镯内尚可见残存的肢骨（彩版八七∶3）。从保存较好的个体看，铜镯直径约6.1、横截面直径0.25厘米。

M160

　　M160 位于周家坟发掘点西南部，跨探方 T6066 和 T6166，打破 M161，被 M14、M76 和 M158 打破。墓坑开口于②层下，平面呈长方形，角略圆，长 2.6、宽 0.74、现存深 0.36 米，纵轴方向 133 度。墓坑内填土呈红褐色，较疏松。未发现葬具。残存部分牙齿，位于墓坑东南部，推测被葬者头朝东南方向。出土随葬品有铜镯 1 件，位于墓坑中部偏西南侧，即被葬者左侧手臂位置（图 4 - 130；彩版八八：1）。

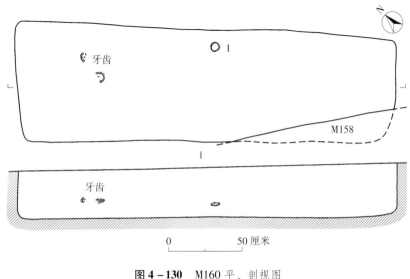

图 4 - 130　M160 平、剖视图
1. 铜镯

铜镯　1 件。

　　M160：1，A 型。宽片环状。出土时残碎，现场整取。直径约 6.2 厘米（图 4 - 131）。

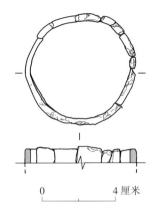

图 4 - 131　M160 出土 A 型铜镯（M160：1）

M167

M167 位于周家坟发掘点南部，探方 T6068 内，打破 M186 和 M198，西北端和东南端均被扰坑打破。墓坑开口于耕土层下，平面呈长方形，残长 1.24、宽 0.6、现存深 0.14 米，纵轴方向 140 度。墓坑内填土呈红褐色泛灰，较疏松。未发现葬具。人骨朽毁不存，葬式不明。出土的随葬品有铜镯一组，位于墓坑东南部，距墓底约 10 厘米（图 4 - 132；彩版八八：2）。

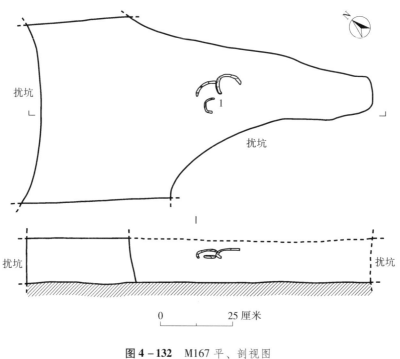

扰坑

扰坑

扰坑

扰坑

0　　　　　25 厘米

图 4 - 132　M167 平、剖视图
1. 铜镯

铜镯　一组。

M167：1，一组 3 件，均 A 型。出土时残碎，无法起取，内有残存肢骨。宽片环状，外壁有两条凹槽，横截面呈"山"字形，凹槽内镶嵌泛绿色小石片，石片近圆形，中间有穿孔，与铜镯之间可见黑色黏合剂。铜镯直径约 6、宽 0.8、边缘厚 0.2 厘米，镶嵌的小石片直径 0.2 ~ 0.3、孔径约 0.05 厘米。铜镯上所镶嵌的小石片残存少许，且风化严重，材质不确定，推测为孔雀石或绿松石。

M168

M168 位于周家坟发掘点东南部，跨探方 T5968 和 T5969，打破 M175 和 M191。发掘时，墓坑东南侧有一高出地面约 1 米的近椭圆形土堆，南北长约 3、东西宽约 2 米，表面长满杂草，有部分叠压于墓坑之上。最初以为该土堆是一现代坟丘，暂且保留，但清理过程中发现土堆被一近现代墓打破，且堆内亦是花土，土质土色与 M168 填土相近，再联系到在墓坑北侧也有一小片类似花土，基本可推断此土堆为 M168 的封土。不过，封土的原始形状及具体尺寸已不清楚，根据土堆和墓坑的尺寸及二者位置关系，推测封土直径不短于 8 米。

M168 墓坑大部分开口于耕土层下，平面近平行四边形，纵轴方向 145 度，东北角呈短刀把状向外凸出，其余三角略显圆润。墓口纵轴长 4.5、两长边垂直距离 3.15 米，东北角凸出部分向外延伸长 0.2、宽 1.9 米。墓壁略斜，局部较平整，应经过人为加工。有趣的是，在墓坑东北侧壁打破 M175 处，发现有一层厚约 10 厘米的红褐色黏土，推测是为了将两墓相隔而特意涂抹上去的。墓底小于墓口，纵轴长 3.8、长边垂直距离 2.4 米，东北角凸出部分向外延伸长 0.56、宽 1.42 米。墓坑深约 1.9 米。坑内填土为花土，主要由黄褐色土、红褐色土和白色膏泥土搅拌混合而成，十分坚硬、致密，应经过夯实，目的可能和防盗有关。填土中还包含一些烧土、炭屑、碎陶片以及大小不一的卵石（直径一般 5～10 厘米），另外发现不少指头大小的绿色小石块，手感较软，经检测为孔雀石料（参见第五章第五节）。

M168 距墓口深约 1.4 米处发现已成灰黑色板灰的木椁痕迹，平面呈"井"字形，以西南角保存最为完好。从板灰痕迹看，椁板厚约 0.06 米，西南侧板长 2.86、东北侧板长 2.96、西北端板长 1.80、东南端板长 1.74 米。椁室内部长 2.6、西北端宽 1.4、东南端宽 1.35、高约 0.5 米。在椁室东北部深约 0.1 米处，发现一块与墓坑纵轴方向一致的条状炭化木板痕迹，长 0.85、宽 0.19、厚 0.01 米，推测为木椁或木棺盖板。在椁室底部近东南端则发现成片的炭化木板残痕，厚约 0.015 米，宽同椁室，长约 0.66 米，从现场观察看，为多块条状木板组成，方向与墓坑纵轴一致。对木板进行了取样和检测，属硬木松类木材（参见第五章第三节）。在椁室两端的椁板下，还发现横置的枕木痕迹。枕木镶于墓底凹槽内，长约 2.3、宽约 0.28、厚约 0.08 米（图 4-133；彩版八九：1）。椁室内发现的"填土"也为花土，但较墓坑内的填土颜色偏灰，土质也略微松软，包含炭屑、白膏泥、烧土、陶片等，另发现和墓坑内相同的孔雀石料 130 余件。推测这些孔雀石料是下葬时特意撒入墓坑中的，且可能大多撒于椁室之上或椁室之内。

椁室内未发现人骨，葬式不明。但在发掘过程中，于墓坑内发现有三处骨骼痕迹，均严重朽毁。第一处在墓坑中部靠近东北侧墓壁处，距墓口深约 0.5 米，骨头朽烂成渣，无法辨认形状。骨渣旁发现绿色孔雀石小管珠等少量玉石器，其中孔雀石珠似成串状（M168 填：2）。第二处在第一处正下方，距墓口深约 1.45 米，即椁室旁侧，骨头

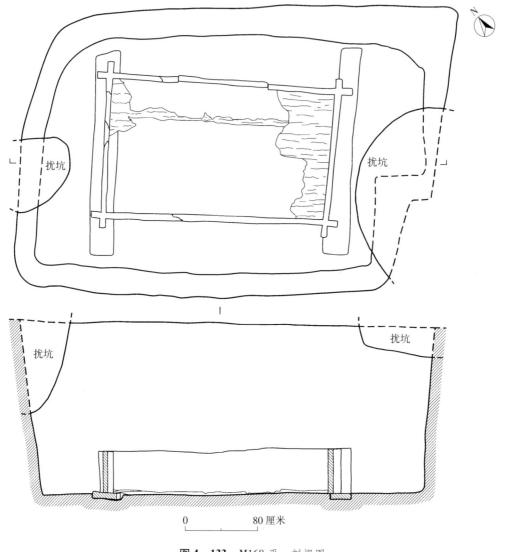

0　　　　　80厘米

图4-133　M168平、剖视图

同样朽烂成渣，并发现一些绿色孔雀石小管珠（M168填:7）。第三处位于墓底东北角突出部分，仅发现朽烂的骨渣。对骨渣进行了取样分析，但由于保存太差，仅剩一些骨屑，无法准确判断是否为人骨及骨龄（参见第五章第二节）。从骨骼旁发现珠饰来看，不排除存在人殉的可能。

M168可能很早之前即已被盗掘一空，发掘过程中发现多处盗洞痕迹，有的直通椁室。因此，除了在椁室东南端发现1件可能经扰动过的铜啄外，墓葬几乎未出随葬品。不过，在该墓墓坑填土中出土了少量遗物，包括铜削1件、孔雀石珠二组、玛瑙珠4件、玉镯1件、玉管饰1件、石磨棒1件。

（一）铜器　2件。

铜啄　1件。

M168：1，整体呈字母"T"形，筒形空心銎，刺实心，略呈柱状，前端残。銎长2.6、直径1.1厘米，刺残长10.1、直径0.65～0.9厘米。銎内残存少许炭化物质（图4-134：1；彩版八九：3）。

铜削　1件。

M168填：1，残，仅剩刀部，直刃，尖锋，背略弧。残长5.4厘米（图4-134：2；彩版八九：4）。

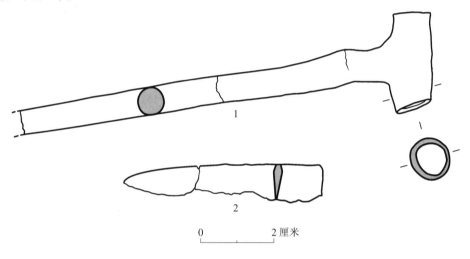

图 4-134　M168 出土铜器
1. 啄（M168：1）　2. 削（M168 填：1）

（二）玉石器　9件（组）。

玉镯　1件。

M168填：6，残，白色，环形，剩大半，分两截，环面较宽，内厚外薄，内缘两面略凸起成唇，环面靠内侧有两小的圆形穿孔。环面外径10.8、内径6、厚0.3～0.4厘米，内缘唇宽0.3、厚0.53厘米，穿孔直径约0.2厘米（图4-135：1；彩版八九：2）。

玉管饰　1件。

M168填：8，破碎严重，无法修复。白色，圆管形。残长2.4、直径0.5、孔径0.35厘米（图4-135：16）。

孔雀石珠　二组。

A型，一组。

M168填：2，一组6件，长管状。绿色，器身可见天然环形纹饰（彩版九〇：5）。

M168填：2-1，长0.84、外径0.32、内径0.11厘米（图4-135：2）。

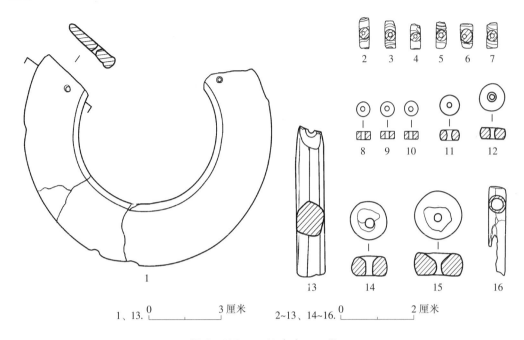

1、13. 0————3厘米　　　2~13、14~16. 0————2厘米

图 4－135　M168 出土玉石器

1. 玉镯（M168 填:6）　2 ~ 7. A 型孔雀石珠（M168 填:2 - 1 ~ 2 - 6）　8 ~ 10. B 型孔雀石珠（M168 填:7 - 1 ~ 7 - 3）　11、12、14、15. A 型玛瑙珠（M168 填:9、4、5、3）　13. B 型石磨棒（M168 填:10）　16. 玉管饰（M168 填:8）

M168 填:2 - 2，长 0.72、外径 0.31、内径 0.12 厘米（图 4 - 135:3）。

M168 填:2 - 3，长 0.66、外径 0.31、内径 0.12 厘米（图 4 - 135:4）。

M168 填:2 - 4，长 0.69、外径 0.31、内径 0.12 厘米（图 4 - 135:5）。

M168 填:2 - 5，长 0.68、外径 0.39、内径 0.12 厘米（图 4 - 135:6）。

M168 填:2 - 6，长 0.67、外径 0.33、内径 0.13 厘米（图 4 - 135:7）。

B 型，一组。

M168 填:7，一组 3 件，短管状。绿色（彩版九〇:6）。其中:

M168 填:7 - 1，高 0.29、外径 0.42、内径 0.12 厘米（图 4 - 135:8）。

M168 填:7 - 2，高 0.22、外径 0.44、内径 0.13 厘米（图 4 - 135:9）。

M168 填:7 - 3，高 0.24、外径 0.42、内径 0.12 厘米（图 4 - 135:10）。

玛瑙珠　4 件。

均 A 型。算珠形，中间有穿孔。

M168 填:3，穿孔两端呈喇叭口状。白色。直径 1.35、高 0.59 厘米（图 4 - 135:15;彩版九〇:1）。

M168 填:4，穿孔两端呈喇叭口状。肉红色。直径 0.71、高 0.32 厘米（图 4 - 135:12;彩版九〇:2）。

M168 填：5 ，赭红色。直径 1.07、高 0.52 厘米（图 4 - 135：14；彩版九〇：3）。

M168 填：9，肉红色。直径 0.61、高 0.3 厘米（图 4 - 135：11；彩版九〇：4）。

石磨棒　1 件。

M168 填：10，B 型。灰褐色，质地细腻，由细粒砂岩制成。呈不规则五棱柱状，顶端有穿孔，穿孔残，器身下端亦残。残长 5.9、直径 1.0 ~ 1.15 厘米（图 4 - 135：13；彩版八九：5）。

M177

M177 位于周家坟发掘点东南部，探方 T6069 内，打破 M194、M196、M202、M205 和 M207。墓坑开口于耕土层下，平面呈长方形，长 1.82、宽 0.68、现存深 0.18 米，纵轴方向 128 度。墓坑内填土呈红褐色泛灰，较疏松。在接近墓底处发现长 1.08、宽 0.62 米的一层黑色炭化物质，从形状看，可能为木质棺椁痕迹。人骨朽毁不存，葬式不明。出土随葬有铜镯一组，位于墓坑东南部，距墓底 10 余厘米（图 4 - 136；彩版九一：1）。

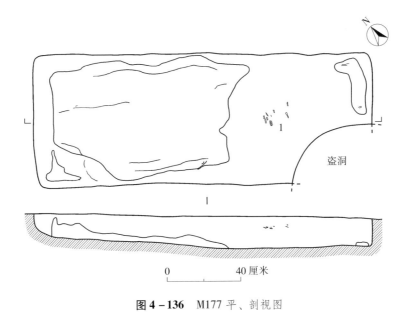

0　　　　　　　40 厘米

图 4 - 136　M177 平、剖视图
1. 铜镯

铜镯　一组。

M177：1，出土时残碎严重，无法起取，从发掘现场看，约有几件。细条环状，其中一件为 Ba 型，横截面呈长方形，余皆 Bb 型，横截面近方形。铜镯直径不详，Ba 型镯横截面长 0.3、宽 0.1 厘米，Bb 型镯横截面边长约 1.5 厘米。

M179

M179 位于周家坟发掘点东南部,跨探方 T5968、T5969 和 T6069,打破 M188、M191 和 M197,被 M176 和一扰坑打破。墓坑开口于耕土层下,平面呈长方形,长 1.9、宽 0.8、现存深 0.1 米,纵轴方向 134 度。填土为黄褐色黏土,略泛红。接近墓底处发现有长 1.78、宽 0.6 米的一层黑色炭化物质,可能为木质棺椁痕迹。人骨朽毁不存,葬式不明。共出土随葬品 3 件(组),包括铜削 1 件、铜镯一组 3 件、孔雀石珠一组若干件。铜削位于墓坑西北部,出土时平放,柄部朝西北方向。铜镯位于中部,三件按顺序错开叠压在一起。孔雀石珠亦位于墓坑中部,与铜镯一左一右,从发掘现场看,原先是串联在一起的,且可能不止 1 串,推测是作为手链使用的。随葬品均发现于接近墓底位置(图 4 - 137;彩版九一:2)。

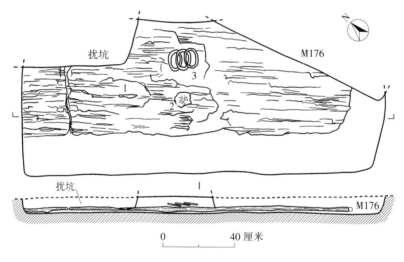

图 4 - 137　M179 平、剖视图
1. 铜削　2. 孔雀石珠　3. 铜镯

(一)铜器　2 件(组)。

铜削　1 件。

M179:1,扁长柄,刃略向内弧,锋部残,刃背较直,与柄背连为一体,刃背和柄背上有凸起的棱。残长 9.3 厘米(图 4 - 138:2;彩版九一:3)。

铜镯　一组。

M179:3,一组 3 件,均 A 型。出土时残碎,无法起取,内有残存肢骨。宽片环状,外壁边缘凸起,中部为凹槽,内镶泛绿色小石片,石片近圆形,中间有穿孔,与铜镯之间可见黑色黏合剂。铜镯直径约 8、宽 0.9、边缘厚 0.2 厘米,镶嵌的小石片直径 0.2 ~ 0.3、孔径约 0.05 厘米。铜镯上所镶嵌的小石片残存少许,且风化严重,材质不确定，推测为孔雀石或绿松石。

（二）玉石器　一组。

孔雀石珠　一组。

M179∶2，B 型。100 余件，部分残碎。形制大致相同，呈短管状。直径多超过 0.4
厘米，个别不到 0.3 厘米，高一般在 0.2 ~ 0.3 厘米，孔径一般在 0.1 厘米左右（图
4 - 138∶1;彩版九一∶4）。

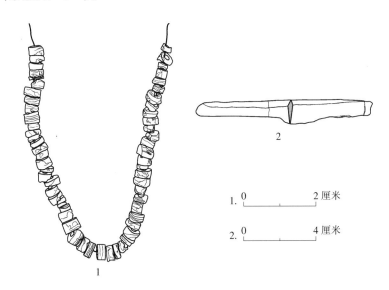

1. 0　　　　　2 厘米

2. 0　　　　　4 厘米

图 4 - 138　M179 出土器物
1. B 型孔雀石珠（M179∶2）　　2. 铜削（M179∶1）

M191

M191 位于周家坟发掘点东南部，跨探方 T5968、T5969、T6068 和 T6069，打破
M197 和 M200，被 M168、M175、M176、M179 和 M188 打破。墓坑开口于②层下，平
面呈长方形，长 3.8、残宽 1.54、现存深 0.52 米，纵轴方向 130 度。墓坑内填土呈黄
褐色，较致密。在接近墓底处发现有长 1.9、宽 0.68 米的一层黑色炭化物质，可能为
木质棺椁痕迹。在墓坑中部略偏西北发现两节并列的残存肢骨残渣，按其形态和在
墓葬中的位置，应为被葬者腿骨，推测葬式为直肢葬，头朝东南方向。出土随葬品
有玉璜 3 件，位于墓坑东南部接近墓底位置，出土时叠压在一起（图 4 - 139;彩版
九二∶1、2）。

玉璜　3 件。

形制相同，呈不对称半环形，一端较宽，另一端较窄，较宽一端有两个穿孔。均
呈白色。

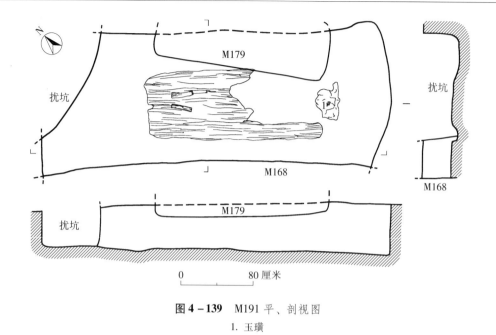

图 4 – 139　M191 平、剖视图
1. 玉璜

M191：1 – 1，较宽一端宽 0.85、较窄一端宽 0.45、长 2.5、厚 0.19 厘米。穿孔直径约 0.1 厘米（图 4 – 140：1；彩版九二：3）。

M191：1 – 2，较宽一端宽 0.95、较窄一端宽 0.48、长 2.5、厚 0.2 厘米。穿孔直径 0.1 ~ 0.2 厘米（图 4 – 140：2；彩版九二：3）。

M191：1 – 3，残。尺寸不详。

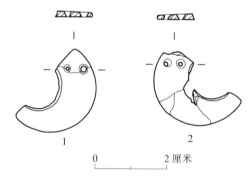

图 4 – 140　M191 出土玉璜
1、2. 玉璜（M191：1 – 1、1 – 2）

M194

M194 位于周家坟发掘点东南部，探方 T6069 内，打破 M196 和 M202，被 M177 打破，东部被扰坑打破。墓坑开口于耕土层下，平面呈长方形，长 1.72、宽 0.6、现存深

0.16 米，纵轴方向 143 度。墓坑内填土呈红褐色泛灰，较疏松，包含有少量陶片、铜渣等。未发现葬具。人骨朽毁不存，葬式不明。出土随葬品有玉管饰 1 件，位于墓坑东南部墓底位置（图 4 - 141；彩版九三：1）。

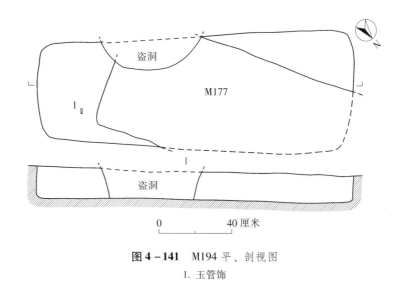

图 4 - 141　M194 平、剖视图
1. 玉管饰

玉管饰　1 件。

M194：1，圆管形，一端较平，一端较斜。白色。长 2.1、直径 0.68、孔径 0.38 厘米（图 4 - 142；彩版九三：4）。

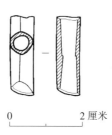

图 4 - 142　M194 出土玉管饰（M194：1）

M195

M195 位于周家坟发掘点东南部，跨探方 T6069 和 T6169，打破 M206 和 M209。墓坑开口于耕土层下，平面呈长方形，长 2.22、宽 0.7、现存深 0.22 米，纵轴方向 136 度。墓坑填土呈红褐色泛灰，较疏松。墓底两侧发现一层黑色炭化物质，长约 1.4 米，可能为木质棺椁痕迹。人骨朽毁不存，葬式不明。出土的随葬品有铜镯一组，残碎严重，位于墓坑东南部，距墓底约 15 厘米（图 4 - 143；彩版九三：2）。

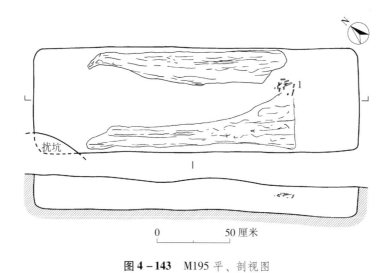

扰坑

0   50 厘米

图 4 - 143　M195 平、剖视图
1. 铜镯

铜镯　一组。

M195：1，因残碎严重，具体件数不详，从镯内残存有机物上的痕迹看，至少 10 件，均 Ba 型。细条环状，横截面呈长方形，出土时镯内残存肢骨以及一些麻布状的纺织品残块。铜镯直径不详，横截面长 3、宽 1 厘米。在室内清理过程中，发现并排的铜镯之间有用线绳编缀的痕迹。线绳已炭化，但痕迹清除，为内外两根线绳交叉编缀，与铜镯之间如布之经纬（图 4 - 144）。这对研究此类铜镯的形态、使用等非常重要。

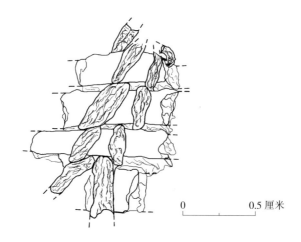

0   0.5 厘米

图 4 - 144　M195 出土铜镯上的编缀物

M196

M196 位于周家坟发掘点东南部，探方 T6069 内，打破 M202 和 M207，被 M177 和 M194 打破。墓坑开口于耕土层下，平面呈长方形，长 2、宽 0.84、现存深 0.24 米，纵轴方向 125 度。墓坑内填土呈红褐色，较疏松。未发现葬具。人骨朽毁不存，葬式不明。出土随葬有玉管饰 1 件。随葬品发现于接近墓底位置，放置于墓坑东南部（图 4 - 145；彩版九三：3）。

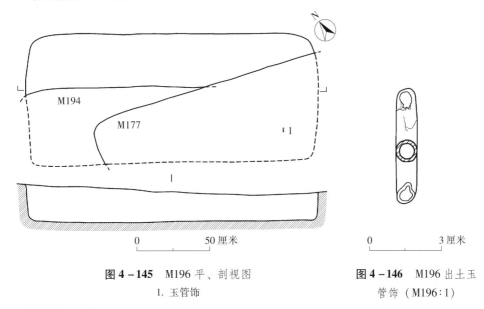

图 4 - 145　M196 平、剖视图　　　　　图 4 - 146　M196 出土玉
1. 玉管饰　　　　　　　　　　　　　　　　管饰（M196：1）

玉管饰　1 件。

M196：1，圆管形，两端不平。白色。残长 4.6、直径 0.89、孔径 0.6 厘米（图 4 - 146；彩版九三：5）。

M202

M202 位于周家坟发掘点东南部，跨探方 T5969 和 T6069，被 M177、M178、M183、M194 和 M196 打破。墓坑开口于耕土层下，平面呈长方形，长 2.68、宽 1.2、现存深 0.5 米，纵轴方向 137 度。墓坑填土呈红褐色，较疏松。墓坑下部发现木椁板灰痕迹，平面呈"井"字形。从板灰痕迹看，椁的侧板长约 2.3、端板长约 0.95、厚 0.02～0.05 米。椁室内部长 2.12、宽 0.84、高约 0.16 米。椁室底部依稀可见一层炭化物质，可能为椁底板。残存少量肢骨和牙齿，葬式不明。填土内出土玉管饰 1 件，残铜片 1 件。出土的牙齿经检测，为婴幼儿牙齿（图 4 - 147；彩版九四：1）。

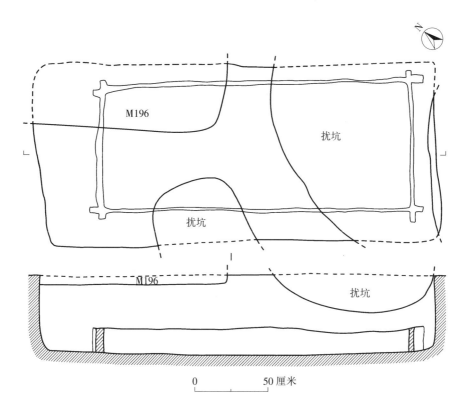

0   50厘米

图 4 – 147 M202 平、剖视图

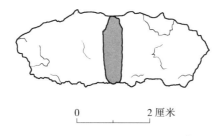

0   2厘米

图 4 – 148 M202 出土残铜器（M202 填:2）

（一）铜器 1件。

残铜器 1件。

M202 填:2，条形片状，器形不明。残长约5.2、宽2.3厘米（图4 – 148）。

（二）玉石器 1件。

玉管饰 1件。

M202 填:1，破碎严重，无法修复。管形。白色。直径约0.7厘米，长度不详。

M207

M207 位于周家坟发掘点东南部，跨探方 T6068 和 T6069，打破 M210，被 M177、M182、M184 和 M196 打破。墓坑开口于耕土层下，平面呈长方形，角略圆，长 2.56、宽 1.08、现存深 0.28 米，纵轴方向 140 度。墓坑内填土呈红褐色，较疏松。在距墓底 10 余厘米处发现一层黑色炭化物质，可能为木质棺椁痕迹。人骨朽毁不存，葬式不明。出土随葬品 2 件，包括玉玦 1 件、玉珠 1 件，放置于墓坑南部接近墓底处（图 4 - 149；彩版九四：2）。

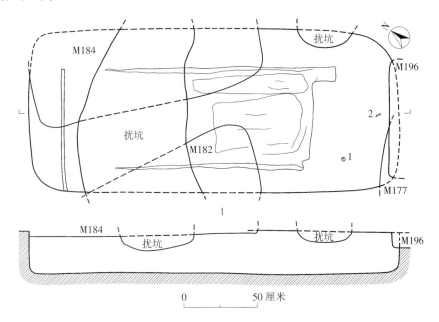

图 4 - 149 M207 平、剖视图
1. 玉玦　2. 玉管饰

玉玦　1 件。

M207：1，不对称形，玦口位于较窄的一边，玦面内缘渐薄似刃。白色。外径 1.65、内径 0.75、玦口宽 0.1、厚 0.15 厘米（图 4 - 150：1；彩版九四：3）。

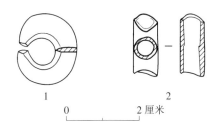

图 4 - 150 M207 出土玉器
1. 玦（M207：1）　2. 管饰（M207：2）

玉管饰 1件。

M207:2，圆管形，一端较斜，一端略内凹。白色。长1.7、直径0.7、孔径0.43厘米（图4-150:2；彩版九四:4）。

第五章 出土资料的科技考古研究

为最大限度地获取考古遗存中的丰富信息，并为相关学术研究提供更加全面而科学的资料，在薛官堡墓地的发掘过程中，我们始终强调多学科合作研究的意识，注重各种自然科技手段在考古中的运用，并强化样品标本的采集。在发掘资料的整理中，又根据当前有关问题的实际研究状况，挑选了部分出土遗物进行相关的科技检测和分析。薛官堡墓地出土资料的科技考古主要分六类，取得不少有意义的成果。

第一节 碳十四测年

此次薛官堡墓地发掘所获碳十四测年样品很少，最后共检测 6 个样品。样品均为木或木炭，其中 4 个出自墓葬，2 个出自灰坑。墓葬样品测年数据基本都在战国到西汉时期，灰坑样品测年数据主要在两宋时期。下面为碳十四年代测定报告。

一 陆良薛官堡墓地出土样品的碳十四年代测定报告[①]

标本名称：陆良薛官堡墓地出土木样品

标本物质：木

实验室编号：ZK－4432

原编号：12LXM21 CY：1

采集日期：2012 年 7 月

收到日期：2014 年 2 月

出土情况及有关文献：M21 出土铜凿（M21：1）銎内采集，不晚于汉代

提供单位：中国社会科学院考古研究所等

测定日期：2014 年 8 月

碳十四年代（半衰期 5568）：2154±25BP　　（公元前 204±25）

树轮校正年代（OxCal 3.10）：

---

① 本部分作者为中国社会科学院考古研究所张雪莲。

　　　　　　　16：350BC（27.0%）310BC

　　　　　　　　210BC（41.2%）160BC

　　　　　　26：360BC（35.0%）280BC

　　　　　　　　240BC（60.4%）100BC（图5-1）

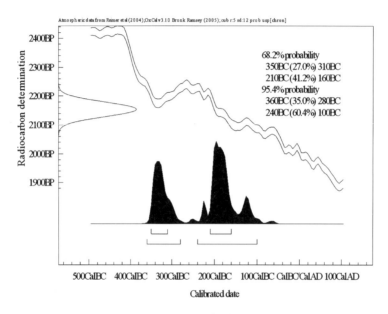

图5-1　ZK-4432 树轮年代校正图

标本名称：陆良薛官堡墓地出土木样品

标本物质：木

实验室编号：ZK-4433

原编号：12LXM146 CY：1

采集日期：2012 年 8 月

收到日期：2014 年 2 月

出土情况及有关文献：M146 出土铜骹铁矛（M146：1）骹内采样，不晚于汉代

提供单位：中国社会科学院考古研究所等

测定日期：2014 年 8 月

碳十四年代（半衰期 5568）：2150±30BP　　（公元前 200±30）

树轮校正年代（OxCal 3.10）：

　　　　　　　16：350BC（22.5%）310BC

　　　　　　　　210BC（38.1%）150BC

　　　　　　　　140BC（7.6%）110BC

26：360BC（30.2%）280BC

260BC（65.2%）50BC（图5－2）

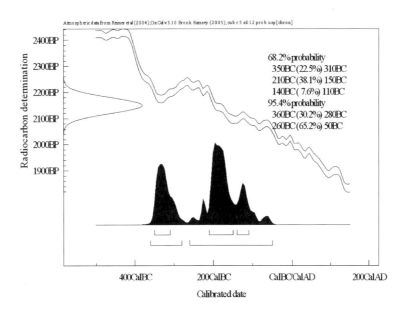

图5－2　ZK－4433树轮年代校正图

标本名称：陆良薛官堡墓地出土木炭样品

标本物质：木炭

实验室编号：ZK－4435

原编号：12LXM154 CY：1

采集日期：2012年8月

收到日期：2014年2月

出土情况及有关文献：M154墓底条索状炭化遗物采样，不晚于西汉

提供单位：中国社会科学院考古研究所等

测定日期：2014年8月

碳十四年代（半衰期5568）：2387±26BP　　（公元前437±26）

树轮校正年代（OxCal 3.10）：

16：510BC（47.5%）430BC

420BC（20.7%）390BC

26：710BC（1.1%）690BC

540BC（94.3%）390BC（图5－3）

标本名称：陆良薛官堡墓地出土木样品

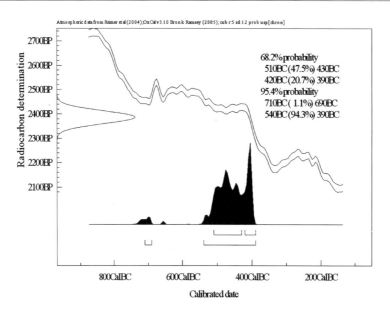

图 5-3 ZK-4435 树轮年代校正图

标本物质：木

实验室编号：ZK-4437

原编号：13LXM168 CY：14

采集日期：2013 年 8 月

收到日期：2014 年 2 月

出土情况及有关文献：M168 椁室底部椁板采样，不晚于西汉

提供单位：中国社会科学院考古研究所等

测定日期：2014 年 8 月

碳十四年代（半衰期 5568）：2318±30BP　　（公元前 368±30）

树轮校正年代（OxCal 3.10）：

1δ：405BC（68.2%）375BC

2δ：420BC（87.2%）350BC

290BC（8.2%）230BC（图 5-4）

标本名称：陆良薛官堡墓地出土木炭样品

标本物质：木炭

实验室编号：ZK-4438

原编号：12LXH11 CY：1

采集日期：2012 年 8 月

收到日期：2014 年 2 月

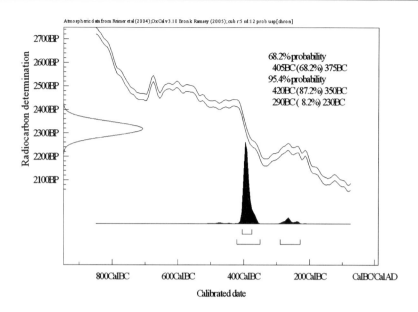

图 5-4　ZK-4437 树轮年代校正图

出土情况及有关文献：H11 内采样（距坑口 25 厘米），晚于汉代

提供单位：中国社会科学院考古研究所等

测定日期：2014 年 8 月

碳十四年代（半衰期 5568）：919±25BP　　（公元 1031±25）

树轮校正年代（OxCal 3.10）：

$$1\delta：1040AD（42.2\%）1100AD$$
$$1110AD（26.0\%）1160AD$$
$$2\delta：1030AD（95.4\%）1180AD（图 5-5）$$

标本名称：陆良薛官堡墓地出土木炭样品

标本物质：木炭

实验室编号：ZK-4429

原编号：12LXH12 CY：1

采集日期：2012 年 8 月

收到日期：2014 年 2 月

出土情况及有关文献：灰坑 H12 内采集，晚于汉代

提供单位：中国社会科学院考古研究所等

测定日期：2014 年 8 月

碳十四年代（半衰期 5568）：873±24BP　　（公元 1077±24）

树轮校正年代（OxCal 3.10）：

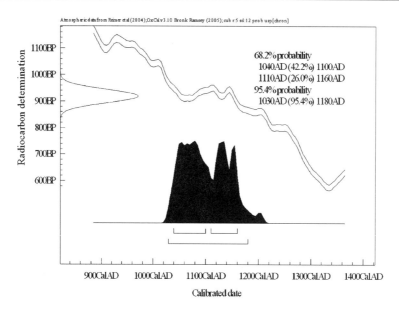

图 5 - 5　ZK - 4438 树轮年代校正图

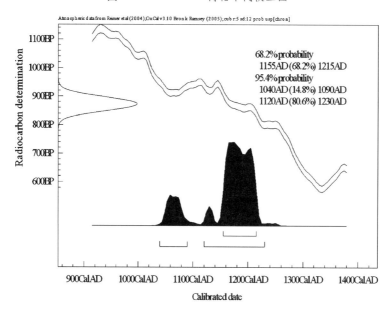

图 5 - 6　ZK - 4429 树轮年代校正图

1σ：1155AD（68.2%）1215AD

2σ：1040AD（14.8%）1090AD

1120AD（80.6%）1230AD（图 5 - 6）

（本报告中的样品前处理由中国社会科学院考古研究所碳十四实验室完成，样品制备和测定由西安加速器质谱中心完成。）

第二节　人骨和动物骨骼的鉴定与研究

由于土壤腐蚀性较强，薛官堡墓地的人骨保存状况极差，仅在少数墓葬中发现并出土一些残碎的牙齿和肢骨，且多朽毁严重。尽管如此，通过鉴定和分析，仍获得一些有关年龄的信息。除墓葬外，此次发掘在部分灰坑中还发现不少兽骨，经鉴定基本都为家畜遗骸，从而为探讨当地古代动物资源及家畜饲养等提供了珍贵资料，并为判断这些灰坑的性质和用途提供了重要依据。下面分别为人骨和动物骨骼鉴定报告。

一　陆良薛官堡墓地出土人骨鉴定[①]

本次共观察鉴定 15 座墓葬的 17 个体，骨质皆保存极差，多无法准确判断性别。具体见表 5－1。

表 5－1　　　　　　　　　　薛官堡墓地出土人骨鉴定一览表

序号	单位号	性别	年龄	保存状况	备注
1	M11	男?	壮年 (25~35)	仅余 5 厘米左右肢骨残片	骨密度 1 级， 粗壮度 2 级
2	M67	?	成年	仅为一片肢骨残片	
3	M80	?	成年	仅为极少量骨屑和牙冠残片	
4	M149	?	成年	仅为一片肢骨片，且骨质极差	
5	M150	?	青少年	仅余数片牙冠残片	
6	M151	?	成年	仅为极少量肢骨残片，骨质极差	
7	M153	?	15~20	仅为极少量骨质极差的肢骨片， 以及残牙冠 2 枚	
8	M154	?	20±	仅为极少量碎骨屑和残牙冠 4 枚	
9	M155	?	成年	仅余极少量骨渣	
10	M156	?	?	仅余极少量骨屑	
11	M160	?	15~20	仅残存数枚牙冠残片，不易观察	恒齿萌出，未磨耗
12	M168 墓坑中部 近东北侧墓壁	?	?	骨骼保存太差，仅余骨屑	无法准确判断是 否人骨和年龄

---

① 本部分作者为中国社会科学院考古研究所王明辉。

续表 5 - 1

序号	单位号	性别	年龄	保存状况	备注
13	M168 椁室东北侧	?	?	仅余极少量碎骨屑	
14	M168 东北角墓底	?	?	仅余微量骨屑	
15	M191	?	成年	仅为极少量碎骨屑	
16	M199	?	成年	仅为一片碎小肢骨残片	
17	M202	?	0.5 ~ 2	仅余数片肢骨片，数枚残牙冠，皆残损严重	乳齿萌出

注："?"表示性别或年龄不明。

初步分析：

1. 个体年龄除了因骨质保存极差无法判断年龄阶段外，多属于成年个体，其中 4 例（M150、M153、M154、M160）属于明显的青年阶段，还有一例属于未成年个体（M202）。

2. 因为个体数量较少，骨质保存差，无法进行进一步数据统计分析、体质形态学的研究和其他分析。

二　陆良薛官堡墓地灰坑内出土动物骨骼鉴定报告[①]

动物骨骼出自灰坑内，均为哺乳纲动物，种属包括狗、黄牛、绵羊和驴 4 种。种属清单如下：

哺乳纲　Mammalia

食肉目　Carnivora

犬科　Canidae

犬属　*Canis*

狗　*Canis familiaris* Linnaeus

奇蹄目　Perissodactyla

马科　Equidae

马属　*Equus*

驴　*Equus asinus* Linnaeus

① 本部分作者为中国社会科学院考古研究所吕鹏。

偶蹄目　Artiodactyla
　　牛科　Bovidae
　　　牛属　*Bos*
　　　　黄牛　*Bos taurus* Linnaeus
　　羊亚科　Caprinae
　　　盘羊属　*Ovis*
　　　　绵羊　*Ovis aries* Linnaeus

骨骼多破碎，且出自灰坑，推测多为食余废弃或有其他用途。H4 出土完整狗骨架 1 具，可能为祭祀用牲。各遗迹单位出土动物的基本情况如下：

H4：①绵羊，右下颌骨（含 $M_2 + M_3$）1，壮年个体；②狗，整副骨架，包括头骨、肢骨、椎骨等各部位，为一完整个体；③狗，左上颌骨（含 $P^4 - M^2$），P^4 长度为 17.22 毫米，上有一轻微磨蚀点，应属一中等体型大小、青年个体的犬。

H12：大型哺乳动物，肢骨碎块 1。

H15：黄牛，肱骨骨干远端碎块 1。

H17：羊，游离齿碎块 2。

H18：黄牛，右下颌游离齿 M_2 和 M_3 各 1，1 个个体。

H20：驴，下颌骨残块（含齿）1，1 个个体。

第三节　植物种属鉴定与研究

此次薛官堡墓地发掘出土了一些植物遗存，主要有棺椁板以及铜器銎、骹内发现的木柄一类的残留物。另外，对部分灰坑内清理的木炭也进行了取样。通过对这些样品的种属鉴定和分析，可了解该地区古代植物资源及植被环境的一些信息，从中也能窥见当地古代居民对这些木材及有关植物特性的认识和利用情况。

一　陆良薛官堡墓地出土植物遗存的鉴定及研究[①]

薛官堡墓地位于云南省陆良县马街镇薛官堡村，是一处战国秦汉时期的西南夷土著文化遗存。作为陆良盆地的首次考古发掘，薛官堡墓地出土的木材等植物样品资料对研究该地区的古代环境以及先民利用植物的行为方式等均有很重要的意义。

此次鉴定和分析，我们共取到 9 个植物样品，分别来自于 M6、M80、M146、M168 以及 H11 和 H12，包括木质葬具以及兵器和工具的柄等（表 5 - 2）。

———————————

① 本部分作者为中国社会科学院考古研究所王树芝。

（一）研究方法

将采集到的木炭和朽木样品按照横、径、弦三个方向切出三个面的切片，然后，在具有反射光源、明暗场、物镜放大倍数为 5~100 倍的 Nikon LV150 金相显微镜下进行观察，结合现代炭化木材图谱和《中国木材志》① 对树种木材特征的描述，对出土木炭进行树种鉴定。结构清晰的切片放到铝质样品台上镀金，在 Quanta650 扫描电子显微镜下进行拍照。另外，对缠绕物的纤维在超声波清洗仪中清洗，用 1% 的蕃红染色，经过一系列的脱水过程，用加拿大树胶封片，制成永久切片，在 Leica DM2500 光学显微镜下进行观察和拍照。

（二）研究结果

取到的 9 个植物样品经鉴定，分别属于水团花、硬木松类、青冈属、竹亚科和苎麻或大麻共五种植物（表 5-2）。

表 5-2　　　　　　　　　　　植物样品及鉴定结果

样品编号	样品描述	种属
12LXM6 CY:1-1	铜矛（M6:2）骹内残存木柄	水团花
12LXM6 CY:1-2	铜矛（M6:2）骹内残存木柄上的销钉	竹亚科
12LXM6 CY:1-3	铜矛（M6:2）骹内残存木柄上的缠绕物	苎麻或大麻
12LXM80 CY:1	铜矛（M80:5）下木炭	硬木松类
12LXM80 CY:2	铜凿（M80:4）銎内木柄	水团花
12LXM146 CY:1	铜骹铁矛（M146:1）骹内残留物	竹亚科
13LXM168 CY:1	M168 木椁底板	硬木松类
12LXH11 CY:1	灰坑（H11）内木炭	硬木松类
12LXH12 CY:1	灰坑（H12）内木炭	青冈属

这五个种属的构造特征分别如下。

1. 水团花（*Adina pilulifera*）

从横切面上看：生长轮不明显至略明显，散孔材，宽度不均匀。管孔略多至多，甚小至略小，大小颇一致，分布略均匀；导管在横切面上为卵圆及圆形，略具多角形轮廓，单管孔，稀呈短径列复管孔（2个），间或成对弦列，散生。轴向薄壁组织不见。木射线甚多，极细至略细，侵填体未见（图 5-7）。从径切面上看：螺纹加厚缺如。单穿孔；管间纹孔式互列，系附物纹孔，卵圆及圆形。薄壁细胞端壁节状加厚不

――――――――――

① 成俊卿、杨家驹、刘鹏：《中国木材志》，中国林业出版社，1992 年。

明显；树胶及晶体未见。射线组织异形 I 型（图 5 - 8）。从弦切面上看：木射线非叠生；单列射线较多，有时兼具横卧与直立细胞。多列射线宽 2～3 细胞（多数 2 个细胞），射线与导管间纹孔式类似管间纹孔式（图 5 - 9）。

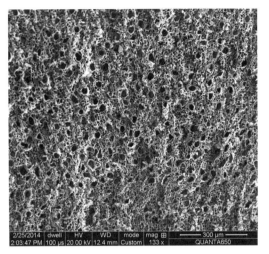

图 5 - 7　水团花横切面

图 5 - 8　水团花径切面

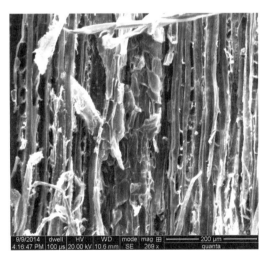

图 5 - 9　水团花弦切面

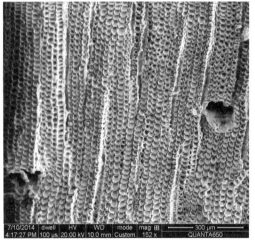

图 5 - 10　硬木松类横切面

2. 硬木松类（Subgen. *Diploxylon*）

从木炭横切面上看，生长轮很明显，早材至晚材急变，有树脂道（图 5 - 10）。从木炭径切面上看，晚材管胞径壁具缘纹孔一列，射线薄壁细胞与早材管胞间交叉场纹孔式为窗格型，射线管胞的内壁有齿状增厚（图 5 - 11）。从木炭弦切面上看，木射线通常单列（图 5 - 12）。

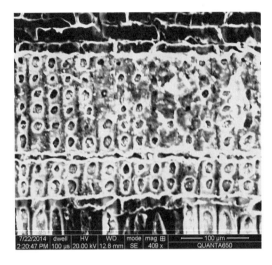 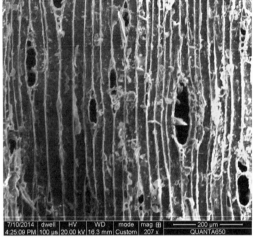

图 5 – 11　硬木松类径切面　　　　　　　图 5 – 12　硬木松类弦切面

3. 青冈属（*Cyclobalanopsis*）

从横切面上看：生长轮不明显；散孔材，管孔大小中等，大小略一致，或自内往外略有减小。导管横切面为圆形就卵圆形，通常单管孔，径列。轴向薄壁组织量多；主为离管带状，呈连续弦向带，宽 1～4 细胞；少数星散或星散—聚合状；环管状偶见。木射线中至密；分宽窄两类，窄木射线极细至甚细，宽木射线被许多窄木射线分隔（图 5 – 13）。从径切面上看：螺纹加厚缺如。单穿孔；管间纹孔式互列，圆形及卵圆形。射线组织同形（图 5 – 14）。从弦切面上看：木射线非叠生；分宽窄两类，窄木射线通常宽 1（间或 2 列或成对）细胞，高 1～24 细胞或以上，多数 5～15 细胞。宽木射线（一部分为半复合射线，聚合射线偶见）最宽处宽至许多细胞，高至许多细胞（图 5 – 15）。

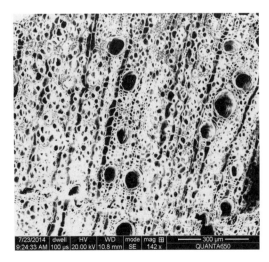 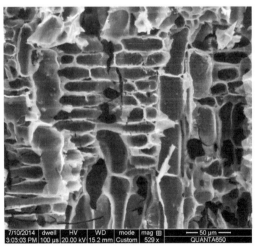

图 5 – 13　青冈属横切面　　　　　　　　图 5 – 14　青冈属径切面

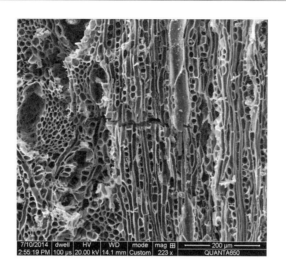

图 5 – 15　青冈属弦切面

4. 竹亚科（Bambusoideae）

维管束为开放型和半开放型维管束，维管束仅由一部分组成，没有纤维股的中心维管束，支撑组织仅由硬质细胞鞘承担，细胞间隙中有侵填体（图 5 – 16）。径切面和弦切面薄壁细胞结构相似（图 5 – 17、18），单个维管束为近圆形，周边多为薄壁细胞（图 5 – 19）。

5. 苎麻（*Boehmeria nevea*）或大麻（*Cannabis sativa*）

大麻与苎麻相像，粗细不均匀，部分呈圆管状，部分呈扁平带状，有天然扭曲，但总体直径比苎麻小，也有横节；亚麻粗细均匀，呈圆管状，几乎无扭曲；有明显、清晰的横节，有规则。出土的缠绕物的韧皮纤维粗细不均匀，有的呈圆管状

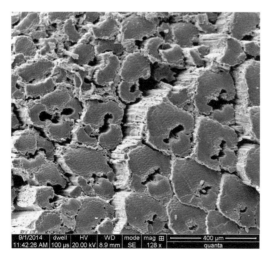

图 5 – 16　竹亚科横切面

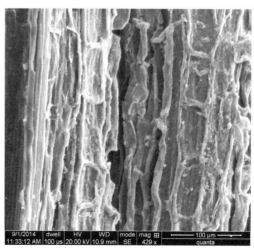

图 5 – 17　竹亚科径切面

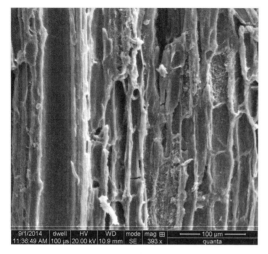

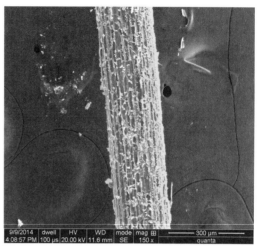

图 5 – 18　竹亚科弦切面　　　　　　　　图 5 – 19　单个维管束的表面形态

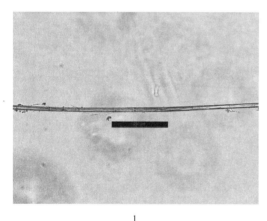

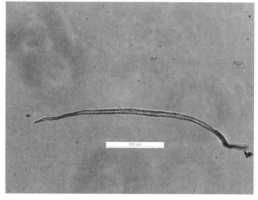

1　　　　　　　　　　　　　　　　　　　　　2

图 5 – 20　缠绕物的韧皮纤维形态

（图 5 – 20：1），少量呈扁平带状（图 5 – 20：2），有结节，因此缠绕物可鉴定为苎麻或大麻。

（三）讨论

M168 木椁用材为硬木松类，M80 出土铜矛（M80：5）下的硬木松木炭也有可能和棺椁等葬具有关。松木耐腐力强，在中国古代常被用作棺和椁的材料，如北京大葆台汉墓铺地板、垫木、棺床、墓壁板、外回廊隔板、内回廊隔板、内回廊盖板、墓顶方木、墓顶原木①、贵州赫章可乐部分墓葬的棺木②、陕西西安皇明宗室千阳端懿王朱公

① 　大葆台汉墓发掘组、中国社会科学院考古研究所：《北京大葆台汉墓》，第 111 ~ 114 页，文物出版社，1989 年。

② 　贵州省文物考古研究所：《赫章可乐二〇〇〇年发掘报告》，第 216 ~ 221 页，文物出版社，2008 年。

鐕墓的棺椁①，宁夏银川西夏陵区 101 号陪葬墓的棺②，河北磁县湾漳墓的椁木③，辽宁建昌东大杖子战国墓 M47 的外椁壁板、底板、盖板及内椁壁板④均为松木。而且，松木作棺椁的用材很早就有记载，如姚察《遗命》："须松板薄棺，才可周身，土周于棺而已。"⑤《颜氏家训·终制篇》："吾当松棺二寸……衬土而下，平地无坟。"⑥ 在先秦旧制中也提及松木椁，如《礼记·丧大记》云："君松椁，大夫柏椁，士杂木椁。"⑦《礼记要义》孔疏云："柏椁者，谓为椁用柏也。天子柏，诸侯松，大夫柏，士杂木也。"⑧

松木不仅耐腐力强，而且树干高大，材质轻软，纹理直，易加工，是房屋建筑的良好材料，松木可燃性能强，是良好的燃料。因此，H11 等灰坑中出土的松木可能作薪柴，也可能是房屋建筑和农具未烧尽的木头。

M6 出土铜矛（M6:2）骹内和 M80 出土铜凿（M80:4）銎内的木材为水团花。水团花又叫水杨梅、水黄棉，为茜草科水团花属，常绿灌木至小乔木，高达 5 米。水团花是云南省滇南红河流域的重要林木，木材纹理略斜，结构细而均匀，质重且硬，强度甚高，供雕刻用。

铜矛（M6:2）骹内残存木柄上的销钉（图 5 - 21）为竹亚科。竹材的很多力学和理化性质优于木材，故许多农具和工具使用竹材，也常用竹材做销钉。铜矛（M6:2）骹内残存木柄上的缠绕物为苎麻或大麻。苎麻是我国产量最多的麻类，从海南、台湾到河南、陕西都有种植。大麻产地遍及东北、华北、西北及西南各省。

值得一提的是，古代人类利用销钉使一部分力量转化，利用纤维加固铜矛骹部。这种方法在农村的农具加工中至今都在采用。

青冈属为壳斗科，常绿乔木，主要分布于亚洲热带及亚热带。我国约有 70 种，产于秦岭及淮河流域以南各地，为组成常绿阔叶林主要部分。木材红褐或黄褐色，材质坚重，强度甚大，收缩性大，耐腐，供桩柱、车船、桥梁、工具柄、木制机械、刨架、

---

① 西安市文物保护考古所：《西安南郊皇明宗室汧阳端懿王朱公鐕墓清理简报》，《考古与文物》2001 年第 6 期。
② 宁夏回族自治区博物馆：《西夏陵区 101 号墓发掘简报》，《考古与文物》1983 年第 5 期。
③ 中国社会科学院考古研究所、河北省文物研究所：《磁县湾漳北朝壁画墓》，第 291～295 页，科学出版社，2003 年。
④ 辽宁省文物考古研究所、吉林大学边疆考古研究中心、葫芦岛市博物馆、建昌县文物管理所：《辽宁建昌县东大杖子墓地 M47 的发掘》，《考古》2014 年第 12 期。
⑤ ［明］梅鼎祚编：《陈文纪》卷七，文渊阁四库全书本。
⑥ ［南北朝］颜之推撰：《颜氏家训》卷下，四部丛刊景明本，第 44 页。
⑦ 《礼记注疏》卷十三，四部丛刊景宋本，第 264 页。
⑧ ［宋］魏了翁：《礼记要义》卷三，《檀弓上》，宋淳祐十二年刻本，第 10 页。

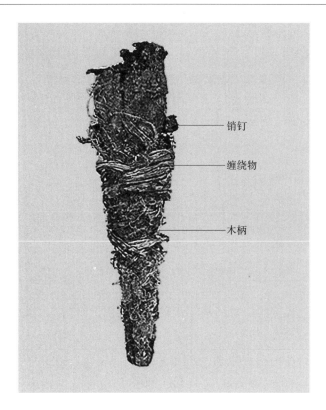

　　　　　　　　　　　　　图 5 - 21　铜矛（M6∶2）骹内部件

枕木及运动器械等用。树皮及壳斗含鞣质，可提取栲胶。种子含淀粉，可做饲料及酿
酒。用青冈树烧的炭火大、燃烧时间长。因此，H12 等灰坑中出土的青冈木炭可能是
薪柴，也可能是工具柄、桩柱未烧尽的木头。

　　（四）结论

　　对陆良薛官堡墓地出土植物进行鉴定和初步分析，取到的 9 个植物样品分别属于
水团花、硬木松类、青冈属、竹亚科和苎麻或大麻，共 5 种植物。鉴定结果为当时的
植物资源研究提供了材料。根据木材的性质和木炭的出土部位，获得了一些古代人类
利用木材的信息。椁木为松木；铜矛骹内残存的木柄、铜凿銎内木柄为水团花；铜矛
骹内残存的木柄上的销钉为竹亚科，缠绕物为苎麻或大麻；灰坑中的松木、青冈木有
可能做薪柴，也可能是屋架和农具未烧尽的木头。

第四节　青铜器及相关遗物的分析与研究

　　薛官堡墓地出土了不少的青铜器，另外还发现石范等与金属铸造有关的遗物。通
过对相关标本的检测和分析，进一步证实了薛官堡墓地所属人群自己可以铸造青铜器

的判断，同时对当时制造青铜器的工艺技术有了较为深入的了解。从检测和分析结果看，薛官堡墓地出土的青铜器属于"西南夷"系统。在制造工艺技术方面，除铸造外，还较多地采用冷锻、热锻等多种成型工艺加工铜器，并掌握了较为先进的火法炼铜技术。

一　陆良薛官堡墓地出土铜器的金属学分析[①]

2012 年和 2013 年，陆良薛官堡墓地发掘出土了一批青铜器，为研究战国秦汉时期当地土著族群的青铜工艺技术提供了重要的实物资料。由于此次发掘是陆良盆地有史以来的首次考古发掘，因此这批青铜器的出土，对整个西南夷青铜制作工艺技术的研究也有一定的意义。为此，我们对其中的九件青铜器进行了显微结构观察和合金组成分析。

表 5 – 3 为所分析的青铜器以及分析项目。

表 5 – 3　　　　　　　　　　本文分析的薛官堡墓地青铜器

器物号	器物名称	分析项目
M35：8	铃	金相观察、扫描电镜观察、电镜能谱成分分析
M67：1	镯	金相观察、扫描电镜观察、电镜能谱成分分析
M80：3	刻刀	ED – XRF 成分分析、扫描电镜观察、电镜能谱成分分析
M80：11	箙饰	金相观察、扫描电镜观察、电镜能谱成分分析
M103：10	扣饰	金相观察、扫描电镜观察、电镜能谱成分分析
M103：9	凿	金相观察、扫描电镜观察、电镜能谱成分分析
M140：1	锛	金相观察、扫描电镜观察、电镜能谱成分分析
M140：3	削	金相观察、扫描电镜观察、电镜能谱成分分析
M140：4	矛	金相观察、扫描电镜观察、电镜能谱成分分析

（一）分析方法和使用仪器

使用金相显微观察、能量色散 X 荧光光谱仪（ED – XRF）成分分析以及扫描电镜观察和外接能谱（SEM – EDS）成分分析对这些铜器进行了检测。

所用仪器及条件见下：

（1）金相显微镜：奥林巴斯公司 LV100N – POL 型金相/偏光显微镜。

（2）ED – XRF：日本 Horiba 公司的 XGT – 7000 型能量色散 X 荧光光谱仪，分析电

---

① 本部分作者为北京大学考古文博学院崔剑锋、中国社会科学院考古研究所杨勇、云南省文物考古研究所朱忠华。

压 30kV，电流 0.029mA，使用单标样基本参数法解谱。

（3）SEM（扫描电镜）：日本 Hitachi 公司的 TM3030 型台式扫描电子显微镜，观察模式低真空，加速电压 15kV。外接能谱为 Bruker 公司的台式电镜专用能谱仪。

（二）分析结果及讨论

1. 成分分析结果

所有铜器的成分分析结果参见表 5 – 4。

表 5 – 4　　　　　　　　　薛官堡墓地铜器的合金成分　　　　　　　（质量%）

器物号	器物名称	铜（Cu）	锡（Sn）	铅（Pb）	砷（As）	铁（Fe）	硫（S）
M35：8	铃	87.4	11.1	0.8	—		
M67：1	镯	86.2	12.9	0.7	—		
M80：3	刻刀	86.7	11.6	1.0	0.4	0.4	
M80：11	镞饰	85.5	14.1	0.6	—		
M103：10	扣饰	91.7	5.0	1.3	—	2.7	1.4
M103：9	凿	90.2	5.5	0.8	—	2.7	1.0
M140：1	锛	85.7	13.6	0.3		0.4	
M140：3	削	88.6	10.7	0.6	—		
M140：4	矛	73.0	17.4	0.3		1.6	

注：铜刻刀为 ED – XRF 分析，其他皆为 SEM – EDS 分析结果，"—"表示未测到。

从成分分析结果可以看出，薛官堡墓地的青铜器合金组成以铜锡合金的锡青铜为主，若以成分中含量大于 2% 的金属为人为加入计的话，所有铜器都为锡青铜，所占比例达到 100%。只是 M103 的两件铜器含铁较高，均超过 2.5%，显得非常特殊，除了含铁之外，还含有一定的硫，这表明有可能这两件铜器使用了没有精炼的粗铜直接配置而成①。

根据以前学者对我国古代青铜器合金组成分析的统计，中原地区青铜器合金工艺的最大特点是从二里头文化之后，合金中即开始大量的加入铅，铅的含量通常超过 5%②。特别是到了春秋战国之后，由于铸造铜器特别是铜容器纹饰异常精美，器壁非常之薄，而提高铅含量则提高了青铜合金的铸造性能，可以增加熔液流动性，提高充型性，减少疏松、气孔等铸造缺陷③。因此此时的青铜合金中会大量的加入铅。而经过

---

① 韩汝玢：《张家坡 M152 出土西周戈的鉴定》，《考古》1995 年第 7 期。

② 苏荣誉、华觉明、李克敏、卢本珊：《中国上古金属技术》，第 187～243 页，山东科学技术出版社，1995 年。

③ 李敏生：《先秦用铅的历史概况》，《文物》1984 年第 10 期。

我们以及其他学者对滇及周边所谓西南夷地区出土青铜器的分析发现[1]，该地区的青铜器大部分加入铅的量都很少，以锡青铜为主。这和同时期中原的情况迥然而异，说明尽管西南夷西汉时期已经内附，但是其青铜合金工艺还是保有自己的传统。薛官堡墓地青铜器中加入铅很少的情况和滇文化的情况非常接近，说明薛官堡墓地的青铜合金工艺显然仍属于以滇为代表的西南夷青铜工艺传统的范围。

此外，成分分析表明除了 M103 两件铜器外，所有铜器不分器类，其锡含量都较为接近，大致分布在 10% ~17% 这样很窄的范围（M140:4 铜矛由于锈蚀严重，导致其锡含量偏高，实际情况根据金相观察判断应该也在 15% 左右）。以上情况也显示出薛官堡墓地青铜合金配比工艺与中原及南方地区的差别明显。

按照《周礼·考工记》记载，商周时期青铜器按照器类不同应有六种合金配比，虽然经过分析的实际情况与《考工记》记载有差别[2]，但是不同类别青铜器用锡量不同确实是事实[3]，如铜镜的所谓"鉴燧之齐"经过分析确实是最高的，而记载中锡含量最低的"钟鼎之齐"则的确普遍锡含量偏低。薛官堡墓地铜器所反映的情况则完全不同，说明薛官堡墓地所代表的青铜文化其铜锡合金配比较为统一，不会因为器类不同而使用不同的合金配比。而观察包括薛官堡墓地青铜器在内的其他的西南夷青铜器的合金配比工艺，实际上不太容易找出铜器类别与锡含量之间的直接规律，这也说明西南夷与中原在青铜合金工艺上差别较为显著。究其原因，可能是由于锡含量在这个范围内的铜器，经过抛光后可以呈现非常好的金黄色色泽[4]，含锡量低于 10%，颜色偏向红铜色；含锡量高于 15%，颜色偏向银白色。或许位于 10% ~15% 之间的金黄颜色是西南夷先民们最为喜爱的颜色，因此在铜器合金配制上尽量按照类似的合金成分进行配比。

M103 的两件铜器含锡量较低，仅为 5% 左右，铁较高，均超过 2.5%，显得非常特殊，除了含铁之外，还含有一定的硫，这表明有可能这两件铜器使用了没有精炼的粗铜直接配置而成。我们曾经分析过云南省文山州马关县的几件尖叶铜锄，结果与之类似，含铁量很高，但基本不含锡[5]。同时，李晓岑等分析过羊甫头的爪镰，也是相似的结果[6]。因此使用这种粗铜铸造随葬器物，似乎也是西南夷少数民族的一种工艺传统。

---

① 崔剑锋、吴小红：《铅同位素考古研究：以中国云南和越南出土青铜器为例》，文物出版社，2008 年；李晓岑、韩汝玢：《古滇国金属技术研究》，科学出版社，2011 年。

② 华觉明：《中国古代金属技术——铜和铁造就的文明》，第 246~251 页，大象出版社，1999 年。

③ 韩炳华、崔剑锋：《山西长治分水岭东周墓地出土青铜器的科学分析》，《考古》2009 年第 7 期。

④ 崔剑锋、吴小红、周志清、江章华、刘弘、唐亮：《四川凉山州盐源县出土青铜器分析报告》，《南方民族考古》（第六辑），科学出版社，2010 年。

⑤ 崔剑锋、吴小红：《铅同位素考古研究：以中国云南和越南出土青铜器为例》，文物出版社，2008 年。

⑥ 李晓岑：《昆明羊甫头出土金属器的初步研究》，《中国冶金史论文集》（第四辑），科学出版社，2006 年。

关于薛官堡墓地 M103 的这两件铜器，由于成分几乎相同，表明很可能是使用同一批炉料制作而成，但器类差别却非常明显，一件为作为装饰品的铜扣，另一件则为工具铜锛，加之与其他铜器的成分差别明显，含锡量较低，说明 M103 的铜器很有可能是在埋葬之前同时铸造，作为明器下葬，没有考虑其实际的用途与功能。而能够使用同一批炉料制作，则说明二者很有可能同时铸造而成，铸造的时间当是死者下葬之前。这两件器物的出现表明，薛官堡遗址拥有青铜铸造的能力，同时其铜矿的来源也相对容易，很可能自己拥有铜矿，并能够冶炼铜料铸造铜器。

2. 金相分析结果

铜铃（M35∶8）

图 5 - 22 为铜铃的金相照片，显示铜铃的金相组织为 α 固溶体树枝晶偏析组织，枝晶间有大量（α + δ）共析体，弥散分布有极少量小的铅颗粒。同时伴有较多的铸造缺陷。放大倍数观察，可见枝晶有消失的迹象。这表明铜铃应为铸造成型的，但其显微组织显示铸造后有可能曾经受热。

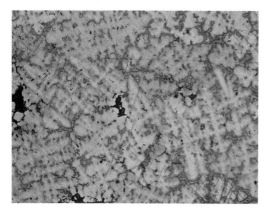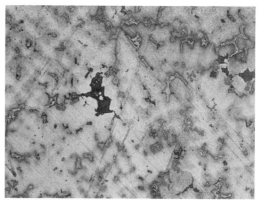

图 5 - 22 M35∶8 金相照片

左 100 ×，右 200 ×

电镜能谱成分分析可知，铜铃锡含量约为 11%，属于中等水平，这种锡含量青铜呈现金黄色，具有华丽的色泽。同时，由于铸后快速冷却，使得晶间产生大量的（α + δ）共析体（图 5 - 23），这种脆性相增加了铜铃声音的清脆感。根据《考工记·金有六齐》的记载以及现代化学分析，商周时期的"钟鼎之齐"的锡含量人都在 10% ~ 15% 之间[1]，因此这件铜铃的铜锡配比似乎符合"钟鼎之齐"，不过该墓地地处西南边陲且时代相对较晚，是否真的能受到中原青铜合金配比的影响值得考虑。另外由于薛

---

[1] 苏荣誉、华觉明、李克敏、卢本珊：《中国上古金属技术》，第 187 ~ 243 页，山东科学技术出版社，1995 年。

官堡墓地青铜器的合金组成总体接近，器类之间差别并不明显，因此，铜铃的这种合金组成则更可能是金属色泽的结果。

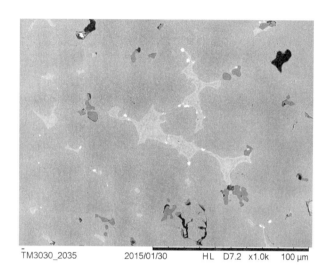

图5-23　M35∶8显微组织中的（α+δ）共析体（较亮部分）

白亮点为铅，深灰色为硫化物夹杂，黑色为铸造缩孔

　　从春秋开始，中原及长江中下游地区的青铜器中大量的使用铅。我们以及其他学者曾经分析了石寨山型铜鼓的合金成分和显微组织[①]，发现其也基本很少含铅，同时锡含量也基本集中于 10%~15% 的范围，并且大都为铸造成型。薛官堡墓地铜铃锡含量落入了石寨山型铜鼓的范围，同时也为铸造成型，因此薛官堡墓地铜铃的合金和制作工艺和石寨山型铜鼓的应该是同源的。

　　铜镯（M67∶1）

　　图5-24为铜镯金相照片，显示铜镯的金相组织为 α 固溶体等轴晶及孪晶组织，说明铜镯为热锻成型。

　　该铜镯横截面略呈长方形，且边长仅约 2 毫米×3 毫米，若不做金相观察，易判断为铸造成型。但金相分析表明为加热锻打而成的。体现出当时工匠锻铜的水平非常高超。

　　热锻加工作为铜器的成型方式，在中原及南方夏商周时期使用并不多见，即使一些薄壁件、锋刃器，中原通常也使用铸造成型，这是由于范铸法在中原十分发达[②]。但

---

① 崔剑锋、吴小红：《云南古代铜鼓的合金成分和显微结构分析》，《文山铜鼓暨民族历史文化国际学术研讨会论文集》，云南人民出版社，2005 年；孙淑云、王大道：《广西、云南铜鼓合金成分及金属材料的研究》，《中国铜鼓研究会第二次学术讨论论文集》，文物出版社，1996 年。

② 华觉明：《中国古代金属技术——铜和铁造就的文明》，第 246~251 页，大象出版社，1999 年。

图 5 – 24　M67∶1 金相照片

左 100 × ，右 200 ×

经过分析的西南夷地区的一些文化出土青铜器，如滇①、筰都②、鉤町③等，铜器的热锻加工占有很大比例。如四川盐源被认为是筰都夷的墓地经过分析就有一些截面呈现方形的铜镯为热锻而成。薛官堡墓地铜镯的热锻工艺反映出西南夷文化在青铜制作工艺上的一致性。

铜刻刀（M80∶3）

铜刻刀没能取样分析，因此没有进行金相观察，但是使用扫描电镜进行了表面形貌的观察，具体参见图 5 – 25。

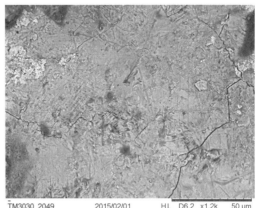

图 5 – 25　M80∶3 表面扫描电镜观察照片

左：黑色表面靠近刃部，右：黑色表面靠近柄部

---

① 李晓岑、韩汝玢：《古滇国金属技术研究》，科学出版社，2011 年。

② 崔剑锋、吴小红、周志清、江章华、刘弘、唐亮：《四川凉山州盐源县出土青铜器分析报告》，《南方民族考古》（第六辑），科学出版社，2010 年。

③ 崔剑锋、吴小红：《铅同位素考古研究：以中国云南和越南出土青铜器为例》，文物出版社，2008 年。

　　铜刻刀的柄部为绿色锈层，属于青铜器常见的孔雀石类锈。但其刃部为黑色层，漆黑铮亮，出现了"黑漆古"现象，这一点非常引人注目。我们对黑色部分进行了成分分析，结果参见表5-5。

表5-5　　　　　　　　铜刻刀基体和黑色层的 SEM-EDS 成分分析

	O	铜（Cu）	锡（Sn）	铅（Pb）	硅（Si）	铝（Al）	磷（P）
基体	-	86.7	11.6	1.0			
黑色层	15.0	27.7	52.2		0.9	1.6	1.9

　　从以上分析可以看出，黑色层锡的含量达到50%以上，远远超过基体11.6%的锡含量。由于其主要是以氧化态即 SnO_2 存在，而 SnO_2 总量可达70%左右，这非常符合黑漆古的特点。在对于靠近刃部的黑漆古层放大至1000倍以上进行观察，可以看到表面有大量清晰的滑移线的痕迹残留，同时还有热加工痕迹残留。而靠近柄部的黑色层观察结果，则主要是热加工痕迹残留，冷加工滑移线明显减少。据此可以判断，刻刀整体是热锻成型的，而其刃部则可能还进行过冷锻修整。或者通过热锻加工刻刀坯体，而刃部由冷锻成型。

　　云南青铜时代出土了大量的铜刻刀，同时也出土了大量的刻纹铜器。黄德荣先生认为铜刻刀是用来进行刻纹铜器表面纹饰刻画的[1]。而经过分析的铜刻刀，含锡量通常很高，元江打篙陡的铜刻刀经过分析含锡量达到30%左右，这种含锡量高的刻刀硬度很高，可代替钢削刀使用。然而薛官堡刻刀的含锡量仅不足12%，所以其硬度仅有打篙陡刻刀的三分之一左右，远远不能满足其作为刻刀的性能要求。而通过冷锻出现大量的织构组织，增加了刻刀的硬度，当冷加工变形量达到50%时，硬度可提高1倍以上[2]。说明薛官堡文化的金属工匠应该已经掌握了铜器冷加工和热加工对铜器性能影响的知识，可以通过实际需求选择加工方法。这种情况，在昆明羊甫头墓地也有发现，经过分析的该墓地出土的一件刻刀也是冷加工的，其锡含量在14%左右[3]。

　　关于黑漆古层的形成机理至今仍有争论，一些学者认为是铜器表面镀锡后锡腐蚀的结果[4]，也有一些学者认为是特殊环境下，高锡青铜中铜的优先腐蚀导致锡富集的结果[5]。

――――――――――

[1]　黄德荣：《滇国青铜器上的线刻技术》，《古代文明》（第6卷），文物出版社，2007年。

[2]　D. A. Scott. *Metallography and Microstructure of Ancient and Historical Metals.* Paul Getty Trust，1991.

[3]　李晓岑：《昆明羊甫头出土金属器的初步研究》，北京科技大学冶金与材料史研究所：《中国冶金史论文集》（第四辑），科学出版社，2006年。

[4]　何堂坤：《关于古镜表面透明层的科学分析》，《自然科学史研究》1985年第3期。

[5]　孙淑云、马肇曾、金莲姬、韩汝玢、柯俊：《土壤中腐殖酸对铜镜表面"黑漆古"形成的影响》，《文物》1992年第12期。

薛官堡这件铜刻刀只有刃部出现了黑漆古，而柄部仍是普通锈蚀。同时对刃部扫描电镜观察结果显示，富锡层位于铜腐蚀层之下。更为重要的是，富锡层（黑漆古）显现了基体的显微组织。通常情况下，镀锡层由于是高锡相，因此和基体低锡部分的显微组织并不一致，这种黑漆古层显现基体组织的情况说明黑漆古锈层和基体是金相结构是一种连续生成的关系，即锈层是在基体上直接形成的①，因此保留了基体原来的显微形貌。同时，黑漆古层之上还有铜的锈蚀存在，这些铜锈应该是黑漆古层中铜离子被溶出后在表面沉积形成的。因此铜刻刀的黑漆古层应该是腐蚀形成的。

已经报道的具有黑漆古层的青铜器通常为锡含量接近甚至超过 20% 的器物，如铜镜、铜剑等，而锡含量低于 15% 的青铜器很少被发现能够形成黑漆古表面层。薛官堡铜刻刀可以说是目前已知的具有黑漆古表面层的铜器中锡含量最低的一件青铜器，因此其形成原因和机理的研究比较重要。仔细观察，在其表面还有一些连成片的锡含量更高的岛屿状相的存在，这很像是共析体的形貌。这一点暗示该铜刻刀可能刃部出现了锡的反偏析即"锡汗"现象。在铸件快冷的时候，内部受压的高锡液相被挤到铸件表面，形成表层的高锡情况，锡含量 10% ~ 14% 的锡青铜比较容易发生锡反偏析②，而薛官堡刻刀锡含量正位于这个范围。

综上所述，薛官堡墓地出土的这件铜刻刀采用热锻成型，而通过冷锻增加了刃部的强度，同时由于铸造时铸件表面出现锡的反偏析现象，因此导致其刃部形成了"黑漆古"层。这件刻刀的发现对于研究锡青铜的黑漆古现象是不可多得的证据。

铜箍饰（M80：11）

图 5 – 26 为铜箍饰金相照片，显示金相组织为 α 固溶体等轴晶及孪晶组织，说明铜箍饰为热锻成型。

这类铜箍饰通常有镂空纹饰，易被直观地认为是铸造而成的，但是大量经过分析的滇文化以及笮都夷文化的箍饰、鞘等剑外部的装饰品都是热锻成型的，这也是西南夷青铜工艺的一个重要的特点。同时也说明青铜器的热锻技术是当时比较重要的成型技术，这与中原青铜文明的情况形成鲜明的对比。

铜扣饰（M103：10）**和铜凿**（M103：9）

图 5 – 27 为 M103 两件器物的金相照片，显示其金相组织为 α 固溶体等轴晶，同时有大量的硫化物夹杂弥散分布。说明两件器物都是铸造后经过退火，即铸造后又经历了加热或火烧的过程。但是前曾述及，两件器物很可能是专门用来陪葬而生产的明器，因此其组织均匀化的原因很可能是在铸造后被火烧过。

---

① D. A. Scott. Copper and Bronze in Art：Corrosion，Colorants. *Conservation*. J. Paul Getty Trust，2002.

② D. Hanson，W. T. Pell-Walpole. Chill Casting Bronzes. London，1951：211 – 213.

图 5 – 26　M80：11 铜箴饰金相照片

左 100 ×，右 500 ×

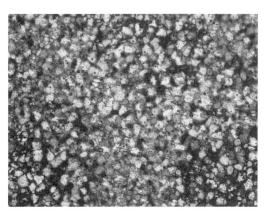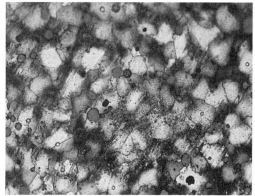

图 5 – 27　M103 两件器物的金相照片

左 M103：9 – 100 ×，右 M103：10 – 500 ×

　　上述铜铃（M35：8）的组织也有均匀化的迹象，这表明铜铃在埋葬时可能也被火烧过。用火烧随葬器物的习俗在西南地区发现较多。早期的如著名的三星堆祭祀坑就曾发现坑中器物被火烧过①。而晚期的如笮都夷所在的盐源青铜器②也有受火的痕迹。这种情况表明用火焚燎器物可能是薛官堡先民的一种祭祀方式。

　　我们还使用扫描电镜及其能谱分析了其显微组织中的硫化物夹杂，结果参见图 5 –28。

---

① 崔剑锋、吴小红：《三星堆遗址祭祀坑中出土部分青铜器的金属学和铅同位素比值再分析——对三星堆青铜文化的一些新认识》，《南方民族考古》（第九辑），科学出版社，2013 年。

② 崔剑锋、吴小红、周志清、江章华、刘弘、唐亮：《四川凉山州盐源县出土青铜器分析报告》，《南方民族考古》（第六辑），科学出版社，2010 年。

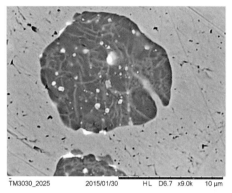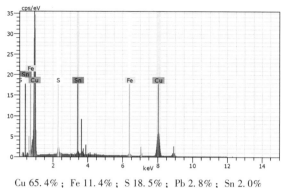

Cu 65.4%；Fe 11.4%；S 18.5%；Pb 2.8%；Sn 2.0%

图 5 - 28　M103：9 硫化物夹杂的扫描电镜分析结果

以上的分析表明，这种硫化物为一种铜铁硫的化合物，含铁超过 10%，这就是所谓的冰铜。显微组织内大量冰铜的存在表明冶炼用的铜矿很可能是硫铜矿，冶炼步骤经过了铜矿—冰铜—粗铜的火法冶炼工艺①，这两件器物的存在说明当时的薛官堡先民很可能掌握了较先进的火法炼铜技术，从而可以冶炼含铜品位比氧化矿石低的黄铜矿等硫化矿。

M103 两件铜器的分析也给我们提供了很多重要的信息，首先使用未经精炼的粗铜铸造器物，并按照器物的种类配比合金，说明其铸造并不是为了使用，而只是用作明器即随葬品直接埋葬的。这和本次分析的其他器物不一样，其他器物的分析表明它们大多经过使用，后来可能作为死者常用器物而随葬。而能够在短时间从冶炼到铸造出器物，说明薛官堡先民掌握了青铜冶炼、配置合金、铸造等一系列的技术。

其次铜器在埋葬时受到了火燎，这提示用火焚烧随葬品可能是薛官堡先民的一种习俗，为研究其所代表的西南夷先民的文化风俗提供了资料。

最后，粗铜原料中含有大量的冰铜夹杂物，说明薛官堡先民掌握了较为先进的火法炼铜技术，可以从品位较低的硫化矿中提炼出铜。

铜锛（M140：1）、**铜削刀**（M140：3）和**铜矛**（M140：4）

图 5 - 29 为 M140 三件铜器的金相照片。其中铜锛和铜矛都为 α 固溶体树枝晶偏析组织，显示这两件器物都是铸造成型的。而铜锛内部出现大量的滑移线，说明其后期还经过冷加工。由于取样部位是铜锛的銎部，因此其滑移线很可能是由于刃部冷加工引起的。铜削刀与上述铜箍饰（M80：11）的金相组织同为 α 固溶体等轴晶及孪晶组织，说明铜削刀为热锻成型的。同时，组织中也有较多的滑移线，由于取样为铜削刀

---

① 李延祥、洪彦若：《炉渣分析揭示古代炼铜技术》，《文物保护与考古科学》1995 年第 1 期，第 28 ~ 34 页。

的柄部，因此和上述铜刻刀（M80∶3）的成型方式一样，很可能整体是热锻，刃部经过冷加工以增加削刀的硬度。

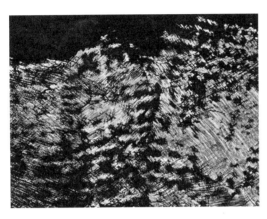

图5-29 M104铜器金相照片
上左 M104∶1-100×，上右 M104∶3-200×，下左 M104∶4-100×

M140三件铜器一件为兵器，两件为工具，其锡含量却相差不大，且都没有中原地区以及南方商周青铜兵器的高，再一次说明薛官堡墓地先民们制作铜器可能并不根据器物的用途选择合金配比，其铜器制作选择的合金变化不大，有可能是由于当地的先民对这种合金配比的色泽偏好进行配置的。其使用功能（主要为合金的硬度和强度）的需求，不是通过锡含量高低控制，而是通过加工方式的不同控制的。这一点和中原及南方的传统迥然而异，同时与以石寨山墓地为代表的滇文化以及以盐源青铜器为代表的笮都文化略有差异，这种情况虽然总体符合西南夷少数民族的青铜工艺传统，但也带有较为鲜明的本地特色。

（三）结论

通过对陆良薛官堡墓地出土的九件铜器的金属学分析，增进了我们对当地西南夷土著部族青铜合金技术以及一些考古学文化现象的了解和认识。

1）薛官堡先民青铜制造的主要合金种类为铜锡合金，很少甚至几乎不含有铅。这和同一时期的中原地区以及长江中下游地区的合金工艺差别明显，而和滇文化、筰都夷等文化的合金工艺非常接近，说明这些文化的工艺都属于同一工艺传统——"西南夷青铜工艺传统"。

此外，青铜合金中锡含量差别并不明显，且不因器物种类不同而不同，则似乎是薛官堡先民独特的青铜合金配制工艺。

2）采用铸造、冷锻、热锻等多种成型工艺加工铜器，特别是锻打成型的比例很高。经过分析的九件铜器中有五件铜器都经过锻打加工，比例超过一半，这也符合"西南夷青铜工艺"传统，而有别于中原及长江中下游地区以铸造成型为最主要的成型方式的工艺传统。

同时，使用热锻成型、冷锻提高刃部的硬度表明，薛官堡先民较为熟练地掌握了不同锻打方式对合金性能的影响。这种情况可能也是薛官堡先民不同于其他西南夷文化制作青铜器的方式。

3）薛官堡先民掌握了较为先进的火法炼铜技术，同时可以短时期内为随葬铸造较多随葬品，说明这些铜器很有可能就是当地铸造的。

4）M80出土的铜刻刀（M80：3）非常特殊，该器物采用热锻成型，而通过冷锻增加了刃部的强度。同时，由于铸造时铸件表面出现锡的反偏析现象，因此导致其刃部形成了"黑漆古"层。这件刻刀的发现对于"黑漆古"现象的研究提供了重要的实物证据。

5）M103出土的两件铜器的分析结果表明，这两件铜器都是使用粗铜铸造的未经使用的明器，这表明当时已经有了为随葬而制作铜随葬品的习俗。同时两件器物又都经过加热或火燎，说明焚烧随葬品可能已经成为当时祭祀的习俗。

综上所述，虽然仅仅分析了九件青铜器，但却使得我们能够管窥薛官堡西南夷先民的青铜工艺。薛官堡先民的青铜制作工艺与同时期的其他西南夷青铜文化尤其是滇文化的青铜工艺基本一致，说明薛官堡墓地代表的文化属于西南夷少数民族的一支。同时，它与滇文化青铜工艺的接近度最高，表明其有可能是史书中提到的和滇人"同姓相扶"的"劳浸、靡莫之属"。

二　陆良薛官堡墓地出土石范的分析检测[①]

云南陆良县薛官堡墓地出土了数件石范残块，较大且厚重，在型腔和分型面上可见黑色的表面层。这里运用便携式X射线荧光（XRF）、X射线衍射以及扫描电镜等实

---

① 本部分作者为中国社会科学院考古研究所刘煜、故宫博物院刘建宇。

验手段，对有关标本的化学成分、矿物组成及显微结构进行检测，以了解石范材质，并判断其使用情况以及浇注的金属类型等。

（一）样品概述

1. 石范（M59 填:1）

质地发红，呈现粗大的砂质，断面可见闪光的白色颗粒。分型面上有明显的黑色表面层，但型腔表面并不明显（彩版五一：2）。

2. 石范（M35 填:1）

石范较大，质地发红，呈现粗大的砂质，断面可见闪光的白色颗粒。型腔表面呈弧形，型腔、分型面上均有黑色的表面层（彩版三九：4）。

3. 石范（M54 填:1）

质地发红，呈现粗大的砂质，断面可见闪光的白色颗粒。该范出土时即已断裂为一大一小两块，对两件残块都进行了检测，小块编号 M54 填:1 - A，大块编号 M54 填:1 - B。M54 填:1 - A，型腔弧形，并有向上弯折的侧壁，相比而言，黑色表面层较浅。M54 填:1 - B，型腔弧度较小，有明显的黑色表面层，但分型面上并不明显（彩版四六：3）。

（二）X 射线衍射分析

使用北京燕园北达微构测试中心的 X 射线衍射仪（D/max - rB），对四块石范的样品和黑色表面层进行了矿物组成分析，所得结果如表 5 - 6。

表 5 - 6　　　　　　　　　　　　石范样品的 XRD 分析

样品名称	样品编号	石英	赤铁矿	微斜长石	绿泥石	云母
石范基体	薛官堡 M35 填:1	大量	微量	微量	微量	微量
石范黑色表面层	薛官堡 M35 填:1	大量	微量	微量	微量	少量
石范基体	薛官堡 M59 填:1	大量	微量	微量	微量	微量
石范黑色表面层	薛官堡 M59 填:1	大量	微量	微量	－	少量
石范基体	薛官堡 M54 填:1 - B	大量	微量	微量	微量	微量
石范基体	薛官堡 M54 填:1 - A	大量	微量	微量	微量	微量

由表 5 - 6 可知，几件样品的矿物组成相当一致，均为石英、赤铁矿、微斜长石、绿泥石、云母。这些主要成分显示，石范的石料就是石英长石砂岩，因赤铁矿的存在而呈红色，黑色表面层中的云母数量略多于基体。

（三）表面层及基体成分分析

使用 Thermo 公司的 NITON - XL3t 型便携式 X 荧光能谱仪对四件样品的黑色表面层

和基体进行分析，样品测试部位及测试号见表5－7，测试结果见表5－8。

表5－7   测试号对应的器物号及检测部位

器物号	测试号	部位	备注
M35 填:1	1	型腔黑色表面层，一侧	
	2	型腔黑色表面层，另一侧	
	3	分型面黑色表面层，一侧	
	4	分型面黑色表面层，另一侧	
	5	侧面基体，去除表层	
	6	侧面基体，去除表层	
	7	背面一侧	
	8	背面另一侧	
M59 填:1	9	型腔黑色表面层，一侧	颜色较浅
	10	型腔黑色表面层，另一侧	颜色较浅
	12	分型面黑色表面层，一侧	
	13	分型面黑色表面层，另一侧	
	14	侧面基体，去除表面	
	15	侧面基体，去除表面	
	16	背面一侧	
	17	背面另一侧	
M54 填:1 - B	18	型腔黑色表面层，一侧	
	19	型腔黑色表面层，另一侧	
	20	分型面黑色表面层，一侧	
	21	分型面黑色表面层，另一侧	
	22	侧面基体，去除表面	
	23	侧面基体，去除表面	
	24	背面一侧	
	25	背面另一侧	
	26	侧面黑色部位	
	27	侧面黑色部位	

续表 5 – 7

器物号	测试号	部位	备注
M54 填:1 – A	28	型腔黑色表面层一侧	颜色较浅
	29	型腔黑色表面层另一侧	稍黑
	30	侧面基体一侧	
	31	侧面基体另一侧	
	32	基体取样部位一侧	
	33	基体取样部位另一侧	
	34	背面一侧	
	35	背面另一侧	

　　由于测试方法及仪器本身测量曲线的原因，每件样品都有超过一半的轻元素无法测出，数据如表 5 – 8 中的 Bal 一栏所示。因此，所有的元素含量都只具有定性的意义。某些元素含量在 0.004% 以下，低于测量的标准偏差，基本上可视同没有。根据表 5 – 8 测得的结果，四件样品的质地非常接近，均含有硅（Si）、铝（Al）、铁（Fe）、钾（K）、钙（Ca）、锰（Mn）、铬（Cr）、钒（V）等石质本身的元素，而镁（Mg）、铌（Nb）、锆（Zr）、锶（Sr）、铷（Rb）等含量较低的元素可能是石料本身的微量元素，也不排除来自土壤的可能性。硫（S）、磷（P）、Cl（氯）等元素可能来自土壤。由于基体和表面层里都含有锌（Zn）、钡（Ba），故而可以认为锌、钡可能是石料原本含有的元素。型腔和分型面黑色层中多有铜（Cu）、铅（Pb）、锡（Sn）等金属元素，而基体部位含量很低，或者没有。锡元素有渗透到基体深处的现象。数据显示这几件石范很可能曾浇注过青铜，那些黑色表面层推测是浇注金属后形成的。

　　（四）初步结论

　　四件石范样品的矿物组成相当一致，均为石英、赤铁矿、微斜长石、绿泥石、云母。这些主要成分显示石范的石料就是石英长石砂岩，因赤铁矿的存在而呈红色。

　　四件石范样品的型腔或分型面的黑色表面层都存在铜、锡、铅等金属元素，基体里则没有或非常少，显示出这些石范都曾浇注过青铜，黑色表面层可能就是浇注后形成的。

三　陆良薛官堡墓地出土铜扣饰和铜镯上黏合剂的分析[①]

　　青铜扣饰是战国秦汉时期云贵高原青铜文化中较为常见的一个器类，主要用于

---

①　本部分作者为中国科学院大学人文学院考古学与人类学系任萌、杨益民。

表 5 – 8　石范表面层及基体成分

（%）

测试号	Cu	Pb	Sn	S	P	Cl	Si	Al	Fe	Mg	K	Ca	Mn	Cr	V	Nb	Zr	Sr	Rb	Zn	Ba	Bal
1	0.017	0.003		0.713	0.144		22.595	6.971	7.439	1.140	1.403	0.814	0.140	0.019	0.025	0.004	0.034	0.008	0.007	0.009	0.040	57.625
2	0.012	0.027	0.008	0.170	0.265		20.286	7.343	8.914	0.684	1.636	0.336	0.073	0.026	0.032	0.005	0.039	0.002	0.007	0.115	0.050	58.831
3	0.016	0.008		0.178	0.229		28.098	7.958	7.153	0.711	1.398	0.509	0.081	0.017	0.023	0.005	0.041	0.004	0.008	0.017	0.049	52.553
4	0.017	0.007		0.210	0.191		25.113	7.708	7.142	0.600	1.363	0.704	0.080	0.020	0.019	0.005	0.040	0.004	0.008	0.021	0.053	55.812
5			0.008	0.073	0.100		24.840	5.396	7.199		2.021	0.232	0.061	0.016	0.025	0.004	0.034	0.008	0.007	0.013	0.056	58.461
6	0.008		0.091	0.152			26.981	5.769	7.228	0.480	1.983	0.373	0.053	0.018	0.026	0.005	0.037	0.007	0.007	0.013	0.063	55.796
7	0.007	0.003		0.084	0.213		19.922	6.268	7.303	0.707	1.868	0.417	0.078	0.020	0.023	0.004	0.034	0.006	0.008	0.014	0.057	61.880
8		0.003		0.066	0.212		18.018	5.722	7.885		1.771	0.348	0.109	0.018	0.022	0.004	0.036	0.009	0.007	0.015	0.042	64.695
9	0.006	0.012		0.259	0.517	0.008	13.852	5.159	9.498		1.671	0.163	0.020	0.029	0.037	0.005	0.046	0.002	0.007	0.012	0.045	67.213
10	0.005	0.008		0.231	0.437		14.704	6.765	9.382		1.688	0.165	0.026	0.024	0.030	0.004	0.032	0.002	0.007	0.013	0.047	65.210
12	0.018	0.004		0.172	0.277		22.185	8.768	8.865	0.586	1.592	0.443	0.068	0.024	0.039	0.005	0.041	0.006	0.008	0.011	0.047	55.711
13	0.016	0.004		0.146	0.249		25.880	8.792	8.260	0.547	1.604	0.330	0.074	0.023	0.032	0.006	0.047	0.007	0.007	0.008	0.043	52.771
14	0.004			0.050	0.116		25.578	7.345	8.114	0.668	2.233	0.202	0.053	0.021	0.024	0.004	0.038	0.005	0.008	0.010	0.050	54.316
15				0.041	0.107		25.723	5.617	7.439	0.668	1.850	0.172	0.053	0.014	0.026	0.004	0.042	0.006	0.007	0.009	0.044	57.134
16	0.012	0.002		0.308	0.209		25.140	8.371	7.014		1.607	0.408	0.110	0.023	0.028	0.005	0.036	0.005	0.008	0.012	0.048	55.103
17	0.013	0.004		0.103	0.262		23.921	8.446	9.893	0.900	1.696	0.352	0.135	0.023	0.025	0.004	0.031	0.004	0.007	0.010	0.047	53.002
18	0.007	0.008		0.139	0.912	0.007	18.310	6.202	9.789		1.899	0.142	0.039	0.025	0.025	0.005	0.045	0.004	0.007	0.012	0.047	60.492
19	0.004	0.008		0.138	0.639	0.008	16.088	4.888	9.688		1.883	0.139	0.046	0.024	0.040	0.005	0.040	0.003	0.007	0.012	0.047	64.935

续表 5 - 8

测试号	Cu	Pb	Sn	S	P	Cl	Si	Al	Fe	Mg	K	Ca	Mn	Cr	V	Nb	Zr	Sr	Rb	Zn	Ba	Bal
20	0.023	0.004		0.104	0.321	0.008	21.083	5.607	8.994		1.849	0.356	0.030	0.024	0.033	0.005	0.037	0.006	0.006	0.008	0.061	59.719
21	0.014	0.003		0.089	0.286		21.185	6.221	8.569	0.429	2.068	0.322	0.030	0.024	0.027	0.005	0.036	0.006	0.007	0.009	0.046	59.402
22			0.009	0.038	0.130		27.967	6.197	7.436		1.942	0.175	0.077	0.017	0.035	0.005	0.032	0.007	0.007	0.010	0.056	54.803
23		0.002	0.006	0.037	0.093		28.549	5.834	7.206	0.465	1.795	0.190	0.150	0.020	0.024	0.005	0.037	0.006	0.006	0.009	0.058	54.484
24	0.018	0.005		0.091	0.170		21.808	7.699	7.281		1.384	0.409	0.115	0.019	0.024	0.004	0.039	0.006	0.007	0.008	0.050	59.747
25	0.019	0.006		0.094	0.200		21.848	7.982	8.209		1.803	0.364	0.147	0.024	0.031	0.005	0.033	0.008	0.007	0.008	0.044	57.735
26				0.074	0.188		17.447	5.021	7.577	0.539	1.692	0.225	0.745	0.019	0.026	0.004	0.035	0.007	0.007	0.010	0.045	65.388
27				0.085	0.157		17.294	4.984	7.525		1.756	0.258	1.031	0.015	0.029	0.004	0.028	0.007	0.006	0.011	0.043	65.434
28	0.006	0.005		0.268	0.792	0.018	17.503	6.792	8.999	0.430	1.787	0.176	0.028	0.029	0.033	0.004	0.033	0.003	0.007	0.010	0.049	61.741
29	0.006	0.005		0.169	0.552		19.665	6.831	8.113		1.791	0.172	0.029	0.028	0.023	0.005	0.045	0.002	0.007	0.011	0.045	60.630
30	0.008	0.002		0.102	0.243		23.799	7.937	7.638	0.462	1.584	0.317	0.113	0.021	0.026	0.005	0.034	0.005	0.006	0.011	0.036	56.574
31	0.008	0.004		0.093	0.208		21.381	6.975	7.409	<LOD	1.674	0.292	0.239	0.022	0.032	0.004	0.034	0.005	0.007	0.013	0.045	60.485
32	0.003			0.028	0.084		25.551	5.537	7.144	0.523	1.838	0.133	0.071	0.018	0.023	0.004	0.032	0.007	0.006	0.010	0.049	57.900
33				0.027	0.132		26.131	5.906	7.144	0.526	1.970	0.171	0.075	0.014	0.034	0.005	0.029	0.008	0.006	0.008	0.044	56.687
34	0.017	0.002		0.084	0.269		22.337	7.181	8.185	0.890	1.880	0.324	0.075	0.023	0.023	0.004	0.032	0.009	0.007	0.007	0.048	57.537
35	0.012	0.002		0.068	0.204		22.748	7.748	7.963	0.549	1.826	0.265	0.119	0.015	0.033	0.004	0.036	0.006	0.007	0.011	0.044	57.287

人体束带，同时具有很强的装饰性，其具体形状以圆形、长方形及各种人物和动物形象居多，一般正面有纹饰或镶嵌玉石，背面则为素面①。从考古发现看，镶嵌玉石的铜扣饰在扣体与玉石之间一般都有黏合剂，出土时大多呈黑色，但关于其具体物质成分一直以来却众说不一。2012~2013年，陆良薛官堡墓地的发掘亦出土数件青铜扣饰，其中一件圆形扣饰（M80∶7）正面密布镶嵌孔雀石片，孔雀石片直径约0.2厘米，中间有穿孔，其下发现有黑色胶状黏合剂残留物（图5-30；彩版六〇∶2）。为弄清黏合剂的成分，我们用刀片刮取少量黑色残留物进行分析，希望有助于此种青铜镶嵌工艺及其相关问题的研究。此外，我们还对该墓地出土铜镯（T6166①∶3）上的黏合剂进行了对比研究，该样品呈黄褐色（图5-31），与铜扣饰上黏结材料的成分应有所不同。

图5-30　铜扣饰（M80∶7）　　　　　　　　图5-31　铜镯（T6166①∶3）

（一）实验方法

1. 拉曼光谱分析（Raman）

采用法国JY公司LabRAM HR 800型激光显微共焦拉曼光谱仪。在室温、暗室条件下，采用532nm半导体激光器作为激发光源；物镜50倍长焦，信号采集时间10~30s，累加次数1~2次，光栅600，狭缝宽度100μm，仪器分辨率2cm⁻¹，光斑尺寸1μm，采用单晶硅片校准，光谱测试范围3000~100cm⁻¹，在显微镜下找准测试点，进行聚焦后测试，样品表面的激光功率2~3mW。

2. 红外光谱分析（FTIR）

将微量黏合剂样品置于玛瑙研钵中研细，加入干燥的溴化钾粉末，混合均匀后继续研磨，将研磨好的样品压制成透明薄片，进行红外光谱测试。测试所用设备为Ther-

---

① 杨勇：《云贵高原出土青铜扣饰研究》，《考古学报》2011年第3期。

mo 公司 Nicolet Nexus – 6700 型傅立叶红外光谱仪。样品和背景的扫描次数：32 次；波数范围：4000 ~ 400cm^{-1}；分辨率：4cm^{-1}。

添加炭黑的现代漆膜样品制备：在天然生漆样品中混合适量墨粉调制均匀，将样品涂布于玻璃片上自然干燥成膜。现代漆膜样品采用 ATR 附件进行红外光谱测试。

3. 蛋白质提取及凝胶电泳

取少量样品，用研钵磨细后称取约 20mg，加入 100μL Tris – HCl（pH = 8.0）缓冲液，再分别加入十二烷基硫酸钠（SDS，10%），溴酚蓝（0.0025%）和二硫苏糖醇（DTT，10mM），在旋涡器上振荡混匀，超声振荡 3 次，每次 15 分钟；之后于 56℃水浴 1 小时；再次超声振荡 15 分钟后以 12000 转高速离心 15 分钟。

取 45μL 上述离心后的上清液于离心管内，加入 5μL 甘油，95℃水浴中加热 5 分钟，冷却至室温，用于 SDS – PAGE 电泳（聚丙烯酰胺凝胶电泳）。单个泳道上样量为 25μL，电压设定为 200V，待样品在分离胶上迁移 3 ~ 4cm 后关闭电源。电泳结束后将胶板移至培养皿中，加入考马斯亮蓝 R – 250 染色液（0.25% 考马斯蓝，50% 乙醇，10% 乙酸）染色，染色液没过胶板，在微波炉中低热 30 秒，用摇床慢慢摇 10 分钟左右。染色结束后，倒出染色液，用清水反复洗净后，加入脱色液（25% 乙醇，8% 乙酸），在摇床脱色过夜，得到样品的电泳凝胶。

4. 气质联用分析（GC – MS）

取 1 ~ 2mg 样品，加入 3mL 丙酮溶液，超声振荡 20 分钟；3000r/min 离心 3 分钟，取上清液；用氮气吹干溶剂，加 BSTFA（50μL）、少量无水硫酸钠，氮吹以排除空气，70℃恒温反应 1 小时；冷却至室温后氮气吹干；溶于 1mL 正己烷，过滤，进行 GC – MS 测试。并用同样的方法制备空白样，用于 GC – MS 测试。

GC – MS 分析所用设备为 Agilent 7890A/5975C 型气相色谱 – 质谱联用仪，色谱条件：HP – 5MS 弹性石英毛细管柱（30m × 0.25mm × 0.25μm）；进样口温度 250℃；接口温度 280℃；升温程序：60℃保持 2min，10℃/min 升温至 150℃，再以 3℃/min 升温至 290℃，保持 10min。载气为高纯氦气，进样量为 1μL，不分流进样。质谱条件：离子源为 EI 源，电子能量 70eV，离子源温度 230℃，四极杆检测器。

（二）结果与分析

1. 拉曼光谱结果及分析

对铜扣饰（M80：7）的黑色黏合剂及镶嵌的绿色小片分别进行了微区拉曼光谱测试，分析结果见图 5 – 32 和图 5 – 33。图 5 – 32 为绿色镶嵌物样品的拉曼光谱图，经与文献对比，发现其吸收 155、181、220、270、352、432、539、718、1059、1100、1367、1494cm^{-1}与孔雀石的拉曼特征（155、181、221、272、355、434、512、538、720、1061、

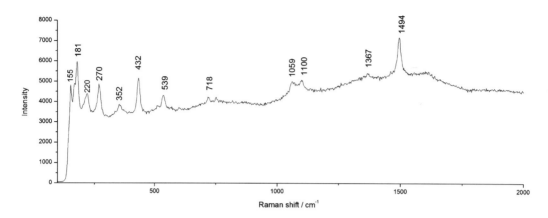

图 5 - 32　铜扣饰（M80∶7）表面绿色镶嵌物的拉曼光谱图

1100、1366、1493cm⁻¹）相符合，应为孔雀石①。黑色残留物样品在 1373、1602cm⁻¹处有拉曼吸收（图 5 - 33），为炭黑的典型拉曼特征②。炭黑是一种无定形碳，是含碳物质不完全燃烧或受热分解而得的产物。

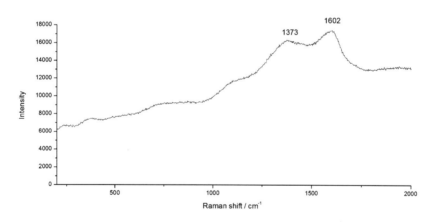

图 5 - 33　铜扣饰（M80∶7）黑色黏合剂拉曼光谱图

2. 红外光谱结果及分析

图 5 - 34 为铜扣饰（M80∶7）黑色黏合剂的红外光谱图，样品在 3334、2926、

① M. Bouchard, D. C. Smith. Catalogue of 45 reference Raman spectra of minerals concerning research in art history or archaeology, especially on corroded metals and coloured glass. *Spectrochimica Acta Part A* 59, 2003: 2247 - 2266.

② 张尚欣、朱剑、王昌燧、齐扬、周伟强、李博：《阿尔寨石窟壁画颜料的拉曼光谱分析》，《南方文物》2009年第 1 期；Lucia Burgio, Robin J. H. Clark. Library of FT - Raman spectra of pigments, minerals, pigment media and varnishes, and supplement to existing library of Raman spectra of pigments with visible excitation. *Spectrochimica Acta Part A*, 2001: 1491 - 1521.

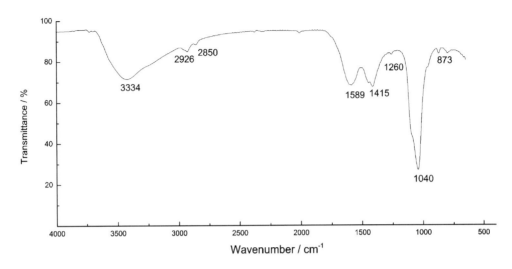

图 5 - 34　铜扣饰（M80∶7）黑色黏合剂的红外光谱图

2850、1589、1415、1260 及 1040cm⁻¹ 附近有红外吸收，其中 3428cm⁻¹ 为 O—H 伸缩振动峰；2926cm⁻¹ 及 2850cm⁻¹ 为甲基、亚甲基 C—H 键伸缩振动峰；1415cm⁻¹ 为 C—H 弯曲振动峰；1260cm⁻¹ 附近小的吸收峰为酯键 ν_{C-O} 的伸缩振动峰；1580cm⁻¹ 附近的吸收峰为芳香环的伸缩振动峰，表明样品中应存在多环芳烃[1]，暗示其存在一定程度的炭化，这与拉曼光谱的结果吻合。

考虑到贵州赫章可乐墓地出土铜镯镶嵌孔雀石的黏合剂检测结果为生漆[2]，为对比研究，我们对加入墨粉的现代漆膜样品进行了红外光谱测试（图 5 - 35）。结果显示，现代漆膜样品在 3353cm⁻¹ 处有 ν_{O-H} 伸缩振动峰，3010cm⁻¹ 附近有烯烃 $\nu_{=CH}$ 伸缩振动峰，2919cm⁻¹、2850cm⁻¹ 为甲基、亚甲基 C—H 键伸缩振动峰；1274cm⁻¹ 附近有 $\nu_{=C-O-C}$ 的伸缩振动峰，此外在 1235、1180 及 1152cm⁻¹ 处有微弱的漆酚 β_{OH} 及 $\nu_{=C-O}$ 的特征峰[3]，这与样品 M80∶7 的红外结果差别较大，故排除生漆的可能。

图 5 - 36 为铜镯（T6166①∶3）黏合剂的红外光谱图，除 3421、2928cm⁻¹ 外的红外吸收峰外，样品在 1635、1452 及 1040cm⁻¹ 附近也有吸收。其中 1635cm⁻¹ 附近为 C ═O 的

---

① 吴景贵、席时权、姜岩：《红外光谱在土壤有机质研究中的应用》，《光谱学与光谱分析》1998 年第 1 期；T. F. M. Oudemans, J. J. Boon, R. E. Botto. FTIR and solid-state ¹³C CP/MAS NMR spectroscopy of charred and non-charred solid organic residues preserved in roman iron age vessels from the netherlands, *Archaeometry*, 2007：571 - 594.

② 贵州省文物考古研究所：《赫章可乐二〇〇〇年发掘报告》，文物出版社，2008 年。

③ 余仲元、李勇富、郭明高：《中国生漆的红外光谱研究》，《中国生漆》1989 年第 3 期。

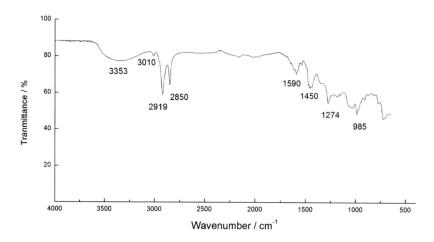

图 5 - 35 加入墨粉的现代漆膜红外光谱图

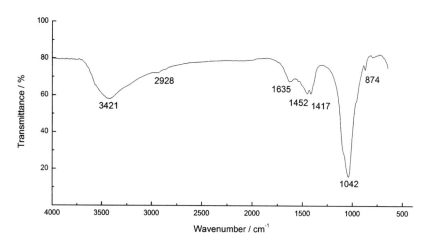

图 5 - 36 铜镯（T6166①:3）黏合剂的红外光谱图

伸缩振动峰，1452cm^{-1}为 C ═C 的吸收峰，1040cm^{-1}附近为 C—O 键的伸缩振动峰[1]，由此推测样品中可能含有蛋白类胶料或植物胶[2]。

3. 蛋白质提取结果

图 5 - 37 为铜镯（T6166①:3）黏合剂的电泳凝胶，结果未见蛋白质区带，因此排除该样品为蛋白类胶料的可能。

[1] T. F. M. Oudemans, J. J. Boon, R. E. Botto. FTIR and solid-state ^{13}C CP/MAS NMR spectroscopy of charred and non-charred solid organic residues preserved in roman iron age vessels from the Netherlands, *Archaeometry*, 2007：571 - 594.

[2] 杨璐、黄建华、王丽琴、马涛、曹雪筠、李晓溪：《文物彩绘常用胶料的氨基酸组成及红外光谱特征研究》，《文物保护与考古科学》2011 年第 1 期。

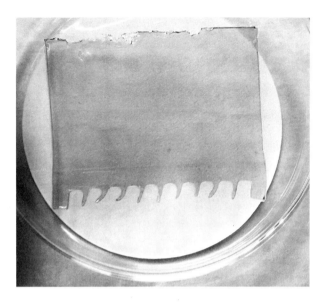

图 5 – 37　铜镯（T6166①：3）黏合剂电泳凝胶

4. GC – MS 结果及分析

图 5 – 38 为铜扣饰（M80：7）黑色黏合剂的 GC – MS 总离子流图，分析结果总结于表 5 – 9 中。结果表明样品中含有大量的脂肪酸，包括十六烷酸（$C_{16:0}$）、十八烷酸（$C_{18:0}$）、单软脂酸甘油酯（M_{16}）、单硬脂酸甘油酯（M_{18}）等饱和脂肪酸及少量的油酸（$C_{18:1}$）、亚油酸单甘油酯（$M_{18:2}$）等不饱和脂肪酸；此外，该样品中还检测到了 β – 谷甾醇，暗示其主要为植物油。

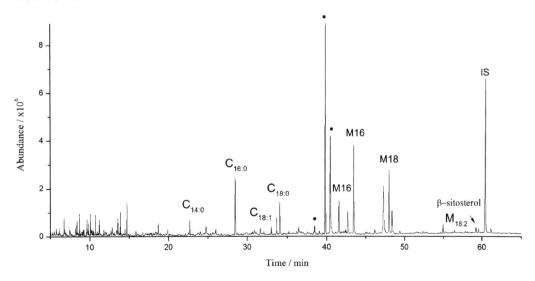

图 5 – 38　铜扣饰（M80：7）黑色黏合剂 GC – MS 总离子流图

表 5 – 9　　　　　　　铜扣饰（M80∶7）黑色黏合剂检测到的化合物信息

色谱峰	保留时间/min	化学组成	化合物
$C_{14:0}$	22.71	$C_{14}H_{28}O_2$	十四烷酸（Tetradecanoic acid）
$C_{16:0}$	25.58	$C_{16}H_{32}O_2$	十六烷酸（Palmitic acid）
$C_{16:0}$	28.48	$C_{16}H_{32}O_2$	十六烷酸（Palmitic acid）
$C_{18:1}$	33.283	$C_{18}H_{34}O_2$	油酸，十八碳烯酸（Oleic acid）
$C_{18:1}$	33.498	$C_{18}H_{34}O_2$	油酸，十八碳烯酸（Oleic acid）
$C_{18:0}$	34.17	$C_{18}H_{36}O_2$	十八烷酸（Stearic acid）
M_{16}	42.64	$C_{19}H_{38}O_4$	单棕榈酸甘油酯（Monopalmitin）
M_{16}	43.42	$C_{19}H_{38}O_4$	单棕榈酸甘油酯（Monopalmitin）
M_{18}	47.99	$C_{21}H_{42}O_4$	单硬脂酸甘油酯（Monostearin）
$M_{18:2}$	56.414	$C_{21}H_{38}O_4$	亚油酸单甘油酯（9，12 – Octadecadienoic acid）
β – Sitosterol	59.24	$C_{29}H_{50}O$	β – 谷甾醇（β – Sitosterol）
IS	60.42	$C_{34}H_{70}$	三十四烷烃（n – tetratricontane）

注：分析到的化合物为硅烷化的衍生物，IS 为加入的内标（n – tetratricontane，n – C_{34}）

　　研究表明，在加热条件下，不饱和脂肪酸含量下降，饱和脂肪酸含量升高[1]；而且在长期埋藏过程中，不饱和脂肪酸的分解比饱和脂肪酸快，因此古代样品中不饱和脂肪酸含量往往较低[2]。油酸是最常见的单不饱和脂肪酸，存在于一切天然油脂中；亚油酸是常见的天然油脂二烯酸，以甘油酯的形式普遍存在于干性油、半干性油中[3]。因此，铜扣饰样品中起到黏合作用的成分很可能是某种干性油。

　　然而铜镯黏合剂的 GC – MS 分析并未检测到特异性的化合物信息，该样品的具体成分目前尚难以确定。

（三）结论

　　陆良县薛官堡墓地出土铜扣饰（M80∶7）的黑色黏合剂应为某种植物油，可能为干性油或半干性油，附着在铜扣表面。干性油中（如桐油）含有较多的不饱和 C ＝C 双键，易发生交联聚合，使得这种植物油具有干燥成膜的能力[4]，起到黏合剂的作用，从而使绿色孔雀石片可以较为方便地镶嵌于其上。而铜镯（T6166①∶3）上黏合剂可能

---

[1]　郭丽莉、李昌模、若文靓、郑广奇：《高温条件下食用油脂脂肪酸的变化》，《中国油脂》2011 年第 10 期。

[2]　B. L. Kedrowski. GC – MS analysis of fatty acids from ancient hearth residues at the Swan point archaeological site, *Archaeometry*, 2009：110 – 122.

[3]　郭雯：《混合脂肪酸中油酸、亚油酸的分离与检测》，西北大学硕士论文，2009 年。

[4]　李会云：《桐油传统熬制工艺的科学性研究》，陕西师范大学硕士论文，2009 年。

为某种植物胶或树脂类物质，但其具体的成分信息难以确定，有待日后进一步的分析。

四　陆良薛官堡墓地 H6 出土铜扣的成分检测[①]

陆良薛官堡墓地发掘过程中清理了一些灰坑，其中 H6 出土少量青铜器碎片和 1 件铜扣（H6:1）。铜扣呈方框状，形似带扣，长 2.7、宽 2.2、厚 0.2 厘米（图 5 - 39）。从造型风格看，该铜扣不像是西南夷时期的青铜器，年代可能较晚，为进一步确认此判断，特尝试对其成分做一检测，希望从中获得一些信息。

图 5 - 39　铜扣（H6:1）

使用 Thermo 公司出品的 NITONXL3t 型便携式 X 荧光测试仪检测，对有铜纽的一面选取三个点进行检测，所得结果见表 5 - 10。此结果是定性分析，成分无法作为定量依据。

此铜扣的主要元素是铜、铅、锌、锡、锑，是 Cu - Pb - Zn 三元合金，属于黄铜，锡、锑含量较低，可能是矿物原料带来的微量元素。而铁、钒、铝、钛、磷、硅、铬等元素可能为土壤的沾染所致。

中国早期黄铜的使用较为特殊，出土于陕西、山西和山东的几件早期黄铜系偶然产物，被认为是"原始黄铜"，之后有 2000 多年不再使用。自汉代才开始由西域进口黄铜（鍮石），中国重新开始使用黄铜。五代时期开始冶炼黄铜，明清时期大规模使用。最早见于文献的名词"鍮石"即黄铜出现在《太平御览》卷八二："莠生似禾，鍮石像金。"

根据出土铜扣的分析，可推测薛官堡 H6 可能是唐宋以后的遗迹，当时黄铜已经被较多地使用。

---

① 本部分作者为中国社会科学院考古研究所刘煜。

表 5 – 10				便携式 X 荧光仪检测表面成分								(%)
	Sb	Sn	Pb	Zn	Cu	Fe	Cr	V	Ti	Al	P	Si
1	0.628	0.261	4.045	2.580	88.280	2.859		0.109	0.777			
2	0.613	0.349	2.546	3.253	91.848	0.794		0.033	0.223			
3	0.413	0.163	1.904	2.187	76.547	0.325	0.048	0.024	0.120	7.905	0.845	9.313

五 陆良薛官堡墓地出土铜镜的表面层检测[①]

陆良薛官堡墓地发掘过程中出土了一件做工精美的"黑漆古"铜镜。为了解这件铜镜的成分和制作工艺，我们利用表面观察和无损检测的手段进行了分析。

（一）表面观察

铜镜出自 M38，编号 M38:1，为所谓的"日光镜"，背面有"见日之光，天下大明"八字铭文，纹饰线条亦很流畅。该镜还有一重要特点，就是通体乌黑，此种均匀黑亮的表面层通常被称为"黑漆古"。肉眼观察，M38:1 镜背几乎不见绿锈（图 5 – 40:1；彩版四一:2），但镜面有一些点状腐蚀，呈浅绿色（图 5 – 40:2）。

1   2

图 5 – 40   铜镜（M38:1）

1. 背面   2. 正面

使用 FEI 公司的 Quanta650 型扫描电镜对该铜镜作表面分析，并使用 OxfordX – Max50 型能谱仪进行成分检测，在不同位置取点，并忽略所有非金属元素，所得结果见表 5 –11。

表 5 - 11　　　　　　　　　　　SEM - EDS 测试铜镜表面成分　　　　　　　　　（%）

成分 检测位置	Cu	Sn	Pb	As
背面字上	12.94	75.31	9.49	2.25
背面字旁	13.28	77.38	6.95	2.39
背面字旁	14.49	75.82	8.39	1.3
背面光处	13.79	74.75	8.63	2.84
背面光处	12.45	76.99	9.26	1.3
背面光处	11.91	77.14	9.17	1.78
背面纽	11.34	76.74	9.15	2.78
背面光处	11.89	77.4	8.72	1.98
镜面无绿锈处	18.79	72.96	6.21	2.04
镜面无绿锈处	15.84	75.37	6.81	1.99
镜面无绿锈处	16.12	74.41	7.03	2.04
镜面有绿锈处	10.93	78.95	7.79	2.33
镜面有绿锈处	10.47	78.75	8.22	2.56
镜面有绿锈处	9.63	80.7	7.27	2.36
镜面有绿锈处	7.78	82.94	6.93	2.35
镜面有绿锈处	9.37	80.06	6.06	4.51
镜面有绿锈处	10.81	78.43	8.57	2.19

由表 5 - 11 可知，该铜镜由 Cu - Sn - Pb 三元合金制成，含有少量砷，这可能是随着铜矿原料带入的。表面层含锡量很高，相比而言，镜背表面层比镜面表面层的含锡量还要高，而一些表面层破损处生成的绿锈含锡量更高。

（二）镜面局部锈坑检测

镜面上的有些点状绿锈颜色较浅，也比较容易去除，对其中一个小锈蚀点除锈，可见锈蚀物呈粉末状，但由于面积很小，而且锈蚀坑较深，除锈后暴露的表面并非青铜基体，仍然是锈层，但是较深处的锈层，亦可认为是表面层与基体之间的过渡层。对这个锈蚀坑按照边缘到中心的顺序，进行了三个区域的 SEM - EDS 分析，所得形貌图如图 5 - 41 ~ 43 所示，成分分析结果如表 5 - 12 所示。

根据上述分析结果，我们发现，去除部分锈以后的锈蚀坑的主要成分是硅、铁、铜、锡、铅、砷，并且从边缘到中心，呈现一个规律性的变化，各元素的变化如折线图 5 - 44 所示。

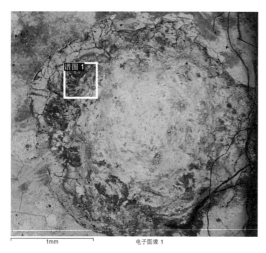

图5-41 锈蚀坑的背散射图像

方框为区域1的面扫描范围

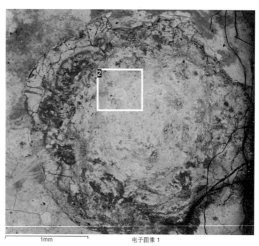

图5-42 区域2的背散射图像

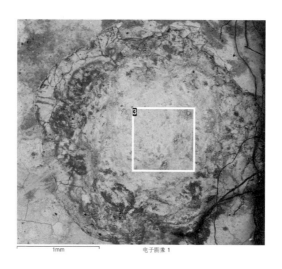

图5-43 区域3的背散射图像

表5-12　　　　　　　　　锈蚀坑从边缘到中心成分数据　　　　　　　　　（%）

	Si	Fe	Cu	Sn	Pb	As
区域1	14.92	5.23	14.04	59.34	6.47	
区域2	2.15	0.72	22.22	67.34	6.33	1.24
区域3	1.93		20.41	69.57	6.58	1.51

　　由图5-44可见，硅、铁减少，铜、锡、铅、砷增多，区域2和区域3的成分较为接近。总体而言，这个锈蚀坑代表过渡层的成分；相比而言，区域1更接近表面层，

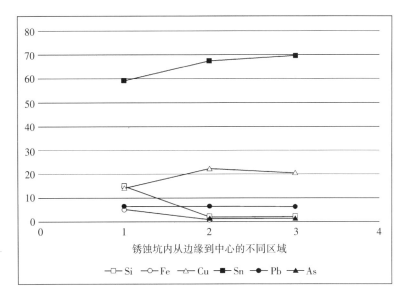

图 5 – 44　锈蚀坑边缘到中心元素含量变化

而区域 2 和区域 3 更靠近基体。因此，上述元素的变化意味着表面层中的硅、铁，都在过渡层中减少，而过渡层中的金属元素与基体更为一致。硅、铁元素的存在，可能与"黑漆古"表面的形成有关。

（三）镜背的表面层分析

利用扫描电镜观察镜背的形貌，发现镜背表面并不平整，有些地方似乎呈现纤维状，颜色稍浅，而有些地方较为平整，颜色稍深。对两种形貌的区域分别进行 SEM – EDS 分析，所得形貌图如图 5 –45、46 所示，成分分析数据如表 5 –13 所示。

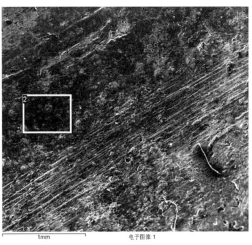

图 5 – 45　镜背区域 1 的背散射图像　　　　　**图 5 – 46**　镜背区域 2 的背散射图像

表 5 - 13		镜背不同区域成分数据			（%）	
	Si	Fe	Cu	Sn	Pb	As
区域 1	3.12	1.88	11.33	74.90	7.33	1.45
区域 2	2.59		11.02	77.85	6.86	1.68

从表 5 - 13 可知，看起来形貌有差别的两个区域其实成分相当接近，主要成分都是硅、铜、锡、铅、砷，且锡含量都很高，硅含量较低，区域 2 不含铁。由此可见，镜背表面层的情况，与镜面表面层相当一致。

（四）讨论

根据以上的测试结果，我们虽然并不能获知铜镜准确的合金成分，但却可以基本判断这件铜镜的主要成分是铜、锡、铅、砷，并且属于高锡青铜，表面层富含锡和硅，也含有铁。这和以往研究中检测的"黑漆古"成分是完全一致的。

1. 表面层富锡

学者们早已发现，中国古代铜镜表面耐腐蚀层里富锡，但关于其富锡的原因以及这一表面层是如何形成的，通常有两种观点：一种认为铜镜制成后经长时间腐蚀而成[1]。另一种则认为特殊的表面加工工艺使然[2]。从我们测试的数据看，从铜镜的表面层，到很靠近青铜基体的过渡层里，锡含量都非常高，说明这一富含锡的表面层具有一定的厚度，但因为并无法做断面分析，因此无法判断其形成原因。

2. 表面层富含硅

这是个值得关注的问题。最早指出这一问题的是齐斯和富兰克林，他们认为可能是非晶态的硅酸盐或含二氧化硅多种氧化物覆盖在铜镜表面，并对铜镜基体起到了保护作用[3]。何堂坤则认为不能证明表面层富硅与"黑漆古"的形成有直接关系[4]。范崇正等曾经检测过数块具有表面层的铜镜残片，发现其表面层中富含非晶态的二氧化硅，二氧化硅能态极低，非常稳定，因此对青铜基体有比较好的保护作用。非晶态二氧化硅呈玻璃体在表面层聚集，增加了镜面的光洁度和明亮感，使得照镜效果更好。他还

---

① R. J. Gettens. Some Observations concerning the lustrous surface on ancient eastern bronze mirrors. *Technical Studies in the Field of Fine Art*, 1934, (3): 29 - 67；孙淑云、马肇曾、金莲姬、韩汝玢、柯俊：《土壤中腐殖酸对铜镜表面"黑漆古"形成的影响》，《文物》1992 年第 12 期；马肇曾、金莲姬、尹秀兰：《腐殖酸使锡青铜镜表面生成"黑漆古"的研究》，《考古》1994 年第 3 期。

② 何堂坤：《关于古镜表面透明层的科学分析》，《自然科学史研究》1985 年第四卷第 3 期；何堂坤：《几面表层漆黑的古铜镜之分析研究》，《考古学报》1987 年第 1 期。

③ W. T. Chase, U. M. Franklin. Early Chinese black mirrors and pattern-etched weapons, *Ars Orientalis*, 1979, (11): 215 - 258.

④ 何堂坤：《几面表层漆黑的古铜镜之分析研究》，《考古学报》1987 年第 1 期。

进一步解释富硅层的形成可能与腐殖酸的腐蚀有关，是植物硅酸体沉积在表面，在适当条件下脱水分解成非晶态的二氧化硅①。

此次我们的分析中显示"黑漆古"表面层中的确富含硅，而且硅在过渡层中减少，这一检测结果与前文是一致的。

而这些非晶态的二氧化硅的由来是非常值得关注的。近年来发现镜范材料中含有大量的植物硅酸体，与用于铸造其他类型铜器的陶范材料不同。镜范中的植物硅酸体、埋藏土壤的腐殖酸中的植物硅酸体，与青铜镜表面层中富含的二氧化硅一样都是非晶态的，它们之间是否存在某种关联，值得进一步深入探讨。

3. 表面层含铁

很多研究中提及表面层中含铁的问题，并进一步指出表面层中的铁是三价铁②，而基体中的铁则是低价铁，这种高价铁的化合物也具有非常稳定的性质以及黑色的呈色效果。

第五节　玉石器和玻璃珠的分析与研究

在战国秦汉时期云贵高原的西南夷土著文化遗存中，各种玉石器尤其是珠饰占有一定的比例，是构成西南夷考古学文化的一个不可忽略的重要组成部分。薛官堡墓地的发掘也是如此，出土了多种材质和类别的玉石器。与周邻一些考古发现相比，薛官堡墓地出土的玉石器在种类、形制等方面并无多少特别之处，但考虑到这方面的研究过去一直较为薄弱，于是选择部分样品进行检测和分析，希望从中获取一些关于西南夷玉石器材质、成分及制作工艺技术方面的信息。

薛官堡墓地出土的珠饰中还有一些个体很小的玻璃珠，颜色有蓝色和红色两种。这类玻璃珠过去在云贵高原曾有数量不菲的发现，但做过检测和分析的很少，对于它们的成分以及来源等问题，现在还不是很清楚。为此，薛官堡墓地发掘后，我们对出土的大部分玻璃珠都进行了成分分析，并对较特殊的品种进行了工艺技术的观察和研究，取得不少收获。下面是有关玻璃珠和玉石器的分析与研究。

一　陆良薛官堡墓地出土玻璃珠的分析与研究③

薛官堡墓地的考古发掘中，出土包括青铜器、铁器、陶器以及各种珠饰等在内的

---

① 范崇正、胡克良、吴佑实：《青铜古镜表面层富硅的考察》，《文物保护与考古科学》1996 年第八卷第 1 期。

② 高魏梦佳、刘渝珍、储旺盛、吴自玉、王昌燧：《黑漆古铜镜表面层的 X 射线近边吸收谱分析》，《核技术》第 32 卷第 9 期。

③ 本部分作者为北京大学考古文博学院崔剑锋、中国社会科学院考古研究所杨勇、云南省文物考古研究所朱忠华、陆良县文物管理所王洪斌。

一批重要遗物。在墓地所出的珠饰中，含有一些玻璃珠。这些玻璃珠大多呈不太规整的扁球状，中间有穿孔，形似算珠。其颜色多为蓝色，深浅不一，另有少量红色，有的可肉眼观察到气泡。我们对出自 3 个遗迹单位的共 16 件玻璃珠样品标本进行了化学成分分析，包括 M38 的 2 件（彩版四二：4、6）、M58 的 7 件（彩版五○：1、3～6、8、9）、H8 的 7 件（彩版九五）。目的是希望以此了解它们的产地、来源等历史信息，进而推进相关学术研究。

　　在这些样品中，H8：6、H8：7 呈暗红色，外表可见竖条状黑色纹理；M58 填：1、M58 填：4、M58 填：6 和 M58 填：8 四件颜色为深蓝色偏紫，其余皆淡蓝色偏绿（表 5－14）。M38 和 M58 根据随葬品及墓葬打破关系，推测年代为西汉晚期。H8 是一近圆形坑，出土的蓝色玻璃珠与 M38 和 M58 所出大致相同，年代应相当或相距不远，推测不晚于东汉。

表 5－14　　　　　　　本文分析的薛官堡墓地出土玻璃珠标本一览表

器物号	颜色	孔径（毫米）	外径（毫米）	高（毫米）	备注
M38：6	淡蓝色	2.68	6.97	6.67	
M38：12	淡蓝色	3.33	7.92	6.09	残，风化严重
M58 填：1	深蓝色	3.08	7.42	4.48	
M58 填：3	淡蓝色	2.46	6.79	6.25	
M58 填：4	深蓝色	2.82	7.67	5.66	
M58 填：5	淡蓝色	2.78	7.27	4.99	
M58 填：6	深蓝色	2.36	8.27	4.95	
M58 填：8	深蓝色	1.98	8.21	5.47	
M58 填：9	淡蓝色	3.07	7.24	6.21	残，风化严重
H8：1	淡蓝色	3.02	6.99	5.18	风化严重
H8：2	淡蓝色	2.16	6.24	7.52	风化严重
H8：3	淡蓝色	2.90	6.76	3.77	风化严重
H8：4	淡蓝色	2.13	6.76	5.24	风化严重
H8：5	淡蓝色	2.25	6.20	4.78	残，风化严重
H8：6	暗红色	2.5	7.8	6.9	
H8：7	暗红色	2.9	6.9	6.9	

（一）仪器和分析方法

使用激光剥蚀电感耦合等离子体发射光谱（LA－ICP－AES）分析了这些玻璃珠的

化学成分。其中激光剥蚀系统为 NEW – WAVE 公司的 UP – 266 型激光器，ICP – AES 为 LEEMAN LABS 公司的 Prodigy 型全谱直读等离子体发射光谱。

ICP – AES 分析条件：RF（高频发生器）功率：1.1kW，氩气流量：20L/min；雾化器压力：30psig（英制单位，约 20MPa）；蠕动泵（样品提升）速率：1.2mL/min；积分时间：30sec/time；激光器分析条件：激光波长：266nm；激光器：Nd – YAG；激光光斑直径：610μm；氦气流速：0.6L/min。

采用单标样归一法进行数据处理，共分析了包括 Si（硅）、Al（铝）、Fe（铁）、Mg（镁）、Ca（钙）、Na（钠）、K（钾）、Ti（钛）、Mn（锰）、Pb（铅）、Ba（钡）、P（磷）、Cu（铜）、Sn（锡）、Sr（锶）、Co（钴）、Sb（锑）等 18 种元素的含量，最终结果以氧化物的形式表示，所用标准为 Corning D。根据对康宁标准玻璃样品 Corning B 和 Corning C 多次测量结果，对于大多数主量元素（含量超过 1%），相对标准偏差小于 1%，而对于微量元素，相对标准偏差不超过 5%，具体方法可以参考我们关于湖南楚墓出土玻璃的测试[1]。

（二）分析结果

表 5 – 15 为测试结果。

从分析结果看，所有的玻璃珠 K_2O 含量都超过 10%，而其他助熔剂氧化物的含量都比较低，说明这批玻璃珠都是钾硅系玻璃，属于两汉时期流行于中国南方以及东南亚和印度的古玻璃的一种[2]。

（三）相关问题讨论

1. 成型工艺

通常认为，古代玻璃珠制作至少有两种工艺[3]，一种是先将玻璃熔液拉制成空心管状，然后将其切割成为大小接近的小段，这样就形成了玻璃珠。这种玻璃制法效率较高，可以一次做出大量的大小较为均匀的小珠子。使用这种方法制作的玻璃珠会在珠体表面形成平行于孔径的条纹，另外其中的气泡也大多呈现椭圆形，椭圆形长轴方向平行于孔径，同时其横截面由于使用利器切割，所以非常平整，并可观察到切割的痕迹；另一种方法为缠绕法，即用棒状物沾玻璃熔液后，在一个平面上来回滚动，这种方法一次只能制作一个玻璃珠，由于沾玻璃液多少不一，以及滚动出形状时用力通常不均匀，会导致玻璃珠子大小不一，且其横截面并不平整，由于熔液表面张力的原因会呈现曲面。

① Cui Jianfeng, Wu Xiaohong, Huang Baoling. Chemical and lead isotope analysis of some lead-barium glass wares from the Warring States Period, unearthed from Chu tombs in Changde City, Hunan Province, China. *Journal of Archaeological Science*, 2011 Vol. 38 (7)：1671 – 1679.

② 干福熹等：《中国古代玻璃技术的发展》，第十四章，上海科学技术出版社，2007 年。

③ 熊昭明、李青会：《广西出土汉代玻璃器的考古学与科技研究》，第 107 ~ 109 页，文物出版社，2011 年。

表 5-15　　薛官堡墓地出土玻璃珠的化学成分分析结果

（重量百分比，wt.%）

Sample ID	SiO_2	Al_2O_3	Fe_2O_3	MgO	CaO	Na_2O	K_2O	MnO_2	P_2O_5	TiO_2	Sb_2O_3	CuO	PbO	CoO	BaO	SnO_2	SrO	ZnO	B_2O_3	V_2O_5	NiO	ZrO
M38:6	77.44	2.21	0.27	0.20	0.95	0.20	15.70	0.412	0.12	0.06	0.025	2.244	0.000	0.000	0.061	0.021	0.004	0.004	0.021	0.032	0.019	0.0019
M38:12	80.27	1.76	0.30	0.22	0.96	0.12	12.21	0.775	0.12	0.06	0.019	2.791	0.119	0.000	0.099	0.077	0.004	0.005	0.029	0.034	0.022	0.0000
M58填:1	74.09	3.70	1.07	0.76	1.35	0.30	16.20	1.346	0.32	0.18	0.010	0.201	0.104	0.074	0.194	0.026	0.009	0.010	0.019	0.016	0.018	0.0099
M58填:3	77.03	2.19	0.28	0.21	0.89	0.16	16.24	0.410	0.12	0.06	0.017	2.233	0.000	0.000	0.061	0.018	0.004	0.003	0.023	0.027	0.016	0.0030
M58填:4	75.81	4.06	1.13	0.30	0.67	0.13	15.46	1.488	0.08	0.20	0.015	0.178	0.043	0.090	0.217	0.036	0.006	0.005	0.025	0.030	0.025	0.0125
M58填:5	79.60	2.06	0.36	0.24	1.09	0.15	12.99	0.920	0.11	0.07	0.044	2.038	0.000	0.000	0.089	0.059	0.005	0.006	0.042	0.069	0.039	0.0000
M58填:6	78.55	4.12	1.05	0.32	0.65	0.15	13.19	1.212	0.08	0.21	0.021	0.086	0.000	0.069	0.169	0.029	0.005	0.005	0.019	0.029	0.023	0.0133
M58填:8	73.66	3.71	1.04	0.80	1.37	0.28	16.56	1.361	0.32	0.18	0.016	0.217	0.094	0.075	0.203	0.035	0.009	0.009	0.021	0.024	0.022	0.0074
M58填:9	72.42	5.00	0.37	0.47	1.70	0.44	16.63	0.052	0.16	0.05	0.024	2.512	0.000	0.000	0.017	0.034	0.006	0.004	0.037	0.044	0.028	0.0000
H8:1	72.99	2.70	0.66	0.46	1.28	0.28	18.36	0.424	0.18	0.12	0.012	2.277	0.063	0.000	0.050	0.083	0.005	0.006	0.023	0.020	0.014	0.0049
H8:2	73.46	2.76	0.41	0.33	0.94	0.18	18.47	0.617	0.13	0.09	0.023	2.429	0.000	0.000	0.063	0.026	0.004	0.004	0.022	0.026	0.019	0.0053
H8:3	76.12	1.56	0.25	0.22	0.96	0.13	17.23	0.711	0.08	0.05	0.035	2.415	0.000	0.000	0.071	0.047	0.004	0.004	0.031	0.041	0.029	0.0000
H8:4	78.41	1.94	0.35	0.40	1.43	0.14	14.85	0.021	0.13	0.07	0.022	2.093	0.000	0.000	0.011	0.039	0.005	0.004	0.035	0.033	0.025	0.0000
H8:5	73.25	1.44	0.46	0.37	1.12	0.17	17.72	0.154	0.14	0.06	0.012	2.672	2.081	0.000	0.031	0.243	0.004	0.005	0.024	0.018	0.014	0.0001
H8:6	68.92	3.32	1.71	1.23	1.81	1.13	16.71	0.250	0.96	0.19	0.000	2.662	0.198	0.000	0.044	0.787	0.011	0.019	0.022	0.012	0.009	0.0102
H8:7	68.29	3.15	1.77	1.17	1.61	0.88	17.38	0.261	1.03	0.17	0.000	3.206	0.206	0.000	0.045	0.755	0.009	0.020	0.023	0.015	0.011	0.0085

根据观察薛官堡遗址的这些珠子，外径、孔径以及高度差别很大（参见表 5 – 14）。放大观察，蓝色珠子内部气泡大都呈现圆球形状，而非由于拉伸导致的长椭球形。红色珠子虽然不透明，无法观测到内部，但是珠子表面有一些孔洞，是内部气泡涌到表面破裂引起的，这些孔洞也基本是圆形，而非椭圆。同时，所有珠子的横截面也呈现曲面，并非平整的表面，这些现象都表明玻璃珠可能使用了类似缠绕法的方法制作，而非拉制法成型。

2. 原料配方

图 5 – 47 为所分析蓝色玻璃珠的 SiO_2 – K_2O 散点图。从图中可以看出，所有玻璃珠的 SiO_2 和 K_2O 是呈现反比关系的，即玻璃珠中含有 SiO_2 高，含 K_2O 就较低，反之亦然。这表明 SiO_2 和 K_2O 的来源是不一样的，在制作玻璃珠时，如果加入多的含 SiO_2 的原料，就要减少含 K_2O 原料的量。同时由于二者为玻璃珠中含量最高的两种元素，其加和占玻璃珠总质量的 90% 以上，据此可以认为制作这批玻璃珠的主要原料是一类以 SiO_2 为主要氧化物的原料，另一类则是以 K_2O 为主要氧化物的原料。

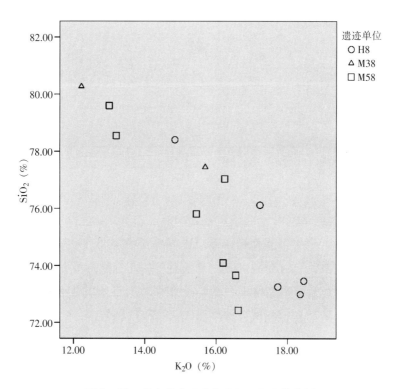

图 5 – 47 薛官堡玻璃珠的 SiO_2 – K_2O 散点图

除了 SiO_2 和 K_2O 外，含量第三高的氧化物为 Al_2O_3，其含量在 2% ~ 5% 之间。从 SiO_2 – Al_2O_3 关系图（图 5 – 48）上可以看出，Al_2O_3 的含量大致有 4 种分布，其中 M58

的 4 粒深蓝色玻璃珠的 Al_2O_3 含量非常接近，在 3.5% ~4% 之间；H8：1 和 H8：2 两粒玻璃珠基本相同，含量为 2.7%；除 M58 填：9 以外的其他所有玻璃珠，Al_2O_3 含量都低于 2%；只有 M58 填：9 较为特殊，其 Al_2O_3 达到了约 5.0%。通常来说玻璃中的 Al_2O_3 的主要来源应为配方中提供 SiO_2 的原料[1]。从 Al_2O_3 和 SiO_2 的比例大都超过 1：20，如此低的 Al_2O_3 含量，说明 SiO_2 的原料为较为纯净的硅质原料，如海沙、脉石英等。

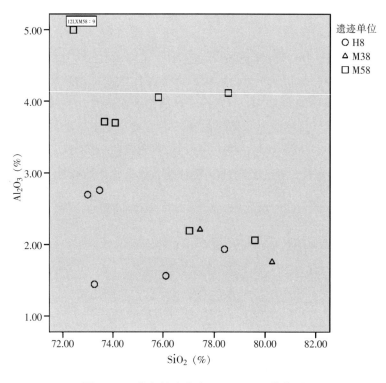

图 5 – 48 薛官堡玻璃珠 SiO_2 – Al_2O_3 散点图

除了 K_2O 外，其他助熔剂氧化物如 Na_2O、MgO 含量均低于 1%，甚至低于 0.5%，CaO 的含量都低于 1.5%，大部分都低于 1%，而这一类助熔剂氧化物与 K_2O 的来源密切相关，通常认为，玻璃中的助熔剂氧化物主要来源为草木灰或者天然矿物。薛官堡玻璃珠中其他氧化物的含量如此低，特别是 MgO 含量，通常低于 0.7%，说明提供助熔剂 K_2O 的原料应为天然矿物而非草木灰，矿物原料质地都较为纯净，而草木灰则因为含有各类丰富的助熔剂氧化物，因此制成的珠子往往更类似于混合碱玻璃。关于 K_2O（氧化钾）的来源矿物，根据前人的研究可能为硝石（KNO_3）一类较为纯净的钾的氧

---

[1] Julian Henderson. *The science and archaeology of materials.* Routledge，2000：26 – 27.

化矿物[1]。

　　薛官堡墓地出土的两颗红色玻璃珠的 Na_2O、MgO 含量均高于蓝色玻璃珠，大都超过了 1% 。同时，其 P_2O_5 含量也显著高于蓝色玻璃珠。这种情况表明除了硅质原料和含钾原料外，一类含磷较高的原料也可能加入到玻璃制作当中，较为符合这些特征的原料是草木灰[2]。但是其中的 Na_2O、MgO 和 CaO 等含量均不是特别高，说明草木灰加入量是有限的。

　　综上所述，薛官堡墓地蓝色钾玻璃的主要配方为质地较为纯净的硅质原料，如海沙、脉石英等，并以硝石类含钾的矿物原料做助熔剂，熔融而成。而红色钾玻璃除了使用以上天然矿物原料外，可能还加入了少量的草木灰。

　　3. 着色工艺

　　玻璃工艺学研究表明，蓝色玻璃的呈色元素可能为铜，也可能为钴，但铜呈色玻璃的主波长处于 $486 \sim 492nm$，颜色偏向绿色调；而钴玻璃主波长集中在 470nm 左右，说明钴着色的玻璃颜色非常稳定，波长较铜蓝玻璃的为短，偏向紫色，即深蓝色[3]。薛官堡墓地的蓝色玻璃珠有淡蓝和深蓝两种颜色，根据化学成分分析，这两类玻璃珠的差别主要为淡蓝色玻璃珠的 CuO 含量较高，通常达到 2% 以上，说明淡蓝色玻璃珠以 Cu 为呈色离子；而深蓝色玻璃珠的 CuO 含量较低，仅为 0.2% 左右，但 CoO 含量均超过 0.05% ，Co 离子是玻璃的良好呈色剂，通常 Co 离子含量超过 0.01% 时，玻璃就会呈现较为鲜艳的蓝色。薛官堡墓地的这几颗深蓝色的玻璃珠，Co 的含量都接近 0.1% ，因此其颜色非常接近紫色。

　　图 5 - 49 为 $CoO - MnO_2$ 散点图，从图中可以看到，钴着色玻璃都含有较高的锰（Mn），其含量都超过 1.2% ，其 MnO/CoO 大约在 17.0 左右，且锰和钴呈现线性关系，表明着色离子钴的来源与锰有密切的关系。这种情况特征符合钴土矿的特征，说明玻璃中的钴料是我国特产的钴土矿。这种钴料到了明清时，被用来生产青花瓷器[4]。同时钴着色玻璃珠的铁也比铜着色玻璃珠的高一倍以上，说明钴玻璃中部分铁离子和钴的来源也一致，Fe_2O_3/MnO 比值大约在 0.8 左右，Fe_2O_3/CoO 比大约在 13.5 左右，因此这是一种高锰高铁的钴料，和经过分析的我国大多数的钴土矿的特征又不相符。目前发表的数据显示国产青花用钴土矿都为高锰低铁的特征，由钴料引入的铁最高仅为钴

[1]　史美光、何欧里、周福征：《一批中国汉墓出土钾玻璃的研究》，《硅酸盐学报》1986 年第 3 期。

[2]　张福康：《中国古陶瓷的科学》，第 10、11 页，上海人民美术出版社，2000 年。

[3]　段浩、干福熹、赵虹霞：《实验室模拟过渡金属离子掺杂的中国古代玻璃的着色现象》，《硅酸盐学报》2009 年第 12 期。

[4]　李家治：《中国科学技术史·陶瓷卷》，第 310 ~ 314 页，科学出版社，1998 年。

的 3.7 倍，部分甚至低于钴的含量①。因此薛官堡墓地的这些钴蓝玻璃珠所使用的钴土
矿较为特殊，其含铁量可能也较高。此外虽然含量不高，不至于达到显色的效果，但
是这些钴蓝玻璃珠中 CuO 的含量均达到 0.2% 左右，且二者也呈现线性关系，说明钴
料中还含有微量的铜，而钴土矿中常含有微量铜，表明玻璃珠中的铜可能来自含铜的
钴料。综上所述，薛官堡钴蓝玻璃的钴料应该来自国产的含微量铜的钴土矿，且其含
铁量比目前已知的用作青花瓷青花料的钴土矿高。

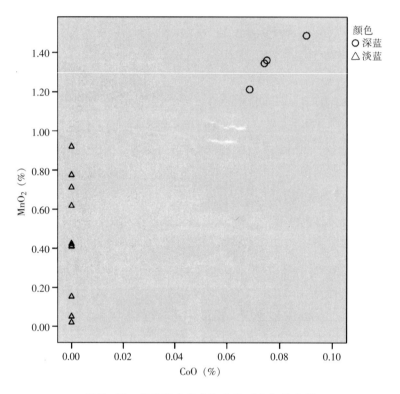

图 5 - 49　薛官堡玻璃珠的 $CoO - MnO_2$ 散点图

　　铜玻璃中铜离子的来源可能是含铜的矿石，如孔雀石等铜矿物，也可能是金属铜、
铜器的锈蚀、炼铜的炉渣等。H8∶5 的分析结果对铜的来源具有提示作用。这件玻璃珠
含铜 2.6%，同时还测得 2% 左右的铅，以及 0.25% 的锡。铜、锡、铅是我国古代青铜
合金最主要的组成元素。战国以降，因锡料贵重，青铜器中大量用铅替代锡。部分青
铜器，如战国秦汉时期的一些钱币，所含铅的量甚至超过了铜②。这件玻璃珠中铜锡铅
比例大致在 55∶5∶40，比较符合当时一些青铜合金的元素配比。说明这件玻璃珠中着色

①　陈尧成、郭演仪、陈虹：《中国元代青花钴料来源探讨》，《中国陶瓷》1993 年第 5 期。

②　周卫荣：《中国古代钱币合金成分研究》，中华书局，2004 年。

剂铜的来源可能和青铜合金有关，也许是使用了铸造青铜合金时残留的铜液，或是打磨后剩余的飞边、毛刺等青铜废料。总之，H8∶5 的分析提醒我们，铜蓝玻璃中铜离子的来源很可能和青铜铸造有关。而如此高的铜铅比例，在汉代仅有中国铸造青铜器会使用。一般来说，西方在同一时期铸造青铜时基本不用铅，或是加入很少量的铅。这从另一侧面说明，薛官堡墓地的钾玻璃珠很可能是国产的。

铜着色玻璃中钴的含量都低于仪器检测限，而钴玻璃中铜的含量不足以呈色，表明古代玻璃工匠已经可以较为清晰的区分这两种原料加入玻璃后的显色效果。换言之，古代玻璃工匠可以区分淡蓝色和蓝紫色，即蓝色和青色，并能够通过加入不同的显色矿物将这两种颜色人工制作出来，这是非常了不起的，特别是钴蓝的应用获得了"青出于蓝而胜于蓝"的青色。

从分析结果看，薛官堡墓地两颗红色玻璃珠的着色离子也为铜离子。这两颗红色玻璃珠属于典型的所谓"印度红珠"，即一类在还原条件下烧制的以 Cu_2O 或者金属 Cu 的胶体粒子呈色的玻璃珠[①]。这种铜红玻璃珠最早出现于两河流域和古埃及。但古印度到了公元前 6 世纪之后成了这种红色玻璃珠的主要产地[②]。其制作工艺相对复杂，基本制作原理是在还原气氛下将玻璃中的 Cu^{2+} 还原成为 Cu_2O 或者 Cu^0（金属铜），因此制作时需要在还原气氛下进行。一般认为，铜红玻璃珠中加入高含量的 Sb^{3+}（锑）和 Fe^{2+}（铁）离子可以作为 Cu^{2+} 的还原剂，同时，Sb 也可以和 CaO 反应形成晶体，而使得珠子乳浊不透明[③]。但薛官堡墓地这两颗红珠中 Sb 的含量仅为几个 ppm，因此其中的 Fe^{2+} 离子可能作为还原剂使用。同时，由于 Fe^{2+} 被氧化形成 Fe^{3+}，和 Cu_2O 或者 Cu^0（金属铜）混合形成了玻璃珠中深红色（棕色）的部分。

根据以前学者的研究，到了公元前 6 世纪之后，铜红玻璃制作开始加入高量的 PbO，通常可超过 15%。PbO 的加入是由于其作为玻璃的良好助熔剂可以增加玻璃熔液的流动性，从而使得 Cu_2O 或者 Cu^0 粒子分散的更为均匀，使得红色呈现的更加均匀。这之后到了罗马时期，红色玻璃制作的技术已臻成熟，形成了不同的着色体系[④]。薛官堡墓地的两颗珠子其 PbO 含量较低，仅有 0.2% 左右。这一点和同时代的"印度红珠"或西方的铜红玻璃制作有所区别。同时这两颗玻璃尽管不含有 Sb，但含有 0.75% 的 SnO_2，结合上面对于 H8∶5 的讨论，说明红色珠子中铜的来源也可能和青铜制作有关。而 SnO_2 的加入也成为玻璃珠不透明的原因之一。

---

① P. Colomban, A. Tournie, Ricciardi. Raman spectroscopy of copper nanoparticle-containing glass matrices: ancient red stained glass windows. *Journal of Raman Spectroscopy*, 2009, vol. 40: 1949-1955.

② 熊昭明、李青会：《广西出土汉代玻璃器的考古学与科技研究》，第 119、120 页，文物出版社，2011 年。

③ A. J. Shortland. The use and origin of antimonite colorants in early Egyptian glass. *Archaeometry*, 2002, (4): 517-530.

④ J. Henderson. The raw materials of early glass production. *Oxford Journal of Archaeology*, 1985, (3): 267-291.

仔细观察两颗红色玻璃珠颜色并不均匀，而是形成了红色—棕红色—红色相间的条纹状结构，说明出现了玻璃的液液分相结构。这是玻璃呈现不透明的主要原因，这种分相结构的产生和其中高的 P_2O_5 含量密切相关，P_2O_5 是玻璃分相的促进剂。高含量的 P_2O_5 也许表明，制作红色玻璃所需的还原气氛可能和炭火有关。通常制作玻璃时需要的氧化气氛在外加热坩埚中就可以产生，而还原气氛是否使用了将玻璃珠埋入炭火中即可得到，值得思考。也许古人制作铜红玻璃并不像以前认为的那么复杂，而是将蓝色玻璃直接用炭火加热，利用木炭将 Cu^{2+} 进行还原即可，具体是否可行需要进行模拟实验。

浅蓝色和红色玻璃珠都以铜离子呈色，说明此时的玻璃工匠已经熟练的掌握了玻璃的致色工艺，能够用同一种原料配制出分别位于可见光光谱两端的两种颜色。正如一些研究者指出的那样：古代的玻璃工匠都是"出色的化学家"[1]。

4. 玻璃珠的来源

所分析的薛官堡墓地的这几颗蓝色钾玻璃珠，除 M58 填:9 外，Al_2O_3 含量都低于 4%，而 CaO 含量都低于 1.5%。根据李青会等学者的分类，这些玻璃分别属于中等钙铝的钾玻璃（$m - K_2O - CaO - Al_2O_3$）[2]。另外，这些玻璃的 Sr 含量很低。虽然由于仪器测试条件的原因，没有测其 Rb 含量，但是从其 Sr 含量判断，符合广西钾玻璃低 Sr 的特点。

M58 填:9（彩版五〇:9）较为特殊，属于低钙钾玻璃（$m - K_2O - Al_2O_3$），这种玻璃也是广西古代钾玻璃的一个主要亚类。

图 5 - 50 为 $TiO_2 - Al_2O_3$ 散点图，一般认为若硅质原料来源相同，则玻璃的 TiO_2 和 Al_2O_3 会呈现良好的线性关系[3]。从散点图上可以看出，除了 M58 填:9 外，其余铜着色玻璃珠的化学组成都具有良好的线性关系。这不仅说明这些玻璃珠中的 Ti 和 Al 都主要来自硅质原料，而且还说明其制作原料的产地很有可能是相同的。四件钴着色的玻璃珠虽然也呈现类似的线性相关，但是其分布趋势略有不同，表明这几件玻璃珠的钴料当中也含有一定的 Ti 和 Al，从而提高了珠子中的这两个元素的含量，并导致其线性分布趋势有所改变。而我国南方的钴土矿矿石中 Al_2O_3 的含量可达 20% 以上，且基本不含 SiO_2，再次说明所用钴料应为一种典型的南方钴土矿[4]。

---

[1] A. M. Pollard，C. Heron. *Archaeological Chemistry*. Royal Chemistry Society，1996：116 - 117.

[2] 熊昭明、李青会：《广西出土汉代玻璃器的考古学与科技研究》，第 87 页，文物出版社，2011 年。

[3] 斯琴毕力格、李青会、干福熹：《激光剥蚀电感耦合等离子体原子发射光谱/质谱法分析中国古代钾玻璃组分》，《分析化学》2013 年第 9 期。

[4] 桂林冶金地质研究所锰矿专题组岩矿二组：《我国南方钴矿石（钴土矿）的主要组成矿物——富钴锂硬锰矿的研究》，《地质与勘探》1977 年第 4 期。

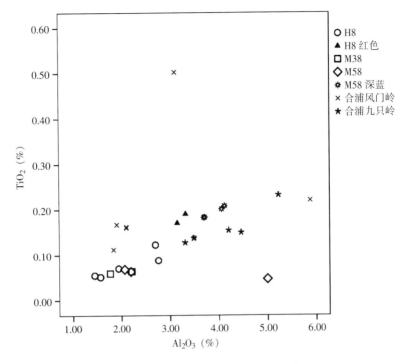

图5-50　薛官堡玻璃珠的 $TiO_2 - Al_2O_3$ 散点图

　　我们还使用社会统计学软件对其化学成分进行了主成分分析，所统计的元素为除了着色元素 Cu、Co 和 Mn 的其他所有元素。并绘制了第一主成分和第二主成分的散点图（图5-51）。从图中可以看到，所有的蓝色玻璃珠可以分为三类，四颗钴着色玻璃珠为一类，M58 填:9 较为特殊为一类，其余铜着色玻璃珠为一类。同时从第二主成分上，又可看出 H8 的玻璃珠为一个亚类，而 M38 和 M58 的为另一类。这表明其产地虽然相同，但由于制作次数不同，因此成分略有差异。

　　我们将所分析的数据与以往一些研究者发表的数据进行比对，发现薛官堡墓地出土玻璃珠的成分与广西合浦等地汉墓所出玻璃珠较为接近，且其 $TiO_2 - Al_2O_3$ 分布图（参见图5-50）上与合浦九只岭所出玻璃珠的趋势线几乎重叠[1]。根据上述分析，这些玻璃珠很可能使用了同样的硅质原料，即制作这些玻璃珠所用的沙或石英很有可能属同一来源。

　　综上所述，除了 M58 填:9 外，此次分析的薛官堡墓地所出蓝色玻璃珠都属于中等钙铝的钾玻璃。通过对比可以发现，它们很可能来源于广西的合浦地区。当然，两广

---

① 广西合浦数据引自斯琴毕力格、李青会、干福熹：《激光剥蚀电感耦合等离子体原子发射光谱/质谱法分析中国古代钾玻璃组分》，《分析化学》2013年第9期。九只岭玻璃珠位于趋势线的上部，说明其 Al 和 Ti 含量高于薛官堡的玻璃珠，这可能是由于九只岭玻璃珠表面风化造成 Al_2O_3 的富集引起的。

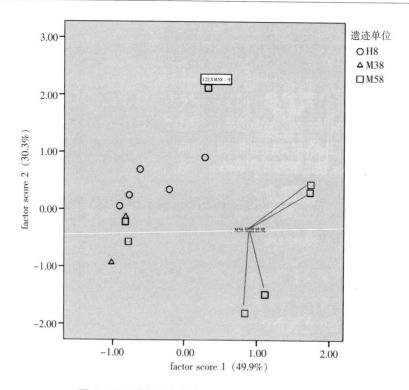

图 5 – 51　薛官堡玻璃珠的主成分分析结果散点图

地区出土的汉代钾玻璃是否都为当地制造，学术界也还有不同意见，不排除其中有部分为外来输入品的可能[1]。但无论如何，薛官堡墓地和广西合浦等地汉墓所出玻璃珠存在密切联系是可以肯定的，而且汉代广西作为当时世界钾玻璃的主要产地之一，也得到越来越多考古发现及研究成果的证实。M58 填：9 较为特殊，属于低钙钾玻璃。这类玻璃在广西也有发现，但数量较少，其具体来源还不确定，需进一步研究。

　　从图 5 – 50 可以看出，两颗铜红玻璃珠和四颗钴蓝玻璃一样，也偏离了蓝色玻璃珠的 TiO_2 – Al_2O_3 分布趋势线。前曾述及，这两颗铜红玻璃珠的原料中有少量的草木灰，而草木灰中杂质元素更多，其 TiO_2 和 Al_2O_3 的含量都会相应有所提高。因此这两颗铜红玻璃应该和蓝色玻璃珠的来源是相同的，都有可能是来自广西的合浦地区。

　　李青会等学者认为，广西出土的铜红玻璃珠有可能来自印度[2]。但比较这两颗红珠与他们所发表的其他地区古代铜红钾玻璃的数据，可以发现，这两颗红珠与印度红珠

---

① 赵德云：《珠饰反映的两汉时期两广沿海和西南地区的交通》，《九州学林》2011 年夏季。

② 熊昭明、李青会：《广西出土汉代玻璃器的考古学与科技研究》，第 124、125 页，文物出版社，2011 年。

（钾玻璃珠）成分差别较大，印度红珠由于没有 P_2O_5 含量的报道，因此不能判断二者的关系。但这两颗红珠与其公布的泰国 Khao Sam Kaeo 的红色钾玻璃成分有近似①，只是泰国的红色玻璃 CaO 含量要高出很多。

与其他地区的红色玻璃相比，这两件铜红玻璃珠的 PbO 含量也低得多，说明其制作工艺又要落后于以上的地区。结合钴蓝玻璃使用我国南方独有的钴土矿的情况，我们以为，薛官堡墓地这两件铜红玻璃珠很可能是广西先民学习了印度红珠制作工艺后自制而成的。

（四）结语

以上对陆良薛官堡墓地出土的部分玻璃珠进行了化学成分分析，并探讨了这些玻璃器的制作工艺和来源等问题。

化学成分分析结果表明，薛官堡墓地出土的这些蓝色玻璃珠皆为钾玻璃（K_2O – SiO_2）。玻璃的制作配料以质地较为纯净的硅质原料（如沙、石英、脉石英）加硝石类含钾的天然矿物熔融而成。根据蓝色的深浅，薛官堡墓地的玻璃珠可分为淡蓝色和深蓝色两种，淡蓝色玻璃珠中呈色元素为铜（Cu），而深蓝色为钴（Co）。或可认为，当时的玻璃工匠对于这两种蓝的颜色差别已较为了解，并能够熟练掌握获得不同颜色的技术。钴料的来源为一种含铁量偏高的国产钴土矿，而铜的来源则很有可能和铜合金的冶铸相关，可能为金属铜以及青铜铸造废料或者铜锈。

薛官堡墓地的红色玻璃珠也是铜呈色，但这种玻璃是在还原气氛下熔炼出来的。说明两汉时期的玻璃制作工艺已经达到了很高的技术水平，能够使用同一种原料炼制成不同颜色的玻璃。

除了 M58 填:9 以外，薛官堡墓地出土的这些钾玻璃珠属于以往学者分类中的中等钙铝的钾玻璃。此类钾玻璃在我国广西以及东南亚和印度等地都有生产，其中广西是两汉时期世界钾玻璃的主要产地之一。通过与广西合浦等地汉墓出土玻璃的成分对比，我们认为薛官堡墓地的这些属中等钙铝的钾玻璃很有可能来自广西合浦地区。M58 填:9 属于低钙钾玻璃，其来源尚需进一步研究。

此项分析工作不仅有助于深化对墓地及其出土玻璃珠的认识，而且对相关学术研究也有很重要的意义。首先，其为考察汉代滇东高原与岭南地区的文化联系及交通提供了新的材料和证据。薛官堡墓地所在的陆良盆地地处滇东高原腹地，自古以来就是重要的交通孔道，向南、向西分别可进入滇东南和滇池地区；向北经曲靖、昭通，可达四川盆地；向东可至贵州、广西，今南（宁）昆（明）铁路经薛官堡墓地附近仅几千米的召夸镇通过。薛官堡墓地钾玻璃的发现，从一个方面反映了滇东高原在汉代尤

---

① 熊昭明、李青会：《广西出土汉代玻璃器的考古学与科技研究》，第 241 页，文物出版社，2011 年。

其是西汉中晚期以后与岭南等周邻区域存在着较为密切的经济、文化互动，而作为不起眼的"蕞尔小物"，这些玻璃珠以往并未引起人们足够的重视。其次，对云南乃至整个云贵高原汉代玻璃器的研究来说，其也将起到积极的推动作用。关于云南及云贵高原汉代玻璃器，过去已有一些学者予以关注，但由于这方面的科技检测及分析工作开展较少，使得对其工艺技术及来源等诸多问题的探讨缺乏科学依据的支持和验证，从而造成相关研究难以深入下去。薛官堡墓地出土玻璃珠的分析，无疑会在一定程度上改善这一局面。

二　陆良薛官堡墓地出土玉石器和玻璃珠的微痕分析及工艺探讨[①]

薛官堡墓地考古发掘出土遗物中，有多件玉石器，包括镯、玦、扣、珠子等装饰品，以及石磨棒等工具。根据需要，我们对其中的部分玉石器及两件玻璃珠进行了微痕观察和分析，希望能为薛官堡墓地及相关学术问题的研究提供一些参考。具体方法是在肉眼观察的基础上，采用扫描电子显微镜（SEM）、红外光谱（IR）、X 射线粉晶衍射（XRD）等技术手段进行分析，获得了一些初步认识。

（一）闪石玉器

玦　1 件。

标本 M207∶1，不对称薄片状。外径 1.65、内径 0.75、玦口宽 0.1、厚 0.15 厘米（图 5 –52；彩版九四∶3），质量 0.513 克。

肉眼观察，白色，不透明，瓷状光泽。IR 测定材质为闪石玉（图 5 –53）。

玉玦厚度均匀，应使用了硬度较大的片状工具进行开片。外环未使用管钻，采用

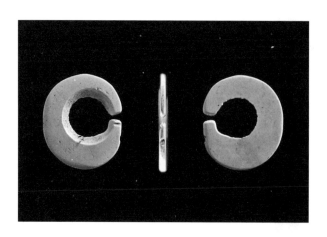

图 5 –52　玉玦（M207∶1）

---

①　本部分作者为中国社会科学院考古研究所叶晓红。

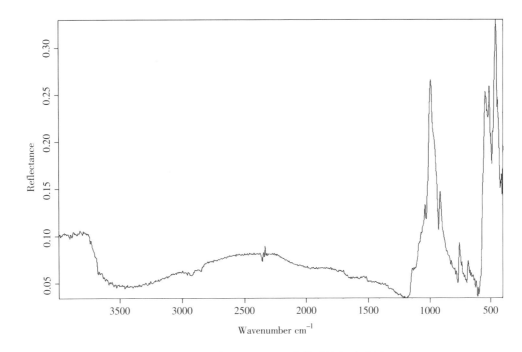

图 5 – 53　玉玦（M207∶1）直接透射红外谱图

了磨制技术。内环采用单向钻孔至底部敲击而成，破裂面未进一步打磨修整。玦口处采用对向锯片切割技术，一侧残留有切割痕（图 5 – 54）。SEM 下，根据内环形态和微痕分布特点（图 5 – 55），判断钻孔时使用了解玉砂。残留的切割痕底部平直，宽度约0.6 毫米（图 5 – 56），说明使用了极薄的片状切割工具。

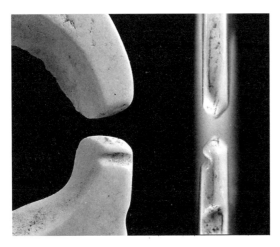

图 5 – 54　玉玦（M207∶1）口部切割痕

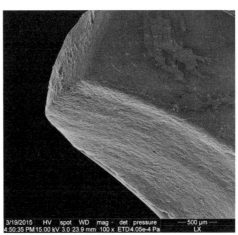

图 5 – 55　玉玦（M207∶1）内环微痕

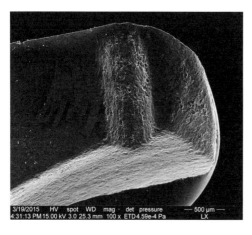 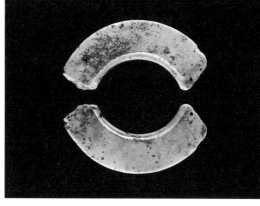

图5-56　玉玦（M207：1）切割痕　　　　　图5-57　玉镯（M168填：6）

镯　1件。

标本 M168 填：6，残，现存两截，仅观察和分析其中的一截。环形，一端有一孔，孔被破裂面打破，判断这件有领玉镯在断裂之后，经穿孔缀合使用，之后再次损坏。外环和内环均是规整弧形，应是管钻制成。外径 5.63、内径 3.1、厚 0.31~0.53 厘米（图5-57；彩版八九：2），质量23.015 克。

肉眼观察，不透明，白色，瓷状光泽，破损处可见毛毡状结构。IR 测定材质为闪石玉（图5-58）。器物表面多见 0.4~1.2 毫米的红褐色包裹物，截面的几何形态包括三角形、正方形或长方形，呈锈蚀后的金属光泽，推测是黄铁矿晶体（图5-59）。器

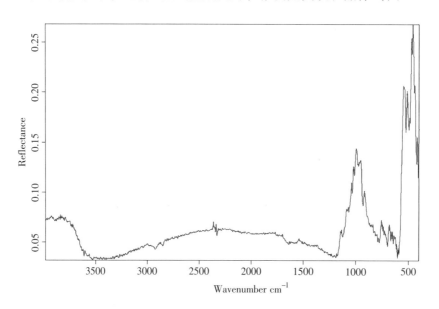

图5-58　玉镯（M168填：6）直接透射红外谱图

物打磨平整，可观察到平行排列的细磨痕（图 5 - 60），考虑到器物表面残留有朱砂等杂质，没有进一步开展微痕复制和分析。黄铁矿以包裹物的形式与闪石玉共生，对于玉料产地的探索是不可忽略的因素，但对工艺性能有一定影响，SEM 下可见微裂隙多是沿包裹物边缘产生并向外漫延（图 5 - 61）。

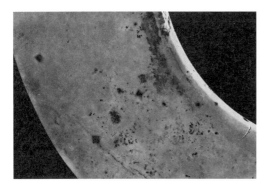 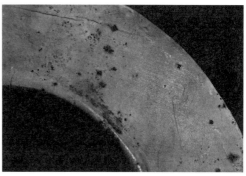

图 5 - 59　玉镯（M168 填:6）　　　　　图 5 - 60　玉镯（M168 填:6）
表面可见共生的黄铁矿晶体　　　　表面可见磨痕和共生的黄铁矿晶体

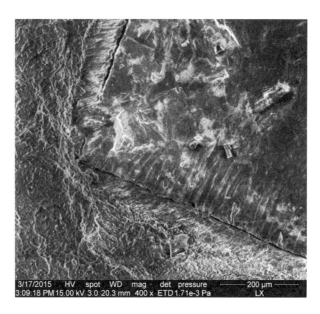

图 5 - 61　玉镯（M168 填:6）表面微裂隙

（二）绿松石器

桶珠　2 件。

标本 M56:3，不透明，蓝色，蜡状光泽，外径 0.53、孔径 0.2、高 0.69 厘米（图 5 - 62），质量 0.304 克。

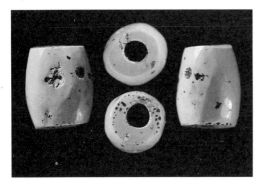

图 5-62　绿松石珠（M56:3）

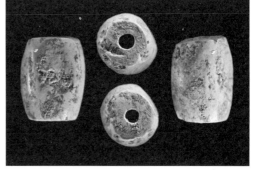

图 5-63　绿松石珠（T6167①:1）

标本 T6167①:1，不透明，绿色，蜡状光泽，外径 0.807~0.674 厘米，孔径 0.183 厘米，高 1.013 厘米（图 5-63），质量 0.881 克。IR 测定材质均为绿松石（图 5-64、65）。

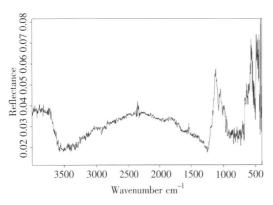

图 5-64　绿松石珠（M56:3）
直接透射红外谱图

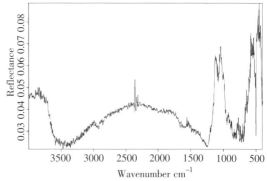

图 5-65　绿松石珠（T6167①:1）
直接透射红外谱图

桶珠的中孔以对向实心钻技术制成。M56:3 表面有几处凹坑，内部除了胶结有朱砂和土以外，还有白色石英岩（图 5-66），后者是绿松石的共生矿物。T6167①:1 表面粘有大量朱砂和土，因此仅对 M56:3 进行了局部的微痕复制和分析，SEM 下可见其表面由多个小磨面组成（图 5-67），打磨工具可能是由细粉砂岩制成小型砺石。

（三）孔雀石器

小管珠　6 件。

标本 M168 填:2，尺寸较接近（表 5-16）。小管珠表面呈粉末状，可见深浅变化的绿色同心条带，是孔雀石的典型结构特征（图 5-68；彩版九〇:5）。SEM 下放大至 8000X 时，可见纤维状晶体定向排列（图 5-69）。

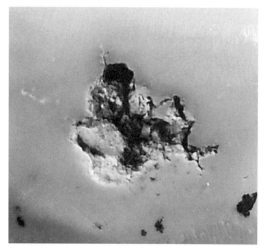

图 5 - 66　绿松石珠（M56∶3）表面凹坑

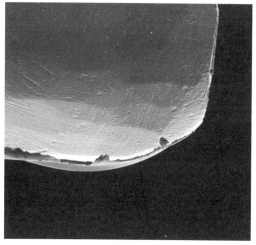

图 5 - 67　绿松石珠（M56∶3）表面磨痕

图 5 - 68　孔雀石珠（M168 填∶2）

图 5 - 69　孔雀石珠（M168 填∶2）纤维状晶体

表 5 - 16　　　　　孔雀石小管珠（M168 填∶2）相关数据表

编号	外径（厘米）	内径（厘米）	长度（厘米）	质量（克）
M168 填∶2 - 1	0. 32	0. 11	0. 84	0. 117
M168 填∶2 - 2	0. 31	0. 12	0. 72	0. 138
M168 填∶2 - 3	0. 31	0. 12	0. 66	0. 126
M168 填∶2 - 4	0. 31	0. 12	0. 69	0. 11
M168 填∶2 - 5	0. 39	0. 12	0. 68	0. 162
M168 填∶2 - 6	0. 33	0. 13	0. 67	0. 111

虽孔雀石莫氏硬度仅有 3.5~4.0, 便于加工, 但此类小管珠出土数量多, 且大小相近, 中孔直径相当, 说明该类器物可能采用了连续生产技术。根据观察, 工序大致为: 切割开料, 打磨成较长的孔雀石圆柱 (偶为扁圆形), 分割成小圆柱, 最后以实心钻技术制中孔。

铜扣饰上粘嵌的小圆片　若干。

标本 M80∶7, 为铜扣饰, 直径 6.6 厘米 (图 5 – 70 上; 彩版六○∶2), 质量 47.795 克。扣饰的正面, 从圆心到外廓共有 5 个圆环。在第二、三环之间以及第三、四环之间, 原本都粘嵌有绿色小圆片, 目前第三、四环之间的小圆片完全脱落, 第二、三环之间则保留有大部分绿色小圆片。肉眼观察, 这些小圆片具有深浅变化的同心环状结构, 是孔雀石的典型结构。扣饰出土时, 压在其正面的土块表面粘有数个绿色小圆片, 包括第三、四环间的 19 片, 以及第二、三环间的 2 片, 部分小圆片已残缺 (图 5 – 70 左下)。

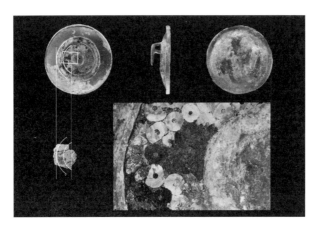

图 5 – 70　铜扣饰 (M80∶7) 及其上镶嵌的孔雀石小圆片

上述小圆片的圆心处均钻有小孔, 内外径和厚度基本一致, 外径 0.24、内径 0.04、厚 0.07 厘米, 平均质量 0.006 克。根据观察, 小圆片采用了连续生产技术, 工序为: 切割开料, 打磨成圆柱, 实心钻制中孔, 最后连续分割成厚度相当的小圆片。

这些小圆片曾被某种黑色的胶质粘在扣饰表面。黑色胶质先被填在第二、三环之间和第三、四环之间, 在胶质尚未硬固之前, 加工者将小圆片黏附在胶质表面, 使之紧密排列, 再稍稍压实, 使黑色胶质因压力挤入小圆片的中孔, 待胶质干透后, 小圆片便被牢固地粘嵌在扣饰表面 (图 5 – 70 右下)。为了填补一些不太规则的部位, 部分圆片的外形被修整成其他形状。

孔雀石料　2 件。

标本出自 M168 填土, 绿色, 葡萄状或肾状孔雀石原料, 破裂处可见内部具有放射纤维状及同心层状结构 (图 5 – 71)。XRD 分析其矿物成分为孔雀石 89%、针铁矿 8% (疑似) 及石英 3% (图 5 – 72), IR 测定亦为孔雀石 (图 5 – 73)。

图5-71 M168填土出土的孔雀石料

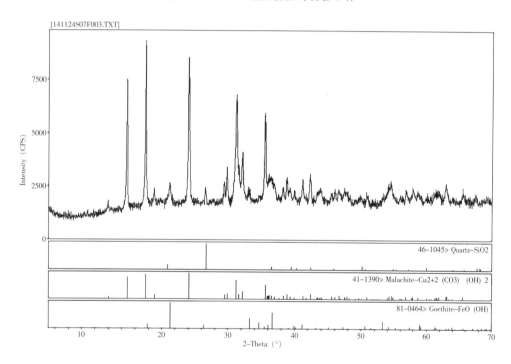

图5-72 M168填土出土孔雀石料的射线粉晶衍射谱图

（四）玻璃器

玻璃珠 2件。红色，呈近方形的圆柱状。

标本H8:6，直径0.78、高0.69、孔径0.25厘米（图5-74；彩版九五:6），质量0.557克，静水密度2.532克/立方厘米。

标本H8:7，直径0.69、高0.69、孔径0.29厘米（图5-75；彩版九五:7），质量0.486克，静水密度2.430克/立方厘米。

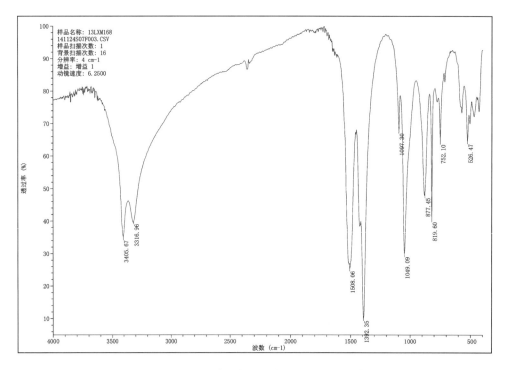

图 5-73　M168 填土出土孔雀石料的红外光谱图

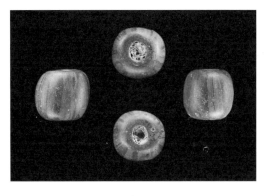

图 5-74　玻璃珠（H8∶6）

图 5-75　玻璃珠（H8∶7）

　　肉眼观察，两件珠子都不透明，玻璃光泽较弱，红褐色、黑色条带在外表面和内壁上平行排列，自两端向外表面均呈放射状均匀分布，与玛瑙常见的平行或同心环状构造完全不同。珠子表面可见一些小圆坑，重要的是，H8∶7 上一处较大的圆坑边缘，发现一个呈金属光泽的圆颗粒，有可能是致色用的铜粉或气泡（图 5-76），据此推测这两件珠子是由人工烧制的玻璃珠，表面那些小圆坑可能是气坑。

　　SEM 下观察，气坑表面风化现象明显（图 5-77），较新鲜处未见明显的结晶体，有极小的气泡分布其中，风化导致的裂隙出现纵深延伸趋势（图 5-78）。不同

图 5-76　玻璃珠（H8∶7）表面圆坑
边缘出现金属光泽小颗粒

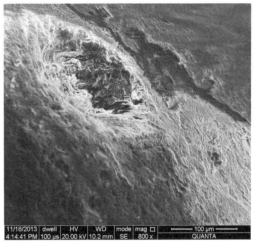

图 5-77　玻璃珠（H8∶7）表面风化的气坑

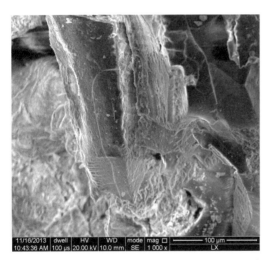

图 5-78　玻璃珠（H8∶7）气坑表面裂隙

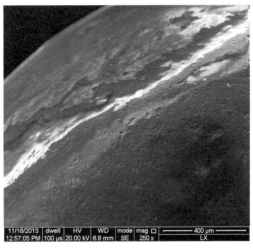

图 5-79　玻璃珠（H8∶7）表面条带

颜色的条带以不规则状态相互浸染接触（图 5-79），或呈云雾状（图 5-80），或呈其他不规则纹样（图 5-81）。珠子表面可见大量因使用造成的杂乱无章的磨耗痕迹（图 5-82），说明其硬度不太高。

两件标本的中孔都不圆，对其进行微痕复制并在 SEM 下观察，发现中孔内壁上沿着其孔洞延伸的方向，较规律地分布着平行的沟槽状微痕（图 5-83、84），局部可见明显的隆起，隆起的表面似乎比内壁其他部位光滑，应该是长期穿绳使用中造成（图 5-85）。孔洞形态和微痕分布特点与玻璃珠的制作工艺有关，可能属于古老的内核成

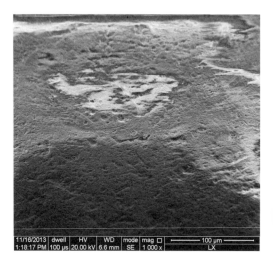

图 5-80　玻璃珠（H8∶7）
表面云雾状纹样

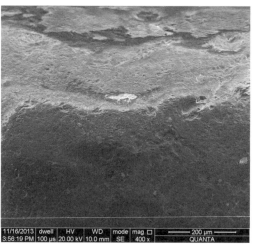

图 5-81　玻璃珠（H8∶7）
表面不规则纹样

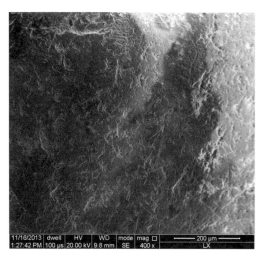

图 5-82　玻璃珠（H8∶7）
表面磨耗痕迹

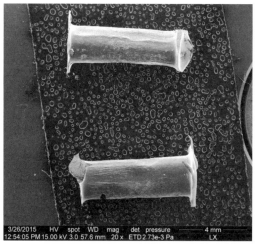

图 5-83　玻璃珠穿孔内壁上的
沟槽状微痕

型技术，该技术起源于美索不达米亚并在埃及新王朝时期达到巅峰。

　　（五）石器

　　石磨棒　1件。

　　标本 M80∶6，黑色细粒砂岩磨制成的圆棒，一端磨成梯形并钻孔，一端为圆钝的笔头状。长 12、最粗处直径 1.8、孔径 0.66 厘米（图 5-86；彩版六一∶8），质量61.686 克。

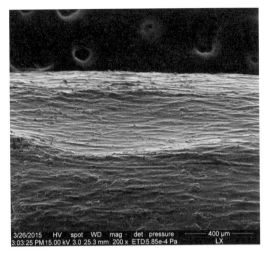

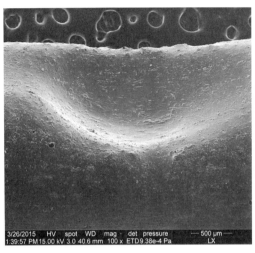

图 5 − 84　玻璃珠穿孔内壁上的
沟槽状微痕

图 5 − 85　玻璃珠穿孔内壁上
隆起处微痕

　　肉眼观察，有孔一端可见加工时造成的多个磨面和磨痕，孔口打破周围磨面，应是打磨完成之后再经钻孔。孔口的使用痕分布在两侧而非顶端（图 5 − 87），说明这件器物平常并非呈悬挂状。磨棒中部打磨较圆滑，端部虽圆钝但比中部的光泽更亮，应是长期使用形成。

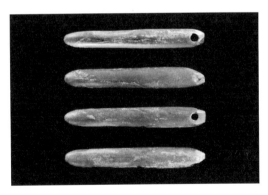

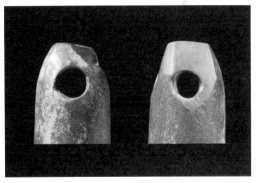

图 5 − 86　石磨棒（M80∶6）

图 5 − 87　石磨棒（M80∶6）
穿孔口部使用痕

　　孔附近还有一破损废弃的孔，可观察到对向钻孔痕迹（图 5 − 88）。SEM 下以相同倍数观察，磨棒中部未见明显的使用痕（图 5 − 89），接近端部处开始出现一些因磨耗产生的凹坑（图 5 − 90），这种凹坑最集中地出现在磨棒的顶端（图 5 − 91）。

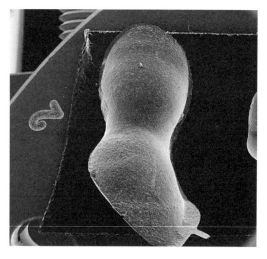

图 5 - 88　石磨棒（M80∶6）
对向钻孔痕迹

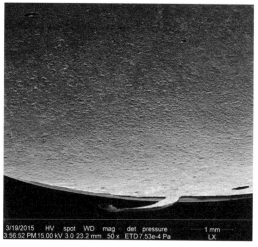

图 5 - 89　石磨棒（M80∶6）中部表面

图 5 - 90　石磨棒（M80∶6）近端处表面

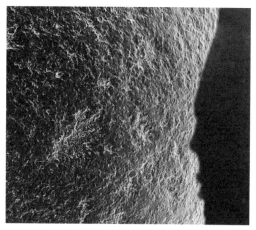

图 5 - 91　石磨棒（M80∶6）顶端表面

　　根据磨棒的尺寸、使用痕的形态及分布特点，推测这件工具可能是用于碾压、研磨矿物颜料或者日常用量不大的食物调料如辣椒、盐等。

（六）小结

通过初步观察和分析，大致获得以下几点认识。

第一，本次仅以薛官堡墓地出土的少量小型器物为研究对象，发现材质丰富，含闪石玉、绿松石、孔雀石、玻璃、细粒砂岩等，除石磨棒可能是生活或生产工具外，其余均为装饰品。

第二，从工艺技术来看，玉器和绿松石器与其他地区出土的同类器物相比，没有明显区别，主要有锯片切割技术、管钻和实心钻技术，以及打磨技术。孔雀石小管珠和小圆片的制作采用了连续生产技术，可能是为了满足较大量的需求，结合大量孔雀石料的出现，说明此类制品很可能是当地生产提供。

第三，不透明的红色玻璃珠较为独特和少见，无论是器形还是工艺，都不是本土制品，应该是域外来品。

第四，涉及的天然矿物种类在云贵川地区或多或少有资源分布，如闪石玉在贵州罗甸[①]、四川龙溪[②]等地产出，但要明确原料产地，尚需要开展更多研究。

三　陆良薛官堡墓地出土玉石饰品材质分析[③]

（一）样品及分析方法

共分析样品 18 件，包括玉石珠、玉石扣饰以及玉石玦和管。使用能量色散 X 荧光光谱分析了这些玉石器的主成分，来判断其材质。

采用仪器型号为日本堀场制作所（Horiba Inc.）生产的 XGT – 7000 型 X 荧光显微镜。分析条件：为 X 入射线光斑直径：1.2mm；X 光管管电压：30kV；X 光管管电流：0.029mA；数据采集时间：150s。解谱方法为单标样基本参数法。

（二）分析结果

表 5 – 17 为所有样品主量元素分析结果。

表 5 – 17　　　　　　　　　玉石器的成分分析结果　　　　　　　　　（重量%）

器物号	MgO	Al$_2$O$_3$	SiO$_2$	P$_2$O$_5$	K$_2$O	CaO	TiO$_2$	Fe$_2$O$_3$	CuO	ZnO	As$_2$O$_5$	材质
M18:2	20.08	3.45	61.16		0.08	13.73		1.49				软玉
M19:3	0.02	23.0	60.87	3.31	1.57	0.34	0.77	4.8	4.94		0.02	绿松石
M30:3		2.92	96.77		0.18			0.13				玛瑙
M30:4		42.14	13.6	35.36	0.35	0.23	0.13	0.88	7.15	0.12	0.03	绿松石
M38:4			99.93					0.07				玛瑙
M38:8		1.43	98.48					0.09				玛瑙

① 李凯旋、蒋婷丽、邢乐才、周明忠、罗泰义：《贵州罗甸玉的矿物学及矿床学初步研究》，《矿物学报》2014年第 2 期。

② 王春云：《龙溪软玉矿床地质及物化特征》，《矿产与地质》1993 年第 3 期。

③ 本部分作者为北京大学考古文博学院崔剑锋。

续表 5 - 17

器物号	MgO	Al₂O₃	SiO₂	P₂O₅	K₂O	CaO	TiO₂	Fe₂O₃	CuO	ZnO	As₂O₅	材质
M56:2			99.98					0.02				玛瑙
M56:4		3.6	95.41		0.25	0.11		0.28	0.02	0.01		玛瑙
M56:5		44.48	4.83	40.02	0.16			0.35	10.06		0.1	绿松石
M109:3		6.09	92.5		0.37			1.01	0.03			玛瑙
M108:4		49.8		40.67				0.3	9.07		0.16	绿松石
M108 填:3		0.21	99.67		0.07	0.01		0.02				玛瑙
M111:1	0.01	32.71	23.6	27.25	0.64	1.95	0.34	4.25	8.14	0.26	0.06	绿松石
M118:4		48.09		44.01	0.19	0.13		0.17	7.13	0.28		绿松石
M142:1		26.23	52.16	11.99	1.07	0.2		2.96	5.37			绿松石
M148:4		40.09	16.43	34.32				1.6	6.63	0.93		绿松石
M191:1 - 1	4.32	7.08	83.91	0.79	0.35	2.88	0.05	0.57		0.02		石英岩（软玉）
M196:1	20.09	4.21	59.55		0.35	12.77		0.34	0.02			软玉

（三）结果及讨论

根据分析结果，所有的玉石饰品的材质分为三大类：透闪石 - 阳起石软玉、玛瑙和绿松石。

1. 透闪石 - 阳起石软玉

本次分析有两件透闪石 - 阳起石软玉，分别是 M18:2、M196:1。这两件器物的化学组成显示它们都为标准的透闪石 - 阳起石软玉，且 MgO/（MgO + FeO）的比值均大于 0.9，这表明它们是属于透闪石软玉，及白玉和青白玉。从分析结果看，这两件软玉的 Al₂O₃ 含量偏高，说明其石性较大。这可能和其表面风化有关系。

M191:1 主要化学组成为 SiO₂，含量高达 83.9%。因此应该属于石英岩一类的物质。但是其他的主要化学组成为 MgO、CaO，且 MgO/CaO 的比值接近软玉的比值。说明这件器物很可能是开采了含有透闪石 - 阳起石软玉的围岩，或者是所谓软玉的"石皮"部分。其最终仍是要开采透闪石 - 阳起石软玉。

众所周知，使用透闪石 - 阳起石软玉作为主要玉料是中原地区的传统。薛官堡墓地出土的这些玉石器或是受到了中原文化的影响。

2. 玛瑙

共检测出玛瑙 7 件，包括红色玛瑙珠、白玛瑙扣等。根据已有的对滇文化遗址和墓葬的发现，玛瑙饰品是其中发现比例较高的宝玉石制品，而薛官堡墓地作为与滇文化有联系的西南夷少数民族墓地，出土较多玛瑙饰品是非常合理的。

3. 绿松石

除了软玉和玛瑙外，其余皆为绿松石，共有 8 件。绿松石制品都为小的珠饰，且和一些红玛瑙珠饰同出，如 M30、M56 等墓葬中即有此现象。这应该是为了使用蓝绿色与红色以显示饰品的华丽而搭配的。这种搭配在古代很多文化的饰品制作当中都有所发现。

（四）结论

材质分析结果表明，薛官堡墓地的玉石装饰品主要有三种材质：透闪石－阳起石软玉、玛瑙以及绿松石。其中玛瑙和绿松石的大量使用，证实了薛官堡墓地先民和滇文化先民同属西南夷少数民族，习惯以玛瑙和绿松石作为日常装饰品的主要材质。而软玉饰品的发现则表明，薛官堡墓地先民和中原文化之间可能存在着某种联系。

第六节　纺织品的观察、鉴定与研究

薛官堡墓地发掘过程中，在一些金属器的表面或附近常发现残存的纺织品痕迹，有的布纹非常清晰。作为难得的有机质遗存，我们对这些纺织品残留物均取样收集，并在室内进行观察、鉴定和分析，希望从中获得一些有价值的信息。下面为具体的检测与分析报告。

一　陆良薛官堡墓地出土纺织品痕迹的鉴定与研究[①]

陆良薛官堡墓地的发掘出土了一批珍贵文物，为研究汉代"西南夷"文化及其与同时期中原文化的关系提供了丰富的实物资料。在部分出土遗物尤其是金属器上，发现附着有一些纺织品痕迹，为了解其具体情况，我们尝试对这些样品进行了鉴定和分析。

此次送检的材料共有 9 例，分别为铁削（M35∶11）上织物痕迹、铜柄铁剑（M66∶1）上织物痕迹（共附着 4 例）、铜柄铁削（M66∶3）上织物痕迹、铜柄铁剑（M69∶1）上织物痕迹、铜斧（M20∶1）下土样上织物痕迹、M66 铜泡饰后穿线。其中，7 例为附着在金属器物上被锈蚀物包裹的织物痕迹，1 例为残存穿绳痕迹，1 例为印在泥土上的织物痕迹。

（一）基本信息检测

1. 铁削（M35∶11）上织物痕迹

此件铁削环首，残长 18 厘米，出土时因锈蚀与一件铜斧粘连在一起，柄及刃部均

---

① 本部分作者为中国社会科学院考古研究所王丹。

发现残留的纺织品痕迹。织物痕迹织造相对粗糙，组织结构为一上一下平纹组织，从织物边缘纹路分析，似乎经线略粗，纬线略细，纬线基本隐藏于经线下不见。经密为7根/厘米，投影宽1.4～1.45毫米，S捻弱捻；纬密为9根/厘米，投影宽1.1～1.15毫米（图5－92）。织物密度按照汉代规制，为4.4升布。

图5－92 铁削（M35∶11）上的织物痕迹

2. 铜柄铁剑（M66∶1）上织物痕迹

铜柄铁剑（M66∶1）为三叉格剑，通长57、茎长8.3、格长8.7、刃长40、格最宽4.8、刃最宽4.1厘米。发掘时，在该剑旁侧还出土铜镖（剑鞘末端的铜质构件）1件。剑的刃部锈蚀断裂，表面残留较多织物痕迹，且明显分层。经对剑身一面进行仔细观察，发现其上附着有内、中、外共3层密度不同的织物，其中内层织物较为细密，外面两层尤其是中层织物显得较为粗糙（图5－93）。现逐一测量分析如下。

图5－93 铜柄铁剑（M66∶1）上的织物痕迹

外层：织物痕迹较粗糙，组织结构为平纹织物，经纬线均无捻。经密为 18 根/厘米，投影宽 0.5 ~ 0.55 毫米；纬密为 14 根/厘米，投影宽 0.7 ~ 0.75 毫米。织物密度按照汉代规制，合 11.4 升布。

中层：织物最为粗糙，分布面积也最大，剑柄以上 42 ~ 50 厘米处均有分布，组织结构为平纹结构，其经纬线密度略同，约为 10 ~ 11 根/厘米，投影宽约 0.9 ~ 1 毫米，无捻。织物密度按照汉代规制，合 6 ~ 7 升布。

内层：靠近剑身，为一层质地较细的织物痕迹，组织结构亦为平纹组织，无捻。经密 40 根/厘米，投影宽 0.25 毫米；纬密 36 根/厘米，投影宽 0.25 ~ 0.3 毫米。织物密度按照汉代规制，合 25.4 升布。

在剑身另一面，还单独粘有一处极为稀疏的织物痕迹，经纬线间空隙较大，疑为纱，经密 7 根/厘米，纬密 6 根/厘米；经纬线投影宽均为 1 毫米左右（图 5 - 94）。织物密度按照汉代规制，合 4.4 升布。

3. 铜柄铁削（M66∶3）上织物痕迹

铜柄铁削（M66∶3）残，刃断裂，残长 16.9 厘米。出土时，刃部尚残留明显纺织物痕迹。织物痕迹只分布在刃部，较为粗糙，组织结构为一上一下平纹组织。经密 8 根/厘米，投影宽 1.25 毫米；纬密亦 8 根/厘米，投影宽 1.25 毫米；经纬均为 S 捻，弱捻（图 5 - 95）。织物密度按照汉代规制，合 5.08 升布。

图 5 - 94　铜柄铁剑（M66∶1）
上的纱状织物痕迹

图 5 - 95　铜柄铁削（M66∶3）
上织物痕迹

4. 铜柄铁剑（M69∶1）上织物痕迹

铜柄铁剑（M69∶1）为空首一字格剑，刃部锈蚀断裂，通长 25.8、茎长 7.2、格残长 4.7 厘米。刃部残留明显的纺织物痕迹，且不止一层，似乎是多层包裹，但织物纹路粗细较均匀，似是同一片织物反复包裹而成。织物略粗糙，痕迹从剑锋 1.5 ~ 15.5

厘米处均有分布，组织结构为平纹组织。经密 20 根/厘米，投影宽 0.5 毫米；纬密 12 根/厘米，投影宽 0.8～0.85 毫米；无捻（图 5－96）。织物密度按照汉代规制，合 12.7 升布。

5. 铜斧（M20∶1）下土样上织物痕迹

土块长 10.5、宽 9.5 厘米，其上有一片织物痕迹，原位于铜斧下，织物疑与铜斧有关。织物范围约 2 厘米×1.5 厘米，组织结构为平纹组织，Z 捻弱捻。经线略粗，纬线略细。经密为 7 根/厘米，投影 1.4～1.5 毫米；纬密 12 根/厘米，投影宽 0.8～0.85 毫米（图 5－97）。织物密度按照汉代规制，为 4.4 升布。

图 5－96　铜柄铁剑（M69∶1）　　　　　　　　**图 5－97**　铜斧（M20∶1）
上的织物痕迹　　　　　　　　　　　　　　下土样上织物痕迹

6. M66 铜泡饰背后穿线

该标本为铜泡饰背后的穿线痕迹，出土时仍保留有一定的纤维组织，但污染严重，且质地极为糟朽（图 5－98）。经反复处理去污后，得到显微镜下纤维纵面形态照片（图 5－99），但由于糟朽严重无法取得横截面信息。根据其纵面情况，对照纤维鉴别标准图谱，推断其质地高度疑似为大麻纤维。穿线为 2 股线以 Z 捻合成，宽约 2.4 毫米，其中每股线为 S 捻弱捻，每股线宽 1.2 毫米。

（二）相关讨论

1. 织物纤维属性鉴别

此次薛官堡墓地送检的 9 例纺织物痕迹样本，其中铜斧（M20∶1）下土样上的标本表面看似尚存织物纤维痕迹，然而由于织物纤维脱水严重，已完全炭化，经红外光谱、扫描电镜、荧光光谱等设备反复实验亦无法鉴别其纤维类型。M66 铜泡饰背后穿线样品，是唯一一例仍保存有少量纤维结构的样本，经提取检测，推断其本体高度疑似为大麻纤维。

图 5 – 98　M66 铜泡饰及其背后穿线　　　　图 5 – 99　M66 铜泡饰背后穿线

　　　　　　　　　　　　　　　　　　　　　　　　　纤维纵面形态

　　除此之外，其余 7 例均为附着在金属器物上的织物痕迹。由于已被金属锈严重浸入，织物纤维本体结构早已无存，仅余表面织物组织痕迹，所以仅可判断其组织结构、织物密度、捻度、捻向等信息。对于其具体纤维属性，已无法确切检测证明，只能根据织物密度作大致猜测。

　　此次薛官堡墓地出土的这几件纺织物痕迹样本中，密度最大者为 M66 铜柄铁剑（M66∶1）上所附着累叠 3 层织物痕迹中最细的一层，其经密达 40 根/厘米。对比以往发现的考古材料可知，这种密度可能被判定为蚕丝制品，但是属于极其粗糙的丝织物。

　　与其粗糙程度相近的丝织品在考古中发现的并不多，战国时的楚墓中曾见过几例近似者，如湖北江陵望山沙冢楚墓出土的花卉绢绣（WM1∶B151），绣地为两层绢，第一层经密为 36 根/厘米，第二层经密为 34 根/厘米[1]；江陵马山一号楚墓出土的灰白色绢衾里，其经密为 44 根/厘米[2]；曾侯乙墓出土的众多丝织物中密度最粗者也有一件经密为 46 根/厘米[3]。汉代这样的例子更为少见，仅河北满城一号西汉墓曾出土过一例绢织物（F–4），其经密为 40 根/厘米[4]；广西贵县罗泊湾汉墓出土有一例平纹绢，经密为 42 根/厘米[5]。

　　而在当时丝织水平已达到相当高的技术条件下，蚕丝织物的普遍密度实已相当细密。如长沙马王堆一号汉墓出土的平纹织物素，其较粗的地方每厘米仍有经丝 55 ~ 75

①　湖北省文物考古研究所：《江陵望山沙冢楚墓》，第 102 页，文物出版社，1996 年。
②　湖北省荆州地区博物馆：《江陵马山一号楚墓》，第 31 页，文物出版社，1985 年。
③　湖北省博物馆：《随县曾侯乙墓》，第 437 页，文物出版社，1980 年。
④　中国社会科学院考古研究所、河北省文物管理处：《满城汉墓发掘报告》，第 307 页，文物出版社，1980 年。
⑤　广西壮族自治区博物馆：《广西贵县罗泊湾汉墓》，第 86 页，文物出版社，1988 年。

根，同墓出土较密的平纹织物经密已达到 164 根/厘米①；北京大葆台汉墓出土的 849
号绢，经密达 185 根/厘米②；河北满城一号西汉墓中出土的一件平纹织物细绢（F -
1），经密甚至达到 200 根/厘米③。当然还需要考虑西南少数民族地区与中原地区之间
可能存在的技术差距因素。由此判断，该件织物样本的纤维性质很可能是较为粗糙的
丝织品。同时，在这种密度条件下，该件织物也不排除属于较细的苎麻制品的可能。
其经密 40 根/厘米，约合汉制 25 升布，虽然已知的考古材料还未发现有如此精细苎麻
布者，但按照文献记载，古代最细的麻织品可达 30 升（《论语·子罕》孔安国注）。

除了 M66∶1 内层细密织物痕迹外，其余几件标本密度均较为粗糙。根据文献记载
和以往考古发现，推测薛官堡墓地这批纺织品材料的纤维质地为麻织物的可能性较大，
而麻纺织品的使用也符合汉代日常纺织用品的材料属性（在无法确认其纤维性质的前
提下，并不排除葛纤维等材料的可能）。

麻纤维自古在我国广泛种植，夏商周时期起就是用量最多的植物纤维之一。我国
很早即有认识和使用麻纤维的记录。《史记·周本纪》说周人的始祖弃"为儿时，屹如
巨人之志。其游戏，好种树麻、菽"。可见，麻在我国种植、利用比较古老。根据《周
礼·天官·典枲》记载，麻布在周代曾是重要的经济作物，以至于国家专设"典枲"
一职负责对其的征集、保管和发放。《墨子·辞过》："古之民未知为衣服时，衣皮带
茭，冬则不轻而温，夏则不轻而清。圣王以为不中人之情，故作诲妇人治丝麻、梱布
绢，以为民衣。"《诗经·陈风·东门之池》："东门之池，可以沤麻。"又言："东门之
池，可以沤纻。"一般认为，"麻"指大麻，"纻"指苎麻。可以说，棉布未在我国广
泛使用之前，麻布和葛布长期以来都是下层民众普遍使用的织物类型。

考古发现的麻纤维比比皆是，如距今 5500 年属新石器早期的荥阳青台仰韶遗址曾
出土过已炭化的麻绳遗迹④；商代中期的北京刘家河遗址，其出土青铜器上发现密度不
同的平纹麻布印痕多处⑤；陕西宝鸡茹家庄西周墓地，发现殉葬奴隶多身着麻布衣物⑥。
从春秋战国时期长沙楚墓⑦、益阳楚墓⑧等遗存中出土的麻织物材料可知，彼时我国纺

① 湖南省博物馆、中国科学院考古研究所：《长沙马王堆一号汉墓》，第 47 页，文物出版社，1973 年。
② 大葆台汉墓发掘组、中国社会科学院考古研究所：《北京大葆台汉墓》，第 57 页，1989 年。
③ 中国社会科学院考古研究所、河北省文物管理处：《满城汉墓发掘报告》，第 154 页，文物出版社，1980 年。
④ 张松林、高汉玉：《荥阳青台遗址出土丝麻织品观察与研究》，《中原文物》1999 年第 3 期。
⑤ 袁进京、张先得：《北京市平谷县发现商代墓葬》，《文物》1977 年第 11 期。
⑥ 宝鸡茹家庄西周墓发掘队：《陕西省宝鸡市茹家庄西周墓发掘简报》，《文物》1976 年第 4 期。
⑦ 湖南省博物馆、湖南省文物考古研究所、长沙市博物馆、长沙市文物考古研究所：《长沙楚墓》，第 417 页，文物出版社，2000 年。
⑧ 益阳市文物管理处、益阳市博物馆：《益阳楚墓》，第 206 页，文物出版社，2008 年。

麻织布技术已达到了相当成熟的程度。

到了西汉时期，麻纺织品更是普遍使用的织物材料。河北满城汉墓、广州南越王墓等都有麻纺织品出土。马王堆一号汉墓出土的文物中，大麻布和苎麻布均不在少数。所以，推测薛官堡墓地出土的几件织物痕迹为麻织物的可能性很大。

我国古代的麻织物又主要分为大麻织物和苎麻织物两种。在古代的文献中，一般"布"指大麻织物，苎麻织物则被称为"纻"或"纻布"。大麻在我国使用时间较早，分布范围更广，纤维长，强力大，耐水性好，但纤维粗硬、弹性差、不易上色，多纺粗布。苎麻是我国的特产，被称为"中国草"，其纤维长而细，韧性比大麻强三倍，纤维洁白而有光泽，适宜作较高级的织物原料。

按照密度推测，此次送检的9例织物样品，除M66铜泡饰背后穿线经检测疑为大麻外，其余样品中，M66∶1所附细密织物痕迹约合25升布者，其属性或为较粗糙的丝织品，或为极细的苎麻织物；4例密度较为稀疏合汉代4～5升布者和1例合6～7升者，推断其属性应为大麻织物；而2例合11～12升布的材料，由于以往考古发现中相近密度的大麻布和苎麻布皆曾有之，故两种可能性都存在。河北藁城台西村商代遗址中，曾出土有合11～12升的大麻布残片[①]；重庆云阳李家坝战国遗址也有大致合11～12升的苎麻布出现[②]。

2. 织物使用性质推测

若欲推断织物使用情况，首先需对汉代织物使用标准作大致了解。我国古代对于布匹粗细程度的标准是按照"升"来判断的，《礼记·丧服》郑注有"布八十缕为升"的记载，即一幅布内每有经线80根则为一升，一幅内升数越多，说明所用经线越多越细，布相对则越细腻，反之则粗糙。《仪礼·士丧礼》郑玄注："半幅一尺，终幅二尺。"疏言："幅广二尺二寸，两畔各削一寸为缝，幅各二尺……汉法幅二尺二寸，亦古制存焉。"《汉书·食货志下》有"布帛广二尺二寸为幅"的记载。根据相关计量工作者考订的《中国历代度量衡单位量值表》[③]，按汉代一尺为23.1厘米推算，汉代每幅布标准宽度约合现在的50.82厘米。

这样折合计算分析，薛官堡墓地这批织物中有4件属于4～5升布，1件属于6～7升布，2件属于11～12升布，1件约25升布。

古人对于各种密度织物的使用情况，文献记载不多，但可略探知一二。《资治通鉴·汉纪·王莽下》："莽下书曰：'予遭阳九之厄，百六之会，国用不足，民人骚动，

---

① 高汉玉、王任曹、陈云昌：《台西村商代遗址出土的纺织品》，《文物》1979年第6期。

② 金普军、杨小刚、黄伟、程红坤：《李家坝青铜器上残留织物纤维的初步研究》，《农业考古》2010年第4期。

③ 邱隆：《中国历代度量衡单位量值表及说明》，《中国计量》2006年第10期。

自公卿以下，一月之禄十缪布二匹，或帛一匹。予每念之，未尝不戚焉。'"《说文》：
"缪指布缕的多寡，即布八十缕为缪，与'升'同义。"《晏子春秋·内篇杂下》："晏
子相齐，衣十升之布，脱粟之食，五卵，苔菜而已。"由此可知，十缪（升）布应是价
格低，非常粗糙，下层民众穿着的布匹。

十升以内的布一般人是不会服用的，大概只有奴隶、边塞刑徒戍卒等才会使用。
《史记·孝景本纪》："令徒隶衣七缪布。"居延汉简中也有关于八稷布、九稷布的记
录，如287.13号简"惊虏隧卒东郡临邑吕里王广卷上，字次君，赍卖八稷布一匹，直
二百九十……"；282.5号简"终古隧卒东郡临邑高平里召胜，字游翁，赍卖九稷曲布
三匹，匹千卅三，凡直千……"。① 《说文·禾部》："布之八十缕为稷"。"稷"与
"缪"、"升"同义。另外，就只有在葬礼上为了表示悲痛才用的例子，汉代郑玄《礼
记疏·服问》："为父，既练，衰七升；母既葬，衰八升。凡齐衰，既葬，衰或八升，
或九升，服其功衰，服粗衰。"在此处，7至9升布只是作为一种仪式性用布使用的，
可见其粗糙程度。

那么多少升的布可算作较细的布呢，大概要到15升，15升的布即可作朝服。《仪
礼疏》："朝服者十五升布衣而素裳也。" 文献所见最细布的记载是30升。《论语·子
罕》孔安国注曰，麻冕"古者绩麻三十升布以为之"，看来这种很细的麻布是用来做
冕的。

从考古发现看，早在商代，福建崇安武夷山白岩崖洞墓出土的大麻布就有经密25
根/厘米，合15升布的例子②。再细的多为苎麻布，如长沙楚墓出有经密32根/厘米，
合20升布③；益阳楚墓有经密30根/厘米，合19升布④；马王堆一号汉墓N27－2号
纻布，经密32.4根/厘米，约合21升布，N26－10号纻布，经密37.1根/厘米，合23
升布⑤；满城汉墓出土麻布（F－10），其经密30根/厘米，约和19升布⑥。

由此分析，薛官堡墓地出土的这批织物大部分都非穿着之用，而可能是用于包裹
物品的。M66铜柄铁剑（M66：1）上附着3层粗细密度不同的织物，情况较为特殊，
大概和剑鞘有关。

3. 织物产地推测

西南夷地区自古有织造的传统。史学界公认，古代西南夷地区生产木棉布（橦华

---

① 中国社会科学院考古研究所：《居延汉简甲乙编》，第201、206页，中华出局，1980年。

② 福建省博物馆、崇安县文化馆：《福建崇安武夷山白岩崖洞墓清理简报》，《文物》1980年第6期。

③ 益阳市文物管理处、益阳市博物馆：《益阳楚墓》，第206页，文物出版社，2008年。

④ 高汉玉、王任曹、陈云昌：《台西村商代遗址出土的纺织品》，《文物》1979年第6期。

⑤ 上海市纺织科学研究院：《长沙马王堆一号汉墓出土纺织品的研究》，第76页，文物出版社，1980年。

⑥ 中国社会科学院考古研究所、河北省文物管理处：《满城汉墓发掘报告》，第307页，文物出版社，1980年。

布)。《史记·西南夷列传》记载张骞从西域归来后向汉武帝报告，"言居大夏时见蜀布、邛竹杖，使问所从来，曰'从东南身毒国，可数千里，得蜀贾人市'"。从名称看，"邛竹杖"和"蜀布"这类物品的产地应与西南夷中的"邛都"以及蜀有关。而饶宗颐先生指出，其生产范围应更大，因为这些物品是由蜀地的商贾们从云南哀牢区购出，然后再贩运往各地，"人只知为蜀贾所卖，故称之为蜀布"①。这大概是一个合理的解释。

考古发现对此也有证明。云南江川李家山墓群一类墓中的所有女性墓，被普遍发现随葬以"成套的纺织工具（包括卷经杆、纺轮、工字形器、弓状器、绕线板、梭口刀等）为主，还有铜针线筒（内装有朽线和铜针）、铜针线盒（内有朽线）等物"。发掘者分析指出这类墓具有典型的地方文化特点，其上限或可早到战国末②。由于同墓群中并没有纺织品实物发现，其织造内容尚不得而知，但不排除麻织品的可能。而且根据农业专家分析，"云南的自然气候条件至今适宜种麻，云南山区、半山区气候较湿润的地方均适宜苎麻的种植"③。

汉武帝元封二年（公元前 109 年），汉朝征服滇，设立益州郡和 24 县。郡县制的推行及汉移民的进入，促进了云南各族的社会发展，也带来了内地一些先进的生产技术。中原地区更为先进的纺织工艺技术很可能也在此时传入了云南地区。

据文献记载，云南地区至迟在东汉时已出产苎麻。《华阳国志·南中志》："兰干，獠言紵。"《后汉书·南蛮西南夷列传》："哀牢……宜五谷蚕桑。知染采文绣，罽毲帛叠，兰干细布，织成文章如绫锦。""兰干"是云南民族哀牢夷对苎麻的用语。

在与西南夷相邻的巴蜀地区，考古发现显示战国时期已使用苎麻作为纺织原料④。西汉时，当地更是以织造细麻布而著称。西汉杨雄《蜀都赋》中曾提到"筒中黄润一端（二丈或六丈）数金"，章樵注引司马相如《凡将篇》："黄润纤美宜制禅。"《华阳国志·蜀志》亦记载："安汉，上、下朱邑出好麻，黄润细布，有羌筒盛。"可知"黄润"是蜀地产的高级紵麻布。那么云南地区在西汉时是否也掌握了这种技术，可以织造如薛官堡 M66 铜柄铁剑（M66∶1）上附着的最细层 25 升麻布，这种可能性应该是存在的。此次分析的薛官堡墓地出土的纺织品样品，其所属墓葬的年代据发掘者判断约为西汉中晚期，推测此时云南本地已有生产织造这些纺织品的能力。当然，这尚需要更多材料的证明。

① 饶宗颐：《蜀布与 CinaPaṭṭa——论早期中、印、缅交通》，《历史语言研究所集刊》第 45 本第 4 分，1974 年 6 月。

② 云南省博物馆：《云南江川李家山古墓群发掘报告》，《考古学报》1975 年第 2 期。

③ 袁兴娣：《发展云南麻纺工业的设想》，《经济问题探索》1989 年第 10 期。

④ 金普军、杨小刚、黄伟、程红坤：《李家坝青铜器上残留织物纤维的初步研究》，《农业考古》2010 年第 4 期。

（三）小结

薛官堡墓地出土的这批织物材料，其纤维属性推测多为大麻和苎麻。密度从 4～5 升到 11～12 升再到 25 升均有发现，其中多为较粗糙者，组织结构均为最简单的一上一下平纹组织，整体织造水平不高。究其原因，可能与它们的用途即主要作为随葬品包裹材料使用有关。关于产地，可能是本地生产，当然不排除受到了中原文化的影响，另外也可能是由内地传入的。

只有 1 件密度达 25 升，其质地如果是蚕丝纤维，在当时则属于非常粗糙的丝织物；如为苎麻制品，那么则是目前已发现汉代最为细致的麻布样品了。可惜由于织物纤维本体已被铁锈严重浸入，纤维结构早已无存，难以得到确切判断结果。同时因为西南夷地区出土纺织品实物较少，亦缺乏旁证支撑，相信随着考古发掘的深入开展，终将得到合理解释。

纺织品属有机物，易受各种侵蚀，其保存相对困难，考古发现者凤毛麟角，很多年来对古代纺织品的研究多依靠文献记载和书画材料等。陆良薛官堡墓地的发现实属难得，为研究汉代纺织品材料，特别是云南地区古代纺织材料的使用、织造技术水平及其与同时期内地文化的交流等问题，提供了珍贵的实物资料。

第六章　结语

第一节　墓葬分期与年代

薛官堡墓地的发掘是陆良盆地有史以来第一次科学的考古发掘工作，在此之前，人们对当地青铜时代和早期铁器时代的考古学文化几无了解，因此对墓葬断代和分期来说，存在一定的难度。不过，从出土器物看，薛官堡墓地与周邻有关文化遗存如滇池地区的滇文化墓地、曲靖盆地的八塔台文化墓地以及泸西石洞村和大逸圃墓地等均有一定的联系。另外，部分墓葬还出土有一些年代较为清楚的汉式器物，如铜镜、铜钱以及铁器等。这些都可以为墓葬的年代研究提供重要的参照或依据。结合有关的碳十四测年数据，大体可确定薛官堡墓地的年代为战国秦汉时期，下限约在东汉初。然而，在墓葬分期方面，由于大部分墓葬未出随葬品，且有随葬品的墓葬出土器物也多不丰富，尤其是陶器较少，所以尽管很多墓葬的相对早晚关系清楚，但通过器类组合及器型的演变来对墓葬进行排序和分期研究，事实上十分困难。况且，薛官堡墓地墓葬排列密集，可能与某种葬俗和观念有关，叠压、打破关系未必说明彼此年代相距很远。鉴于此，这里仅对部分出土随葬品的墓葬做一初步而粗略的分期，更细致的分期研究留待今后相关资料进一步丰富时再进行。

下面对墓葬层位及打破关系、出土器物、碳十四测年数据等进行分析，在此基础上就墓葬分期及年代展开研究。

（一）墓葬层位与打破关系

就地层关系而言，由于墓地遭长期破坏，墓葬的原始坑口大多不存，发掘时大部分墓坑都开口于现代耕土层下，因此，能通过开口层位来确定彼此相对早晚关系的墓葬不多。这种情况主要见于周家坟发掘点南部，此处开口于②层下的墓葬要早于开口于①层（耕土层）下同时打破②层的墓葬。

薛官堡墓地清理的墓葬排列非常密集，近60%都存在打破关系，而出随葬品的墓葬之间共有26组打破关系（含连环间接打破），其中唐家坟发掘点有18组，周家坟发掘点有8组。虽然这些打破关系不一定代表墓葬间有时代上的早晚关系，但对部分墓葬的分期及断代来说，还是具有一定的参考价值。下面为打破关系示意。

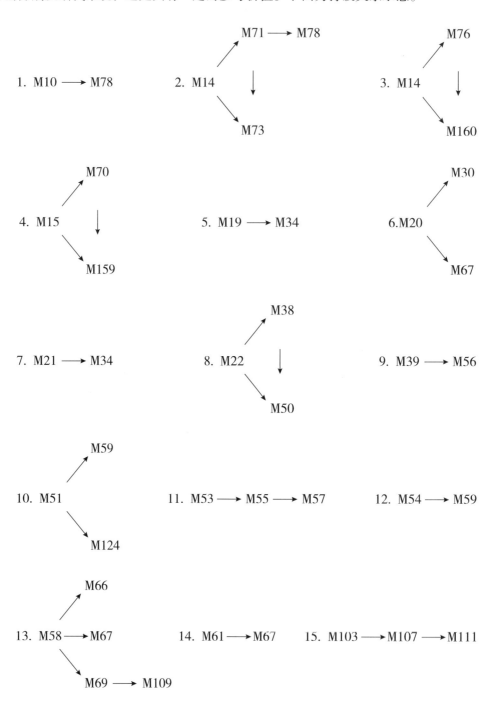

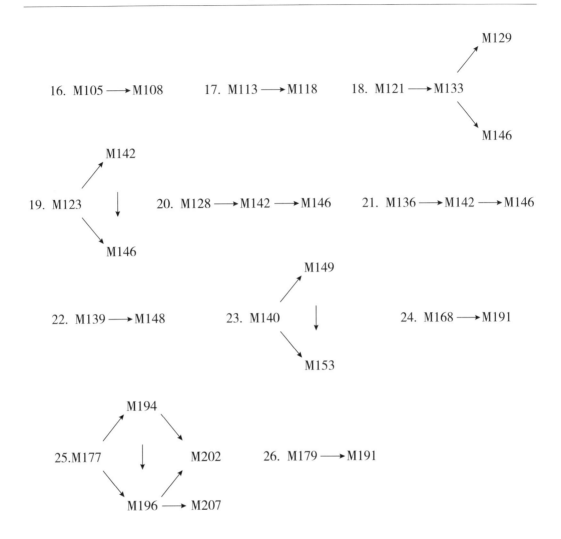

（二）具有分期和断代意义的器物

随葬品中的陶器主要有罐、高领罐、豆、釜、纺轮等器类，常见罐和高领罐的组合，有时也加豆或以豆代罐，由于组合和器型变化不大，很难为墓葬分期提供可靠的支持。但从墓葬打破关系以及共出器物看，在整个墓地中，出陶器的墓葬年代要相对较晚。

金属器以兵器、工具和装饰品为主，虽然器类不算少，但每类器物的数量及型式都不多，组合及组合变化也不明显。结合墓葬打破关系等进行梳理，只有铜镯能约略看出在器型上有一定的变化规律，相对来说，A 型即宽片状镯的出现要早于 B 型即细环状镯。

金属器中还有铜镜和不少铁器，年代均较为清楚。铜镜为日光镜，主要流行于西汉中晚期。云贵高原早期铁器及铁器制造技术的起源尚有争议，一般认为西汉时期当地土著居民尚不能冶铁，他们使用的铁器主要是通过贸易等途径从巴蜀地区输入，后来当地土著居民自己掌握了制造铁器的技术，所用原料为废旧铁器或输入的铁料①。从大量考古发现看，西汉中晚期即汉武帝开西南夷之后，云贵高原土著青铜文化墓葬中发现的铁器数量明显增加，器类也更为丰富，有兵器、工具、农具以及釜、三足架等一些日常生活用品，特别是部分小墓中也出现了铁器。薛官堡墓地发现的铁器多出自小墓，其中还有锻銎铁斧，都说明其年代较晚，当不早于西汉中晚期，即在汉武帝开西南夷之后（具体到当地，应为汉武帝元封二年设益州郡之后）。几件铜铁合制器的年代也大约如此，如 M66 出土的三叉格铜柄铁剑，属于西南地区铜柄铁剑中较晚的类型，据研究其年代主要在西汉中晚期②。

　　部分墓葬出土的铜钱也是重要的断代资料。这些铜钱主要为"五铢"钱，另有个别"大泉五十"钱。五铢钱从形制和钱文看，多具有西汉中晚期的特征，年代上限不超过宣帝时期，少数晚的也有可能至东汉初。大泉五十锈蚀严重，但可以看出铸造较为粗劣，应是新莽晚期所铸。

　　薛官堡墓地还出土一些蓝色和红色的玻璃珠，经分析可能多来自于广西合浦地区。这类玻璃珠在云贵高原过去也有发现，年代多在西汉中晚期，有的可至新莽时期或东汉初（参见第五章第五节）。可见，这些玻璃珠在云贵高原的出现，是有一定时代背景的，应与汉武帝开西南夷和统一岭南后海上贸易兴起以及南方各地交通往来得到进一步加强有关。

　　（三）碳十四测年数据

　　由于当地酸性土壤的腐蚀性很强，发掘过程中获取的碳十四等测年样品有限，最后共测得 6 个样品数据，其中有 4 个为墓葬所出（参见第五章第一节），墓葬号分别为 M21、M146、M154 和 M168。所测年代数据均经树轮校正，这里取其 2σ 值，具体如下：

　　12LXM21 CY：1，360BC ~ 100BC；

　　12LXM146 CY：1，360BC ~ 50BC；

　　12LXM154 CY：1，710BC ~ 390BC；

　　13LXM168 CY：14，420BC ~ 230BC。

　　这几个样品的测年数据都不晚于西汉，但彼此还是有较明显的早晚差别。M21 和

---

① 童恩正：《对云南冶铁业产生时代的几点意见》，《考古》1964 年第 4 期；宋世坤：《贵州早期铁器研究》，《考古》1992 年第 3 期。

② 宋世坤：《我国西南地区铜柄铁剑研究》，《中国考古学会第三次年会论文集》，文物出版社，1984 年；苏奎、尹俊霞：《试析西南夷地区的三叉格铜柄铁剑》，《四川文物》2005 年第 2 期。

M146 的两个样品年代相对偏晚，下限至西汉中晚期。M154 和 M168 的两个样品年代相对偏早，下限分别为战国早中期和战国末。值得注意的是，从出土器物以及墓葬打破关系看，M21 和 M146 的年代亦显得较晚。这两座墓均位于唐家坟发掘点，其中 M21 打破出土有铁削等随葬品的 M34，M146 出土铜骹铜矛，表明它们的年代都不会很早，为西汉中晚期的可能性很大。M154 和 M168 位于周家坟发掘点，墓中均未见铁器等年代明显偏晚的器物，其中 M154 除发现辫索状的炭样外，无其他随葬品，但该墓开口于②层下且直接打破生土，暗示其年代较早，很可能属整个墓地中最早的一批墓葬。可见，此次提供的测年样品虽然数量不多，且多为竹木类炭化物，但获得的碳十四测年数据对于墓葬断代来说，仍是很重要的依据。这里要指出的是，在以往云贵高原西南夷考古实践中，碳十四测年普遍存在数据偏早的现象①。薛官堡墓地的碳十四测年数据较少，其精准度暂时还难以验证，因此出于稳妥考虑，在应用于墓葬断代研究时一般按测年范围的下限来分析。

综合多种因素分析，这里将部分出土随葬品的墓葬大致分为二期。

第一期：包括 M6、M70、M78、M80、M140、M141、M149、M153、M159、M160、M167、M168、M179、M191、M194、M196、M202、M207 等。该期墓葬基本都位于周家坟发掘点，出土的随葬品有陶器、铜器、玉石器等，均为西南夷土著文化器物。陶器很少，主要是 A 型高领罐及一些残陶器。铜器有剑、戈、矛、啄、镞、箙饰、锛、凿、削、刻刀、锄、扣饰、片饰、镯等，制作一般较为精良。其中，剑有主要为 Aa 型和 B 型；戈为 A 型；矛包括 A 型和 B 型；镞为 A 型；凿为 A 型 I 式；扣饰为 A 型；镯以 A 型居多。玉石器主要有孔雀石珠、玛瑙珠、石磨棒以及管饰、璜、玦、镯等玉制品。

该期墓葬中，M80、M140 等墓葬出土器物稍多。M80 出土的铜扣饰属于滇文化的典型器物，这种正面内凹的圆形铜扣饰主要流行于西汉时期，早的可至战国晚期②。另外，该墓所出的铜箙饰在江川李家山③、泸西大逸圃④等墓地均有不少发现，且器形和施加纹饰所采用的錾刻手法非常相似，从这两处墓地出土铜箙饰的墓葬看，年代基本都为西汉时期。M140 出土的铜锛与 M80 所出的两件形制大致相同，另外该墓所出的饰牵手人物图案的无胡铜戈在滇东黔西地区比较常见，年代大多在战国晚期至西汉。考

---

① 杨勇：《战国秦汉时期云贵高原考古学文化研究》，第 375 页，科学出版社，2011 年。

② 杨勇：《云贵高原出土青铜扣饰研究》，《考古学报》2011 年第 3 期。

③ 云南省文物考古研究所、玉溪市文物管理所、江川县文化局：《江川李家山——第二次发掘报告》，文物出版社，2007 年。

④ 云南省文物考古研究所、中共泸西县委、泸西县人民政府、红河州文物管理所：《泸西石洞村大逸圃墓地》，云南科技出版社，2009 年。

虑到该期墓葬不出铁器以及铜钱等汉式器物，推测其年代在汉武帝元封二年（公元前
109 年）设益州郡之前，再结合部分墓葬的碳十四测年数据分析，早的应可至战国。周
家坟发掘点南部开口于②层下的墓葬应是该期墓葬中年代偏早者，但除了 M153、
M159、M160 和 M191 出有铜镯、玉璜等少量器物外，大多未见随葬品。参考 M154 的
碳十四测年数据，这些墓葬的年代有可能早到战国中期。总体来看，第一期墓葬的年
代大致在战国中晚期至西汉早期。

第二期：包括 M10、M14、M15、M19、M20、M21、M22、M26、M30、M34、M35、
M38、M39、M51、M53、M55、M56、M57、M58、M61、M62、M66、M67、M69、M71、
M76、M100、M103、M105、M108、M109、M111、M113、M118、M120、M121、M123、
M124、M128、M136、M137、M139、M142、M146、M148、M177、M195 等。该期墓葬大
多位于唐家坟发掘点，仅有少部分位于周家坟发掘点。出土器物包括陶器、铜器、铁器、
铜铁合制器、玉石器、玻璃器、漆器等，除西南夷土著文化器物外，还含有不少汉式器
物及其他外来文化器物。陶器有高领罐、罐、釜、豆、纺轮等，无论是数量还是类型
都较第一期丰富。铜器有剑、戈、矛、镞、镈、镖、斧、凿、削、爪镰、扣饰、泡饰、
片饰、镯、带钩状器、铃、镜、印章等，另外还有一些铜钱。其中，剑为 A 型；戈为
B 型；镞为 B 型和 C 型；凿为 A 型 II 式和 B 型；扣饰为 B 型；镯主要为 B 型。与第一
期相比，剑、戈、矛、凿、扣等铜器的制作显得较为粗糙。铁器和铜铁合制器都是
本期新出现的，器类有斧、凿、削、剑、矛、甲片等，铁削的数量较多。玉石器主要
有绿松石和玛瑙制作的珠、扣以及石磨棒、石范等，器类和材质较第一期都有一定变
化。玻璃器主要是一些珠子，漆器均残，这两类器物也都是本期才出现的。

该期墓葬中，出土随葬品较多的主要有 M20、M21、M35、M38、M66 等。M20 出
土的随葬品中有包括锻銎铁斧在内的 5 件铁器和 12 枚五铢钱，铁器的器形特征都属汉
式，五铢钱从形制和钱文看基本都是宣帝以后的五铢。此外，该墓所出铜带钩状器和
曲靖八塔台二号堆 M24 所出的一件铜“带钩”（M24：2）形制基本相同。而八塔台二
号堆 M24 同出横銎铁斧，报告定为第四期墓葬，年代在汉武帝征服云南后至王莽时
期[1]。M35 出有 4 件环首铁刀和 7 枚五铢钱。另外，该墓出土的扁圆筒状带双管形耳的
铜铃与曲靖平坡 M181 随葬的一件铜铃（M181：13 - 1）形制相近；出土的方銎铜斧与
泸西石洞村墓地采集的一件铜斧（石洞村采：12）较为相似，尤其是銎口下部纹饰基本
相同。根据层位及出土物，平坡 M181 被定为该墓地第四期墓葬，年代为西汉晚期[2]。

----

① 云南省文物考古研究所：《曲靖八塔台与横大路》，科学出版社，2003 年。

② 云南省文物考古研究所、曲靖市麒麟区文物管理所：《曲靖市麒麟区潇湘平坡墓地发掘报告》，《云南考古报告
集（之二）》，云南科技出版社，2006 年。

而石洞村墓地从发掘情况看，年代大致在西汉中晚期至东汉初[1]。M38 出土的铜钱可辨钱文者也多为宣帝以后的五铢，另外所出日光镜为西汉中晚期常见器物，所出玻璃珠在云贵高原主要流行于西汉中晚期至东汉初。M66 出有铜柄铁剑和铜柄铁削各一，如上所述，其中的三叉格铜柄铁剑属于西南地区铜柄铁剑中较晚的类型，年代在西汉中晚期。据此，以上四墓的年代大致在西汉中晚期，有的可能还要稍晚。M21 出土的随葬品主要为陶器，另有 1 件铜凿。陶罐如 M21∶2、M21∶3 等在曲靖八塔台和平坡墓地可见不少质地、颜色和器形均较相近者，而这两处墓地的主体年代据分析都应在西汉时期[2]。与该墓所出相类似的铜凿在此次薛官堡墓地的发掘中还有多件出土，有的和铁器共出。此外，该墓打破 M34，后者随葬品中亦见铁器。因此，从出土器物及墓葬打破关系看，M21 的年代定在西汉中晚期较为适宜。这与该墓碳十四测年数据也不存在明显冲突。综合来看，第二期墓葬的年代当在汉武帝元封二年（公元前 109 年）设益州郡之后，即西汉中晚期。由于该期墓葬还出土新莽晚期所铸的"大泉五十"铜钱（M124∶1），另外有少数五铢钱带有东汉初的特点，其年代下限推测已至东汉初。

除随葬品方面存在的差异外，薛官堡墓地第一、二两期墓葬在平面空间分布上的变化也值得注意。如上所述，第一期时，墓葬主要埋于周家坟一带，到了第二期，埋葬地点向唐家坟一带转移。这种随时间推移而发生的空间的变化，实际上在很多成规模的墓地中都存在。因此，在分析过程中如果能够发现或找出这种空间的变化规律，不仅能进一步说明墓地的形成和使用过程，而且反过来对墓葬分期与断代研究也会有很大的帮助。

需要说明的是，薛官堡墓地第一期墓葬和第二期墓葬之间虽然有各种变化，尤其是第二期墓葬的随葬品中出现了较多的汉式器物，但另一方面，两期墓葬在文化面貌上也显现出一定的延续性。譬如，墓葬形制以及墓葬排列、方向等方面，前、后两期无明显变化。又如，两期墓葬的随葬品都以兵器、工具和装饰品为主，且土著文化器物的形制、风格等差异不大。另外，随葬品的摆放也基本相同，特别是金属器集中成堆放置的做法，以及随葬器物距墓底有一定距离的现象，在前后两期都能见到。

第二节　墓葬文化特征及族属

由于现代坟墓和村舍的叠压，加上晚期的各种破坏，薛官堡墓地未能全部发掘和

---

[1] 云南省文物考古研究所、中共泸西县委、泸西县人民政府、红河州文物管理所：《泸西石洞村大逸圃墓地》，云南科技出版社，2009 年

[2] 杨勇：《战国秦汉时期云贵高原考古学文化研究》，第 169、178 页，科学出版社，2011 年。

揭露，因此可能会影响到对其整体文化面貌及其特征、内涵的认识。从现有发现看，虽然出土的随葬品中可见到一些汉式器物以及其他外来文化器物，但总体而言，墓地在文化面貌上仍表现出较强烈的地方特色，特别是各类青铜器、陶器和玉石器等，多具有明显的土著文化风格。所以，就文化性质而言，可判断该墓地是一处西南夷土著青铜文化遗存。它的发掘，初步揭示了战国秦汉时期陆良盆地的西南夷土著青铜文化面貌，在一定程度上填补了西南夷考古的一个地域空白，对研究战国秦汉时期西南夷地区特别是滇东黔西地区土著青铜文化的谱系及族群构成和分布等，均具有非常重要的学术意义。

薛官堡墓地所在地点位于陆良盆地南部边缘，地势较高，视野开阔，近处有古河道流经。战国秦汉时期，云贵高原的西南夷土著文化墓葬在选址上有一定的讲究①。从考古发现看，这类墓葬一般都位于盆地内的小山包、丘陵或其他地势较高处，且附近多有河流或湖泊。显然，薛官堡墓地符合这一特点。

薛官堡墓地所发掘的墓葬在方向上大体一致，大多都为西北—东南向，可知这些墓葬在埋葬时是遵循一定制度或习俗的。就头向而言，虽然人骨多已朽毁，但从随葬品的摆放以及部分墓葬残存的一些人骨形态看，被葬者头端一般朝东南方向。值得注意的是，从排列看，有些相邻的墓葬彼此并列平行，甚至成排分布，如位于唐家坟发掘点的 M128、M129、M130、M131、M132、M135 等墓葬在这方面表现非常明显。这一现象应当不是偶然形成的，不排除被葬者之间有某种特殊关系的可能，如血缘较近，或具有某种共同身份等。遗憾的是，因很多墓葬未出随葬品，人骨也无保存，无法对此做进一步的考察和分析。但就整个墓地来说，由于墓葬分布密集，打破关系复杂，似无专门而持续的规划。墓圹最大的 M168 位于周家坟发掘点的东南角，其南侧及东侧不远处为向下的斜坡，基本不再发现有同时期的墓葬分布，因此，该墓在当时可能处在墓地的边缘。从 M168 的规模看，被葬者当是一上层人物，其墓葬之所以占据此位置，并打破其他一些墓葬，或许和这里视野更为开阔以及相关的"风水观念"有关。战国秦汉时期云贵高原的西南夷土著文化墓地在墓葬排列上大多有一定的规律，至少同一墓地的墓坑方向及被葬者头向一般都趋于一致。在这一点上，薛官堡墓地也是一样的。

薛官堡墓地两个发掘点共揭露面积 760 余平方米，在此范围内发现并清理墓葬 211座，可见墓葬分布十分密集。而止因如此，墓葬之间的打破关系也非常复杂。这种情形比较特别，在战国秦汉时期云贵高原的西南夷土著文化墓地中并不多见。分布于曲

---

① 杨勇：《战国秦汉时期云贵高原考古学文化研究》，第 334 页，科学出版社，2011 年。

靖盆地的八塔台文化墓地①，因早、晚不同时期的墓葬不断累叠埋葬于同一大型土堆中，墓葬打破关系也很复杂，且尤为典型。考虑到陆良盆地与曲靖盆地彼此相邻，薛官堡墓地这种在同一地点反复埋葬的做法和习俗，有可能受到了八塔台文化的一定影响。当然，薛官堡墓地并未发现由墓葬累叠形成的大型土堆。据当地老乡讲，周家坟发掘点过去地势更高，村民曾在此取土，并发现过青铜器等遗物，但具体情况说法不一，已无从考证。就唐家坟发掘点而言，这里清理的墓葬有不少都属于西汉中晚期，有的已至新莽甚至东汉初，而这些年代偏晚的墓葬多直接打破生土，并不像八塔台文化墓地那样主要位于土堆的上部。所以，薛官堡墓地与八塔台文化墓地的情况差别较大，二者在埋葬习俗上可能有一定的联系，但并不相同。

薛官堡墓地清理的墓葬均为竖穴土坑墓，墓葬形制和结构大多较为简单。另外，葬具、葬式等方面一般也未发现有较特殊的地方。不过，规模最大的 M168 有一些值得关注的现象。例如，该墓墓坑上发现有残存的封土痕迹，这在以往西南夷考古中比较少见。目前见诸报道的带封土的西南夷土著文化墓葬主要有曲靖八塔台墓地和横大路墓地的少部分墓葬②，另外呈贡天子庙 M41 据称墓上原来也有封土堆③。这些土著文化墓葬上出现封土，应当有某种特殊原因，有的不排除是受到了中原文化影响的可能。又如，该墓墓坑填土为经过夯实的人工三合土，非常坚硬，此亦不多见。在一些西南夷土著文化大墓中，也发现有出于防盗、防潮等目的而对墓坑填土进行特殊处理的，如呈贡天子庙 M41、昆明羊甫头 M19④ 等，但具体做法都与此不同。此外，M168 的墓坑填土及椁室内还发现很多的呈颗粒状的小块孔雀石，推测是下葬时特意撒入墓内的，可能与某种丧葬观念及习俗有关。类似情况也见于 M58，该墓在发掘过程中于墓坑填土中出土了一些玻璃珠。在其他地区发掘的西南夷土著文化墓葬中，很少有这样的报道。位于滇西高原的宾川古底石棺墓地，有在人骨和墓底撒绿松石珠的现象⑤，但这些墓葬多为拾骨二次葬，与薛官堡墓地的情况差异较大。

少数墓葬中发现板灰或炭化的木材痕迹，应当与木质葬具有关。其中 M168 发现的"井"字形木椁痕迹最为明显，规模也最大。类似的木椁遗存在昆明羊甫头、呈贡天子庙等滇文化墓地的一些大墓中也有发现，说明这些土著族群在墓葬构筑上有相近之处。

① 八塔台文化以八塔台墓地为代表，其他已发掘的还有横大路墓地、平坡墓地等。关于该文化墓地的具体情况，参见杨勇：《滇东八塔台文化墓地的特征和年代及相关问题》，《秦汉土墩墓考古发现与研究——秦汉土墩墓国际学术研讨会论文集》，文物出版社，2013 年。
② 云南省文物考古研究所：《曲靖八塔台与横大路》，科学出版社，2003 年。
③ 昆明市文物管理委员会：《呈贡天子庙滇墓》，《考古学报》1985 年第 4 期。
④ 云南省文物考古研究所、昆明市博物馆、官渡区博物馆：《昆明羊甫头墓地》，科学出版社，2005 年。
⑤ 大理州文管所：《宾川古底石棺墓发掘简报》，《云南文物》1995 年第 41 期。

当然，由于薛官堡墓地的葬具朽毁程度较甚，无法搞清其具体结构，难以展开更细致的比较研究。

随葬器物方面，薛官堡墓地具有战国秦汉时期西南夷土著青铜文化的很多共性特征，如常见具有地方民族特色的青铜器、铜铁合制器以及各种玉石类制品，且器类以兵器、生产工具和装饰品为主。当然，该墓地在这方面也有自己的一些特点。如陶器相对较多，且器类、器形以及陶质和陶色都有一定的特色；铜器多见斧、锛、凿一类的铜工具；铜器中的镂空扁圆茎无格剑（B 型）、内部分叉条形援戈（B 型）、长方形爪镰等都较独特，其他地方少见；装饰品流行圆环状的铜镯，且往往数十件成组佩戴；刻有非汉字图案的铜印章在西南夷地区则属首次发现。应当说，尽管由于盗掘等种种原因，薛官堡墓地出土的遗物不是丰富，但还是反映了当时陆良盆地土著族群的物质文化面貌。从具体的比较来看，薛官堡墓地在出土器物方面与滇池地区的滇文化以及曲靖盆地的八塔台文化墓地都有联系，但相对而言，与泸西石洞村和大逸圃墓地的联系似乎更为密切。薛官堡墓地出土的斧、锛类铜工具以及成组的圆环形铜镯，在石洞村和大逸圃墓地也都较为多见。另外，该墓地发现的施錾刻纹的锻打筒形铜箙饰、器身弯折的铜兵器等，在石洞村和大逸圃亦有出土。

关于随葬品的摆放，薛官堡墓地有两个特点较为突出：一是随葬品在出土时距墓底有一定的距离；二是多件金属器共同随葬时，可能用布、革一类的有机质材料进行了包裹，故出土时往往成堆摆放在一起。对此，第二章已有专门的分析，此处不再赘述。要指出的是，这些现象实际上都是丧葬习俗的体现，而背后则与特定人群的文化及观念、信仰等有关。

《史记·西南夷列传》记载："西南夷君长以什数，夜郎最大；其西靡莫之属以什数，滇最大。"又载：汉平南越后，"上使王然于以越破及诛南夷兵威风喻滇王入朝。滇王者，其众数万人，其旁东北有劳浸、靡莫，皆同姓相扶，未肯听。劳浸、靡莫数侵犯使者吏卒。元封二年（公元前 109 年），天子发巴蜀兵击灭劳浸、靡莫，以兵临滇"。从地理位置看，陆良盆地大致属于司马迁描述的劳浸、靡莫分布区。就文化面貌与特征而言，薛官堡墓地与滇池地区的滇文化也是既有区别又有联系。因此，该墓地很可能与劳浸、靡莫之属一类的族群有关。

陆良盆地和其北边的曲靖盆地基本相连，也有将二者并称为"曲陆盆地"的。由于地理位置相近，一般认为曲靖盆地也是劳浸、靡莫的分布区，分布于该盆地的八塔台文化墓地很可能就是劳浸、靡莫的遗存。不过，薛官堡墓地与同时期曲靖盆地的八塔台文化墓地在文化面貌虽有联系，但差异也很突出，特别是在埋葬方式和墓地形态方面，后者是一种由早、晚墓葬不断累叠形成的大型土堆状墓地，明显有别于薛官堡墓地。埋葬方式和墓地形态的差异，反映了墓葬遗存所属人群在丧葬观念和丧葬习俗上的不同。换言之，薛官堡墓地的被葬者和曲靖盆地的八塔台文化人群不大可能是同一族群。当然，《史记·西南夷列传》称"靡莫之属以什数"，说明在司马迁及当时中原汉人的观念中，靡莫是对包括滇在内的某一类族群的泛称，其下实际可进一步分出许多古国或部族。就薛官堡墓地的族属而言，可理解为与八塔台文化人群以及滇人一样，属于"靡莫"的一支，但他们彼此间又在葬俗等很多方面不尽相同。

关于"劳浸"及其与"靡莫"关系，可做进一步的讨论。在这方面，有多种看法。《史记索隐》说："劳寝、靡莫。二国与滇王同姓。"但方国瑜先生指出，劳寝、靡莫为二国的解释未必可从，推测劳浸为地名或部族，靡莫为族名，劳浸与滇时代相同，同为靡莫之属①。也有学者主张，劳浸与靡莫一样，是西南夷诸族群中的一支②。我们认为，方国瑜先生的观点可能比较符合逻辑，因为既然说夜郎以西"靡莫之属以什数，滇最大"，而所谓的"劳浸、靡莫"又与滇"同姓相扶"，那么"劳浸"显然就是靡莫之属了，将之视作和"滇"类似的地名、部族名或古国名，似更为合理。考虑到曲靖盆地的八塔台文化墓地规模较大，其所属人群势力较强，我们曾推测该文化很可能就与"数侵犯（汉）使者吏卒"的劳浸有关③。但现在来看，问题似不那么简单。汉武帝灭滇后，在陆良一带设同劳县，若将该县名中的"劳"和劳浸相联系，不失为探寻历史上劳浸及其地望的一种思路。我们注意到，汉武帝开西南夷后在当地所设郡县，很多名称都与原先的土著族群有关，如夜郎、越嶲、邛都、漏卧、钩町、叶榆等。设于曲靖盆地的味县，其"味"读"昧"或"末"，音与"靡莫"相近，其实也是以当地土著族群的名称来命名的。除此之外，还有一些县名带有对当地土著族群征服、统治的含义，如平夷、牧靡、定莋等。同劳很可能即属此类，"劳"指劳浸，而"同"或有统一、同化之意。当时的西南夷地区还设同并、同（铜）濑等县，情况应同于同劳。有学者认为同劳、同濑等可能都为夜郎部族之名，而"同"是夜郎部族之姓④，值得商榷。实际上，同劳、味县、牧靡（今嵩明、寻甸一带）等几个县大致位于滇池东北方向，名称又都与靡莫有关，正是滇之东北旁侧的"靡莫之属"的分布区域。方国瑜先生在其另一著述中也曾提到，"同劳"可能即"劳浸"，或"劳"与"浸"为两地名，后设为一县⑤。我们认为，劳浸之"浸"字亦值得注意。从构字看，该字与水有关。而陆良盆地地势相对低洼，尤其是盆地东部和北部古代为湖泊和沼泽分布区，

① 方国瑜：《中国西南历史地理考释》，第13页，中华书局，1987年。
② 段渝：《西南夷考释》，《天府新论》2012年第5期。
③ 杨勇：《战国秦汉时期云贵高原考古学文化研究》，第200页，科学出版社，2011年。
④ 刘琳：《华阳国志校注》，第398、399页，巴蜀书社，1984年。
⑤ 方国瑜：《方国瑜文集》（第一辑），第237页，云南教育出版社，2001年。

以"浸"来称呼当时生活于此的族群可能正暗示了其与水的密切关系。总之，战国秦汉时期陆良盆地和"劳浸"有关，这种可能性是完全存在的。当然，陆良盆地的考古工作目前开展较少，虽然薛官堡墓地的发掘初步揭示了该地区战国秦汉时期的土著文化面貌及社会发展状况，但当时居住于此的土著族群其人口规模和构成以及整体的社会发展水平究竟如何，现在还不是很清楚。如果"劳浸"在陆良盆地，当时这里的土著族群应当规模和影响都不小，可能不亚于曲靖盆地的八塔台文化人群。是否如此，有待今后更多的考古发现来回答。

不难看出，薛官堡墓地的发掘进一步说明了战国秦汉时期云贵高原土著青铜文化的多样性特征，同时也反映出当时滇东高原"西南夷"土著族群构成的复杂性。按照《史记·西南夷列传》和《汉书·西南夷两粤朝鲜传》等文献的记载，陆良盆地所在的滇东高原大致处在滇和夜郎这两大古国之间，也是汉人和汉文化较早进入的地区。通过进一步的考古工作，来探索战国秦汉时期这一区域内的考古学文化面貌及诸多历史问题，是今后西南夷考古的重要课题之一。

第三节　墓葬蕴含的社会历史信息及相关问题

薛官堡墓地墓葬排列密集，方向大体一致，应属聚族而葬的部族公共墓地。这种埋葬制度在战国秦汉时期的西南夷地区非常普遍，反映了血缘关系在当时社会组织结构中的纽带作用。总体来看，薛官堡墓地的墓葬规模大多较小，随葬品亦不丰富，且各墓之间无太过悬殊，特别是还有相当一部分的墓葬未出随葬品。不过，也有少数规模较大的墓葬应引起注意。如 M168 虽因被盗而出土器物很少，但其墓坑宽大，使用"井"字形的木椁，填土也经过特殊处理和夯实。更为重要的是，该墓墓坑还发现疑似人殉的痕迹。这些都与小墓形成鲜明对比，显示其规格较高。因此我们认为，薛官堡墓地所属部族在当时已出现一定的社会等级分化，像 M168 这样的大墓，其被葬者很可能是部族首领一类的人物，在部族内部拥有较高的社会地位甚至一定的政治、经济权利；但另一方面，这种社会等级分化又尚不严重，没有出现趋于复杂化的社会分层现象，尤其是大部分部族成员在经济上未形成太大的反差。在这种情况下，部族首领一类的人物虽然地位突出，但他们仍然维系着与普通部族成员的血缘纽带关系，死后葬于部族公共墓地内。

从部分墓葬同时随葬兵器和生产工具来看，男性部族成员可能平时从事生产劳作，战时则要参加战斗。这种情况是部族社会中比较常见的，但在战国秦汉时期的西南夷地区，因族群众多且争斗频繁，其表现的似乎更为突出。由于随葬品不是很丰富，通过器物类别来判断被葬者的性别，有一定的难度。一般情况下，随葬兵器的墓葬应当都是男性墓，而有些随葬陶纺轮和铜爪镰的墓葬很像是女性墓。但有时情况也较复杂，如有的墓中就出现陶纺轮和铜戈或铜斧共出的现象。这或许是因为，当时男女在劳动分工上还不十分明确，男性部族成员也参加诸如纺织一类的生产活动。墓地出土的装饰品数量不少，且多具有较浓郁的地域民族风格，反映了该部族与西南夷其他很多族群一样，都注重对美的追求，喜爱佩戴各种饰物。关于男女在佩戴饰物的种类、方式等方面有无区别，因材料有限，无法找出其中的规律。但可以肯定的是，不少男性部族成员都佩戴饰物。如 M80 随葬剑、矛、镞、锛等铜器，可确定为一男性墓，而该墓中同时也发现玉玦等装饰品。

据《史记·西南夷列传》等文献记载，战国秦汉时期生活于滇东黔西一带的西南夷土著族群多属"耕田，有邑聚"之族，其中包括所谓的"靡莫之属"。薛官堡墓地从战国一直延续使用至东汉，说明该部族人群长期在此居住，过着稳定的"邑聚"生活。另外，墓地出土的随葬品中有铜锄、铜爪镰等农具，表明该部族也从事农业生产。铜锄呈宽尖叶形，相似者在云南及越南北部的很多地方都有发现，有学者认为其可能主要用于水田翻土，现代白族仍使用这种尖刃锄①。如果是这样的话，薛官堡土著部族的农业经济中应含有稻作这一项。实际上，水稻的栽培和种植在云南起源很早，当地新石器时代和青铜时代的考古遗存中有很多这方面的发现②。对战国秦汉时期滇东高原的西南夷土著部族来说，稻作农业可能普遍存在。爪镰是一种抓握于手中的收割工具，主要用来割削穗头。由于简单实用，这种农具在云贵高原流行时间很长，直至近现代一些少数民族仍在使用。薛官堡墓地出土的铜爪镰呈长方形，单穿孔，既不同于滇文化中常见的双孔半月形直刃铜爪镰，也有别于八塔台文化中常见的双孔梭形弧刃铜爪镰，形制相近者仅在弥勒过洞村墓地采集过 1 件③。这说明，在爪镰的具体安装和使用上，该部族有自己的独特之处。

薛官堡墓地出土的金属工具中，斧、锛、凿等木工工具较多，反映了木工在当时生产和生活中的重要性。值得注意的是，从对出土木材样品的检测和分析看，该部族的木工对很多木材的特性已有所掌握，可根据具体用途来选择不同的木料，如制作棺椁时，主要用耐腐蚀强且易于加工的硬木松；制作兵器或工具的木柄时，多采用硬度和强度都较高的水团花木料（参见第五章第三节）。

薛官堡墓地土著部族不仅使用青铜器，而且相关发现表明，他们自己能够制造

---

① 肖明华：《青铜时代滇人的生产工具》，《农业考古》2002 年第 1 期。

② 张全超：《云南澄江县金莲山墓地出土人骨稳定同位素的初步分析》，《云南澄江县金莲山墓地 2008～2009 年发掘简报》（附录），《考古》2011 年第 1 期。

③ 云南省文物考古研究所、文山州文物管理所、红河州文物管理所：《云南边境地区（文山州和红河州）考古调查报告》，第 69～71 页，云南科技出版社，2008 年。

青铜器。如 M103 出土的多件铜器，铸造后未做进一步的加工处理，显然是为随葬而赶制的"明器"。一般情况下，这类铜器自然应当是当地制造的。另外，部分墓葬填土中发现的石范更能说明问题。经成分检测，这些石范可能都是用于铸造青铜的（参加第五章第四节），而且从其结构和尺寸看，应是铸造大件铜器的。位于贵州西北部的赫章可乐汉墓中曾出土过 1 件铜盘（M8∶39），口沿上有铭文，曰"同劳澡槃比五尺周一，元始四年十月造"①。同劳即今陆良一带，是汉武帝征服滇之后在云南所设益州郡属县之一，可知这件铜盘应产自陆良。从形制看，此类铜盘不一定为西南夷土著部族所制作，但其却说明汉代陆良盆地不仅存在青铜器制造业，而且具有一定影响。通过对薛官堡墓地出土的部分铜器标本的检测和分析，可知当地土著文化青铜器属于"西南夷"系统，在制造工艺技术方面，除铸造外，还较多地采用冷锻、热锻等多种成型工艺加工铜器，并掌握了较为先进的火法炼铜技术（参见第五章第四节）。这反映出，薛官堡墓地所属的这支土著部族在青铜器制造技术方面达到了较高的水平。

除青铜器外，我们还对部分玉石器以及一些纺织品残留物进行了检测和分析，从中获取了其工艺技术方面的大量信息，具体情况可参见第五章中的分析和研究报告。这里要指出的是，从墓地出土的孔雀石料、纺轮等遗物来看，这些玉石器和纺织品很可能多是本地生产制作的；也就是说，该部族有自己的玉石加工业和纺织业。

薛官堡第二期墓葬中出土不少钱币，主要为"五铢"，另有个别"大泉五十"。这些钱币的发现，表明西汉中期以后土著部族在经济生活上受到了汉人和汉文化的影响，已开始接触甚至使用全国通行的货币。在这一时期的墓葬随葬品中，还有不少由外部输入的器物。如 M38 和 M58 等单位出土的玻璃珠，经检测大多属钾玻璃，成分与广西合浦等地出土的玻璃非常相近，推测可能来自岭南地区，有的甚至源于东南亚等地（参加第五章第五节）。又如 M66 出土的三叉格铜柄铁剑，过去在云南主要见于滇池地区和洱海周围，滇东高原很少发现，有学者认为这种形制的铜柄铁剑不排除是由岷江上游直接输入的可能②。这些外来物品的出现，反映了汉武帝开西南夷后陆良盆地与外界联系尤其是经济往来得到了加强，同时也是当地西南夷土著部族曾参与到各种贸易活动中的证据。

除钱币外，薛官堡墓地第二期墓葬中还出土不少其他汉式器物或与汉文化有关的物品，如铜镜、铜印章以及斧、凿、削等铁器。可见，西汉中期以后，随着汉王朝统

---

① 贵州省博物馆考古组、贵州省赫章县文化馆：《赫章可乐发掘报告》，《考古学报》1986 年第 2 期。

② 苏奎、尹俊霞：《试析西南夷地区的三叉格铜柄铁剑》，《四川文物》2005 年第 2 期。

治的实施和推行，陆良盆地的土著部族也受到了汉文化的影响。值得注意的是，在墓地南侧古河道对岸的台地上，我们曾采集到不少汉代绳纹瓦片，可知有汉代遗址甚至衙署类建筑遗存分布。而从已发掘的墓葬看，薛官堡墓地的使用至少延续至东汉初。这意味着，该部族很有可能与进入当地的汉人共同生活并"和谐"相处过一段时期。在这种情况下，一方面薛官堡土著部族的社会组织并没有因汉王朝的征服和统治而解体，仍然一直实行聚族而葬的族葬制度；另一方面又由于与汉人有了直接的接触和互动，文化上不可避免地受到了后者的强烈影响。从上述出土的汉式器物看，这种文化上的影响主要体现在物质方面。当然，钱币和铁器的使用，对土著部族贸易交换方式的改变以及生产技术的进步无疑也起到了不可忽视的作用。

薛官堡 M20 出土的铜印章非常值得关注。该印形制上同汉式印，但印文却为非汉字的某种图形符号。战国秦汉时期，中原地区也可见到一些图像印或象形印[1]。另外，四川盆地出土的巴蜀印章中亦有相当一部分属图形印，印面为各种所谓的"巴蜀图语"或"巴蜀符号"[2]。但相比于薛官堡出土的非汉字图形印，这些图像印无论是图案内容，还是构图方法和风格，都有很大的不同，当不属于一类。值得注意的是，在南亚印度河流域的哈拉帕（Harappan）文化中，曾发现过牛等动物图形的印章，且数量不少。不过，哈拉帕文化年代较早，约在公元前 2000 年前后，而且其所出印章大多为凹雕石印，图案写实性和立体感均较强[3]，与薛官堡所出的图形印差异较大，两者间显然没有联系。所以基本可以确定，薛官堡墓地出土的这枚非汉字图形印应为当地土著夷人自己所制作，其在形制上模仿了汉式印，而印文图案和符号却为自身文化的东西[4]。关于这枚铜印上的印文，现在还不清楚其具体含义。但类似遗存过去在西南夷考古中也有发现，如晋宁石寨山 M13 出土的一件长方形刻纹铜片上，即发现有包括牛头在内的各种图案和符号，有学者认为是滇人使用的图画文字[5]。又如黔西北威宁中水墓地出土的很多陶器上，刻划有各种不同的符号数十种，有的形似今天的彝族文字[6]。可见，薛官堡这枚铜印上的印文不排除是当地土著族群使用的一种具有文字性质的记事符号

---

① 曹锦炎：《古代印玺》，第 222～225 页，文物出版社，2002 年；王廷洽：《中国古代印章史》，第 156、157 页，上海人民出版社，2006 年。

② 刘豫川：《巴蜀符号印章的初步研究》，《文物》1987 年第 10 期。

③ Walter A. Fairservis. *The Roots of Ancient Indian*：*The Archaeology of Early Indian Civilization*. New York：The Macmillan Company，1971：273 – 281.

④ 杨勇：《云贵高原出土汉代印章述论》，《考古》2016 年第 10 期。

⑤ 林声：《试释云南晋宁石寨山出土铜片上的图画文字》，《文物》1964 年第 5 期。

⑥ 贵州省博物馆考古组、威宁县文化局：《威宁中水汉墓》，《考古学报》1981 年第 2 期；贵州省博物馆考古组：《贵州威宁中水汉墓第二次发掘》，《文物资料丛刊》（10），文物出版社，1987 年。

的可能。在云贵高原的西南夷考古遗存中，过去也发现过一些印章，包括官印、私印、戒语印等，但印文均为汉字。薛官堡墓地出土的这枚铜印章为非汉字印，因此属西南夷考古的新发现。它的出土，一方面反映了当地土著夷人受到中原文化的影响较为强烈；另一方面也说明他们可能已经有了自己的文字或类似于文字的记事符号系统。此外，印章出土时与铜釜、铁凿、铁削刀以及五铢钱等放置在一起，大致位于被葬者胯部，故推测应为实用器，很可能是墓主私印，可以作为信物来使用。如果是这样的话，则可能标志着在当时的部族社会中，个体身份或个体家庭的地位得到了承认。

附表一　墓葬登记表

墓号	发掘地点	墓葬形制	墓坑方向（度）	长×宽-深（米）	葬具	葬式	头向	随葬品	分期	打破关系	备注
M5	周家坟	长方形	130	1.86×0.8-0.24	未发现	不明					
M6	周家坟	长方形，角略圆	134	2.32×0.98-0.26	未发现	不明		铜剑B1，铜矛Ab1	一	打破M42	
M7	周家坟	长方形，角略圆，西北端略宽于东南端	111	2.52×0.88-0.86	未发现	不明		陶高领罐D1，残陶器1；石刮削器1		打破M9	
M8	周家坟	长方形	110	2.3×0.67-0.76	未发现	不明		陶罐A1		打破M9	
M9	周家坟	长方形	138	2.2×0.72-0.2	未发现	不明				被M7、M8打破	
M10	周家坟	长方形	91	1.88×0.68-0.2	未发现	不明		陶高领罐B1，铜泡饰A1	二	打破M78和M79	
M11	周家坟	长方形	130	2.38×0.94-0.12	未发现	不明					
M12	周家坟	长方形	107	1.4×0.56-0.32	未发现	不明					
M13	周家坟	长方形	134	2.36×0.58-0.16	未发现	不明					
M14	周家坟	长方形，角略圆	131	2.2×0.64-0.2	未发现	不明		铜铃A1，铜片饰B3	二	打破M71、M73、M76、M160	
M15	周家坟	长方形，角略圆，东北端略宽于西南端	69	1.84×（0.5～0.7）-0.15	未发现	不明		铜镯Bc（2组，件数不详）	二	打破M70、M159、M161	

续附表一

墓号	发掘地点	墓葬形制	墓坑方向（度）	长×宽-深（米）	葬具	葬式	头向	随葬品	分期	打破关系	备注
M16	周家坟	长方形	130	2.66×1.02-0.22	未发现	不明				被H4打破	
M17	周家坟	长方形	129	残1.52×1.4-0.3	未发现	不明				打破M78	
M18	唐家坟	长方形	146	2.1×0.5-0.18	未发现	不明	东南	陶罐1；玉珠1			
M19	唐家坟	长方形	142	2×0.62-0.18	未发现	不明		陶高领罐A1，陶豆A1；绿松石珠1	二	打破M34	
M20	唐家坟	长方形，角略圆	141	残1.44×0.6-0.1	未发现	不明	东南	铜斧1，铜镞1，铜镞Ba1，铜带钩状器1，铜印章1，五铢钱12；铁矛1，铁锛1，铁凿A1、B1，铁钩状残器1	二	西北角被晚期遗迹H3打破；打破M30、M36和M67	
M21	唐家坟	长方形	158	2.46×0.68-0.28	未发现	不明		陶罐A1、B1、C1，陶高领罐A1，陶豆A1	二	打破M34	
M22	唐家坟	长方形，西北端宽于东南端	142	2.82×（0.7~0.9）-0.25	未发现	不明		陶纺轮Aa1，残陶器1；铜戈B1	二	打破M37、M38和M50	
M23	唐家坟	长方形	132	2.12×0.76-0.19	未发现	不明				打破M111	

续附表一

墓号	发掘地点	墓葬形制	墓坑方向（度）	长×宽-深（米）	葬具	葬式	头向	随葬品	分期	打破关系	备注
M24	唐家坟	长方形	144	2.14×0.69-0.12	未发现	不明					
M25	唐家坟	长方形	110	1.72×0.58-0.14	未发现	不明					
M26	唐家坟	长方形，西北端宽于东南端	104	1.82×0.64-0.08	未发现	不明		铁削1	二		
M27	唐家坟	长方形	122	2×0.56-0.08	未发现	不明					
M28	唐家坟	长方形	121	1.78×0.66-0.16	未发现	不明				打破M61、M67	
M29	唐家坟	长方形	161	2.1×0.58-0.25	未发现	不明					
M30	唐家坟	长方形，角略圆	110	2.38×0.68-0.52	未发现	不明		玛瑙扣1，绿松石珠1；漆器3	二	西北部被M20打破；打破M36	
M31	唐家坟	长方形，角略圆	102	残1.64×0.64-0.09	未发现	不明					
M32	唐家坟	长方形，角略圆	109	残1.2×0.76-0.06	未发现	不明		铜爪镰1		打破M147	
M33	唐家坟	长方形	158	1.6×0.44-0.12	未发现	不明					
M34	唐家坟	长方形	112	2.6×0.74-0.74	未发现	不明		铜削1，铁削B1；石磨棒1	二	被M19和M21打破	
M35	唐家坟	略呈梯形	125	2.46×（西北端宽0.72，东南端宽1）-0.18	未发现	不明		陶罐A1，陶纺轮Ab1；铜斧1，铜铃Ba1，五铢钱7；铁削A4；石范1	二		

续附表一

墓号	发掘地点	墓葬形制	墓坑方向（度）	长×宽－深（米）	葬具	葬式	头向	随葬品	分期	打破关系	备注
M36	唐家坟	长方形	120	2.4×0.98－0.32	未发现	不明				被M20、M30、H3打破	
M37	唐家坟	长方形	153	2.5×0.82－0.34	未发现	不明				被M22打破	
M38	唐家坟	长方形	140	残1.9×0.7－0.1	未发现	不明		铜镜1，五铢钱9；绿松石扣2，玛瑙珠B2、C1，玻璃珠5	二	东南端被M22打破；打破M50	
M39	唐家坟	长方形，东南端略宽向外弧	143	2.5×0.76－0.64	未发现	不明		陶釜1，陶纺轮Aa1	二	打破M56	
M40	周家坟	长方形	126	1.94×0.52－0.14	未发现	不明					
M41	周家坟	长方形	129	2.7×0.96－0.62	未发现	不明					
M42	周家坟	长方形	122	2.4×0.65－0.2	未发现	不明				被M6打破	
M43	周家坟	长方形	109	1.7×0.52－0.15	未发现	不明				被H4打破	
M44	周家坟	长方形	137	2.58×0.64－0.1	未发现	不明					
M45	周家坟	长方形	130	2.35×0.7－0.2	未发现	不明					
M46	周家坟	长方形	132	1.96×0.56－0.16	未发现	不明					
M47	周家坟	长方形，西北端略宽于东南端	116	2.3×（0.74~0.9）－0.24	未发现	不明		陶高领罐1		东北角被H7打破；打破M77	
M48	周家坟	长方形	121	1.86×0.46－0.54	未发现	不明					

续附表一

墓号	发掘地点	墓葬形制	墓坑方向（度）	长×宽－深（米）	葬具	葬式	头向	随葬品	分期	打破关系	备注
M49	周家坟	长方形	119	2×0.58-0.38	未发现	不明					
M50	唐家坟	长方形	139	残1.9×残0.62-0.14	未发现	不明		陶纺轮 Aa1		被 M22 和 M38 打破	
M51	唐家坟	长方形，角略圆	138	2.14×0.55-0.1	未发现	不明		铁削1	二	西北角被 H2 打破；打破M59 和M124	
M52	唐家坟	长方形	139	残1.62×0.54-0.19	未发现	不明				被 H1 打破；打破 M59、M124	
M53	唐家坟	长方形	147	2.1×0.64-0.28	未发现	不明		铜镞（或簇）1	二	打破 M55	
M54	唐家坟	长方形	135	残1.1×0.8-0.14	未发现	不明		陶纺轮 Aa1；石范1		西北部被 H1 打破；打破 H59	
M55	唐家坟	长方形	148	2.4×0.68-0.2	未发现	不明		铜凿 B1、铜削1	二	被 M53 打破；打破 M57	
M56	唐家坟	长方形	130	2.4×0.66-0.3	未发现	不明		铜凿 B1、玛瑙珠 A1、C1、绿松石珠3	二	东南角被 M39 打破；打破 M64	
M57	唐家坟	长方形	90	2.2×0.8-0.64	未发现	不明		铜镯1组 60 余件（A2、余 Ba）	二	西北角被 M55 打破；打破 M64	人骨朽毁，仅在随葬品处残存少量肢骨

续附表一

墓号	发掘地点	墓葬形制	墓坑方向（度）	长×宽-深（米）	葬具	葬式	头向	随葬品	分期	打破关系	备注
M58	唐家坟	平面形状不太规则，大致呈长方形，但西南角向外突出，突出部分有生土台阶，台阶下方即墓底西北壁和西南壁有生土二层台，墓底平面为长方形	132	墓口3.28×(1.15~1.64)-1.08，墓底2.1×1.04	未发现	不明		玻璃珠9	二	打破M66、M67和M69	二层台高0.36米
M59	唐家坟	长方形、角略圆	100	2.22×0.8-0.58	未发现	不明		石范1		被H1、M51、M52、M54打破	
M60	唐家坟	长方形	121	2.16×0.58-0.1	未发现	不明				被H8打破	
M61	唐家坟	长方形、角略圆	141	1.9×0.68-0.18	未发现	不明		五铢钱5；铁削1	二	东南部被M28打破；打破M67	
M62	唐家坟	长方形	115	1.8×0.56-0.2	未发现	不明		陶纺轮Aa1	二		
M63	唐家坟	长方形	102	2.2×0.58-0.16	未发现	不明				打破M108	
M64	唐家坟	长方形	126	2.58×0.72-0.14	未发现	不明				被M56、M57打破	
M65	唐家坟	长方形	127	2×0.62-0.12	未发现	不明				打破M120	

续附表一

墓号	发掘地点	墓葬形制	墓坑方向（度）	长×宽－深（米）	葬具	葬式	头向	随葬品	分期	打破关系	备注
M66	唐家坟	长方形	146	残1.8×0.66－0.06	未发现	不明	东南	铜镖1，铜泡饰A1、B1、C23，铜镞Bb3、C1，残铜柄铁剑1，铜柄铁削1		东南部被M58打破	
M67	唐家坟	长方形，角略圆	129	残2.6×1.26－0.48	未发现	不明		铜镯Bb（1组，件数不详），残铜器1	二	被M20、M28、M58和M61打破	残存少许肢骨；墓底二层台宽0.12～0.3，高0.12
M68	唐家坟	长方形	95	2.06×0.6－0.46	未发现	不明				被H8打破	
M69	唐家坟	长方形，西北角较圆	142	2.42×1.28－0.34	未发现	不明		铜柄铁剑A1	二	东南角被M58打破；被M104和M109打破	墓底二层台宽0.32～0.35，高0.08
M70	周家坟	长方形	123	1.9×0.64－0.14	未发现	不明		铜锄A1、铜削1	一	被M15打破；打破M159	
M71	周家坟	长方形	140	2.2×0.6－0.26	未发现	俯身葬		铜扣饰B1	二	被M14打破；打破M73和M78	
M72	周家坟	长方形	99	1.6×0.6－0.34	未发现	不明				打破M78	
M73	周家坟	长方形，角略圆	121	2.12×0.5－0.2	未发现	不明	东南	铜镯Bc（2组，每组10件）		被M14和M71打破	

续附表一

墓号	发掘地点	墓葬形制	墓坑方向（度）	长×宽-深（米）	葬具	葬式	头向	随葬品	分期	打破关系	备注
M74	周家坟	长方形	131	2.42×0.8-0.44	未发现	不明				被H5打破	
M75	周家坟	长方形	140	2.2×0.54-0.58	未发现	不明				被H5打破	
M76	周家坟	长方形	128	1.88×0.79-0.19	未发现	不明		陶高领罐B1；铜镯Ba（1组40余件）	二	被M14打破；打破M158、M160和M161	
M77	周家坟	长方形	142	2.64×1.08-0.42	未发现	不明				被M47打破	
M78	周家坟	长方形	128	残2.76×（0.8~1）-0.36	未发现	不明		铜镯A1	一	被M10、M17、M71和M72打破；打破M79	
M79	周家坟	长方形	132	2.4×0.84-0.18	未发现	不明				被M10、M78打破	
M80	周家坟	长方形	133	2.04×0.55-0.35	未发现	不明	东南	陶高领罐A1，残陶器1；铜剑Aa1，铜矛A1，铜镞Aa1，铜铠饰1，铜锛A2，铜锄A1，当AⅠ1，铜扣饰B1，铜片饰A1，铜刻刀1；石磨棒1，玉块1	一	打破M164和M165	人骨基本朽毁，仅残存少量骨渣和牙齿

续附表一

墓号	发掘地点	墓葬形制	墓坑方向（度）	长×宽－深（米）	葬具	葬式	头向	随葬品	分期	打破关系	备注
M81	周家坟	长方形	96	2.28×(0.62~0.8)-0.24	未发现	不明					
M82	周家坟	长方形	93	2.1×0.74-0.2	未发现	不明					
M83	周家坟	长方形	88	2.28×0.7-0.44	未发现	不明					
M84	周家坟	长方形	80	2.18×(0.56~0.68)-0.4	未发现	不明					
M85	周家坟	长方形	93	2×0.54-0.24	未发现	不明					
M86	周家坟	长方形	92	2.2×(0.7~0.76)-0.5	未发现	不明					
M87	周家坟	长方形	84	2.3×0.8-0.12	未发现	不明					
M88	周家坟	长方形	107	1.9×0.6-0.48	未发现	不明					
M89	周家坟	长方形	109	1.5×0.64-0.5	未发现	不明					
M90	周家坟	长方形	103	1.56×0.7-0.58	未发现	不明					
M91	周家坟	长方形	93	2.25×0.7-0.88	未发现	不明					
M92	周家坟	长方形	144	2.14×0.6-0.1	未发现	不明					
M93	周家坟	长方形	99	1.5×0.6-0.1	未发现	不明					
M94	周家坟	长方形	97	2.3×0.66-0.36	未发现	不明					
M95	周家坟	长方形	97	2.34×0.72-0.4	未发现	不明					
M96	周家坟	长方形	84	2.22×0.8-0.48	未发现	不明					

续附表一

墓号	发掘地点	墓葬形制	墓坑方向（度）	长×宽-深（米）	葬具	葬式	头向	随葬品	分期	打破关系	备注
M97	周家坟	长方形	101	2×0.6-0.42	未发现	不明					
M98	周家坟	长方形	94	1.94×0.7-0.17	未发现	不明					
M99	唐家坟	长方形	128	2.5×0.86-0.36	未发现	不明				打破M120	
M100	唐家坟	长方形，中部略宽	119	1.9×（0.58~0.76）-0.12	未发现	不明		陶纺轮Aa1；铜镰1	二		
M101	唐家坟	长方形	105	2.26×（0.42~0.8）-0.24	未发现	不明				打破M105	
M102	唐家坟	长方形	126	2.44×（0.4~0.7）-0.1	未发现	不明				打破M128	
M103	唐家坟	长方形	139	残1.7×0.57-0.2	未发现	不明		铜剑Ab1，铜削2，铜凿B2，铜矛2，铜戈2，铜扣饰B1	二	打破M107和M116	
M104	唐家坟	长方形	136	1.5×0.58-0.5	未发现	不明				被M69打破；打破M109、M113	
M105	唐家坟	长方形	137	残1.44×0.62-0.2	未发现	不明		陶高领罐1	二	西北部被M101打破；打破M108	
M106	唐家坟	长方形	99	残1.9×0.76-0.22	未发现	不明				被H9打破	
M107	唐家坟	长方形	134	2.28×0.74-0.24	未发现	不明				被M103打破；打破M111	

续附表一

墓号	发掘地点	墓葬形制	墓坑方向（度）	长×宽－深（米）	葬具	葬式	头向	随葬品	分期	打破关系	备注
M108	唐家坟	长方形，西北端略宽	123	3.26×（1.26~1.66）－0.7	未发现	不明		陶罐1，残陶器1；铜剑Aa1，五铢钱2；绿松石珠1，玛瑙扣1	二	被M63和M105打破	墓坑下二层台宽0.18~0.52，高0.3米
M109	唐家坟	长方形	120	2.16×0.7－0.46	未发现	不明		铜铃Bb1，铜镯Bc1；玛瑙珠D1	二	被M69和M104打破	
M110	唐家坟	长方形	124	2.8×0.92－0.26	未发现	不明					
M111	唐家坟	长方形，角略圆	112	2.2×0.78－0.36	未发现	不明		绿松石珠1	二	被M23和M107打破；打破M115、M116和M117	
M112	唐家坟	长方形	107	1.9×0.58－0.28	未发现	不明					
M113	唐家坟	长方形	128	2.4×1.04－0.4	未发现	不明		陶纺轮B1，残陶器1；铜爪镰1	二	被M104打破；打破M115、M118、M126和M134	漆皮2处（颜色红黑相间）
M114	唐家坟	长方形	136	2.2×0.84－0.2	未发现	不明					
M115	唐家坟	长方形	105	2.2×0.64－0.12	未发现	不明				被M111打破	
M116	唐家坟	长方形	127	残0.61×0.92－0.27	未发现	不明				被M103、M111打破	
M117	唐家坟	长方形	115	残1.9×残0.42－0.14	未发现	不明				被M111打破	

续附表一

墓号	发掘地点	墓葬形制	墓坑方向（度）	长×宽-深（米）	葬具	葬式	头向	随葬品	分期	打破关系	备注
M118	唐家坟	长方形	142	残 0.73×0.62 - 0.07	未发现	不明		铜蚀 A II 片 1；铁甲片 1，铁削 1；绿松石珠 1	二	西北部被 M113 打破	
M119	唐家坟	长方形	125	2.3×0.86 - 0.18	未发现	不明					
M120	唐家坟	长方形	144	2.4×1.02 - 0.12	未发现	不明		铁削 1	二	被 M65 和 M99 打破；打破 M127	
M121	唐家坟	长方形	109	2.2×0.64 - 0.22	未发现	不明		陶纺轮 Aa1	二	打破 M133、M138 和 M143	
M122	唐家坟	长方形	127	2.3×0.72 - 0.8	未发现	不明					
M123	唐家坟	长方形	137	2×0.72 - 0.32	未发现	不明		陶罐 A1，陶高领罐 C1；铁斧 1	二	打破 M142 和 M146	
M124	唐家坟	长方形	138	残 0.6×残 0.54 - 0.13	未发现	不明		大泉五十钱 1，五铢钱 2	二	被 M51、M52 及 H2 打破；打破 M125	
M125	唐家坟	长方形	105	残 0.52×0.68 - 0.32	未发现	不明				被 M124，H2 打破	
M126	唐家坟	长方形	139	残 1.8×0.82 - 0.48	未发现	不明				被 M113，H2 打破	
M127	唐家坟	长方形	120	2.2×0.8 - 0.4	未发现	不明				被 M120打破	

续附表一

墓号	发掘地点	墓葬形制	墓坑方向（度）	长×宽－深（米）	葬具	葬式	头向	随葬品	分期	打破关系	备注
M128	唐家坟	长方形	135	2.1×0.64－0.26	未发现	不明		陶纺轮 Aa1	二	被 M102 和 H10 打破；打破 M142	
M129	唐家坟	长方形	134	2.4×1.02－0.22	未发现	不明		陶高领罐 1，残陶器 1		被 M133 打破	
M130	唐家坟	长方形	141	1.96×0.54～0.66－0.18	未发现	不明					
M131	唐家坟	长方形	147	2.18×0.78－0.17	未发现	不明				打破 M139	
M132	唐家坟	长方形	137	1.9×0.66－0.24	未发现	不明					
M133	唐家坟	长方形	136	2.6×0.86－0.24	未发现	不明				被 M121 打破；打破 M129、M146	
M134	唐家坟	长方形	138	残 0.88×0.44－0.15	未发现	不明				被 M113 打破	
M135	唐家坟	长方形	144	2.26×0.96－0.34	未发现	不明				打破 M139、M148	
M136	唐家坟	长方形，东南端略宽	132	发掘部分 2.3×(0.9～1.21)－0.2	未发现	不明		陶罐 A2，陶高领罐 A1	二	打破 M142、M144 和 M145	
M137	唐家坟	长方形	140	2×0.6－0.3	未发现	不明		残陶器 1；铁削 1	二		
M138	唐家坟	长方形	152	2.2×0.82－0.38	未发现	不明				被 M121 打破	
M139	唐家坟	长方形，角略圆	135	2.1×0.74－0.38	未发现	不明		陶罐 A1，陶高领罐 A1；铁削 A1，铁片状器 1	二	东南端被 M131 和 M135 打破；打破 M148	

续附表一

墓号	发掘地点	墓葬形制	墓坑方向（度）	长×宽−深（米）	葬具	葬式	头向	随葬品	分期	打破关系	备注
M140	周家坟	长方形	139	残1.17×0.76−0.14	未发现	不明		铜戈 A1、铜矛 Ba1、Bb1、铜镦 A1、铜削 1		东南部被 H11 打破；打破 M149、M153 和 M163	人骨基本不存，仅在墓底发现 1 颗牙齿
M141	周家坟	长方形	135	2.22×0.96−0.26	未发现	不明		陶高领罐 1、残陶器 1；铜镦 B1	一	打破 M150、M152、M154、M155 和 M157	
M142	唐家坟	长方形，东南端略宽	140	2.72×（0.84～0.97）−0.39	未发现	不明		绿松石珠 1	二	被 M123、M128 和 M136 打破；打破 M145 和 M146	
M143	唐家坟	长方形	148	1.4×0.6−0.4	未发现	不明				被 M121打破	
M144	唐家坟	长方形	92	残0.8×0.78−0.28	未发现	不明				被 M136打破	
M145	唐家坟	长方形	115	残1.44×残0.48−0.3	未发现	不明				被 M136、M142 打破	
M146	唐家坟	长方形	138	1.9×残0.4−0.4	未发现	不明		铜骹铁矛 1	二	被 M123、M133、M142 打破	
M147	唐家坟	长方形	124	2.46×0.86−0.34	未发现	不明				被 M32 打破	
M148	唐家坟	长方形	141	残1.96×残0.64−0.24	未发现	不明		陶罐 A1、D1；绿松石珠 1、绿松石扣 1	二	被 M135 和 M139 打破	

续附表一

墓号	发掘地点	墓葬形制	墓坑方向（度）	长×宽－深（米）	葬具	葬式	头向	随葬品	分期	打破关系	备注
M149	周家坟	长方形	129	2.14×0.7－0.3	长方形板灰痕迹（木棺）	不明		铜镯1组50余件（Ba3、余Bb）	一	被M140和H11打破；打破M153	发现少量肢骨
M150	周家坟	长方形	121	1.9×（0.7~0.86）－0.32	未发现	不明				被M141打破	
M151	周家坟	长方形	125	2.32×1－0.2	未发现	不明					
M152	周家坟	长方形	133	残1.3×0.78－0.12	未发现	不明				被M141打破	
M153	周家坟	长方形	144	2.3×0.76－0.48	未发现	不明	东南	铜镯A1	一	开口于2层下；被M140、M149及H11打破	发现少量上肢骨和牙齿
M154	周家坟	长方形	131	2.22×0.96－0.16	未发现	不明				被M141打破	
M155	周家坟	长方形	138	2×0.6－0.08	未发现	不明				被M141打破	
M156	周家坟	长方形	124	残1.4×0.62－0.15	未发现	不明					
M157	周家坟	长方形	128	2.3×0.72－0.38	未发现	不明				被M141打破	
M158	周家坟	长方形	120	2.1×0.8－0.4	未发现	不明				被M76打破；打破M160	

续附表一

墓号	发掘地点	墓葬形制	墓坑方向（度）	长×宽-深（米）	葬具	葬式	头向	随葬品	分期	打破关系	备注
M159	周家坟	长方形，西北端较宽	147	发掘部分2.06×（0.55~0.64）-0.45	未发现	不明		铜镯Bc（1组10余件）	一	开口于2层下；被M15和M70打破；打破M161	
M160	周家坟	长方形，角略圆	133	2.6×0.74-0.36	未发现	不明	东南	铜镯A1	一	开口于2层下；被M14、M76和M158打破；打破M161	
M161	周家坟	长方形	126	2.8×（1.18~1.34）-0.32	未发现	不明				被M15、M76、M159、M160打破	
M162	周家坟	长方形	122	2.14×0.74-0.48	未发现	不明					
M163	周家坟	长方形	115	残1.65×0.9-0.2	未发现	不明				被M140打破	
M164	周家坟	长方形	128	2.7×0.8-0.4	未发现	不明				被M80打破	
M165	周家坟	长方形	132	1.9×残0.5-0.2	未发现	不明				被M80打破	
M166	周家坟	长方形	125	残1.3×0.6-0.18	未发现	不明					
M167	周家坟	长方形	140	残1.24×0.6-0.14	未发现	不明		铜镯A（1组3件）	一	打破M186和M198	

续附表一

墓号	发掘地点	墓葬形制	墓坑方向（度）	长×宽－深（米）	葬具	葬式	头向	随葬品	分期	打破关系	备注
M168	周家坟	近平行四边形，东北角呈短刀把状向外凸出，其余三角略显圆润	145	墓口纵轴长4.5，两长边直距离3.15米，东北角凸出部分向外延伸长0.2，墓底小于墓口，纵轴长3.8，长边直距离2.4米，东北角凸出部分向外延伸长0.56，宽1.42米；墓坑深约1.9米	"井"字形木椁	不明		铜啄1，铜削1；孔雀石珠A（1组6件），B（1组3件），玛瑙珠A4，玉镯1，玉管饰1，石磨棒1	一	打破M175和M191	
M170	周家坟	长方形	140	残1.38×0.5－0.26	未发现	不明					
M171	周家坟	长方形	130	1.64×0.6－0.2	未发现	不明					
M172	周家坟	长方形	138	残0.6×0.6－0.22	未发现	不明					
M173	周家坟	长方形	147	2×0.6－0.32	未发现	不明					
M174	周家坟	长方形	143	1.74×残0.5－0.1	未发现	不明					
M175	周家坟	长方形	138	3.26×残（0.62~0.7）－0.53	木棺	不明				被M168打破；打破M191	

续附表一

墓号	发掘地点	墓葬形制	墓坑方向（度）	长×宽-深（米）	葬具	葬式	头向	随葬品	分期	打破关系	备注
M176	周家坟	长方形	113	残1.57×0.8-0.1	木棺	不明				打破M179，M191	
M177	周家坟	长方形	128	1.82×0.68-0.18	炭化物质（棺椁痕迹）	不明		铜镯1组数件（Ba1，余Bb）	二	打破M194，M196，M202，M205和M207	
M178	周家坟	长方形	132	残1.62×0.54-0.18	木棺	不明				打破M202	
M179	周家坟	长方形	134	1.9×0.8-0.1	炭化物质（棺椁痕迹）	不明		铜削1，铜镯A（1组3件）；孔雀石珠B（1组100余件）	一	被M176打破；打破M188，M191和M197	
M180	周家坟	长方形	145	残1.72×0.62-0.18	木棺	不明					
M181	周家坟	长方形	119	1.66×0.6-0.3	木棺	不明					
M182	周家坟	长方形	112	1.84×0.6-0.24	木棺	不明				打破M207	
M183	周家坟	长方形	140	残0.84×0.76-0.1	木棺	不明					
M184	周家坟	长方形	127	1.84×0.68-0.18	木棺	不明				打破M202	
M185	周家坟	长方形	140	2×0.58-0.14	木棺	不明				打破M207	

续附表一

墓号	发掘地点	墓葬形制	墓坑方向（度）	长×宽－深（米）	葬具	葬式	头向	随葬品	分期	打破关系	备注
M186	周家坟	长方形	137	残1×0.4－0.16	木棺	不明				被M167打破	
M187	周家坟	长方形	138	残0.94×0.5－0.1	木棺	不明					
M188	周家坟	长方形	143	2.04×0.8－0.1	木棺	不明				被M179打破；打破M191	
M189	周家坟	长方形	130	2.22×（0.81～1.18）－0.52	棺椁	不明					
M190	周家坟	长方形	155	残0.34×0.62－0.16	木棺	不明					
M191	周家坟	长方形	130	3.58×残1.54－0.52	炭化物质（棺椁痕迹）	直肢葬	东南	玉璜3	一	开口于2层下；被M168、M175、M176、M179和M188打破；打破M197和M200	
M192	周家坟	长方形	138	2.84×（0.86～1.26）－0.6	棺椁	不明					
M193	周家坟	长方形	128	2.1×0.8－0.24	棺椁	不明					
M194	周家坟	长方形	143	1.72×0.6－0.16	未发现	不明		玉管饰1	一	被M177打破；打破M196和M202	
M195	周家坟	长方形	136	2.22×0.7－0.22	炭化物质（棺椁痕迹）	不明		铜镯Ba（1组，件数不详）	二	打破M206和M209	

续附表一

墓号	发掘地点	墓葬形制	墓坑方向（度）	长×宽－深（米）	葬具	葬式	头向	随葬品	分期	打破关系	备注
M196	周家坟	长方形	125	2×0.84－0.24	未发现	不明		玉管饰1	一	被M177和M194打破；打破M202和M207	
M197	周家坟	长方形	128	残2.75×0.9－0.48	木棺	不明				被M179、M191打破	
M198	周家坟	长方形	132	2.26×1.1－0.44	木棺	不明				被M167打破	
M199	周家坟	长方形	132	1.92×0.9－0.58	木棺	不明					
M200	周家坟	长方形	130	2.8×1.25－0.46	木棺	不明				被M191打破	
M201	周家坟	长方形	127	2.18×0.72－0.42	木棺	不明					
M202	周家坟	长方形	137	2.68×1.2－0.5	"井"字形椁	不明		残铜器1；玉管饰1	一	被M177、M178、M183、M194和M196打破	残存少量肢骨和牙齿，牙齿经检测为婴幼儿牙齿
M203	周家坟	长方形	127	2.22×1－0.3	未发现	不明					
M204	周家坟	长方形	139	1.8×0.6－0.28	木棺	不明					
M205	周家坟	长方形	141	2.66×1.16－0.4	木棺	不明				被M177打破	
M206	周家坟	长方形	143	2.46×0.96－0.24	木棺	不明				被M195打破	
M207	周家坟	长方形，角略圆	140	2.56×1.08－0.28	炭化物质（棺椁痕迹）	不明		玉块1，玉管饰1	一	被M177、M182、M184和M196打破；打破M210	

续附表一

墓号	发掘地点	墓葬形制	墓坑方向（度）	长×宽-深（米）	葬具	葬式	头向	随葬品	分期	打破关系	备注
M208	周家坟	长方形	149	2.02×0.82-0.4	未发现	不明					
M209	周家坟	长方形	140	2.1×0.9-0.2	未发现	不明				被M195打破	
M210	周家坟	长方形	145	残0.94×残0.5-0.16	未发现	不明				被M207打破	
M211	周家坟	长方形	147	发掘部分2.4×1.02-0.26	棺椁	不明					
M212	周家坟	长方形	120	1.8×0.6-0.3	未发现	不明					
M213	周家坟	长方形	120	2.26×0.8-0.28	未发现	不明					
M214	周家坟	长方形	94	1.96×0.76-0.32	未发现	不明					
M215	周家坟	长方形	98	1.98×0.7-0.52	未发现	不明					
M221	周家坟	长方形	153	发掘部分1.58×0.76-0.26	未发现	不明					

附表二 墓葬出土器物登记表

质地	器类	编号	数量	型式	备注
陶	残陶器	M108:2	1		无法修复，器形不明
陶	残陶器	M113:1	1		无法修复，器形不明
陶	残陶器	M129:2	1		无法修复，器形不明
陶	残陶器	M137:2	1		无法修复，器形不明
陶	残陶器	M141:3	1		无法修复，器形不明
陶	残陶器	M22:3	1		无法修复，器形不明
陶	残陶器	M7填:3	1		无法修复，器形不明
陶	残陶器	M80:13	1		无法修复，器形不明
陶	豆	M19:2	1	A	
陶	豆	M21:4	1	A	
陶	豆	M21:6	1	B	
陶	纺轮	M100:1	1	Aa	
陶	纺轮	M121:1	1	Aa	
陶	纺轮	M128:1	1	Aa	
陶	纺轮	M22:2	1	Aa	
陶	纺轮	M35:10	1	Ab	
陶	纺轮	M39:2	1	Aa	
陶	纺轮	M50:1	1	Aa	
陶	纺轮	M54:1	1	Aa	
陶	纺轮	M62:1	1	Aa	
陶	纺轮	M113:3	1	B	
陶	釜	M39:1	1		
陶	高领罐	M10:1	1	B	
陶	高领罐	M105:1	1		残，无法修复
陶	高领罐	M123:2	1	C	
陶	高领罐	M129:1	1		残，无法修复
陶	高领罐	M136:2	1	A	
陶	高领罐	M139:1	1	A	残，无法修复

续附表二

质地	器类	编号	数量	型式	备注
陶	高领罐	M141：2	1		残，无法修复
陶	高领罐	M19：1	1	A	残，无法修复
陶	高领罐	M21：3	1	A	
陶	高领罐	M47：1	1		残，无法修复
陶	高领罐	M76：2	1	B	
陶	高领罐	M7 填：2	1	D	
陶	高领罐	M80：12	1	A	残，无法修复
陶	罐	M108：3	1		残，无法修复
陶	罐	M123：3	1	A	
陶	罐	M136：1	1	A	
陶	罐	M136：3	1	A	
陶	罐	M139：2	1	A	
陶	罐	M148：1	1	D	
陶	罐	M148：2	1	A	
陶	罐	M18：1	1		残，无法修复
陶	罐	M21：2	1	A	
陶	罐	M21：5	1	B	
陶	罐	M21：7	1	C	
陶	罐	M35：9	1	A	
陶	罐	M8 填：1	1	A	填土陶片拼合
铜	锛	M140：1	1	A	
铜	锛	M141：1	1	B	
铜	锛	M80：8	1	A	
铜	锛	M80：9	1	A	
铜	镖	M66：2	1		
铜	残铜器	M202 填：2	1		器形不明
铜	残铜器	M67：2	1		破碎
铜	锄	M70：1	1	A	
铜	锄	M80：1	1	B	
铜	带钩状器	M20：4	1		

续附表二

质地	器类	编号	数量	型式	备注
铜	箙饰	M80:11	1		
铜	斧	M20:1	1		
铜	斧	M35:1	1		
铜	戈	M103:5	1		
铜	戈	M103:6	1		
铜	戈	M140:5	1	A	
铜	戈	M22:1	1	B	
铜	剑	M103:1	1	Ab	
铜	剑	M108:1	1	Aa	
铜	剑	M6:1	1	B	
铜	剑	M80:2	1	Aa	
铜	镜	M38:1	1		
铜	刻刀	M80:3	1		
铜	扣饰	M103:10	1	B	
铜	扣饰	M71:1	1	B	
铜	扣饰	M80:7	1	A	
铜	铃	M109:1	1	Bb	
铜	铃	M14:1	1	A	
铜	铃	M35:8	1	Ba	
铜	矛	M103:2	1		
铜	矛	M103:3	1		
铜	矛	M140:2	1	Bb	
铜	矛	M140:4	1	Ba	
铜	矛	M6:2	1	Ab	
铜	矛	M80:5	1	Aa	
铜	泡饰	M10:2	1	A	
铜	泡饰	M66:4-1	1	C	
铜	泡饰	M66:4-10	1	C	
铜	泡饰	M66:4-11	1	C	
铜	泡饰	M66:4-12	1	C	

续附表二

质地	器类	编号	数量	型式	备注
铜	泡饰	M66：4 – 13	1	C	
铜	泡饰	M66：4 – 14	1	C	
铜	泡饰	M66：4 – 15	1	C	
铜	泡饰	M66：4 – 16	1	C	
铜	泡饰	M66：4 – 17	1	C	
铜	泡饰	M66：4 – 18	1	C	
铜	泡饰	M66：4 – 19	1	C	
铜	泡饰	M66：4 – 2	1	C	
铜	泡饰	M66：4 – 20	1	C	
铜	泡饰	M66：4 – 21	1	C	
铜	泡饰	M66：4 – 22	1	C	
铜	泡饰	M66：4 – 23	1	C	
铜	泡饰	M66：4 – 24	1	A	
铜	泡饰	M66：4 – 25	1	B	
铜	泡饰	M66：4 – 3	1	C	
铜	泡饰	M66：4 – 4	1	C	
铜	泡饰	M66：4 – 5	1	C	
铜	泡饰	M66：4 – 6	1	C	
铜	泡饰	M66：4 – 7	1	C	
铜	泡饰	M66：4 – 8	1	C	
铜	泡饰	M66：4 – 9	1	C	
铜	片饰	M14：2 – 1	1	B	
铜	片饰	M14：2 – 2	1	B	
铜	片饰	M14：2 – 3	1	B	
铜	片饰	M80：15	1	A	
铜	钱	M108 填：1	1	五铢	
铜	钱	M108 填：2	1	五铢	
铜	钱	M124：1	1	大泉五十	
铜	钱	M124：2	1	五铢	
铜	钱	M124：3	1	五铢	

续附表二

质地	器类	编号	数量	型式	备注
铜	钱	M20:3	12	五铢	
铜	钱	M35:4	2	五铢	
铜	钱	M35:5	4	五铢	
铜	钱	M35:6	1	五铢	
铜	钱	M38:2	4	五铢	
铜	钱	M38:3	5	五铢	
铜	钱	M61:1	5	五铢	
铜	削	M103:4	1		
铜	削	M103:7	1		
铜	削	M140:3	1		
铜	削	M168填:1	1		
铜	削	M179:1	1		
铜	削	M34:1	1		
铜	削	M55:2	1		
铜	削	M70:2	1		
铜	印章	M20:5	1		
铜	凿	M103:8	1	B	
铜	凿	M103:9	1	B	
铜	凿	M118:1	1	AⅡ	
铜	凿	M21:1	1	AⅡ	
铜	凿	M55:1	1	B	
铜	凿	M56:1	1	B	
铜	凿	M80:4	1	AⅠ	
铜	爪镰	M100:2	1		
铜	爪镰	M113:2	1		
铜	爪镰	M32:1	1		
铜	啄	M168:1	1		
铜	镯	M109:2	1	Bc	破损严重
铜	镯	M149:1	一组	3件Ba，余皆Bb	

续附表二

质地	器类	编号	数量	型式	备注
铜	镯	M15：1	一组	Bc	
铜	镯	M15：2	一组	Bc	
铜	镯	M153：1	1	A	粉碎
铜	镯	M159：1	一组	Bc	
铜	镯	M160：1	1	A	
铜	镯	M167：1	一组 3 件	A	
铜	镯	M177：1	一组	1 件 Ba，余皆 Bb	无法修复
铜	镯	M179：3	一组 3 件	A	
铜	镯	M195：1	一组	Ba	无法修复
铜	镯	M57：1	一组	2 件 A，余皆 Ba	无法修复
铜	镯	M67：1	一组	Bb	破碎
铜	镯	M73：1	一组	Bc	
铜	镯	M73：2	一组	Bc	
铜	镯	M76：1	一组	Ba	
铜	镯	M78：1	1	A	破损较严重
铜	镞	M20：2－1	1	Ba	
铜	镞	M20：2－2	1		
铜	镞	M66：5－1	1		
铜	镞	M66：5－2	1	Bb	
铜	镞	M66：5－3	1	Bb	
铜	镞	M66：5－4	1	Bb	
铜	镞	M66：5－5	1		
铜	镞	M66：5－6	1	C	
铜	镞	M80：10	1	A	
铜	镈	M53：1	1		
铁	斧	M123：1	1		略残
铁	斧	M20：8	1		
铁	钩状残器	M20：9	1		
铁	甲片	M118：2			

续附表二

质地	器类	编号	数量	型式	备注
铁	矛	M20:6	1		
铁	片状器	M139:4	1		器形不明
铁	削	M118:3	1		
铁	削	M120:1	1		仅剩环首
铁	削	M137:1	1		
铁	削	M139:3	1	A	
铁	削	M26:1	1		
铁	削	M34:2	1	B	
铁	削	M35:11	1		
铁	削	M35:2	1	A	
铁	削	M35:3	1	A	
铁	削	M35:7	1	A	
铁	削	M51:1	1	A	
铁	削	M61:2	1		
铁	凿	M20:10	1	B	
铁	凿	M20:7	1	A	
铜铁合制	剑	M66:1	1	B	
铜铁合制	剑	M69:1	1	A	
铜铁合制	矛	M146:1	1		
铜铁合制	削	M66:3	1		
玉	管饰	M168填:8	1		
玉	管饰	M194:1	1		
玉	管饰	M196:1	1		
玉	管饰	M202填:1	1		
玉	管饰	M207:2	1		
玉	璜	M191:1-1	1		
玉	璜	M191:1-2	1		
玉	璜	M191:1-3	1		
玉	玦	M18:2	1		
玉	玦	M207:1	1		

续附表二

质地	器类	编号	数量	型式	备注
玉	玦	M80：14	1		
玉	镯	M168 填：6	1		
孔雀石	珠	M168 填：2	一组	A	
孔雀石	珠	M168 填：7	一组	B	
孔雀石	珠	M179：2	一组	B	
绿松石	扣	M148：3	1		
绿松石	扣	M38：10	1		
绿松石	扣	M38：11	1		
绿松石	珠	M108：4	1	A	
绿松石	珠	M111：1	1	D	
绿松石	珠	M118：4	1	B	
绿松石	珠	M142：1	1	A	
绿松石	珠	M148：4	1	B	
绿松石	珠	M19：3	1	C	
绿松石	珠	M30：4	1	C	
绿松石	珠	M56：3	1	A	
绿松石	珠	M56：5	1	A	
绿松石	珠	M56：6	1	A	
玛瑙	扣	M108 填：3	1	A	
玛瑙	扣	M30：3	1	B	
玛瑙	珠	M109：3	1	D	
玛瑙	珠	M168 填：3	1	A	
玛瑙	珠	M168 填：4	1	A	
玛瑙	珠	M168 填：5	1	A	
玛瑙	珠	M168 填：9		A	
玛瑙	珠	M38：4	1	C	
玛瑙	珠	M38：8	1	B	
玛瑙	珠	M38：9	1	B	
玛瑙	珠	M56：2	1	C	
玛瑙	珠	M56：4	1	A	

续附表二

质地	器类	编号	数量	型式	备注
石	范	M35：填 1	1		
石	范	M54 填：1	1		
石	范	M59 填：1	1		
石	刮削器	M7 填：1	1		
石	磨棒	M168 填：10	1	B	
石	磨棒	M34：3	1	A	
石	磨棒	M80：6	1	A	
玻璃	珠	M38：12	1		
玻璃	珠	M38：13	1		
玻璃	珠	M38：5	1		
玻璃	珠	M38：6	1		
玻璃	珠	M38：7	1		
玻璃	珠	M58 填：1	1		
玻璃	珠	M58 填：2	1		
玻璃	珠	M58 填：3	1		
玻璃	珠	M58 填：4	1		
玻璃	珠	M58 填：5	1		
玻璃	珠	M58 填：6	1		
玻璃	珠	M58 填：7	1		
玻璃	珠	M58 填：8	1		
玻璃	珠	M58 填：9	1		
漆	漆器	M30：1	1		残，器形不明
漆	漆器	M30：2	1		残，器形不明
漆	漆器	M30：5	1		残，器形不明

附录一　灰坑与明清墓葬

薛官堡墓地在发掘过程中，还清理一些灰坑以及明清时期的墓葬遗存。这表明，在墓地使用期间及之后，这里及周围还有不少的人类活动。

第一节　灰坑

共清理的灰坑 20 个，平面大多为圆形，也有少数为方形的。这些灰坑在分布上没有明显的规律，有的位于墓地之内并打破早期墓葬（参见图 2-3、2-4），也有的散落在墓地南侧的台地以及附近的"大石头"等高地上（参见图 1-4），年代和用途也存在差异。"大石头"是位于周家坟西南侧的一处高地，因过去地面竖立有数块大石头而得名，这里地势呈缓坡状，北部相对较高，南部烤烟房处较低。

H1

H1 位于唐家坟发掘点西南部，探方 T7157 内，开口于耕土层下，打破 M52、M54 和 M59。口部平面近圆形，北侧有一向外凸出的豁口，坑壁外弧，圜底，剖面略呈袋状，坑壁和底部都不甚平整。坑内填土呈灰黑色，较疏松，包含较多草木灰以及烧土、炭屑、石块、陶片等物。灰坑口径 0.8（连外凸豁口部分 1.1）、腹径 1.26、深 0.8 米（图附 1-1）。出土器物 3 件，包括铁镰 1 件、石范 1 件，另外还有碎陶片拼接修复的陶罐 1 件。

（一）铁器　1 件。

铁镰　1 件。

H1：2，锈蚀严重，两端残，断裂为三节，弧形。残长 15.4、宽 1.7~2.3 厘米（图附 1-22：1）。

（二）陶器　1 件。

陶罐　1 件。

H1：1，口部残，泥质灰陶。圆肩，深腹，平底。素面。口部残径 11.4、底径 11.8、残高 27.5 厘米（图附 1-21：2）。

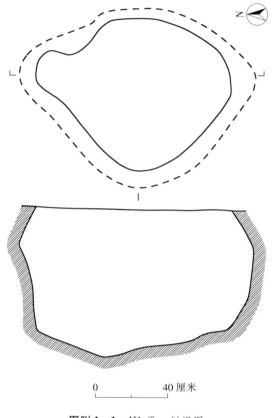

图附 1-1 H1 平、剖视图

（三）石器 1 件。

石范 1 件。

H1:3，赭红色，石英长石砂岩质地，范体呈弧形，与墓葬所出相近。残存部分型腔表面呈黑色，推测是浇注留下的痕迹。残长 14、残宽 6、厚 4~7 厘米（图附 1-22:4）。

H2

H2 位于唐家坟发掘点中部偏西南，探方 T7157 内，开口于耕土层下，打破 H3、M51、M124、M125、M126。口部平面近圆形，口沿处局部残存一层红色黏土，似涂抹上去的，坑壁较直，外斜，底较平且大于口，剖面近似袋状。坑内主要填灰白色的细砂土，较致密，包含烧土、炭屑以及白色草木灰等。坑内另发现卵石 3 块、残陶片 1 块，其中卵石直径约 10 厘米。灰坑口径 1、底径 1.2、深 0.5 米（图附 1-2）。

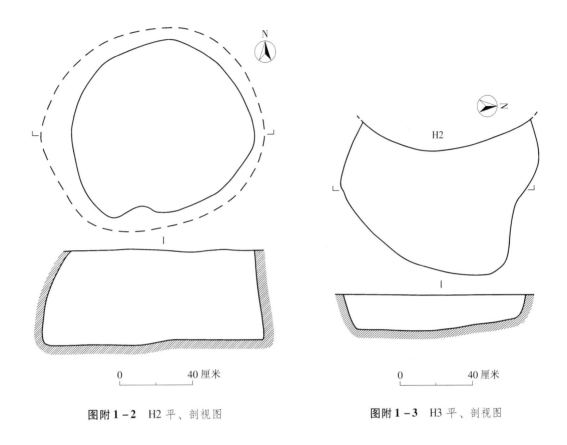

图附 1 - 2　H2 平、剖视图　　　　　　　　图附 1 - 3　H3 平、剖视图

H3

H3 位于唐家坟发掘点中部偏西南，探方 T7157 内，开口于耕土层下，被 H2 打破，打破 M20 和 M36。口部平面近圆形，坑壁较直，内斜，底部较平。坑内填灰黑色细砂土，较疏松，包含陶片、烧土和炭屑等。灰坑口径 1.1、深 0.2 米（图附 1 - 3）。

H4

H4 位于周家坟发掘点中部偏西北，探方 T6266 内，开口于耕土层下，打破 M16 和 M43。口部平面形状大体为方形，坑壁较直，平底。坑内填土呈灰黑色，较疏松，包含烧土、炭屑以及石块等，石块有卵石亦有一般的石块，其中坑底平铺 1 块厚 10、长 30 余厘米的青色石板。灰坑南北 1.2、东西 1、深 0.17 米（图附 1 - 4）。坑内发现不少兽骨，并出土陶罐 1 件。陶罐位于灰坑东北部，靠近坑壁，出土时口部朝上，立于灰坑内，罐底距坑底约 8 厘米，罐内土中亦包含一些碎骨和牙齿。兽骨经鉴定，有狗和绵羊两种。狗的骨架形态保存较为完整，侧卧于坑内中部，其下即为石板。

绵羊骨主要为下颌骨。罐内碎骨和牙齿经鉴定为一青年个体犬的骨骼，碎骨为上颌骨（参见第五章第二节）。

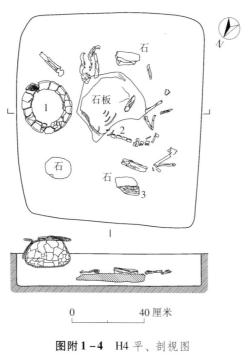

0   40厘米

图附 1-4 H4 平、剖视图
1. 陶罐　2. 犬骨　3. 绵羊骨

陶罐　1件。

H4:1，残，出土时口沿部分破碎严重。夹砂红褐陶，胎芯呈黑色，外表有烟炱痕迹。敛口，折沿较宽，溜肩，垂腹，圜底近平。除口沿外，外表通身饰小方格纹。口径 27.8、最大腹径 23.8、高 13.9 厘米（图附 1-21:3）。

H5

H5 位于周家坟发掘点中部偏南，探方 T6167 内，开口于耕土层下，打破 M74 和 M75。口部平面形状不甚规则，坑壁较陡，内斜，底部较平，剖面近似盆形。坑内填黄白色花土，较为致密，包含物少。灰坑长 1.94、宽 1.5、深 0.56 米（图附 1-5）。

H6

H6 位于周家坟发掘点中部，探方 T6267 内，东部延伸到发掘区外，开口于耕土层下。发掘部分口部平面近半圆形，坑壁较直，底部平整。坑内填黄白色花土，较致密、

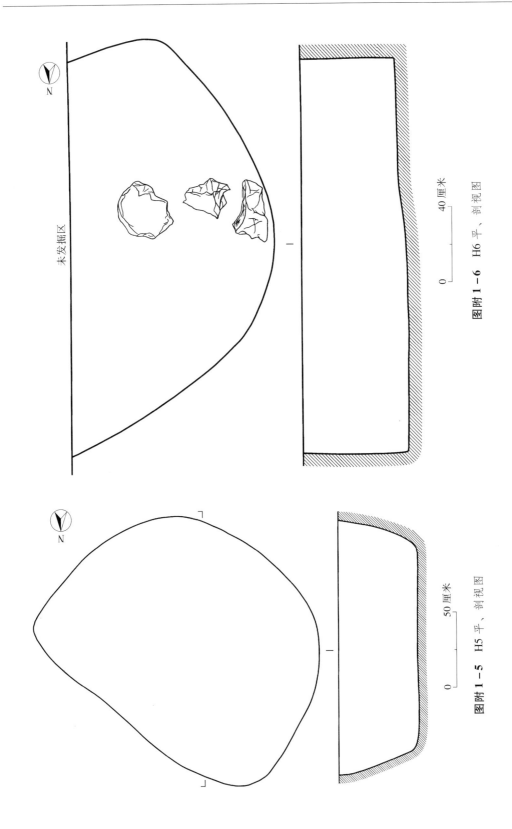

N

未发掘区

图附 1－6 H6 平、剖视图

0 40 厘米

N

图附 1－5 H5 平、剖视图

0 50 厘米

坚硬，靠近下部发现一些石块，石块直径约二三十厘米。灰坑发掘部分南北 2.1、东西
1.1、深 0.6 米（图附 1 – 6）。坑内出土少量青铜手镯残片，另发现铜扣 1 件。

铜扣　1 件。

H6:1，经检测，属黄铜制品（参见第五章第四节）。方框形，形似带扣。长 2.7、
宽 2.2、厚 0.2 厘米（图附 1 – 22：3）。

H7

H7 位于周家坟发掘点中部，跨探方 T6167 和 T6166，开口于耕土层下，打破 M47。
口部圆形，圜底。坑内填土呈黑灰色，较疏松，包含少量陶片和炭屑。灰坑直径约
1.44、深 0.7 米（图附 1 – 7）。

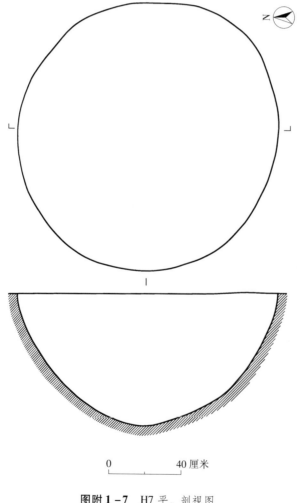

0   40 厘米

图附 1 – 7　H7 平、剖视图

H8

H8 位于唐家坟发掘点东部，跨探方 T7158 和 T7258，开口于耕土层下，打破 M60 和 M68。口部平面近椭圆形，坑壁内斜，底较平。坑内填土呈浅红褐色，疏松，较纯净，包含少量小石块。灰坑长径 1、短径 0.82、深 0.38 米（图附 1 - 8）。

出土器物有 9 件玻璃珠，集中分布于灰坑中部位置。

玻璃珠 9 件。

多为扁圆球形，也有的较高而略呈圆柱状，中间穿孔，颜色有淡蓝色、淡蓝色泛绿以及暗红色等。部分残，有的破碎。这些玻璃珠不仅外形、颜色大多与 M38、M58 等墓葬所出玻璃珠相近，而且成分也基本相同，都为钾硅系玻璃，属于两汉时期流行于中国南方以及东南亚和印度的古玻璃的一种（参见第五章第五节）。

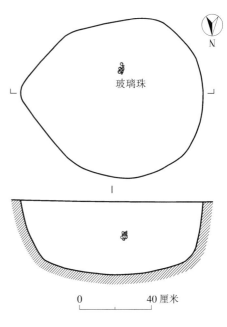

图附 1 - 8 H8 平、剖视图

H8：1，淡蓝色，扁圆球形。直径 0.7、高 0.52、孔径 0.3 厘米（图附 1 - 22：8；彩版九五：1）。

H8：2，淡蓝色泛绿，略呈圆柱状。直径 0.62、高 0.75、孔径 0.22 厘米（图附 1 - 22：6；彩版九五：2）。

H8：3，淡蓝色，扁圆球形。直径 0.68、高 0.38、孔径 0.29 厘米（图附 1 - 22：11；彩版九五：3）。

H8：4，淡蓝色，扁圆球形。直径 0.68、高 0.52、孔径 0.21 厘米（图附 1 - 22：9；彩版九五：4）。

H8：5，残，淡蓝色泛绿，扁圆球形。直径 0.62、残高 0.48、孔径 0.23 厘米（图附 1 - 22：10；彩版九五：5）。

H8：6，暗红色，带黑色瓜棱状竖条纹，圆球形略高。直径 0.78、高 0.69、孔径 0.25 厘米（图附 1 - 22：5；彩版九五：6）。

H8：7，暗红色，带黑色瓜棱状竖条纹，圆球形略高。直径 0.69、高 0.69、孔径 0.29 厘米（图附 1 - 22：7；彩版九五：7）。

H8：8，破碎，淡蓝色。尺寸不详。

H8：9，破碎，淡蓝色。尺寸不详。

H9

H9 位于唐家坟发掘点北部，跨探方 T7357 和 T7257，开口于耕土层下，打破 M106。口部平面近圆形，直壁，底较平。坑内填土呈灰黑色，较疏松，包含有少量碎陶片、炭屑等。灰坑直径约 1.4、深 0.4 米（图附 1 - 9）。

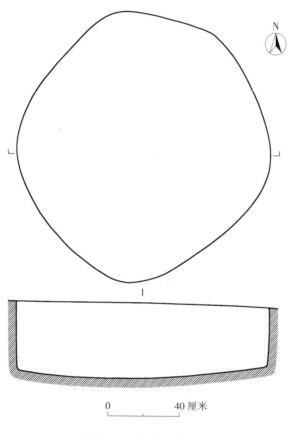

0   40 厘米

图附 1 - 9   H9 平、剖视图

H10

位于唐家坟发掘点北部，跨探方 T7357 和 T7358，开口于耕土层下，打破 M128。口部平面略呈椭圆形，坑壁较直，半底。坑内填土呈红褐色，较疏松，包含有少量陶片。灰坑长径 0.94、短径 0.8、深 0.3 米（图附 1 - 10）。出土器物有铜爪镰 1 件。

铜爪镰   1 件。

H10:1，残，弧形片状，中部似有穿孔，锈蚀严重。残长 5.1、宽 3.9、厚约 0.1 厘米（图附 1 - 22：2）。

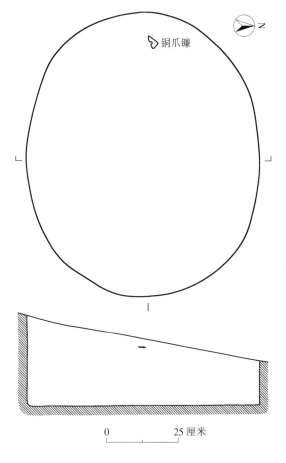

铜爪镰

0　　　　　　　25 厘米

图附 1 – 10　H10 平、剖视图

H11

H11 位于周家坟发掘点南部，探方 T6067 内，开口于耕土层下，打破 M140 和 M149。口部圆形，坑壁较直，微向外斜，平底。坑内填黄白色花土，较致密，包含有陶片、烧土以及大量的木炭。木炭堆积有分层现象。灰坑直径 1.54、深 1.12 米（图附 1 – 11）。对坑内的木炭进行了取样和检测，其种属为硬木松（参见第五章第三节）。

H12

H12 位于周家坟发掘点南部，探方 T6067 内，南部延伸到发掘区外，开口于耕土层下。口部平面形状不甚规则，坑壁较直，平底。坑内填土为黄白色花土，较致密，包含有陶片、烧土以及大量木炭，木炭堆积有分层现象。另外，在灰坑底部发

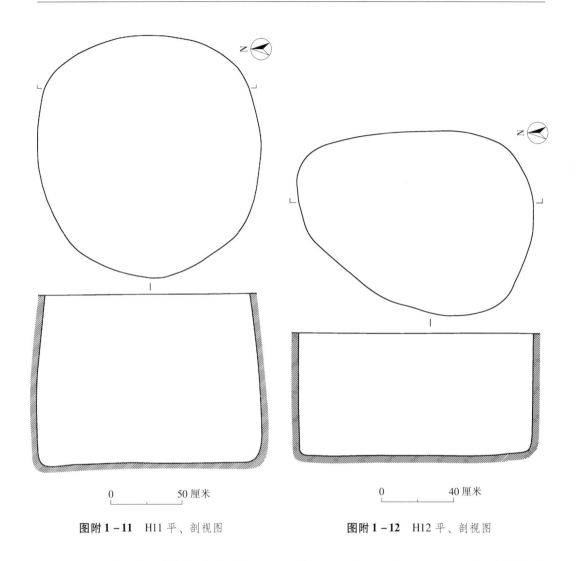

图附 **1 -11**　H11 平、剖视图　　　　　　　图附 **1 -12**　H12 平、剖视图

现有少量骨骼。灰坑发掘部分东西长 0.98、深 0.65 米（图附 1 - 12）。对坑内的木炭进行了取样和检测，其种属为青冈属常绿乔木（参见第五章第三节）。另外，对坑底出土的骨骼也进行了鉴定，结果显示为大型哺乳动物的肢骨（参见第五章第二节）。

H13

H13 位于大石头北部，探沟 TG11 内，开口于耕土层下。口部平面近圆形，坑壁内弧，底较平，剖面呈束腰袋状。坑内填土呈灰黑色，较疏松，包含有烧土、石块以及大量炭屑。坑口附近发现数块陶片，有泥质灰陶和泥质黄褐陶，可能为 2 件陶罐的残片，无法修复。灰坑口径 1.36、底径 1.3、深 1.1 米（图附 1 - 13）。

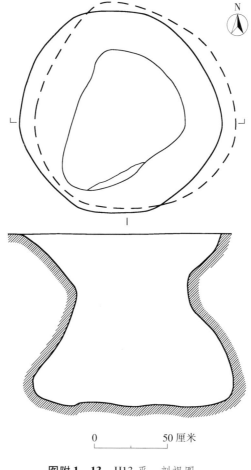

0　　　　　　50 厘米

图附 1 - 13　H13 平、剖视图

H14

H14 位于大石头北部，探沟 TG11 内，开口于耕土层下。口部圆形，坑壁略内斜，平底。坑内填土呈黄褐色，较疏松，包含物有少量石块、烧土等。灰坑直径约 1.26、深 0.2 米（图附 1 - 14）。

H15

H15 位于大石头北部，探方 TG11 内，开口于耕土层下。口部平面近圆形，坑壁略向外斜，底较平。坑内填土呈灰褐色，较疏松，包含有陶片、石块、烧土以及较多炭屑。灰坑直径约 1.4、深 0.46 米（图附 1 - 15）。H15 还出土少量兽骨，经鉴定种属为黄牛（参见第五章第二节）。

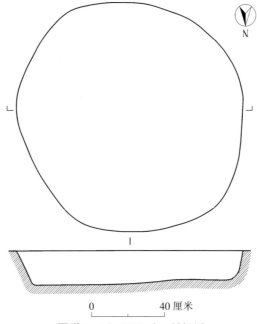

0　　　　　　40厘米

图附 1 - 14　H14 平、剖视图

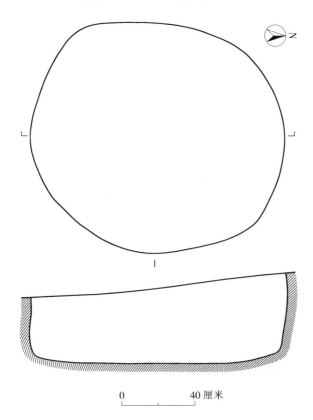

0　　　　　　40厘米

图附 1 - 15　H15 平、剖视图

H16

　　H16 位于大石头北部，探方 TG11 内。口部平面大致呈圆形，不太规则，坑壁较直，平底。坑内填土呈灰黑色，较致密，包含有少量陶片、石块以及烧土和炭屑。灰坑直径约 1.6、深 0.3 米（图附 1 - 16）。

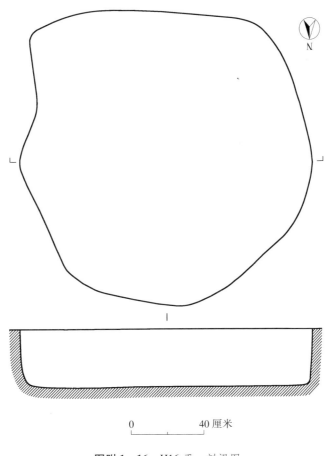

图附 1 - 16　H16 平、剖视图

H17

　　H17 位于周家坟南侧的台地上，探方 T4260 内，开口于耕土层下。口部大致呈圆形，坑壁较直，平底。坑内填土呈灰黑色，较致密，包含有烧土、陶片、石块以及大量木炭。灰坑东西 1.2、南北 1.28、深 0.67 米（图附 1 - 17）。坑内出土有少量兽骨，经鉴定种属为羊（参见第五章第二节）。

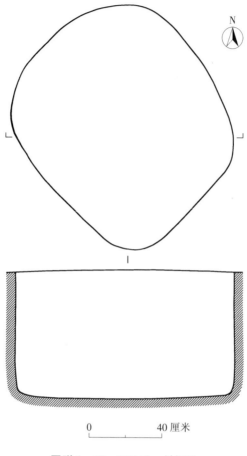

图附 1 –17　H17 平、剖视图

H18

　　H18 位于周家坟南侧的台地上，探方 T4260 内，西部和南部各有一小部分延伸出发掘区，开口于耕土层下。口部剖面不甚规则，坑壁略内斜，底较平。坑内填土呈灰褐色，较致密，包含有烧土、陶片、石块以及大量木炭。灰坑发掘部分东西长 1.15、南北宽 0.85、深 0.34 米（图附 1 – 18）。坑内出土少量兽骨，经鉴定种属为黄牛（参见第五章第二节）。

H19

　　H19 位于周家坟发掘点西部，探方 T6164 内，开口于耕土层下。口部平面近圆形，坑壁略外斜，底大于口，较平。坑内填土呈灰黑色，较疏松，包含有烧土、小石块以及大量炭屑。灰坑口径 1.06、底径 1.14、深 0.46 米（图附 1 – 19）。

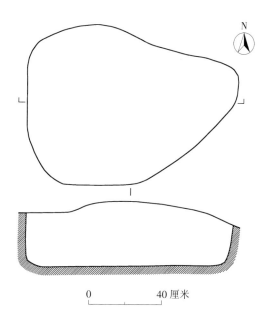

图附 1 – 18　H18 平、剖视图

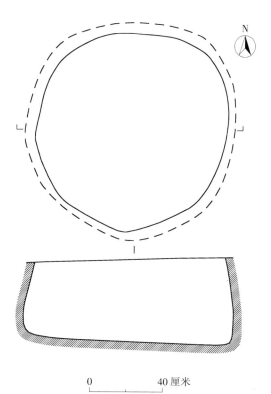

图附 1 – 19　H19 平、剖视图

H20

H20 位于周家坟发掘点西部，探方 T6164 内，东部延伸出发掘区，开口于耕土层下。平面近椭圆形，坑壁略外斜，底大于口，较平。坑内填土呈灰黑色，较疏松，包含有烧土、陶片、小石块以及大量炭屑。灰坑发掘部分东西口径 1.12、南北口径 1.1、深 0.34 米（图附 1-20）。出土器物有陶罐 1 件。坑内出土少量兽骨，经鉴定种属为驴（参见第五章第二节）。

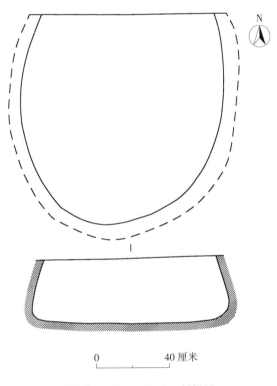

0　　　　　　　40 厘米

图附 1-20 　H20 平、剖视图

陶罐 　1 件。

H20：1，泥质灰陶。方唇微凹，直口微侈，圆肩，深腹，平底。肩部饰两周堆叠纹。口径 13、底径 10.8、高 30.3 厘米（图附 1-21：1）。

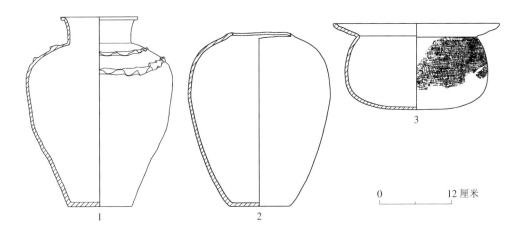

图附 **1－21**　灰坑出土陶罐
1. H20∶1　2. H1∶1　3. H4∶1

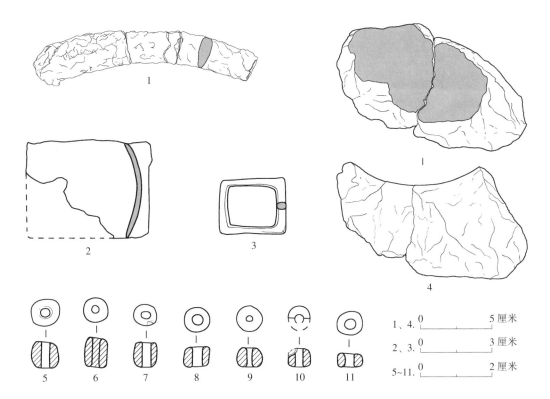

图附 **1－22**　灰坑出土器物
1. 铁镰（H1∶2）　2. 铜爪镰（H10∶1）　3. 铜扣（H6∶1）　4. 石范（H1∶3）　5～11. 玻璃珠（H8∶6、
2、7、1、4、5、3）

第二节　明清墓葬

　　在薛官堡墓地发掘过程中，还发现一些晚期墓葬（与早期墓葬统一编号），根据出土器物可知其年代基本都为明清时期，主要分布于周家坟发掘点以及大石头和乱坟岗等试掘地点。所清理的 10 座明清墓葬除 M169 位于大石头外，余皆分布于周家坟（参见图 2-4）和乱坟岗。乱坟岗位于周家坟和唐家坟西侧，是一处中部高四周低的土岗，因过去为乱葬之地而得名（图附 1-23）。墓葬均为竖穴土坑墓，方向与早期墓葬不同，多为东北—西南向或近东西向，其中有 9 座出土随葬品，只有 M219 为空墓。

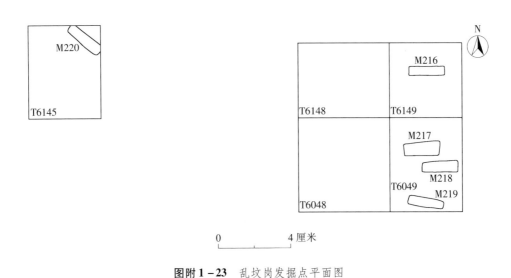

图附 1-23　乱坟岗发掘点平面图

M1

　　M1 位于周家坟发掘点西部，探沟 TG1 内。墓坑开口于耕土层下，平面呈长方形，长 2.04、宽 0.58、现存深 0.12 米，纵轴方向 75 度。墓坑内填土呈灰褐色，略疏松。墓底发现数枚铁质棺钉，有规律地分布于人骨两侧，推测有木棺葬具。残存部分头骨及下肢骨，葬式为仰身直肢，头朝东北。随葬品有瓷罐 1 件，位于被葬者头顶位置，出土时口部朝上（图附 1-24；彩版九六：1）。

　　瓷罐　1 件。

　　M1:1，灰胎，下腹部以上施青釉，口沿处釉多脱落。直口微侈，折沿，尖唇，短颈，圆肩，腹微鼓，平底。颈部和上腹部施墨线青花。口径 8、底径 8、高 13.5 厘米（图附 1-25；彩版九六：3）。

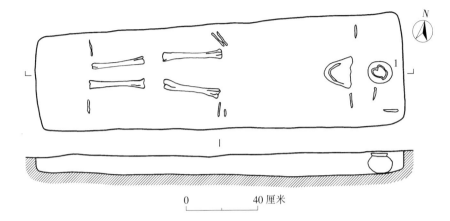

图附 **1 – 24**　M1 平、剖视图
1. 瓷罐

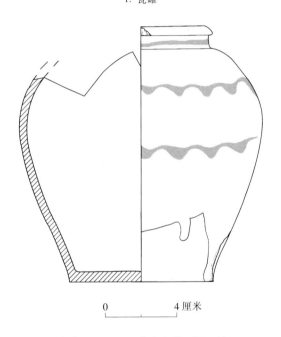

图附 **1 – 25**　M1 出土瓷罐（M1∶1）

M2

　　M2 位于周家坟发掘点西部，探沟 TG1 内。墓坑开口于耕土层下，平面呈长方形，长 2.2、宽 0.75、现存深 0.3 米，纵轴方向 60 度。墓坑内填土呈灰褐色，略疏松。墓底发现数枚铁质棺钉以及一些木炭，推测有木棺葬具。残存部分头骨和肢骨，葬式为仰身直肢，头朝东北。下葬时被葬者头下枕瓦，上面一块为板瓦，凹面朝上，竖置，板瓦下又垫几块筒瓦，筒瓦横置，弧面朝上。板瓦和筒瓦均素面，青色。随葬品有瓷

罐1件、铜钱2枚。瓷罐位于被葬者头顶位置，出土时口部朝上，铜钱位于被葬者脚部两侧，对称摆放（图附1-26；彩版九六：2）。

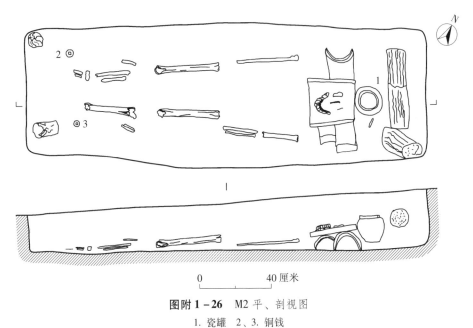

图附1-26　M2平、剖视图
1. 瓷罐　2、3. 铜钱

（一）铜钱　2枚。

M2:2，为"大顺通宝"，宽廓，背"工"。直径2.76、穿宽0.59厘米（图附1-27：1）。

M2:3，为"兴朝通宝"，宽廓，背"工"。直径2.83、穿宽0.59厘米（图附1-27：2）。

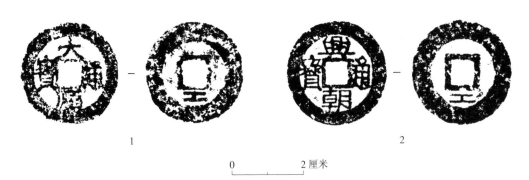

图附1-27　M2出土铜钱拓本
1. M2:2　2. M2:3

（二）瓷器　1件。

瓷罐　1件。

M2:1，灰白胎，外施酱釉，口沿内侧挂釉，底部无釉。侈口，方唇，短颈，圆肩，腹微鼓，平底略凹。口径8.8、底径8.2、高8.9厘米（图附1-28；彩版九六：4）。

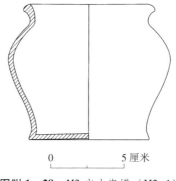

0　　　　　　5厘米

图附1-28　M2出土瓷罐（M2:1）

M3

M3位于周家坟发掘点南部，探沟TG4内。墓坑开口于耕土层下，平面呈长方形，长2.14、宽0.64、现存深0.12米，纵轴方向168度。墓坑内填土呈灰褐色，略疏松。墓底发现数枚铁质棺钉，推测有木棺葬具。残存部分肢骨以及一些牙齿，葬式为仰身直肢，头朝西北。下葬时被葬者头下枕一青色素面板瓦，板瓦弧面朝上，横置。此外，在被葬者腹部发现一块平面略呈三角形的石块，或许是下葬时特意放置，具有某种含义。随葬品有瓷罐1件，位于被葬者头顶位置，出土时口部朝上（图附1-29；彩版九七：1）。

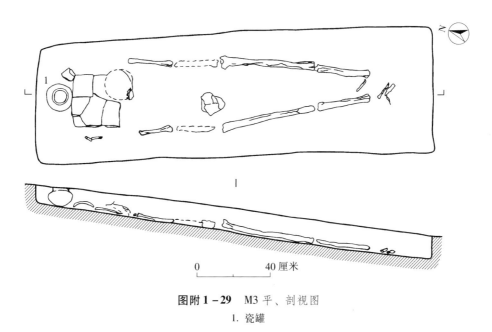

0　　　　　　40厘米

图附1-29　M3平、剖视图
1. 瓷罐

瓷罐 1 件。

M3:1，灰白胎，下腹部以上施青釉，口沿处釉多脱落。直口微侈，方唇，短颈，圆肩，腹略鼓，平底。肩部和上腹部施墨线青花。口径8.3、底径8.8、高15厘米（图附1-30；彩版九七：2）。

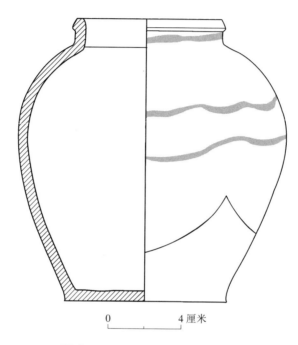

0　　　　4厘米

图附 1 - 30　M3 出土瓷罐（M3:1）

M4

M4 位于周家坟发掘点东南部，探沟 TG4 内。墓坑开口于耕土层下，平面呈长方形，长 3、宽 1.04、现存深 1.1 米，纵轴方向 15 度。墓坑内填黄白色花土，略疏松。墓底发现数枚铁质棺钉以及炭化的木板痕迹，棺钉有规律地分布于人骨两侧，推测有木棺葬具。残存少许人骨及牙齿，葬式为仰身直肢，头朝东北。随葬品有瓷罐 1 件、铜钱 3 枚。瓷罐位于被葬者头顶位置，出土时口部朝上，并向墓中间方向倾斜。铜钱自上而下分散摆放于被葬者身体位置，各枚之间距离相近，且大致在一条直线上，显然是有意为之（图附1-31；彩版九七：3）。

（一）铜钱　3 枚。

M4:2，为"永乐通宝"。直径 2.56、穿宽 0.5 厘米（图附 1 - 32：1）。

M4:3，为"永乐通宝"，边缘略残。直径 2.28、穿宽 0.43 厘米（图附 1 - 32：2）。

M4:4，残，钱文"皇□通宝"，从钱的形制及钱文看，可能为"皇宋通宝"。直径

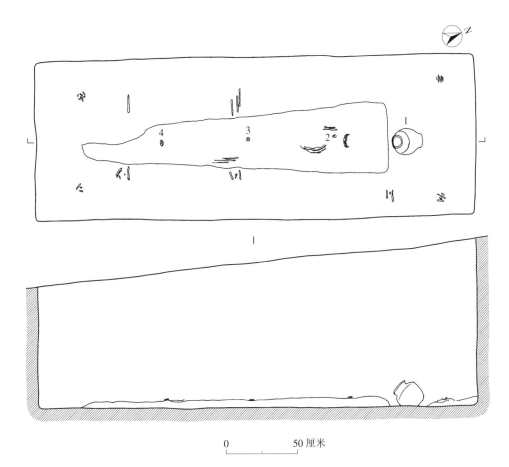

0　　　　　50 厘米

图附 1 – 31　M4 平、剖视图
1. 瓷罐　2 ~ 4. 铜钱

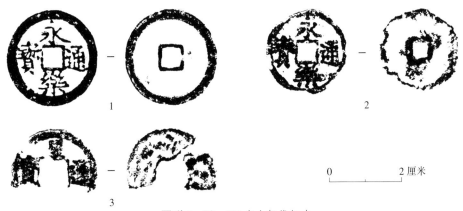

0　　　　　2 厘米

图附 1 – 32　M4 出土铜钱拓本
1. M4：2　2. M4：3　3. M4：4

2.4、穿宽 0.67 厘米（图附 1－32：3）。

（二）瓷器 1 件。

瓷罐 1 件。

M4：1，灰白胎，下腹部以上施酱釉。直口，口沿外折，圆唇，短颈，圆肩，腹略鼓，平底略内凹。口径 8.9、底径 9.5、高 15.8 厘米（图附 1－33；彩版九七：4）。

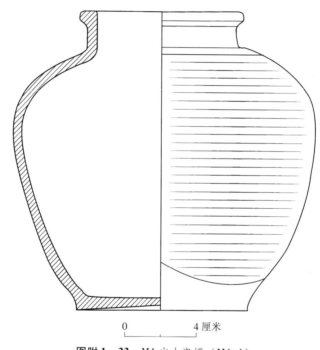

0　　　　　4 厘米

图附 1－33　M4 出土瓷罐（M4：1）

M169

M169 位于大石头南端，探沟 TG7 内。墓坑开口于耕土层下，平面呈长方形，长 2.05、宽 0.63、现存深 0.2 米，纵轴方向 15 度。墓坑内填土呈黄褐色泛灰，略疏松，含白色石灰颗粒以及炭屑等。在下肢骨下发现一小片木炭痕迹，可能为木棺遗存。残存部分肢骨、肋骨及牙齿，葬式为仰身直肢，头朝东北。随葬品有瓷罐 1 件、瓷碗 1 件。随葬品位于被葬者头顶位置，出土时瓷罐向墓中间方向倾斜，瓷碗扣于瓷罐口上（图附 1－34；彩版九八：1）。

瓷罐 1 件。

M169：1，灰白胎，腹部以上施酱釉，口沿内侧挂釉。圆唇，直口微敛，圆肩，微斜腹，平底。肩部和腹部饰数道凸棱纹。口径 7.2、腹径 11.1、底径 7.6、高 15 厘米（图附 1－35：2；彩版九八：3）。

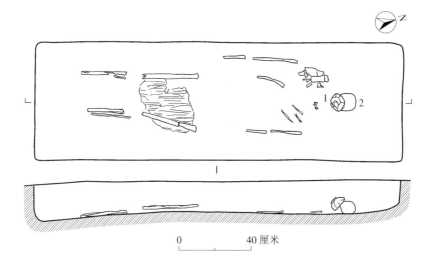

0　　　　　　40厘米

图附 1－34　M169 平、剖视图
1. 瓷罐　2. 瓷碗

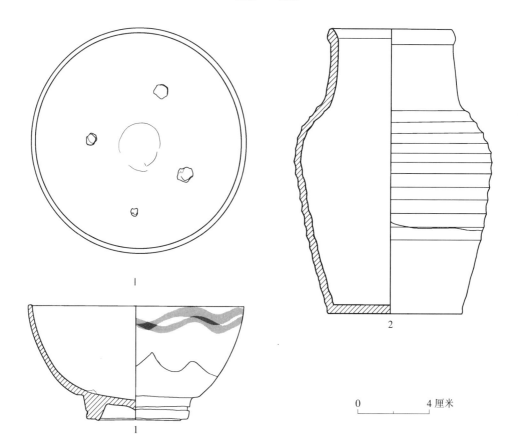

0　　　　　　4厘米

图附 1－35　M169 出土瓷器
1. 碗（M169：2）　2. 罐（M169：1）

瓷碗 1 件。

M169：2，灰白胎，除下腹和足部外，通体施青釉。敞口微收，矮圈足，碗内有 4 个支钉痕迹。外壁口部以下施大半周波浪纹青花。口径 12、足径 5.6、高 6 厘米（图附 1－35：1；彩版九八：4）。

M216

M216 位于乱坟岗南部，探方 T6149 内。墓坑开口于耕土层下，平面呈长方形，长 2、宽 0.53、现存深 0.18 米，纵轴方向 90 度。墓坑内填土呈灰褐色，略疏松。墓底发现少量板灰及一些铁质棺钉，推测有木棺葬具。残存少许肢骨，从形态看，被葬者头部朝东。随葬品有瓷罐 1 件，位于墓坑东端即被葬者头部附近，出土时口部朝上（图附 1－36；彩版九八：2）。

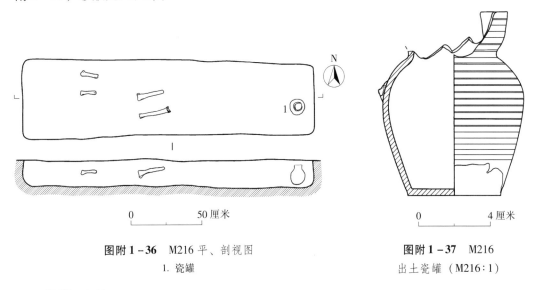

图附 1－36 M216 平、剖视图
1. 瓷罐

图附 1－37 M216
出土瓷罐（M216：1）

瓷罐 1 件。

M216：1，灰胎，下腹部以上施酱釉。口残，一边有流，圆肩，深腹，平底，肩部原有执柄，残。肩部和腹部饰凸棱纹。底径 5.2、高 9.7 厘米（图附 1－37；彩版九八：5）。

M217

M217 位于乱坟岗南部，探方 T6049 内。墓坑开口于耕土层下，平面呈长方形，长 2.1、宽 0.78、现存深 0.12 米。纵轴方向 89 度。墓坑内填土呈灰褐色，略疏松。发现少量棺钉，推测有木棺葬具。残存部分肢骨，从形态看，被葬者头部朝东，仰身，左手臂弯曲置于腹部，下肢平直。随葬品有铁器 1 件，大致位于被葬者头部右侧位置（图附 1－38）。

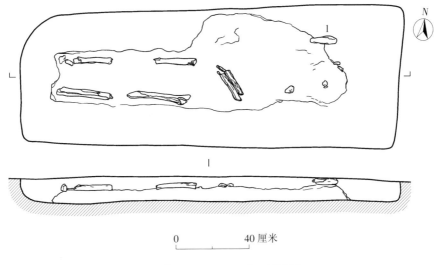

0　　　　　40 厘米

图附 1 – 38　M217 平、剖视图
1. 铁器

铁器　1 件。

M217：1，锈蚀严重，断裂为两节，器形和用途不明。棱柱状，剖面呈三角形。长 13.5、宽 2.2～2.7 厘米（图附 1 – 39）。

0　　　　4 厘米

图附 1 – 39　M217 出土铁器（M217：1）

M218

M218 位于乱坟岗南部，探方 T6049 内。墓坑开口于耕土层下，平面呈梯形，长 1.96、东端宽 0.72、西端宽 5.6、现存深 0.2 米，纵轴方向 90 度。墓坑内填土呈灰褐色，略疏松。未见葬具痕迹。残存少许下肢骨，葬式不太明显，但可知头部朝东。随葬品有瓷碗 1 件，位于墓坑东端，出土时口部朝上（图附 1 – 40；彩版九九：1）。

瓷碗　1 件。

M218：1，残，灰胎，除足底外，通施青釉。敞口外撇，矮圈足，碗内有支钉痕迹。口径 12.5、高 5 厘米（图附 1 – 41；彩版九九：3）。

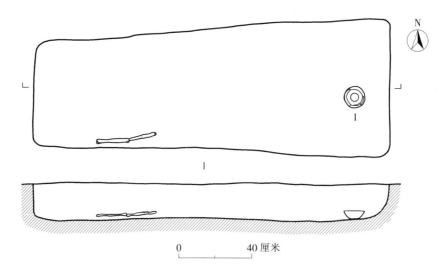

0　　　　　　40厘米

图附 1 – 40　M218 平、剖视图
1. 瓷碗

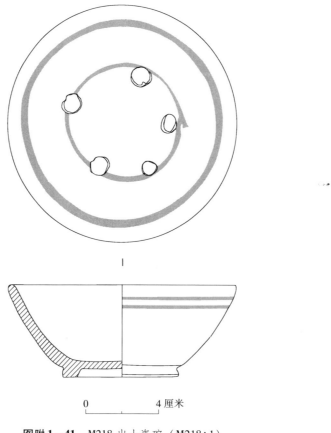

0　　　　4厘米

图附 1 – 41　M218 出土瓷碗（M218∶1）

M220

M220 位于乱坟岗西南部，探方 T6145 内。墓坑开口于耕土层下，平面呈长方形，长 2.1、宽 0.64、现存深 0.3 米，纵轴方向 128 度。墓坑内填土呈灰褐色泛黄，略疏松。墓地发现少量碎木渣和铁质棺钉，推测有木棺葬具。人骨朽毁不存，葬式不明。随葬品有瓷碗 2 件、铁刀 1 件、铜钱 3 枚。瓷碗并排横放于墓坑东南端，出土时口部朝墓中间方向倾斜。铁刀横置于墓坑东南部。铜钱分散放置于墓坑东南端（图附 1 - 42；彩版九九：2）。

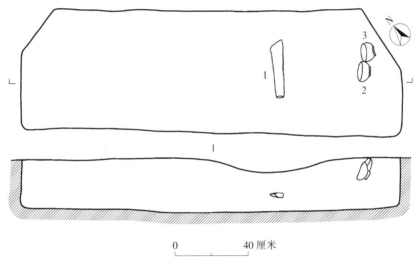

0　　　　　　　40 厘米

图附 1 - 42　M220 平、剖视图
1. 铁刀　2、3. 瓷碗

（一）铜钱　3 枚。

锈蚀严重，无法辨别钱文。

M220：4 - 1，直径 2.3、穿宽 0.49 厘米。

M220：4 - 2，残，无法测量尺寸。

M220：4 - 3，残，无法测量尺寸。

（二）铁器　1 件。

铁刀　1 件。

M220：1，锈蚀严重，刀背较厚。残长 22.3 厘米（图附 1 - 43：1）。

（三）瓷器　2 件。

瓷碗　2 件。

M220：2，黄褐胎，下腹部以上施酱釉。火候较高。敞口，矮圈足，碗内有 5 个支钉痕迹。口径 12.5、高 5 厘米（图附 1 − 43：2；彩版九九：4）。

　　M220：3，灰胎，下腹部以上施青釉。圈足部分未施釉。敞口，矮圈足，碗内有 3 个支钉痕迹。口径 11.7、高 5.2 厘米（图附 1 − 43：3；彩版九九：5）。

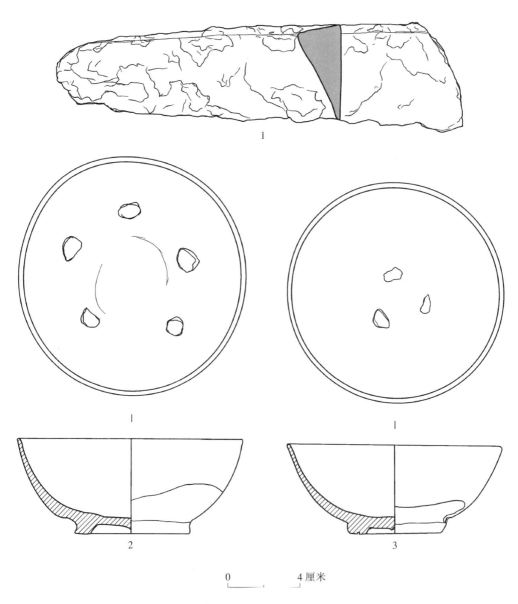

0 ————— 4厘米

图附 1 − 43　M220 出土器物
1. 铁刀（M220：1）　 2、3. 瓷碗（M220：2、3）

第三节 小结

一 灰坑用途和年代

薛官堡墓地及其附近发掘的灰坑以圆形居多，形制大多较为规整，坑内堆积多见木炭、炭屑以及石块等物，加上这一带未见居址遗迹，因此可推断其应不是一般的生活垃圾坑，而有某种特殊的用途。

类似的坑状遗迹在云南各地比较多见，据报道很多都与火葬墓有关，早的可至汉代，晚的可到明清时期。受此影响，我们最初以为这些灰坑可能也多属火葬墓遗迹。但随着发掘工作的推进，这一看法逐渐改变。首先，所有的灰坑中未发现人骨及人的骨灰痕迹，出土的骨骼经鉴定全部为家畜残骸。其次，各地发掘的火葬墓中一般都有完整的陶罐或瓷罐作为葬具，其内盛放骨灰，而薛官堡的灰坑大多不见这样的葬具。H1 和 H20 所出陶罐形似火葬罐，但出土时破碎严重，显然不是正常摆放进去的。H13 发现的陶器不仅破碎，而且器形也不大，又放置在灰坑口部附近，是火葬罐的可能性更小。H4 内的陶罐虽较完整，但其内骨骼经鉴定为犬骨，显然不是火葬罐。因此，关于这些灰坑的性质和用途，不排除有个别属火葬墓的可能，但就其中的大部分来说，应当都与火葬墓无关。

根据灰坑中发现的木炭、炭屑、烧土以及草木灰等遗存，可以判定这些遗迹多与烧火活动有关。而从灰坑形制、坑壁焙烧程度以及周边环境看，它们也不像一般的灶类遗迹。综合来看，我们认为这些灰坑更像是祭祀类的遗迹，与古代的"燎祭"颇为相似。燎祭是中国古代一种重要的祭祀仪式，自商周至明清一直存在，近代一些少数民族还保留此古老礼仪。据研究，古代燎祭所用物品主要有柴薪、牲畜和玉帛，其中柴薪多用栎、松类树木[1]。薛官堡有部分灰坑中发现兽骨，且都为家畜。另外，用于烧火的柴薪正好也有硬木松和栎属木材（青冈属属于广义栎属）。这些都与燎祭的特点相吻合。当然，燎祭习俗延续时间长，分布范围广，其形式和内涵会有一定的发展和变化。薛官堡的这种焚烧祭祀活动可能属"燎祭"的一种，关于其具体的祭祀对象及仪式等，还有待进一步的研究。

部分灰坑中无木炭、炭屑等火烧痕迹，未必为"燎祭"遗迹，但不排除和其他祭祀活动有关的可能。如 H8 中集中放置一些玻璃珠，玻璃珠与墓中所出相同，推测可能是祭祀品。总之，薛官堡发现的这些灰坑大多与祭祀活动有关，属于火葬墓的可能性很小。

---

[1] 许科：《古代燎祭用物及其意义》，《四川大学学报（哲学社会科学版）》2008 年第 3 期。

　　关于灰坑的年代，从出土器物以及碳十四测年数据看，大多为宋元时期，甚至更晚。如 H1、H20 出土的陶罐在曲靖八塔台火葬墓中也有发现，年代最早至宋元时期①。H4 出土的陶罐比较特别，相似者在泸西石洞村的火葬墓中可以见到。据发掘报告，石洞村火葬墓的年代约在西汉中晚期至东汉初，其依据主要是出土点陶器②。然而，由于材料有限，此断代是否准确，还有待进一步的验证。实际上，云贵高原的一些少数民族在很晚的时候仍沿用较原始的制陶技术，所制陶器的风格也较古朴。例如，云南元阳六篷火葬墓地出土的很多陶罐与薛官堡 H4 及石洞村火葬墓所出陶罐就颇为相似，而根据钱币等纪年器物可知，该墓地为明清时期的傣族墓葬遗存③。又如，大理大丰乐火葬墓地出土的一些陶罐，亦与上述陶器相似，其年代则多在元代④。所以，H4 的年代或不致太早，有可能在宋以后。H11 和 H12 内的木炭取样后做了碳十四测年，经树轮校正，年代分别在公元 1030～1180 年之间和在公元 1040～1230 年之间（均采用 26 值，参见第五章第一节），即两宋时期，从而为灰坑断代提供了重要而直接的参考依据。

　　部分灰坑中发现的遗物年代较早，如 H6 出土的青铜镯残片、H7 和 H9 出土的陶片以及 H10 出土的铜爪镰，都与墓葬中所出的非常相似。但这些遗物有可能是灰坑扰动早期墓葬后，混入坑内堆积中的。如 H6 不仅出青铜镯残片，还出土 1 件小铜扣，而后者不仅造型风格不太像西南夷时期的青铜器，而且经成分检测，含锌量较高，属于黄铜制品，年代可能要晚得多。又如 H1 出土的石范年代亦较早，相似者在墓中也有出土，但如上所述，该坑中还见宋元时期的陶罐。所以，仅根据这些遗物很难对灰坑年代做出准确的判断。当然，也有例外的情况。如 H8 内发现的玻璃珠属两汉时期的遗物，其出土时集中摆放，应当不是从墓中扰出的。而且，H8 填土较为纯净，与其他很多灰坑也不太一样。因此，该灰坑年代可能与墓地相当。

　　综上所述，薛官堡发现的这些灰坑大多属宋元时期的遗存，另有少数可能年代较早，如 H8 推测大致在西汉晚期或略晚。宋元时期的灰坑作为祭祀遗迹，可能与当地少数族有关。H8 等早期灰坑与墓地同时，应是汉代西南夷土著部族的遗存。

二　明清墓葬的年代及相关问题

　　薛官堡明清墓葬出土的瓷器质地不是很好，应大都为当地土窑烧制，故缺乏可资

① 云南省文物考古研究所：《曲靖八塔台与横大路》，科学出版社，2003 年。
② 云南省文物考古研究所、中共泸西县委、泸西县人民政府、红河州文物管理所：《泸西石洞村大逸圃墓地》，云南科技出版社，2009 年。
③ 云南省文物考古研究所、红河哈尼族彝族自治州文物管理所、元阳县文物管理所：《云南元阳六篷墓地发掘报告》，文物出版社，2012 年。
④ 云南省文物考古研究所、大理市博物馆：《大理大丰乐》，云南科技出版社，2002 年。

比较的材料，难以据此对墓葬年代做细致分析。有 3 座墓随葬钱币，其中 M2 出土 "大顺通宝" 和 "兴朝通宝"，M4 出土 "永乐通宝" 和疑似 "皇宋通宝"。"大顺通宝" 和 "兴朝通宝" 都是明末清初地方钱币，由当时张献忠大西政权铸造。由此可知，薛官堡发掘的这些明清墓葬早的或可至明代早期，晚的已进入清代。M2、M3 等墓葬于被葬者头下或旁侧放置瓦，可看作一种葬俗。此种做法在云南其他地区的一些明清土坑墓中也可见到，如大理大丰乐发掘的一些土葬墓中便发现有这样的葬俗，其年代多在明代中、晚期①。由这些发现，也可进一步确定薛官堡明清墓葬的年代。

云南地区唐宋时期盛行火葬，明清时期当地一些少数民族仍保留此葬俗。薛官堡清理的这批明清墓葬均为土圹墓，且多使用木棺，行仰身直肢葬，推测为汉人的遗存。明朝于洪武年间统一云南以后，在当地推行卫所制度，并大量迁入军户，汉人人口由此激增。陆良盆地地处滇东，地势开阔，是当时汉族移民的主要聚居地之一。据有关记载，洪武年间设陆凉卫后，先后从内地迁徙约 3 万汉族人口进入陆良。直至今天，陆良人多称自己的祖先是明初从南京一带迁徙而来的。薛官堡从名称看，应是明代卫所制度体系中的一处军堡或驿站，当时自然会有不少的汉族军户和移民居住于此。明末清初，因战争等原因，又有不少的汉人迁入云南。有清一代，内地向云南的移民也一直未停止。薛官堡发现的明清墓葬应当就是明初以后进入当地的汉移民及其后裔的墓葬，由于其规模一般较小，随葬品也很简单，被葬者可能来自于普通的社会阶层。

---

① 云南省文物考古研究所、大理市博物馆：《大理大丰乐》，云南科技出版社，2002 年。

附录二　陆良县博物馆藏青铜器和早期铁器

陆良县博物馆成立于 2001 年 10 月，与县文物管理所实行"馆所合一"的工作及管理体制。馆址设立于全国重点文物保护单位大觉寺内，总占地面积 7990 余平方米。目前馆藏文物总计 2043 件，其中包括青铜器、铁器等一些战国秦汉时期的文物。这些文物均为 1949 年中华人民共和国成立以来至今 60 余年间获得的，来源方式主要有捐赠、采集和征集等。这里主要就馆藏青铜器和早期铁器做一整理和介绍，希望对相关学术研究能有所帮助。

这批青铜器和铁器均发现于陆良境内，出土地点包括中枢镇、板桥镇、三岔河镇以及东部的龙海山区，另外还有一部分来自于薛官堡墓地。

一　青铜器

青铜器共 18 件，部分残，主要有剑、戈、矛、斧、锛、锄、釜、洗、扣饰、铃等。

剑　5 件。

LBC:12，双圆饼形茎首剑，扁圆茎上宽下窄，无格，曲刃，剑身后部较宽。茎首施回纹、同心圆纹等纹饰，双圆饼上施芒纹，茎部施三列同心圆纹，每列 10 组，剑身后部施同心圆纹、曲线纹、三角形纹等构成的组合纹饰。长 33.1、茎长 11.1 厘米。此件发现于县城中枢镇东南部南盘江附近（图附 2-2：1）。

LBC:141-1，一字格剑，空首呈喇叭口状，扁圆茎剖面略呈菱形，曲刃，圆脊，锋部残。茎部施勾连涡纹、编织纹和弦纹，剑身后部施涡纹和曲线纹等构成的组合纹饰。残长 22.2、茎长 8.1、格宽 6.2 厘米（图附 2-1：3）。此剑发现于马街镇薛官堡村西南的周家坟一带。

LBC:141-2，一字格剑，空首呈喇叭口状，扁圆茎剖面略呈菱形，曲刃较宽，圆脊，锋部残。茎部施勾连涡纹和弦纹，剑身后部施涡纹和曲线纹等构成的组合纹饰。残长 25.5、茎长 8.3、格宽 8.2 厘米（图附 2-1：2）。此剑发现于马街镇薛官堡村西南的周家坟一带。

LBC:36，一字格剑，空首呈喇叭口状，扁圆茎，曲刃较宽，锋部残。茎部锈蚀，

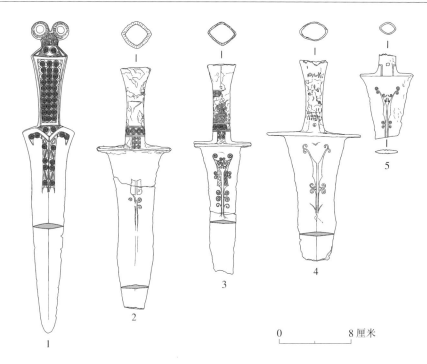

图附 2 - 1　陆良县博物馆藏铜剑

1. LBC:12　2. LBC:141 - 2　3. LBC:141 - 1　4. LBC:36　5. LBC:146

纹饰不清，剑身后部施涡纹和曲线纹等构成的组合纹饰。残长21、茎长7.4、格宽10.4 厘米（图附 2 - 1：4）。此剑发现于马街镇薛官堡村西南的周家坟一带。

LBC:146，一字格剑，茎大部残，曲刃较宽，锋部残。剑身后部施涡纹和曲线纹等构成的组合纹饰。残长 8.9、格宽 5.9 厘米（图附 2 - 1：5）。此剑发现于马街镇薛官堡村西南的周家坟一带。

矛　1件。

LBC:17，长骹，剖面呈菱形，两面前、后端各有一穿孔，彼此对称，叶较窄，中线起脊，锋部略弯曲。通长 17.8、骹口宽 1.8、叶宽 2.5 厘米（图附 2 - 2：3）。此矛发现于马街镇薛官堡村西南的周家坟一带。

戈　1件。

LBC:34，无胡，内部残缺，条形援微曲，近阑处有两条形穿孔。残长 18.5、援长 17、阑宽 6.8 厘米（图附 2 - 2：2）。此戈发现于马街镇薛官堡村西南的周家坟一带。

扣饰　1件。

LBC:32，圆形扣面内凹，似浅盘，中心位置有两穿孔，穿孔外有一圈凸起界格，背面有一横向弯钩，钩的根部带穿孔。直径 15.6 厘米（图附 2 - 2：1）。此扣饰发现于板桥镇松山一带。

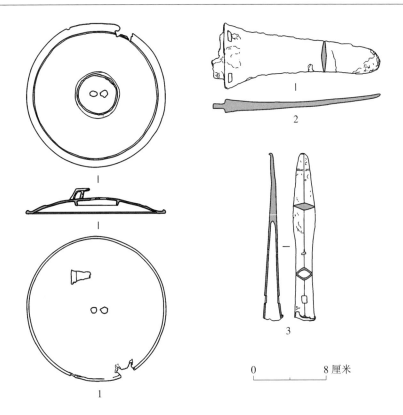

图附 2 - 2 陆良县博物馆藏铜器

1. 扣饰（LBC:32） 2. 戈（LBC:34） 3. 矛（LBC:17）

锛 1 件。

LBC:15，半圆形銎口，背面平直，正面弧形，下部形成单面刃，器身较长，銎部位置正、反两面有对称的穿孔，腰微束，弧刃。正面銎口下方有两道凸弦纹，弦纹下接一倒三角形纹。长 16.9、銎口宽 5.4、刃宽 5.2 厘米（图附 2 - 3：2）。此锛发现于核桃村乡平草坝。

斧 2 件。

LBC:16，竖銎，平底，銎口近方形，正反面有对称穿孔，器身较长，腰微束，弧刃较宽。銎口下方有两周凸弦纹。长 17.9、銎口宽 5.2、刃宽 7.6 厘米（图附 2 - 3：1）。

LBC:35，竖銎，其中一面上部残，平底，銎口近方形，正反面有大致对称穿孔，器身较长，腰微束，弧刃较宽。銎口下方有一周凸弦纹。长 18.8、銎口宽 4.9、刃宽 6.5 厘米（图附 2 - 3：3）。此斧发现于马街镇薛官堡村西南的周家坟一带。

锄 3 件。

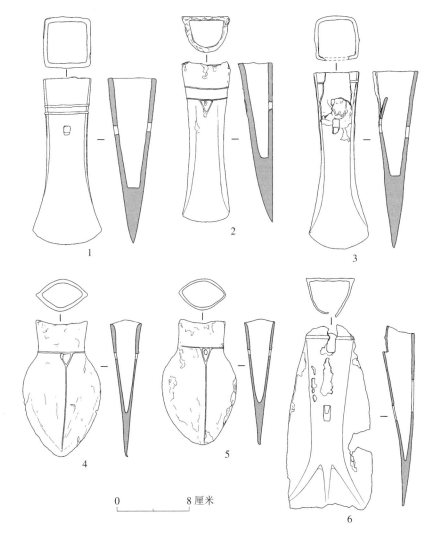

图附 2 - 3　陆良县博物馆藏铜器

1、3. 斧（LBC：16、35）　2. 锛（LBC：15）　4~6. 锄（LBC：13、14、343）

　　LBC：13，竖銎向下延伸至锄身下部，銎口呈橄榄形，两面下凹，锄身呈宽尖叶状，靠上位置有对称穿孔。銎口下方至锄身肩部位置两面均有一道凸弦纹，弦纹下面接形似倒三角的树杈状凸线纹。长 14.5、銎口宽 5.7、锄身宽 8.7 厘米（图附 2 - 3：4）。此锄发现于马街镇薛官堡村西南的周家坟一带。

　　LBC：14，竖銎向下延伸至锄身下部，銎口呈橄榄形，两面下凹，锄身呈宽尖叶状，靠上位置有对称穿孔。銎口下方至锄身肩部位置两面均有一道凸弦纹，弦纹下面接形似倒三角的树杈状凸线纹。长 13.3、銎口宽 5.1、锄身宽 8.2 厘米（图附 2 - 3：5）。此锄发现于马街镇薛官堡村西南的周家坟一带。

　　LBC：343，竖銎向下延伸至锄身下部，半圆形銎口，锄身呈梯形，上窄下宽，中部有大致对称穿孔，刃部较平。正面銎口下方有一道凸弦纹。长19.6、銎口宽5.4、刃宽9.6厘米（图附2-3：6）。此锄发现于县城中枢镇窑上村附近。

釜　2件。

LBC：5，直口，束颈，溜肩，鼓腹，圜底近平，肩部带两对称圆形立耳。腹部施三道凸弦纹。口径23.2、腹径26、高20.4厘米（图附2-4：1）。此釜发现于板桥镇马军营村附近。

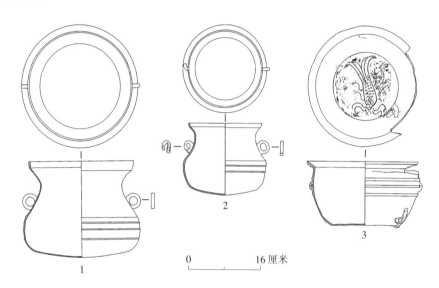

图附2-4　陆良县博物馆藏铜器
1、2. 釜（LBC：5、6）　3. 洗（LBC：243）

LBC：6，直口微敞，束颈，溜肩，鼓腹，圜底略尖，肩部带两对称圆形立耳，其中一耳残。腹部施两道凸弦纹。口径16.2、腹径19.2、高15.2厘米（图附2-4：2）。此釜发现于板桥镇马军营村附近。

洗　1件。

LBC：243，口局部残，微侈，折沿，深腹，平底，上腹部有两对称半环形耳。腹部施三周凸弦纹，内底施鱼纹。口径25.8、底径14.5、高13.6厘米（图附2-4：3）。此洗发现于三岔河镇舟东村附近。

铃　1件。

LBC：18，扁圆筒状，口部呈椭圆形，边如锯齿，顶部微弧，两侧带管形耳。外表施浅浮雕纹饰，顶部为同向双鱼纹，铃身可见各种动植物纹以及其他一些抽象图案或符号，可辨纹饰有马、狗、鸡、树等。口宽6.6、通高9.4厘米（图附2-5）。此铃发现于龙海乡双箐口村羊钻箐豹子洞。

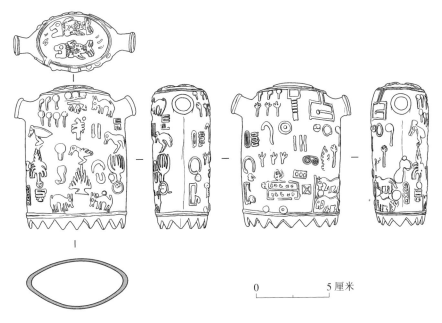

图附 2 - 5　陆良县博物馆藏铜铃（LBC：18）

二　铁器

铁器共 4 件，其中含 1 件铜柄铁剑，另有斧、锸等。

铜柄铁剑　1 件。

LBC：11，镂空牌形茎首剑，茎中间细，有对称穿孔，穿孔上、下各有一道凸棱，茎上、下两端外展渐宽。茎上部施三角形雷纹、勾连涡纹、波浪纹等纹饰，下部施雷纹、涡纹，纹饰细密、精致。剑身较长，锈蚀变形。通长 44.5、茎长 11.6 厘米（图附 2 - 6）。此剑发现于县城中枢镇东南部南盘江附近。

铁刀　1 件。

LBC：142 - 2，环首，扁长柄，柄部残存两道铁箍以及木材朽腐痕迹，刀身较长，直背，弧刃。通长 42.4、柄长 14.2、刃宽 2.8 厘米（图附 2 - 7：1）。

铁锸　2 件。

LBC：26，竖銎，銎口近梯形，一面未封口，束腰，宽刃。长 17、銎口宽 6.3、刃宽 6.7 厘米（图附 2 - 7：2）。

LBC：143，竖銎，銎口长方形，器身上窄下宽，平面呈"凸"字形。銎口宽 6.8、刃宽 15.5 厘米（图附 2 - 7：3）。

上述馆藏青铜器由于均非考古发掘出土，因此其年代无法根据埋藏环境做出具体分析和判断。但从云贵高原以往大量考古发现来看，这批青铜器基本都应为战国秦汉

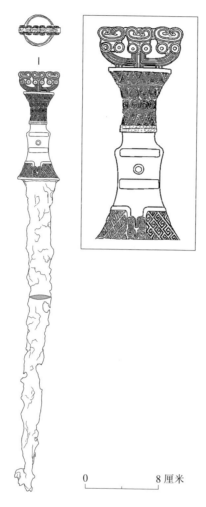

0   8 厘米

图附 2 - 6   陆良县博物馆藏铜柄铁剑（LBC：11）

时期的遗物。其中，剑、戈、矛、斧、锛、锄、扣饰等器类多具有土著文化风格，应和当时的"西南夷"有关；釜、洗等青铜容器明显为汉式器物，年代也可能相对较晚，推测是东汉时期的遗物。外表施浅浮雕纹饰的铜铃略显特别，类似铜铃主要发现于滇东北和黔西北一带，其具体年代及使用者尚不是很清楚，有待进一步观察。铁器多为汉式器形，其中一件铁锸还使用了锻鎏技术，因此年代不会很早，估计都是东汉以后的遗物。

从薛官堡墓地的发掘情况以及其他一些考古材料看，战国秦汉时期陆良盆地的居民自己能够制造青铜器，并掌握铸造、锻造等多种技术，因此上述青铜器多数应都是当地制造的。不过，其中也有一些器形特别的，推测是由外地输入的。如双圆饼形茎首剑在云南东部很少见到，很可能来自滇西北或川西南一带。又如镂空牌形茎首剑属

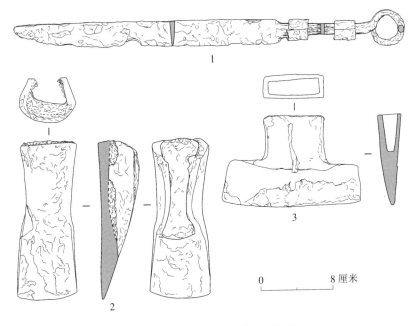

图附 2 - 7　陆良县博物馆藏铁器
1. 刀（LBC：142 - 2）　　2、3. 锸（LBC：26、143）

可乐文化的典型器物，可能来自黔西北地区。这些都表明，当时的陆良盆地与周围很多地区都有往来和联系。

后　记

　　《陆良薛官堡墓地》是在发掘资料全面、系统整理的基础上编写而成的，前后历时约三年。在发掘报告的编写过程中，我们始终把科学性摆在首位，同时经常提醒自己尝试从读者的角度来审视报告的内容，目的是力求把发掘资料客观、翔实、详尽地介绍给大家，并便于读者查阅和使用。但尽管如此，由于种种原因，报告中难免会有疏漏和缺陷，在此还恳请读者指正并谅解。

　　本发掘报告由杨勇主持编写，撰写者都是参加发掘或资料整理的人员，具体分工如下：

　　第一章，杨勇（中国社会科学院考古研究所）、王洪斌（陆良县文物管理所）执笔。

　　第二章，朱忠华（云南省文物考古研究所）、杨勇执笔。

　　第三、四、六章，杨勇执笔。

　　第五章，执笔者主要为样品检测和分析者，有张雪莲、王明辉、吕鹏、王树芝、刘煜、王增林、叶晓红、王丹（以上为中国社会科学院考古研究所），崔剑锋（北京大学考古文博学院），刘建宇（故宫博物院），任萌、杨益民（以上为中国科学院大学人文学院考古学与人类学系），详见各研究报告；概述性内容由杨勇执笔。

　　附录一，杨勇执笔。

　　附录二，王洪斌执笔。

　　报告初稿编写完成后，由杨勇负责统稿和核校，最后成书。

　　报告编写过程中的线图排版等技术工作主要由中国社会科学院考古研究所云南工作队技师李常洪、何恬梦等承担。

　　《陆良薛官堡墓地》在编写过程中，得到中国社会科学院考古研究所时任和现任所领导刘政书记、王巍所长、陈星灿所长、白云翔副所长的关心、指导和支持，得到了汉唐考古研究室、科研处、创新办等处室领导和同仁的支持和帮助，云南省文物考古研究所刘旭所长、闵锐副所长等对报告编写和申请出版工作也给予了大力支持，在此一并表示衷心的感谢！

感谢国家文物局提供出版经费，保证了报告的顺利出版。

文物出版社的蔡敏、陈春婷为报告的编辑、出版付出了辛勤劳动，在此表示衷心感谢！

一分耕耘，一分收获。发掘报告是田野考古工作的最终成果，它的完成凝结了很多人的汗水和心血，也离不开来自各方面的支持。在《陆良薛官堡墓地》即将付梓之际，我们要感谢所有参加薛官堡墓地调查、发掘及资料整理的工作人员！感谢一直以来关心、支持我们工作的中国社会科学院考古研究所、云南省文物考古研究所、曲靖市文物管理所、陆良县文物管理所的各位领导，以及中国社会科学院考古研究所汉唐考古研究室、考古科技实验研究中心、文化遗产保护研究中心、科研处、创新办、人事处、办公室等处室中心的各位领导和同仁！感谢长期关注、帮助我们工作的考古界专家和同行以及社会各界人士！另外，要向支持此项发掘工作的国家文物局文物保护与考古司、云南省文物局、曲靖市文化体育局以及陆良县委、县人民政府、县文化体育广播电视局、马街镇等各级政府和部门的相关领导表示诚挚的谢意！向理解、支持发掘工作的薛官堡村干部和群众致以特别的谢意！

编　者

2017 年 3 月

Xueguanbu Cemetery in Luliang

(Abstract)

The report of *Xueguanbu Cemetery in Luliang* comprehensively and systematically introduces the material excavated at Xueguanbu Cemetery in Luliang County of Yunnan Province from 2012 to 2013.

Luliang Basin is located in the eastern part of Yunnan Province, which is the largest flatland of Yunnan. Nanpan River, the upstream of the Pearl River, flows across it from north to south. Xueguanbu Cemetery is located near the edge of the mountain at the southern part of the basin, administratively subject to Xueguanbu County, Majie Village. The excavation of Xueguanbu Cemetery is active archaeological work carried out by the Institute of Archaeology of Chinese Academy of Social Sciences, Yunnan Provincial Institute of Cultural Relics and Archaeology, Qujing Municipal Administration of Cultural Heritage and Administration of Cultural Heritage of Luliang County. The total area of the cemetery is more than 1000 square meters, and most of the tombs excavated belong to the local aboriginal culture of "*Southwestern Minorities*", dating back from the Warring States Period to Qin and Han Dynasties.

The cemetery is on elevated land, the south of which flowed a river in the past. The tombs of aboriginal "*Southwestern Minorities*" culture are all earthen pit tombs, totaling more than 210 seats. The tombs are mostly northwest-southeast, distributed densely and having complex relationships. The plane shapes of graves are mostly rectangular, while only a few ones are with mounds. The graves are mostly about 2 meters in length, and less than 1 meter in width. M168, the largest one, is more than 4 meters long and 3 meters wide. Among the existing pits, there are only a few ones deeper than 1 meter, while some are only a few centimeters or about 10 centimeters left. Traces of coffins or carbonized material are found in a few tombs, which may have some relationship with wooden burial furniture. In M168, traces of "*Jing*" -

shaped outer coffin can be clearly observed. Some limb bones and teeth are found only in a few tombs, and the burial position is not clear. Burial objects are mostly copper, iron, pottery, jade, glass, and lacquer ones. Copper objects are of the largest number, followed by pottery, jade and iron objects. The copper objects are mainly weapons, tools and ornaments, mostly made of bronze, like swords, dagger-axes, spears, pecks, arrowheads, darts, quiver ornaments, rammers, axes, chisels, adzes, hoes, knives, buckle ornaments, bracelets, bells as well as mirrors, stamps and coins, among which graphic stamps engraved with non-Chinese characters are found for the first time in the area of "*Southwestern Minorities*". The iron objects are mainly spears, axes and knives, while there are also some iron-bronze objects like iron swords with bronze handles. Pottery includes pots, cauldrons, *Dous* and spinning wheels, the heat of which is generally very low. Jade and glass objects are mainly *Jues*, *Huangs*, buttons, tubular ornaments and beads. Lacquer is rarely found, with only the paint remaining. The number of burial objects found in each tomb is uneven. Some tombs contain 10 pieces or more, some contain only one or two pieces, and some even without burial objects. The bronze and iron objects are often placed at the central parts of the graves, while the pottery is often at one end, and ornaments are mainly placed where to carry them when alive. If there are more than one piece, the objects are often piled intensively.

According to the relationship of the tombs, the characteristics of unearthed objects and dating data of ^{14}C, it is concluded that the cemetery dates back from the Warring States Period to Qin and Han Dynasties, the latest time of which is early Eastern Han Dynasty. It can be roughly divided into two stage. In the first stage, the burial objects all belonged to aboriginal "*Southwestern Minorities*" culture, the time of which is generally from middle and late Warring States Period to early Western Han Dynasty. In the second stage, a number of Chinese objects and some other exotic cultural objects appeared, the time of which is mainly late Western Han Dynasty. As "*Da Quan Wu Shi*" coins are found, and a few Wuzhu Coins are with characteristics of the early Eastern Han Dynasty, so the latest time of this stage is speculated to be early Eastern Han Dynasty. Xueguanbu Cemetery may be a local tribal cemetery of the "*Southwestern Minorities*", probably associated with the tribe of "*Laojin*" "*Mimo*" in history.

The excavation of Xueguanbu Cemetery fills a blank in archaeological research of the "*Southwestern Minorities*". It is of important academic significance to the research of "*Southwestern Minorities*" area in the Warring States Period, especially the pedigree, constitution and distribution of aboriginal bronze culture in eastern Yunnan and western Guizhou. Among the burial objects, there are a number of exotic cultural factors, which can help to explore communication and interaction between different ethnics and cultures in the "*Southwestern Minorities*" area. Moreover, the bronze mirrors, bronze stamps, coins and iron objects also provide valuable information for investigation into the spread of Chinese culture to the southwestern region and the fusion of aboriginal culture and Han culture.

（英文翻译：王音）

墓地

彩版一　薛官堡墓地远景（南—北）

1. 出土文物现场保护

2. 地方干部和群众参观考古工地

彩版二　文物保护与公共考古活动

1. 2012年部分发掘人员合影

2. 2013年部分发掘人员合影

彩版三　发掘人员合影

1. 2012年发掘（东南—西北）

2. 2012年发掘（西北—东南）

彩版四　唐家坟发掘点墓葬分布

1. 2012年发掘（西北—东南）

2. 2013年发掘（东南—西北）

彩版五　周家坟发掘点墓葬分布

1. A型陶罐（M8填：1）

2. A型陶罐（M21：2）

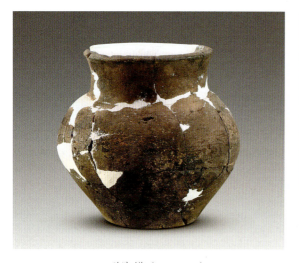

3. A型陶罐（M35：9）

4. A型陶罐（M123：3）

5. A型陶罐（M136：1）

6. A型陶罐（M136：3）

彩版六　陶罐

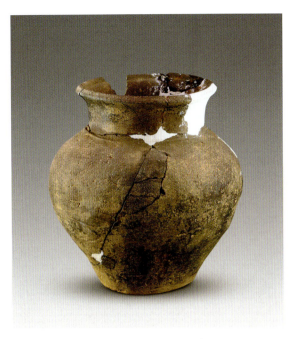

1. A型陶罐（M139：2）

3. B型陶罐（M21：5）

2. A型陶罐（M148：2）

4. C型陶罐（M21：7）

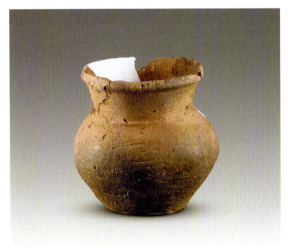

5. D型陶罐（M148：1）

彩版七　陶罐

1. A型陶高领罐（M21∶3）

2. A型陶高领罐（M136∶2）

3. B型陶高领罐（M10∶1）

4. B型陶高领罐（M76∶2）

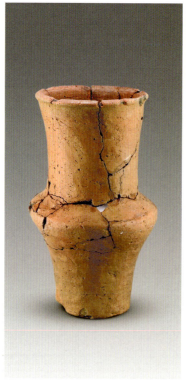

5. C型陶高领罐（M123∶2）

6. D型陶高领罐（M7填∶2）

1. A型陶豆（M19：2）

2. A型陶豆（M21：4）

3. B型陶豆（M21：6）

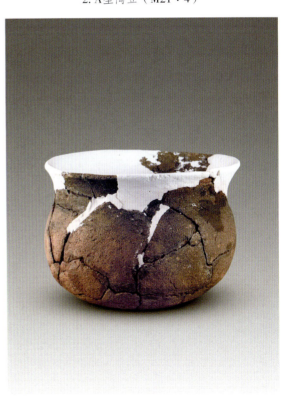

4. 陶釜（M39：1）

彩版九　陶豆、釜

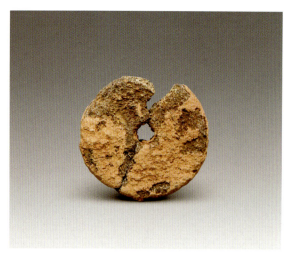
1. Aa型陶纺轮（M22：2）

2. Aa型陶纺轮（M50：1）

3. Aa型陶纺轮（M100：1）

4. Aa型陶纺轮（M121：1）

5. Ab型陶纺轮（M35：10）

6. B型陶纺轮（M113：3）

彩版一〇　陶纺轮

2. Ab型铜剑（M103∶1）

1. Aa型铜剑（M80∶2）

3. B型铜剑（M6∶1）

彩版一一 铜剑

1. 铜戈（M103∶5）　　　　　　　　2. 铜戈（M103∶6）

3. A型铜戈（M140∶5）

4. B型铜戈（M22∶1）

1. Aa 型铜矛（M80：5）　　2. Ab 型铜矛（M6：2）　　3. Ba 型铜矛（M140：4）

4. Bb 型铜矛（M140：2）　　5. 铜矛（M103：2）　　6. 铜矛（M103：3）

1. 铜斧（M35∶1）

2. 铜斧（M20∶1）

3. A型铜锛（M80∶8）

4. A型铜锛（M80∶9）

5. A型铜锛（M140∶1）

6. B型铜锛（M141∶1）

彩版一四　铜斧、锛

1. A型Ⅰ式铜凿（M80：4）　　　2. A型Ⅱ式铜凿（M21：1）　　　3. A型Ⅱ式铜凿（M118：1）

4. B型铜凿（M55：1）　　　5. B型铜凿（M56：1）　　　6. B型铜凿（M103：8）

彩版一五　铜凿

1. B型铜凿（M103：9）

2. A型铜锄（M70：1）

3. B型铜锄（M80：1）

4. 铜爪镰（M32：1）

5. 铜爪镰（M113：2）

彩版一六　铜凿、锄、爪镰

1. A型铜扣饰（M80：7）

2. B型铜扣饰（M71：1）

3. B型铜扣饰（M103：10）

4. A型铜片饰（M80：15）

5. A型铜铃（M14：1）

6. Ba型铜铃（M35：8）

7. Bb型铜铃（M109：1）

彩版一七　铜扣饰、片饰、铃

1. 铁矛（M20：6）　　　　2. 铁甲片（M118：2）　　　　3. 铁斧（M20：8）

4. 铁斧（M123：1）　　　5. A型铁凿（M20：7）　　　6. B型铁凿（M20：10）

1. A型铁削（M35：7）

2. B型铁削（M34：2）

3. A型铜柄铁剑（M69：1）

4. B型铜柄铁剑
（M66：1）

5. 铜骹铁矛
（M146：1）

6. 铜柄铁削（M66：3）

彩版一九　铁削与铜铁合制器

1-1   1-2

1. 玉璜（M191：1）

2. 玉玦（M18：2）

3. 玉玦（M207：1）

4. 玉镯（M168填：6）

5. 玉管饰（M194：1）

6. 玉管饰（M196：1）

7. 玉管饰（M207：2）

彩版二〇　玉玦、璜、镯、管饰

1. A型玛瑙珠（M56：4）　　2. A型玛瑙珠（M168填：3）　　3. A型玛瑙珠（M168填：5）

4. B型玛瑙珠（M38：8）　　5. B型玛瑙珠（M38：9）　　6. D型玛瑙珠（M109：3）

7. C型玛瑙珠（M38：4）　　8. C型玛瑙珠（M56：2）

彩版二一　玛瑙珠

1. A型玛瑙扣（M30：3）　　　　2. B型玛瑙扣（M108填：3）　　　　3. A型绿松石珠（M108：4）

4. B型绿松石珠（M118：4）　　　　5. C型绿松石珠（M19：3）　　　　6. D型绿松石珠（M111：1）

7. 绿松石扣（M38：11）　　　　　　8. 绿松石扣（M148：3）

彩版二二　玛瑙扣与绿松石珠、扣

1. A型石磨棒（M80：6）

2. B型石磨棒（M168填：10）

3. 石范（M35填：1）

4. 石范（M54填：1）

5. 石范（M59填：1）

6. 石刮削器（M7填：1）

彩版二三　石磨棒、范、刮削器

1. M6（东南—西北）

2. B型铜剑（M6：1）

3. Ab型铜矛（M6：2）

彩版二四　M6及出土器物

1. M7（南—北）

2. D型陶高领罐（M7填：2）

3. 石刮削器（M7填：1）

彩版二五　M7及出土器物

1. M10（南—北）

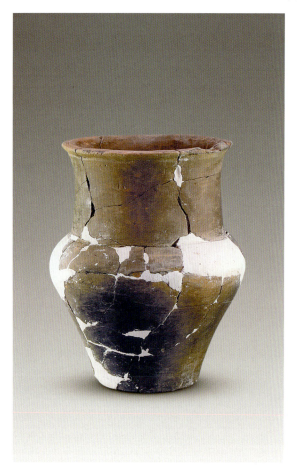

2. B型陶高领罐（M10：1）

3. M14（西北—东南）

彩版二六　M10、M14及M10出土器物

1. A型铜铃（M14：1）

2-1　　　　　　2-2

2. B型铜片饰（M14：2）

3. M15（北—南）

彩版二七　　M14出土器物及M15

1. M18（西北—东南）

2. M19（西北—东南）

彩版二八　M18、M19

1. 玉玦（M18：2）

2. A型陶豆（M19：2）

3. M19陶器出土情况

4. C型绿松石珠（M19：3）

1. M20（东北—西南）

2. 铜斧（M20：1）

2-1　　　　2-2

3. 铜镞（M20：2）

4. 铜带钩状器（M20：4）

5. 铜印章（M20：5）

彩版三〇　　M20及出土器物

1. 铁矛（M20∶6）

2. A型铁凿（M20∶7）

3. B型铁凿（M20∶10）

4. 铁钩状残器（M20∶9）

5. 铁斧（M20∶8）

彩版三一　M20出土器物

1. M21（西北—东南）

2. A型Ⅱ式铜凿（M21：1）

彩版三二　M21及出土器物

1. A型陶罐（M21：2）

4. A型高领罐（M21：3）

2. B型陶罐（M21：5）

5. A型陶豆（M21：4）

3. C型陶罐（M21：7）

6. B型陶豆（M21：6）

彩版三三　M21出土器物

1. M22（西北—东南）

3. B型铜戈（M22：1）

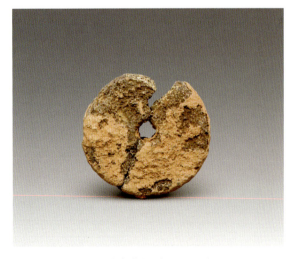

2. Aa型陶纺轮（M22：2）

4. M26（西北—东南）

彩版三四　M22、M26及M22出土器物

1. M30（西北—东南）

2. A型玛瑙扣（M30∶3）

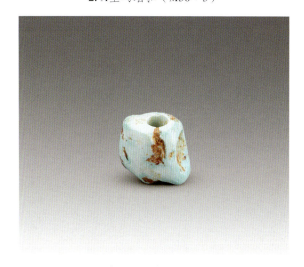

3. C型绿松石珠（M30∶4）

彩版三五　M30及出土器物

1. 漆器（M30：1）

2. 漆器（M30：2）

3. 漆器（M30：5）

彩版三六　M30出土器物

1. M32（西南—东北）

2. 铜爪镰（M32∶1）

1. M34（西北—东南）

2. 铜削（M34：1）

3. B型铁削（M34：2）

4. A型石磨棒（M34：3）

彩版三八　M34及出土器物

1. M35（西南—东北）

2. A型陶罐（M35：9）

3. Ab型陶纺轮（M35：10）

4. 石范（M35填：1）

彩版三九　M35及出土器物

1. 铜斧（M35：1）

2. Ba型铜铃（M35：8）

3. A型铁削（M35：3）

4. A型铁削（M35：7）

1. M38（西南—东北）

2. 铜镜（M38：1）

3. 绿松石扣（M38：10）

4. 绿松石扣（M38：11）

彩版四一　M38及出土器物

1. C型玛瑙珠（M38∶4）

2. B型玛瑙珠（M38∶8）

3. B型玛瑙珠（M38∶9）

4. 玻璃珠（M38∶6）

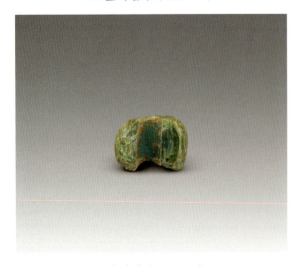

5. 玻璃珠（M38∶5）

6. 玻璃珠（M38∶12）

彩版四二　M38出土器物

1. M39（东南—西北）

2. M47（西北—东南）

3. 陶釜（M39：1）

4. Aa型陶纺轮（M39：2）

彩版四三　M39、M47及M39出土器物

1. M50（西北—东南）

3. M51（西北—东南）

2. Aa型陶纺轮（M50：1）

彩版四四　M50、M51及M50出土器物

1. M53（西北—东南）

2. 铜镈（M53∶1）

彩版四五　M53及出土器物

1. M54（西北—东南）

2. Aa型陶纺轮（M54：1）

3. 石范（M54填：1）

彩版四六　M54及出土器物

1. M55（西北—东南）

2. M56（西北—东南）

3. B型铜凿（M55：1）

4. 铜削（M55：2）

彩版四七　M55、M56及M55出土器物

1. M56器物出土情况

4. A型绿松石珠（M56：5）

2. B型铜凿（M56：1）

5. A型绿松石珠（M56：6）

6. A型玛瑙珠（M56：4）

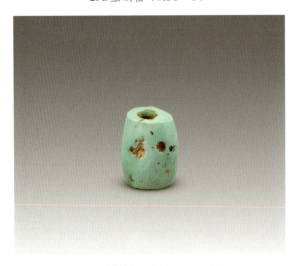

3. A型绿松石珠（M56：3）

7. C型玛瑙珠（M56：2）

1. M57（西—东）

3. M58（东南—西北）

2. M57铜镯出土情况

彩版四九　M57、M58及M57出土器物

1. 玻璃珠（M58填：1）　　　　2. 玻璃珠（M58填：2）　　　　3. 玻璃珠（M58填：3）

4. 玻璃珠（M58填：4）　　　　5. 玻璃珠（M58填：5）　　　　6. 玻璃珠（M58填：6）

7. 玻璃珠（M58填：7）　　　　8. 玻璃珠（M58填：8）　　　　9. 玻璃珠（M58填：9）

1. M59（西北—东南）　　　　　　3. M61（东南—西北）

2. 石范（M59填∶1）　　　　　　4. M61器物出土情况

彩版五一　　M59、M61及出土器物

1. M62（东南—西北）

2. 铁削（M61：2）

3. Aa型陶纺轮（M62：1）

彩版五二　M62及M61、M62出土器物

X光照片

1. M66（西北—东南）

2. M66器物出土情况

3. B型铜柄铁剑（M66：1）

彩版五三　M66及出土器物

X光照片

1. 铜柄铁削（M66：3）　　　　　　　　　　　2. 铜镖（M66：2）

5-1　　5-2　　5-3　　5-4　　5-5　　5-6

3. 铜镞（M66：5）

4. M67（东北—西南）

1. M69（西南—东北）

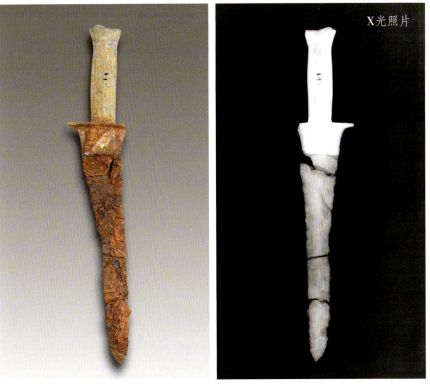

2. A型铜柄铁剑（M69：1）

1. M70（西北—东南）

2. A型铜锄（M70：1）

3. 铜削（M70：2）

彩版五六　M70及出土器物

1. M71（东南—西北）

3. M73（西北—东南）

2. B型铜扣饰（M71∶1）

4. M73铜镯出土情况

彩版五七　M71、M73及出土器物

1. M76（西南—东北）

2. M76铜镯出土情况

3. B型陶高领罐（M76：2）

彩版五八　M76及出土器物

1. M78（西北—东南）

3. M80（西北—东南）

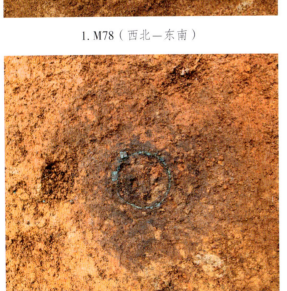

2. M78铜镯出土情况

4. M80铜箍饰出土情况

1. B型铜锄（M80：1）

2. A型铜扣饰（M80：7）

3. A型铜片饰（M80：15）

4. 铜镞饰（M80：11）

1. Aa型铜剑（M80∶2）　　2. 铜刻刀（M80∶3）　　3. A型Ⅰ式铜凿（M80∶4）　　4. Aa型铜矛（M80∶5）

5. A型铜锛（M80∶8）　　6. A型铜锛（M80∶9）　　7. A型铜镞（M80∶10）　　8. A型石磨棒（M80∶6）

1. M100（西北—东南）

2. Aa型陶纺轮（M100：1）

3. 铜爪镰（M100：2）

彩版六二　M100及出土器物

1. M103（东南—西北）

2. M103铜器出土情况

3. Ab型铜剑（M103：1）

彩版六三　M103及出土器物

1. 铜矛（M103：2）

2. 铜矛（M103：3）

3. 铜削（M103：4）

4. 铜削（M103：7）

5. 铜戈（M103：5）

6. 铜戈（M103：6）

彩版六四　M103出土器物

1. B型铜凿（M103：8）

2. B型铜凿（M103：9）

3. B型铜扣饰（M103：10）

1. M105（东北—西南）

2. M105陶器出土情况

彩版六六　M105及出土器物

1. M108（东南—西北）

2. Aa型铜剑（M108：1）

3. A型绿松石珠（M108：4）

4. B型玛瑙扣（M108填：3）

彩版六七　　M108及出土器物

1. M109（西北—东南）

2. Bb型铜铃（M109：1）

3. D型玛瑙珠（M109：3）

彩版六八　　M109及出土器物

1. M111（东北—西南）

2. M113（西南—东北）

彩版六九　M111、M113

1. D型绿松石珠（M111：1）

2. M113陶器出土情况

3. 铜爪镰（M113：2）

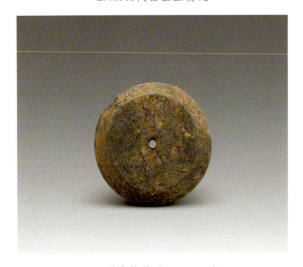

4. B型陶纺轮（M113：3）

1. M118（西南—东北）

2. M120（西北—东南）

彩版七一　M118、M120

2. 铁甲片（M118：2）

3. 铁削（M118：3）

1. A型Ⅱ式铜凿（M118：1）

4. B型绿松石珠（M118：4）

彩版七二　M118出土器物

1. M121（东南—西北）

2. M123（西北—东南）

彩版七三　M121、M123

1. Aa型陶纺轮（M121：1）

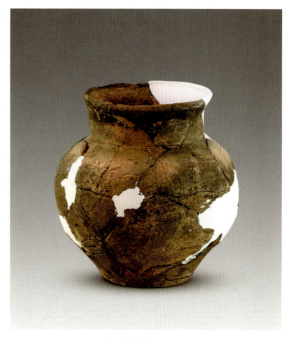

3. A型陶罐（M123：3）

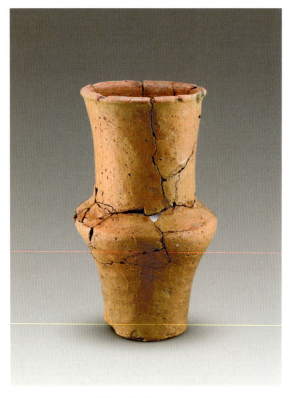

2. C型陶高领罐（M123：2）

4. 铁斧（M123：1）

1. M124（东南—西北）

2. M128（西北—东南）

3. Aa型陶纺轮（M128：1）

彩版七五　M124、M128及M128出土器物

1. M129（西北—东南）

2. M136（西南—东北）

彩版七六　M129、M136

1. M136陶器出土情况

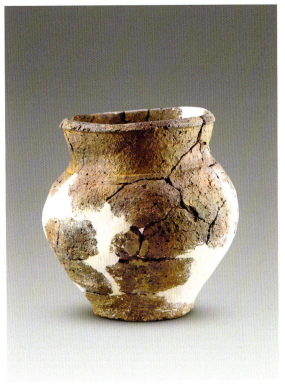

3. A型陶罐（M136：1）

2. A型陶高领罐（M136：2）

4. A型陶罐（M136：3）

彩版七七　M136出土器物

1. M137（西北—东南）　　　　　　　　2. M139（东南—西北）

1. 铁削（M137：1）

2. A型铁削（M139：3）

3. M139陶器出土情况

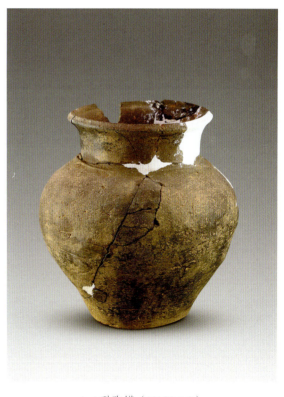

4. A型陶罐（M139：2）

彩版七九　M137、M139出土器物

1. M140（西南—东北）

2. A型铜锛（M140：1）

3. Bb型铜矛（M140：2）

1. 铜削（M140：3）   2. Ba型铜矛（M140：4）

3. A型铜戈（M140：5）

彩版八一　M140出土器物

1. M141（西北—东南）　　　　　　　　　　2. M142（东南—西北）

彩版八二　M141、M142

1. M141陶器出土情况

2. B型铜锛（M141：1）

3. 绿松石珠（M142：1）

彩版八三　　M141、M142出土器物

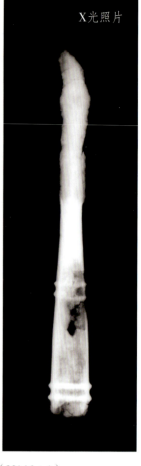

1. M146（西北—东南）

2. 铜骹铁矛（M146：1）

X光照片

3. M148（东北—西南）

彩版八四　M146、M148及M146出土器物

1. M148陶器出土情况

4. 绿松石扣（M148：3）

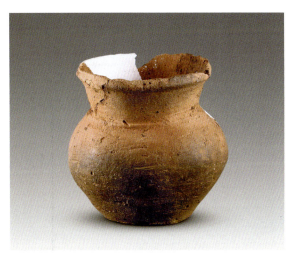

2. D型陶罐（M148：1）

5. B型绿松石珠（M148：4）

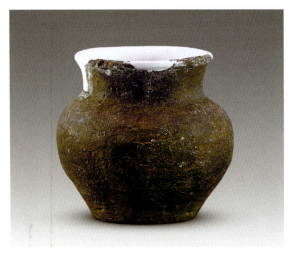

3. A型陶罐（M148：2）

1. M149（西南—东北）

2. M149铜镯出土情况

彩版八六　M149及出土器物

1. M153（西北—东南）

2. M159（西北—东南）

3. M159铜镯出土情况

彩版八七　　M153、M159及M159出土器物

1. M160（西北—东南）

2. M167（西北—东南）

1. M168（东南—西北）

2. 玉镯（M168填：6）

4. 铜削（M168填：1）

3. 铜啄（M168：1）

5. B型石磨棒（M168填：10）

彩版八九　M168及出土器物

1. A型玛瑙珠（M168填∶3）

2. A型玛瑙珠（M168填∶4）

3. A型玛瑙珠（M168填∶5）

4. A型玛瑙珠（M168填∶9）

5. A型孔雀石珠（M168填∶2）

6. B型孔雀石珠（M168填∶7）

1. M177（西北—东南）

2. M179（东南—西北）

3. 铜削（M179：1）

4. B型孔雀石珠（M179：2）

彩版九一　M177、M179及M179出土器物

2. M191玉璜出土情况

1-1　　　1-2

1. M191（东南—西北）

3. 玉璜（M191∶1）

1. M194（西北—东南）

2. M195（西北—东南）

3. M196（东南—西北）

4. 玉管饰（M194：1）

5. 玉管饰（M196：1）

彩版九三　M194～M196及M194、M196出土器物

1. M202（东南—西北）　　　　　　　2. M207（西北—东南）

3. 玉玦（M207：1）　　　　　　　4. 玉管饰（M207：2）

彩版九四　　M202、M207及M207出土器物

1. 玻璃珠（H8∶1）

2. 玻璃珠（H8∶2）

3. 玻璃珠（H8∶3）　　　　4. 玻璃珠（H8∶4）　　　　5. 玻璃珠（H8∶5）

6. 玻璃珠（H8∶6）

7. 玻璃珠（H8∶7）

1. M1（南—北）

2. M2（东南—西北）

3. 瓷罐（M1：1）

4. 瓷罐（M2：1）

彩版九六　M1、M2及出土器物

1. M3（东南—西北）

3. M4（西南—东北）

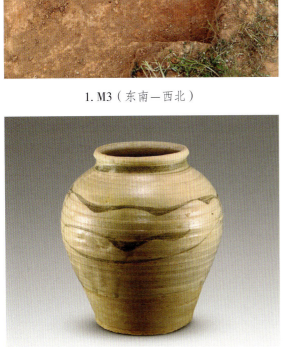

2. 瓷罐（M3：1）

4. 瓷罐（M4：1）

彩版九七　M3、M4及出土器物

1. M169（西南—东北）

3. 瓷罐（M169：1）

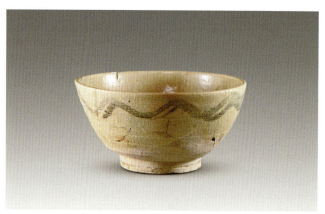

4. 瓷碗（M169：2）

2. M216（西—东）

5. 瓷罐（M216：1）

彩版九八　M169、M216及出土器物

1. M218（东—西）

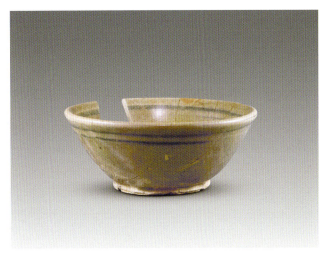

3. 瓷碗（M218：1）

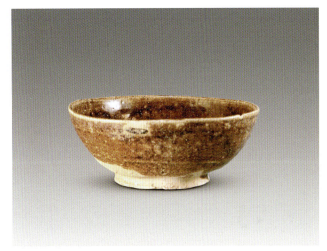

4. 瓷碗（M220：2）

2. M220（东南—西北）

5. 瓷碗（M220：3）

彩版九九　M218、M220及出土器物